判例特別刑法

[第3集]

高橋則夫・松原芳博／編

日本評論社

はしがき

本書は、高橋則夫＝松原芳博編『判例特別刑法』(2012年、日本評論社)および同編『判例特別刑法［第2集］』(2015年、日本評論社)の続巻であり、その後の特別刑法に関する重要判例(平成25〜29年に言い渡されたもの)を検討し、解説したものである。それ以前の判例については、前著・前前著を参照していただきたい(平成25年、26年に言い渡された判例には、前著に収録されたものもある)。

本書の意図も前著・前前著を踏襲したものである。わが国には、刑法典以外に犯罪と刑罰を規定した特別刑法といわれる法令が数多く存在し、刑事事件の中でも特別刑法犯が相当な部分を占めているにもかかわらず、特別刑法上の犯罪に関する理論的研究は、刑法上の犯罪に比べて大きく立ち遅れている。また、特別刑法では、政策的要請が優先され、刑法の基本原則が軽視される傾向もみられる。そこで、刑法理論の観点から、特別刑法の解釈指針を提供しようとしたのが本書である。

本書は、特別刑法判例研究会の研究成果に基づいている。同研究会は1986年に佐々木史朗先生(元福岡高裁長官)を主宰者として創設され、数年の中断を挟んで、2005年に再開されて現在に至っている。再開後は、夏休みの合宿を含めて年に4回程度の研究会を開催しているが、日本評論社のご厚意で、その研究成果を法律時報誌上に連載させていただいている。本書に収録された評釈は、この連載を中心として、雑誌・大学紀要等に掲載された評釈ならびに書下ろしの評釈を追加したものである。

評釈の連載および本書の刊行の機会を与えてくださった日本評論社、連載をサポートしてくださった同社法律時報編集長の上村真勝氏および本連載担当の鎌谷将司氏・小野邦明氏、前著・前前著に引き続いて本書を担当してくださり、きめ細かなご配慮によって本書を完成に導いてくださった同社の岡博之氏、評釈の転載を許可してくださった成文堂・刑事法ジャーナル編集長の田中伸治氏、有斐閣・法律編集局雑誌編集部足立暁信氏、株式会社LIC・判例秘書ジャーナル編集長大塚昭之氏、そのほか評釈の転載を許可してくださった関係各位に、この場を借りて、お礼を申し上げたい。

本書の編集に当たっては、芥川正洋氏（早稲田大学法学部講師〔任期付〕）を中心に、松本圭史氏（早稲田大学大学院博士後期課程）、小池直希氏（早稲田大学大学院博士後期課程）、谷岡拓樹氏（早稲田大学大学院博士後期課程）、藤井智也氏（早稲田大学大学院博士後期課程）に出版事務局として、各執筆者との連絡調整、字句・体裁の統一、校正、索引の作成等の労をとっていただいた。また、特別刑法判例研究会の事務局である大塚雄祐氏（早稲田大学大学院博士後期課程）には、本書の基礎となった判例報告の担当の割り振り等の労をとっていただいた。出版事務局・研究会事務局の各氏にも、心から感謝を申し上げたい。

2018年10月10日

高橋則夫

松原芳博

目　次

第3章　交通・通信

第4章　経済

第5章　医事・薬事

第 6 章　環境

第 7 章　公安・危険物・軽犯罪

第8章　風俗・労働・福祉

凡　例

〔書籍〕

第１集	高橋則夫＝松原芳博編『判例特別刑法』（日本評論社、2012年）
第２集	高橋則夫＝松原芳博編『判例特別刑法 第2集』（日本評論社、2015年）

〔判例集〕

刑録	大審院刑事判決録
刑集	大審院刑事判例集
新聞	法律新聞
下刑集	下級裁判所刑事裁判例集
刑月	刑事裁判月報
家月	家庭裁判月報
高刑速	高等裁判所刑事裁判速報集
裁特	高等裁判所刑事裁判特報
高刑集	高等裁判所刑事判例集
裁時	裁判所時報
裁判集刑	最高裁判所裁判集刑事
東高刑時報	東京高等裁判所判決時報（刑事）
判特	高等裁判所刑事判決特報
刑資	刑事裁判資料
刑集	最高裁判所刑事判例集
高検速報	〔各高等裁判所〕刑事裁判速報・〔各高等裁判所〕刑事判決速報
訟月	訟務月報
金判	金融・商事判例
判時	判例時報
判タ	判例タイムズ
家判	家庭の法と裁判
LEX/DB	LEX/DB インターネット（TKC 法律情報データベース）
D1-Law	D1-Law.com 判例体系
LLI/DB	LLI/DB 判例秘書 INTERNET

〔定期刊行物等〕

NBL	NBL（商事法務研究会）
警公	警察公論（立花書房）
警研	警察研究（良書普及会）
警時	警察時報（警察時報社）
刑ジャ	刑事法ジャーナル（イウス出版、成文堂）

刑法	刑法雑誌（日本刑法学会）
刑弁	季刊刑事弁護（現代人文社）
警論	警察学論集（警察大学校）
現刑	現代刑事法（現代法律出版）
ジュリ	ジュリスト（有斐閣）
論ジュリ	論究ジュリスト（有斐閣）
商事	旬刊商事法務（商事法務研究会）
捜研	捜査研究（東京法令出版）
曹時	法曹時報（法曹会）
ひろば	法律のひろば（ぎょうせい）
法教	法学教室（有斐閣）
法時	法律時報（日本評論社）
法セ	法学セミナー（日本評論社）

最判解	最高裁判所判例解説〔刑事篇〕（法曹会）
重判	〔ジュリスト臨時増刊号〕重要判例解説（有斐閣）
セレクト	〔法学教室別冊付録〕判例セレクト（有斐閣）
判評	判例評論（判例時報社）
金融判研	金融判例研究（金融財政事情研究会）

＊その他、大学紀要、定期刊行物等について、法律編集者懇話会「法律文献等の出典の表示方法」、法律時報掲載の「文献略語表」が定めた略語や広く用いられている略語を用いる。

第1章
選挙・司法

本章では、選挙関係の罪および刑事司法関係の罪に関する判例を取り上げる。

公職選挙法第16章は、選挙関係の各種罰則を規定している。同法が、「選挙が選挙人の自由に表明せる意思によつて公明且つ適正に行われることを確保し、もつて民主主義の健全な発展を期すること」を目的としている（同法1条）ことから、これらの罰則の保護法益は、選挙の自由・公正であると解されている。

判例1は、県議会議員の選挙の告示が2カ月余り後に迫った時期に、現職の県議会議員で次の選挙にも立候補する予定であった被告人およびその支援者が、選挙区内の住民を集めて居酒屋で懇親会を開き、参加者1人当たり3000円程度の飲食代金のうち2000円程度を被告人が負担したという事案について、開催時期、参加者の範囲、被告人および支援者の挨拶の内容、宴会における被告人の言動等から、本件会合が被告人に対する投票を依頼する趣旨の選挙運動に当たることを認定し、事前運動罪（公職選挙法239条1項1号、129条）の成立を認めるとともに、被告人が参加者の飲食代金2000円相当を負担したのは被告人への投票または投票の取りまとめ等の選挙運動の報酬の趣旨であると認定し、供応接待罪（同法221条1項1号）の成立を認めたものである。

刑事司法の機能は、刑法の犯人蔵匿等罪（同法103条）、証拠隠滅等罪（同法104条）、証人等威迫罪（同法105条の2）、偽証罪（同法169条）、虚偽告訴

等罪（同法172条）等で保護されてきたが、近年、その罰則が強化される（平成28年の犯人蔵匿等罪、証拠隠滅等罪、証人等威迫罪の刑の引き上げ）とともに、司法制度の改革等に伴って特別法に新たな犯罪類型が設けられている。本章で取り上げる2つの判例は、いずれも近年新設された犯罪類型に関するものである。

判例2は、平成16年の刑事訴訟法改正で新設された検察官開示証拠の目的外利用の罪（刑訴法281条の5第1項）の要件解釈を示したものである。事案は、刑事事件の弁護人が検察官から開示を受け謄写した実況見分調書に添付された写真等を被告人がインターネット上の動画サイトに掲載したというものである。被告人側は、この動画サイトへの掲載は、証拠の問題点を指摘し一般の支援を求める意図に基づくものであり、目的外利用には当たらないと主張したが、東京高裁は、刑訴法281条の5第1項の審理準備目的とは、被告人および弁護人が、当該刑事事件において、検察官の手持ち証拠の内容を把握し、その証拠能力、証明力等を検討して検察官の主張立証に対する反論反証の準備を行い、開示証拠を契機として被告人に有利な主張立証を準備する目的をいうとする前提のもとで、刑事裁判における事実認定等の判断は、当該被告事件の公判で取調べられた証拠等に基づいて行われるものであるから、証拠等の問題点を指摘して一般の支援を求めて本件掲載行為を行うことは、訴訟手続における防御活動とはいえず、審理準備目的による利用には当たらないとした。

判例3は、平成21年の裁判員法施行後初の同法違反に関するものである。本件では、同法の請託罪（同法106条1項）および威迫罪（同法107条1項）の成否が問題となった。事案は、暴力団幹部の殺人被告事件について、同幹部の親交者2名が同被告事件の裁判員2名に話しかけ、恐怖心を与えるなどしたというものである。本件行為後、当該事件の裁判員の辞任が相次ぎ、当該事件は裁判員裁判の対象から除外されるに至った。福岡地裁は、申し向けた文言の内容や口調にとどまらず、当該行為がなされた際の客観的状況や経緯を総合的に判断して、親交者両名に対して威迫罪の成立を肯定した。一方、福岡地裁は、1名の親交者については、暴力団幹部に有利な判断をしてほしいという趣旨の言動が読み取れるとして請託罪の成立も肯定し、威迫罪との観念的競合としたが、もう1名の親交者については、そのような趣旨の言動は認められず、他の親交者の言動を利用したともいえないとして、請託罪の成立を否定している。

〔松原芳博〕

1　事前運動罪における選挙運動の範囲と、供応接待罪における報酬の意義

水戸地判平成27年5月12日LEX/DB 25540507

岡田侑大

Ⅰ　事実の概要

被告人が県議会議員に3期当選していた東茨城郡γ選挙区は、従前、東茨城郡αと同郡δの2町を選挙区としていたが、平成26年12月5日に告示され、同月14日施行された本件選挙からは、α町のみの選挙区となり、定数も2名から1名に減ることになっていた。また、9月3日には、α町議会議員選挙でトップ当選の経験のある元α町議会議員が本件選挙区からの立候補を表明していた。被告人は、8月頃、本件選挙区内にあるε地区の元区長であるBに対し、本件選挙に向けた後援者名簿の取りまとめを依頼した。その後、Bとの間で被告人出席の上で同地区の住民を集めた懇親会を開くという話になり、同地区内の居酒屋aにて会費が一人1000円である懇親会が、9月27日午後7時30分から開催された。被告人が、同日午後8時頃にaに到着すると、Bは、「今回の選挙は大変に難しい選挙でα町で一人という、かつてない選挙ということになりましたので、ここは皆さんの力で是非ともAさんを応援してもらえると私からもお願いします。」「4期目目指して是非、一致団結してAさんをまた行政の場に送ってやって下さい。」などと挨拶した。その際、被告人は、Bが選挙に言及することについて、特に制止しなかった。その後、被告人は、「12月14日の選挙に向けて、4期目目指して今、選挙戦を戦っていくわけです。」「εのため町のために一生懸命働きますので、どうぞ当選させていただいて、必ず、εの皆様方に恩返しはさせていただきますので、よろしくお願いいたします。」などと挨拶し、乾杯後も、被告人は、参加者に酒をついだり、握手をするなどし、「よろしくお

願いします。」などと言って席を回った。Bは、本件会合中に参加者から集めた会費合計1万2000円分の紙幣を、封筒等に入れることなく、会費である旨伝えた上で被告人に手渡した。その際、被告人は、手渡された金額を確認したり、自分が宴席の会計をする理由をBに確認したりはせず、そのままポケットにしまった。被告人は、aの経営者であるCに対し、本件会合の代金合計3万9000円を、ポケットにしまった紙幣ではなく、自己の財布から出した現金で支払った。その後、被告人は、Bほか参加者に対して、受け取った会費1万2000円と、支払った3万9000円との差額について、支払を求めることはしなかった。aにて行われた懇親会は、参加者一人当たり3000円相当の酒食であった。

以上の事実関係の下で、公職選挙法に定める事前運動罪（239条1項1号、129条）と供応接待罪（221条1項1号）に問われた。

Ⅱ　判旨――有罪（確定）

「1議席を争う本件選挙区に元町議の新人が出馬を表明して間もない時期に本件会合が開かれていることや、参加者全員が本件選挙区の有権者であったことに加え、本件会合における被告人及びBの前記挨拶の内容、宴会中の被告人の言動等を総合すると、本件会合が、被告人に対する投票を依頼するなどの趣旨で開催されたものであることや、被告人が投票を得るために必要かつ有利な行為であることは明らかである。また、前記のとおり、本件会合が開催された時期や状況等に加え、その席で、被告人が『どうぞ当選させていただいて』などと直接的な表現で挨拶していることなどから考えると、被告人に自己の当選を得る目的があったことも明らかである。

弁護人が主張する地区住民の懇親目的等と、被告人に対する投票を依頼する目的とは両立するものであって、本件会合に懇親目的等があったとしても、本件会合が選挙運動たる性質を失うものではない。

以上によれば、本件会合の開催が選挙運動に当たることは優に認定できる。」

「被告人とBの間で、本件会合の話が浮上したのが、前記元α町議との選挙戦になることが確実視される時期であったと認められること、本件会合の参加者を、地域の人間、すなわち本件選挙区の選挙人とする予定であったことなどからすれば、本件会合が、本件選挙と無関係であるとは通常考えられず、被告人は本件選挙に関係した会合であることを認識していたというべきである。

次に、Bは、公判廷において、本件会合の前に、被告人に対して、会費を一人1000円にする旨伝えたと証言している。Bが、他の参加者に対しても会費が1000円であることを伝えていたことや、Bがあえて被告人に不利な虚偽の証言をする理由も認められないことからすると、Bの上記証言は信用することができ、被告人は、本件会合の会費も事前に知らされていたといえる。

以上に加え、被告人は、会場が居酒屋であることを知っていたのであり、居酒屋での宴会の費用が一人当たり1000円に収まることは社会通念上考え難いことに照らすと、被告人は、本件会合の実費と会費との間に差額が生じることだけでなく、かかる差額は、前記本件会合の趣旨からして自分が負担することになると認識していたと考えるのが合理的である。被告人が、Bから手渡された紙幣を確認せずポケットにしまい、自己の財布から現金を出して会計をしたことや、本件会合の後に、参加者に対し、差額分を請求していないことは、いずれも上記被告人の認識を裏付けるものといえる。」

「そうすると、被告人に供応接待の故意があったことは疑う余地はない。

前記認定のとおり、本件会合は被告人に対する投票を依頼する趣旨のものであったこと、他に被告人が参加者の飲食代金を負担すべき事情は見当たらないことなどから、被告人が参加者の2000円相当の飲食代金を負担した趣旨は、被告人に対する投票又は投票の取りまとめ等の選挙運動をする報酬の趣旨と解するのが相当である。

以上によれば、供応接待の事実も優に認定できる。」

Ⅲ　評釈

1　問題の所在

公職選挙法は、「選挙人の自由に表明せる意思」や選挙が「公明かつ適正に行われること」を阻害する行為を禁止し、「民主主義の健全な発達を期すること」を究極的な目的としている（1条）。そして、選挙の公明・適正を害する行為を刑罰によって規制している。この規制として、公職選挙法は、立候補届出前におけるいっさいの選挙運動を禁止し、そしてこの規定に違反して選挙運動をした者を処罰の対象としている。また、当選を得若しくは得しめる目的をもって選挙運動人又は選挙運動者に対して供応接待を為す行為を、事前買収罪の一種として処罰の対象としている。本件では、これら事前運動罪と供応接待罪が成立するかどうか争われた。

これら両罪はともに選挙運動を構成要素としているが、公職選挙法上、選挙運動が何たるかを定義する規定は存在せず、その内容については専ら解釈に委ねられている。そこで、選挙運動の意義についてまず検討を加えたうえで、どのようにして適法な選挙運動と違法な選挙運動が区別されているのかを検討の対象の一つとする。また、供応接待罪において争われた報酬についても、最後に検討する。

2　選挙運動の意義

大審院時代より、判例は選挙運動を「一定ノ議員選挙ニ付一定ノ議員候補者ヲ当選セシムヘク投票ヲ得若クハ得セシムルニ付直接又ハ間接ニ必要且有利ナル周旋勧誘若クハ誘導其ノ他諸般ノ行為ヲ為スコトヲ汎称」[(1)]するものと定義しており、最高裁も「特定の選挙の施行が予測せられ或は確定的となつた場合、特定の人がその選挙に立候補することが確定して居るときは固より、その立候補が予測せられるときにおいても、その選挙につきその人に当選を得しめるため投票を得若くは得しめる目的を以つて、直接または間接に必要かつ有利な周旋、勧誘若くは誘導その他諸般の行為をなすことをいう」[(2)]と定義している。このように、判例は一貫して、ある行為が具体的に選挙運動とされるための下位基準として、①その行為の対象となる選挙が特定していること[(3)]、②特定の候補者のためになされること[(4)]、③当選を目的

---

(1)　大判昭和4年9月20日（刑集8巻450頁）。

(2)　最決昭和38年10月22日（刑集17巻9号1755頁）。

(3)　争われた事案として、大判昭和11年7月6日（刑集15巻935頁）など。

(4)　例えば、将来立候補しようとする者が含まれるかどうか争われた事案として、大判昭和11年7月23日（刑集15巻1074頁）。

として為されること[5]、④投票を得又は得させるために直接又は間接に必要かつ有利な行為であること、を要求している[6]。このような判例の見解に対しては、選挙運動の範囲について限界を画すことが困難であり、妥当ではないとの批判も確かに存在している[7]。しかし、通説は、判例で問題とされる先の4つの要件を、行為の外形にとらわれることなく実質的に判断することは可能であり、結論として支持できるとしている[8]。

3 事前運動罪の範囲

そこで、本件において問題とされている被告人が会合を開いて有権者と挨拶する行為を、これらの要件に照らし、選挙運動に該当するかどうか実質的に判断する[9]。この点について、弁護人は、懇親あるいは県政報告の目的で開催されたものであり選挙運動には該当しないと主張している。確かに、このような後援会活動を含む地盤培養行為すべてが選挙運動に該当するわけではない。ここで、地盤培養行為が事前運動に該当するかどうか争う際に焦点となるのが、先に挙げた④の要件である。この要件における直接または間接に必要かつ有利な行為である行為については、言葉通りに捉えれば、広範に該当することになってしまうため、一定の限界を画することが必要である[10]。

この点、学説は、㋐特定の選挙が一般人の意識において予想せられている時期であるかどうか、㋑当選を図るために行っている目的を客観的に認定できるかどうか、㋒一般普通人の間においても行われる通常の社交的行為を逸脱していないかどうか、といった基準から判断するべきであるとしてい

---

(5) 例えば、特定の候補者の落選を図る行為が選挙運動に含まれるか争われた事案として、大判昭和5年9月23日（刑集9巻678頁）。

(6) 安田充＝荒川敦編著『逐条解説公職選挙法(下)』(2009年）971頁以下参照。

(7) 選挙運動の範囲を限定しようとする見解として、美濃部達吉『選挙罰則の研究』(1937年）53～54頁参照。

(8) 伊藤榮樹ほか編『注釈特別刑法　第3巻Ⅰ〔新版〕』(1993年）41頁〔小林充〕参照。

(9) Bに対して後援者名簿を取りまとめることを依頼した行為は問題とされていないが、選挙直前に後援会加入を勧誘する行為が選挙運動と認められた判例（例えば、広島高判昭和55年10月28日（高刑集33巻4号298頁）など）からすれば、この行為も事前運動罪に該当するかどうかを問う余地はあったと思われる。

(10) 神谷尚男「事前運動の限界」ジュリ173号（1959年）34頁参照。

る[11]。判例もまた、㋒の社交的行為を逸脱しているのかの判断につき、㋐及び㋑から判断している傾向にあり、これらの判断要素にしたがっているものと解される[12]。本件では、懇親目的があったと弁護人が主張していることに応じて、社交的行為を逸脱したと言えるかどうかを㋐及び㋑から判断することとなるため、これらの判断要素に当てはめてみる。

本件会合は、選挙をおよそ2か月後に控えた9月末に開催されており、本判決においては、㋐について「1議席を争う本件選挙区に元町議の新人が出馬を表明して間もない時期に本件会合が開かれていること」と、㋑についても「参加者全員が本件選挙区の有権者であったことに加え、本件会合における被告人及びBの前記挨拶の内容、宴会中の被告人の言動等」とそれぞれ判示されているわけである。以上のことからすれば、本件においては、社交的行為であったとしても、㋐及び㋑の判断要素からして、社交的行為の範囲を逸脱しており、それゆえに「投票を得又は得させるために直接又は間接に必要かつ有利な行為」となると判断されたものと思われる。

4　供応接待罪における報酬

本件において、供応接待罪の成否を巡り、報酬であったか争われている。ここで、報酬性を要件として必要と解すると、相手方にとって何ら利益をもたらさない費用的なものを与えた場合には、供応接待罪（買収罪）の成立が否定されることになるため、まず、報酬の要否について、検討を加える。

この点、学説は、報酬性を要件として必要とするもの[13]と、不要とするもの[14]とに分かれている。後者の報酬性を要件としない立場は、事後買収

---

(11)　美濃部・前掲注(7)13-5頁参照。なお、神谷・前掲注(10)35頁は、このうち客観的意思について問題を提起する。

(12)　事前選挙運動が認められたものとして、例えば、最判昭和30年7月22日（刑集9巻9号1948頁）。対し、事前選挙運動にならないとされたものとして、例えば、最判昭和44年4月11日（刑集23巻4号225頁）や大判昭和11年6月15日（刑集15巻793頁）。これらの事案では、共に、単に新年の挨拶のみを記載した年賀状の発送が事前運動にあたるかが争われたが、年賀状の文面からは当選を得る目的が読み取れないとされたものである。これに対し、小林・前掲注(8)52～53頁は、配布対象や配布枚数も考慮に入れたうえで「当選目的を客観的に看取し得るときは選挙運動になると」し、「選挙運動に当たるとするのが相当であった」としている。

(13)　最判昭和58年3月18日（刑集37巻2号122頁）など。

罪（221条1項3号）には明文をもって報酬性が要求されているのに対し、事前買収罪には報酬性に関する文言が置かれていないことを根拠としている。しかし、買収罪は贈賄罪と共通の性格を有するところからすると、贈賄罪において供与する利益が職務行為との間に対価性がなければならないように、買収罪においても職務に関する不正な報酬であることが必要であるといえる[15]。したがって、報酬性が必要であるとの前提に立つことが妥当であろう。

次に、報酬の意義について検討を加える。判例は、相手方が選挙人であるのか選挙運動者であるのかに関わらず、会合が開催された経緯、開催された時期、出席者の顔ぶれなどから社交的儀礼であるとはいえないものについて報酬性を認めている[16][17]。これに対し、学説は、利益の供与かどうかは、相手方が選挙人であるか選挙運動者であるかによって区別しようとする[18]。すなわち、選挙人に対して供応接待をなす場合については、報酬以外の適法な意味を考えることはできないとして、原則として、供応接待罪が成立するとし、選挙運動者に対して供応をなす場合について限界を探ろうとする[19]。もっとも、学説が選挙人に対する報酬性を容易に肯定するのは、先の報酬性の判断基準から選挙人[20]に対する報酬性が認められやすくなるためであり、判例と異なる立場ではないものと思われる。

本判決もまた、供応の相手方が選挙人であるのか、それとも選挙運動者であるのかについて言及はしていない。ここで、先に挙げた判断基準に当てはめてみると、会合が開催された経緯については、「被告人とBの間で、本件

---

(14)　東京高判昭和40年3月31日（下刑集7巻3号291頁）。ただし、報酬性を必要と解したとしても結論を異にしないことについても言及している。

(15)　土本武司『最新公職選挙法罰則精解』（1995年）38頁参照。

(16)　大判大正11年4月14日（刑集1巻287頁）。

(17)　なお、供応接待の額が少なかったとしても、供応接待罪が直ちに否定されることはない。例えば、大阪高判昭和41年11月11日（判タ200号175頁）は140円ないし310円の飲食物であったが、供応接待罪が成立した。

(18)　田口俊夫『選挙における買収事犯の研究〔増訂版〕』（1969年）155〜158頁参照。

(19)　田口・前掲注(18)156頁参照。

(20)　大判昭和12年3月25日（刑集16巻397頁）は、選挙人を、選挙権を有する者として選挙人名簿に登録されている者のほか、当該選挙までに選挙人名簿に登録される資格のある者、と定義した。

会合の話が浮上した」こと、時期については、「α町議との選挙になることが確実視される時期であった」こと、顔ぶれについては、本件会合の出席者が「選挙人」に該当すること、と判示されている。以上のことからして、本件で被告人が会費の差額を支払った行為は、従来の判例に従って、社交的儀礼とは認められず、ゆえに報酬性が肯定されたものと思われる。

2　検察官開示証拠の目的外使用（刑訴法281条の5第1項）

東京高判平成26年12月12日高刑集67巻2号1頁

滝谷英幸

I　事実の概要

被告人は、民事訴訟の当事者として最高裁判所における口頭弁論期日に出頭した際、裁判長に制止されたにもかかわらず発言を続けたため退廷を命じられ、法廷警備員らによって法廷外へと連れ出されたが、その際、法廷警備員らの手を噛み傷害を負わせたとして、公務執行妨害罪・傷害罪により起訴された（以下、「原事件」とする）。

原事件の弁護人は、検察官から、法廷警備員らによる被害状況の再現等を内容とする実況見分調書（以下、「本件実況見分調書」とする）の開示を受け[(1)]、これを謄写した[(2)]。被告人は、原事件係属中の平成24年10月10日頃、①本件実況見分調書に添付された法廷警備員らの容貌のわかる写真、②同じく、法廷警備員らが被害状況を再現した様子を撮影した写真、③法廷警備員ら全員の氏名、生年月日、住所、また、そのうち一部の者の電話番号の記載、④法廷警備員らによる供述の断片的な記載、⑤「集団暴行（特別公務員暴行陵虐罪）した法廷警備員」、「皆さんのコメントをお願いします」などといった被告人の主張を示す記載を内容とする動画（以下、「本件動画」とする）を、インターネット上の動画投稿サイトにアップロードした。同サイトにおける

(1)　請求予定証拠の開示（刑訴法299条。以下、特にことわらない限り、条文は刑訴法のものである）として行われたものである。なお、本件実況見分調書について、検察官はいったんは証拠調べ請求を行ったものの、後にこれを撤回した。

(2)　明示的に認定されてはいないが、実況見分調書を謄写したものを弁護人が被告人に交付したものと思われる。

本件動画の掲載は、同年12月10日頃まで続いた（以下、「本件掲載行為」とする）。

その後、被告人は、本件掲載行為につき、検察官開示証拠の目的外使用の罪（281条の5第1項。以下、「本罪」ないし「目的外使用罪」とする）により起訴された。なお、起訴の対象は、上記①・②の写真を本件動画中に取り込んで掲載した点のみであり、③～⑤を本件動画中に取り込んだ点は訴因に含められていない。

原審（東京地判平成26年3月12日〔LEX/DB 25503345〕）[3]は、本件掲載行為は本罪における「目的以外の目的」に当たらない、との被告人の主張に対し、被告人には法廷警備員らに対する「報復ないし嫌がらせ等の不当な圧力を加える意図」と「『証拠の問題点を指摘し、一般の支援を求める』意図」が併存していたと認定した上、「開示証拠に係る複製等を不特定多数の者に広く公開して、その問題点を指摘し、一般の支援を求める行為は、広く目撃者を探すなどの特段の事情がない限り、刑事被告人の防御活動に一般的な支援を得るという面で意味があるとしても、検察官請求証拠の証拠能力、証明力及び信用性等を検討したり、刑事被告人に利益な証拠を探知するなどして反証の準備をしたり、争点及び証拠を整理したりすることなどには通常つながらない。……したがって、開示証拠に係る複製等を公開して、その問題点を指摘し、一般の支援を求める行為は、本条〔※281条の4第1項〕における『当該被告事件の審理』の『準備に使用する目的』には当たらない」と述べ、本罪の成立を認めた（懲役6月、執行猶予2年）。これに対して被告人が控訴した。

Ⅱ　判旨――控訴棄却（上告）

原審同様、本件掲載行為に際しては、法廷警備員らに対する報復等の意図と広く一般の支援を求める意図とが併存していた、との認定を前提として、次のように判示し、控訴を棄却した[4][5]。

---

(3)　同判決の評釈として、趙誠峰「判批」刑弁79号（2014年）149頁以下、三明翔「判批」刑ジャ43号（2015年）155頁以下。

「証拠開示に共通する根源的な目的は、被告人及び弁護人が、当該被告事件において、検察官手持ち証拠の内容等を把握し、その証拠能力、証明力等を検討して検察官の主張立証に対して反論反証の準備を行い、開示証拠を契機として更に被告人に有利な主張立証を準備することに役立たせるためであり、十分な防御の機会を保障することにある」。しかし、「検察官開示証拠の複製等がこのような本来の目的以外の目的で使用されると様々な弊害が生じるおそれがあるため、全ての検察官開示証拠について、刑事訴訟法281条の4第1項が適用され、被告人及び弁護人による目的外使用を禁止しているのである」。「以上のことからすると、〔281条の4第1項にいう〕審理準備目的については、被告人及び弁護人が、当該被告事件において、検察官手持ち証拠の内容を把握し、その証拠能力、証明力等を検討して検察官の主張立証に対する反論反証の準備を行い、開示証拠を契機として被告人に有利な主張立証を準備する目的をいうと解するのが相当である」。「刑事裁判における事実認定等の判断は、当該被告事件の公判で取り調べられた証拠等に基づいて行われるものであるから、被告人が原事件における証拠等の問題点を指摘して一般の支援を求めて本件掲載行為を行うことは、訴訟手続における防御活動とはいえず、上記の審理準備目的による使用でないことは明らかであ」る。

Ⅲ 評釈

1 「目的以外の目的」について

281条の5第1項は、被告人又は被告人であった者が、検察官開示証拠[6]の複製等を281条の4第1項各号に列挙された各「手続又はその準備に使用する目的〔※以下、本判決にならって「審理準備目的」とする〕以外の目的」で使用することを罰するものである[7]。

---

(4) 本判決の評釈として、阿部英雄「判批」創価ロー9号(2016年)33頁以下、島田良一「判批」セレクト2015［Ⅱ］・43頁、河村博「判批」刑ジャ50号(2016年)107頁以下。

(5) 被告人は上告したが、平成28年6月7日、最高裁は、特に職権による判示を行うことなくこれを棄却した(最決平成28年6月7日〔公刊物未登載〕)。

(6) 刑訴法上、検察官による証拠開示には、①任意の開示、②請求予定証拠の開示(299条)、③公判前整理手続及び期日間整理手続における請求証拠の開示(316条の14)・類型証拠の開示(316条の15)・主張関連証拠の開示(316条の20)があるが、そのすべてが対象となる。

検察官による証拠開示は、争点や証拠の整理によって迅速かつ充実した審理を実現し、また、被告人の防御権を保障する上で重要である。しかし、開示された証拠が適正に管理されなかったり、本来の目的以外の目的で使用されたりすれば、罪証隠滅、証人威迫、関係者の名誉・プライバシーの侵害、国民一般の捜査への協力確保の困難化等の弊害が生じるおそれがあり、検察官や裁判所は証拠開示に消極的な態度をとらざるを得なくなる。そこで、そのような弊害の防止を担保し、証拠開示が行われやすい環境を整えることを目的として、平成16年の刑訴法改正により、検察官開示証拠の適正な管理等につき定める281条の3ないし281条の5が設けられた(8)。

つまり、本罪は証拠開示制度の適正な運用をバックアップするものであり、その構成要件解釈の指針は証拠開示制度の趣旨に求められる(9)。本判決も同様の前提に立つ。そして、そのように考えるなら、本罪が想定する目的外使用とは、証拠開示の可否の判断において、仮にそれが行われるとすれば上記の弊害に対する懸念から開示をすべきでないような証拠の複製等の使用方法のうち、特に問題が大きいと思われるケースを類型化したものである、と理解できよう(10)。したがって、証拠開示の可否の判断と本罪の成否の判断と

---

(7)　これに対し、281条の5第2項は、弁護人又は弁護人であった者が「対価として財産上の利益その他の利益を得る目的で」証拠の複製等を使用することを罰する。落合義和ほか『刑事訴訟法等の一部を改正する法律（平成16年法律第62号）及び刑事訴訟規則等の一部を改正する規則の解説』（2010年）44～46頁〔辻裕教〕によれば、これは、（同条1項の場合と同様に）「手続又はその準備に使用する目的以外の目的」であり、かつ、「対価として財産上の利益その他の利益を得る目的」を有している場合を想定したものと思われるが（本罪の創設の趣旨に鑑みれば、「手続又はその準備に使用する目的以外の目的」であることは大前提であり、弁護人又は弁護人であった者の場合にだけこの要件を外すことに合理的な理由はないであろうし、実際、立法過程においてもそのような議論はまったく見られない）、条文を素直に読めば後者のみが求められているようにも見える。両方を要求する趣旨ならば、その旨明示することが望ましいであろう。

(8)　辻・前掲注(7)25-6頁。

(9)　辻・前掲注(7)35-6頁。

(10)　証拠開示の判断に際して不開示とされるべき範囲と本罪により処罰される範囲はイコールではなく、前者は後者より広いものといえよう（東京高決平成22年3月17日〔判タ1336号284頁〕は、被告人の取調べ状況が録画されたDVDの開示に際し謄写枚数の制限等の条件を付したことの当否が争われた事案において、「複製等の使用に伴う弊害には、証拠の内容、形態等により様々なものがあるところであり、かかる弊害の発生を防止し、あるいはその程度を小さくするために、法281条の3又は4による制限以外の条件を付……することが必要となる場合があることは否定でき」ない、とする）。

は、基本的に共通の構造を有することになる。

このような理解を前提としたとき、本件掲載行為のような一般の支援を求める態様の行為は、「審理準備目的」に基づくものとはいえないことになるのだろうか。

証拠開示の可否を判断する際には、事案の内容や証拠の性質といった具体的事情をふまえて開示の必要性と開示に伴う弊害の内容・程度を勘案し、その上で、開示の相当性を決することになる（類型証拠について316条の15第1項、主張関連証拠について316条の20第1項。公判前整理手続における証拠開示以外の証拠開示の場合も、基本的に同様に解すべきであろう）。そうであるとすれば、本罪の成否を判断するにあたっても、その事案において当該証拠の複製等をそのような方法で用いることに必要性が認められるか、また、そこからどのような弊害が生じ得るかを実質的に検討すべきことになろう[11]。

本判決は、本件掲載行為により生じ得る弊害については、（憲法21条1項違反の主張に関してではあるものの）本件実況見分調書の内容や本件掲載行為の態様といった具体的事情をふまえつつ、「本件掲載行為によりもたらされる弊害を防止する必要性は高い」と述べたが、本件掲載行為の必要性については特に言及しないまま、「訴訟手続における防御活動とはいえず、……審理準備目的による使用でないことは明らか」と結論している。これは、おそらく、「こうした訴訟手続『外』の行為が、証拠開示によって実現されるべき防御活動としては本来想定されていない」[12]のであるから、一般の支援を求める態様の行為についてはその必要性を個別具体的に検討することを要しない、との理解に基づくものと思われる。しかし、証拠開示の可否のレベルでは先述のように開示の必要性が具体的に検討されるのであって、事案の内容や証拠の性質といった具体的事情を捨象し、一律に開示の必要性を否定するという判断はなされないのではないだろうか[13]。そうであるとすれば、証拠開示の可否の判断との間に構造上の共通性を有するはずの本罪の成否の

---

(11) こうした実質的検討を行わないと、たとえば、交通事故の事案において、立会人を伴うことなく公道上の状況に関する実況見分が行われた場合の実況見分調書のように、先述のような弊害がほとんど考えられないような証拠についても常に目的外使用罪が成立し得るということになりかねないが（本罪は「証拠」とのみ規定しており、証拠の内容や性質に関する文言上の制約は存在しない）、それは行き過ぎではないだろうか。

(12) 島田・前掲注(4)・43頁。河村・前掲注(4)・113頁もこれに賛同する。

判断において、「訴訟手続『外』」であるか否かという形式的ないし類型的な――訴訟手続の「内」「外」という区別も多分に感覚的なものではあり、必ずしも明確でないように思われるが――基準を用いることには疑問が生じる。この点、原判決は、「一般の支援を求める行為は、広く目撃者を探すなどの特段の事情がない限り、……検察官請求証拠の証拠能力、証明力及び信用性等を検討したり、刑事被告人に利益な証拠を探知するなどして反証の準備をしたり、争点及び証拠を整理したりすることなどには通常つながらない」（傍点は引用者）として、ごく例外的にではあろうが[14]、一般の支援を求める態様の行為が目的外使用に当たらない場合があることを認めているように思われる[15]。証拠開示制度と本罪の関係を考えるなら、こうした立場が正当ではないだろうか。

本件において原判決にいう「特段の事情」があるとは考えにくく、本罪の成立が認められたことは結論として妥当であろう。本判決も、本件の処理として前掲の判示を行ったにすぎず、一般論として「特段の事情」が存在する余地を否定したわけではないのかもしれない。しかし、仮に本判決が、原判決とは異なり、一般の支援を求める態様の行為はおよそ審理準備目的の下に行われたものとはいえない、との解釈を採ったものであるとすれば、そこには疑問が残る。実際に「特段の事情」ありと認められるケースはごく稀であるにせよ、少なくとも理論上は、そうした余地を否定することができないように思われるのである[16]。

---

(13)　この点につき、証拠開示の必要性の判断に際しては、検察官や裁判所の視点のみによるのではなく、「被告人側独自の立場」（辻・前掲注(7)・138頁）をも十分に考慮してこれを行うべきである、とされていることにも注意を要する。証拠（の複製等）の利用方法は状況によってさまざまに異なり得るのであり、もともと一般的・類型的な判断にはなじみにくい性質の事柄であるといえよう。

(14)　三明・前掲注(3)・159頁は、証拠の問題点を指摘し一般の支援を求めることが新たな証拠収集につながる可能性が抽象的には皆無ではない、とした上で、原判決は、そのような「抽象的な可能性が存在する程度では足りないと解しているといえる。そのように解さなければ、ほとんどの行為が本条の審理準備の目的内の行為となり、目的外使用罪を定めた意義が失われてしまうであろう」とする。

(15)　河村・前掲注(4)・112頁。

2 「証拠に係る複製等を……電気通信回線を通じて提供」について

本件では、法廷警備員らの写真を本件動画中に取り込んで掲載した点のみが「証拠に係る複製等を……電気通信回線を通じて提供」したとして起訴されており、法廷警備員らの氏名・住所・電話番号を動画中に記載した点は起訴の対象となっていない(17)。原判決・本判決とも被告人がこれらの情報を知った経緯については触れておらず、事実関係は不明である。ここでは、さしあたり、これらの情報が本件実況見分調書中に含まれており(18)、かつ、被告人がそれをそのまま本件動画中に記載したという仮定の下で、その行為が「証拠に係る複製等を……電気通信回線を通じて提供」に当たるのかを検討しておきたい。

「電気通信回線を通じて提供」とは、「開示証拠の複製等が、送信先の記録媒体に作成されるようにすること」(19)であり、その例として「開示証拠の内

---

(16) 一般の支援を求めるような態様の行為の中にも本罪の成立を認めるべきでないものが含まれているとすれば、そのような行為はそもそも「目的外使用」とはいい難いのであるから、281条の4第2項の趣旨を281条の5の解釈に読み込むことにより、本罪の構成要件該当性自体を否定すべきであろう（渡辺修『刑事裁判を考える　21世紀刑事司法の展望』(2006年) 292頁。これに対して、河村・前掲注(4)・113頁は違法性阻却の余地を示唆する)。この点、辻・前掲注(7)・43頁においては、281条の4第2項は、形式的には281条の5に直接にかかるものではないし、その点はひとまず措くとしても、「前項の規定に違反した場合の措置については」と定めているのであるから、検察官が（本罪の成立を前提として）本罪による起訴を行うか否か、また、裁判所が（本罪の成立を前提として）どの程度の量刑を行うかというレベルで考慮され得るにとどまり、本罪の成否に影響を及ぼすものではない、と位置づけられているようである。しかし、すでに述べたように、本罪の成否の判断が証拠開示の可否の判断と構造上の共通性を有しているのだとすれば、同項にいう「複製等の内容……その他の事情」――これは、証拠開示の可否の判断においては考慮されるべき事柄であろう――が証拠の複製等の使用の可罰性に影響を与えることは当然であり、場合によっては、同項の趣旨に鑑みて、本罪の成立自体を否定する余地を認めることも十分に可能であるように思われる。

(17) この点につき、弁護人の主張のように、氏名等の情報の掲載という訴因に含まれない事実をも加味して本件掲載行為の違法性を評価できるかが問題となり得よう。訴因対象説を前提とすれば、訴因に含まれない事実を考慮できるのは、それが訴因の評価に影響を及ぼす限度においてのみである。したがって、厳密にいえば、本件掲載行為に関する違法評価の対象は、「写真で示されたような行動をとったのは、○○（＝氏名等）という個人情報により特定される人物である」という事実を公開した点であり、(写真の内容とは無関係な）氏名等が公開されたことそれ自体によるプライバシー侵害等はそこには含まれないことになろう。仮に後者の点をも違法評価の対象に含めるならば、それは一種の余罪処罰に当たるのではないだろうか。

(18) 実務上、実況見分調書において、立会人の氏名・住所は常に記載されるが、電話番号は記載されるケースとされないケースがあるようである。

容をそのまま記録した画像データ又は文書ファイルを、Webサーバのコンピュータのハードディスクに記憶・蔵置させ、これにより、当該ハードディスクにアクセスする者が、その画像データ等をダウンロードして、当該ハードディスクを媒体とする『複製等』と同一内容の『複製等』を自らのコンピュータに作出することができる状態にする」行為が挙げられる(20)。そうすると、本件実況見分調書に記載された法廷警備員らの氏名・住所・電話番号をそのまま本件動画中に記載する行為は、これに該当する(21)。

また、実質的にみても、氏名・住所・電話番号といった個人情報の公開は、最も端的な形で先述の弊害を生じさせるものである。仮にこれらの情報のみが公開され、事実認定に際して注目される実質的な内容（本件でいえば被害状況の再現写真など）には触れられていないとしても、市民が捜査に協力した場合に証拠開示というプロセスを経て個人情報が洩れる可能性があるとなれば、捜査に対する協力獲得には大きな支障を来すであろう。

このように考えると、仮に、法廷警備員らの氏名・住所・電話番号が本件実況見分調書に記載されており、かつ、被告人がそれをそのまま動画中に記載したのだとすれば、その点についても本罪の成立を認めることができると思われる。

---

(19)　辻・前掲注(7)・48頁。

(20)　辻・前掲注(7)・48頁。

(21)　調書等に記載された文字を（いわば画像として）そのまま転写する必要はなく、同一の記載を行えば足りるであろう（辻・前掲注(7)・28頁では、「複製等」の中に、「供述調書の記載内容の全部又は一部を、要約等することなく、そのまま記録した文書ファイルが保存されているフロッピーディスク」が含められている。ここでは、供述調書の記載内容をそのまま入力した文書ファイルが想定されているものと思われる）。

3　裁判員法における請託罪及び威迫罪の意義及び相互関係

①事件　福岡地判平成29年1月6日判時2348号17頁
②事件　福岡地判平成29年1月6日判時2348号19頁

北尾仁宏

Ⅰ　事実の概要

①事件の被告人X、②事件の被告人Yともに、特定危険指定暴力団C會D組若頭Eの親交者であり、平成28年5月10日に行われたEの殺人未遂被告事件の第1回公判を傍聴していたものであるが、同被告事件に関し、

(1)　Xは、同日午後4時36分頃、北九州市小倉北区金田一丁目5番1号付近路上において、同被告事件の審判に係る職務を行う裁判員A及び裁判員B（両名とも40代の女性）に対し、「あんたら裁判員やろ。」「俺、同級生なんよ。」「Eの同級生なんよ。」「あんたらの顔覚えとるけね。」「Eは同級生だから、よろしくね。」等と話し掛けて、同人らに不安、困惑を生じさせる行為をするとともに、Eに有利な審判を行うように依頼し（①事件）、

(2)　Yは、同日午後4時38分頃、（①事件の現場から約50m南西の）北九州市小倉北区金田一丁目6番2号付近路上において、A・Bに対し、同人らが、前記公判を傍聴していた被告人をその際の態度、風貌等から前記Eに関係のある暴力団員またはこれに準じる者として怖れているかもしれないと認識しながら、「明後日も来るんやろ。」「裁判員も大変やね。」などと話し掛けたり、判決や刑の重さは裁判員の意見で決まるわけではないという趣旨の文言や、もうある程度は裁判の結果あるいは判決は決まっているんだろうという趣旨の文言を申し向け、さらに、「いろいろ言っても変わらんもんね。」と申し向けるなどして、A・Bに不安、困惑を生じさせる行為をした（②事件）、

として、X・Yはそれぞれ、裁判員の参加する刑事裁判に関する法律（以

下、「裁判員法」とする）106条1項（請託罪）違反及び同法107条1項（威迫罪）違反の両罪で起訴された。

Ⅱ　判旨

1　①事件について（X：有罪・懲役1年（執行猶予3年））（確定）

X及び弁護人も、請託・威迫の両罪の成立については争わなかったが、Xが両罪に係る故意につき、やや曖昧な供述をしたことから、裁判所は「念のため」以下のように示した。

「被告人は、裁判員らが、Eに対する殺人未遂被告事件の裁判員であると知っていたこと、Eの親交者として、Eを助けたい一心であり、Eに対する刑が重くなるという事態は避けたいと考えていたこと、自らがC會の下部組織の幹部であるEの同級生であることを示しながら、『顔は覚えとる』『よろしくね』などと発言したこと、被告人と裁判員らとの間に面識はなかったことが認められる」ことから、Xは、「自らの行為により裁判員らがC會の親交者に顔を覚えられたなどの不安や困惑を覚えることは認識していたと認定でき」、また、「『よろしくね』との発言の趣旨は、Eに対する殺人未遂被告事件について、裁判員らに対し、Eに有利な判断をしてほしいという依頼の意味であり、被告人はこの意味を分かって上記発言に及んだと認定できる。」。したがって、Xは、両罪につき有罪である（なお、威迫罪・請託罪は観念的競合）。

2　②事件について（Y：有罪・懲役9月（執行猶予3年））（確定）

検察側は、Yの行為につき請託・威迫の両罪の成立を主張したが、Yは、公訴事実記載の文言の一部を否認し、弁護人は、Yの供述に基づき、Yの行為は裁判員法上の請託罪にも威迫罪にも当たらず、またYには両罪につき故意もないとして、無罪を主張した。

これらに対して、裁判所は、まず前提事実として、(a) Yは、Eと暴力団員時代には兄弟分の仲で、暴力団脱退後もEに恩義を感じ、Eとの個人的な親交は継続しており、Eの殺人未遂被告事件につき、Eの身を案じ、少しでも刑が軽くなることを望んでいたこと、(b) Yも、C會が一般人から恐れられている存在であると認識していたこと、(c) 事件当日、傍聴中のＹの風貌や態度は、一見して暴力団員風であり、Ａ・Ｂは、ＹをＥと同じ組員または親交者であろうと考えていたところ、まずＸから話し掛けられ（①事件)、次いで、バス停に着くと、Ｙから話し掛けられたこと、などを指摘し、Ｙの発言のうち、争いのある部分については、Ａ・Ｂの供述内容を信用できるとして、Ｙの主張を排斥した上で、以下のように示した。

(1) 「裁判員法107条1項の威迫の行為とは、相手に対して言葉・動作をもって気勢を示し、不安・困惑を生じさせる行為をいう」ところ、Ｙの発言は、「裁判員Ａ及びＢに、第二回公判の日においても、裁判所に来た被告人に待ち伏せされ、評議の内容や結果について聞き出そうとされるのではないかなどという不安や困惑を生じさせ得るものである」。この点につき、弁護人は、Ｙの発言のいずれも、挨拶や雑談程度であり、口調も柔らかくＣ會の威力を示す内容でもなかったことから、気勢を示したとはいえないと主張するが、「気勢を示したか否かの判断に当たっては、文言の内容や口調などにとどまらず、当該行為がなされた際の客観的状況や経緯等も総合して考慮すべきところ」、前提事実として認定された「経緯等及び被告人の当時の風貌からすると、被告人が、前記のとおり、相手方に不安や困惑を生じさせるように話し掛けることは、気勢を示す行為に当たる」ことから、威迫罪の実行行為性が認められる。

(2) Ｙは、自分がＣ會の関係者であると見られているとの認識を持ちつつ、Ａ・Ｂに対し話し掛けたのであるから、威迫罪の故意に欠けるところはない。

(3) 「裁判員法106条1項の請託とは、裁判員または補充裁判員としての職務に関する事項についての依頼をいい、黙示のものを含む」ところ、Ｙの発言は、「裁判員が評議において意見を言っても、結局は裁判官の意見だけで裁判の結論が決まってしまうので影響はない、あるいは、量刑相場等は過去の先例で決まっており、裁判員が意見を述べても結論は変わらないという被告人の独自の考えを裁判員Ａ及びＢに表明したものとみる余地があ」り、「被告人がＥの身を心配し別件殺人未遂被告事件の評議や結果に関心を持っていたとしても、このことによって、被告人の各発言に、その発言とは裏腹な内容、すなわち、裁判員の権限を行使し、裁判の結果に影響を及ぼして一定の結論に導いてほしいとの依頼意思（例えば、『Ｅの言い分通り殺意がなかったと認定してほしい。また、刑を軽くしてほしい。』という内容。）が表明されていると認めることはでき」ず、さらに、「被告人の各発言の内容は、裁判員Ａ及びＢがＥに不利な意見を述べることを封じるという観点からはかなり回りくどく、一定の事項を依頼するものとはいえない。」。また、「Ｘが裁判員Ａ及びＢに話し掛け、何らかの請託を行った可能性を認識していたとは認められるが、Ｘが現に話し掛けたこと及びその内容を把握し、その結果を利用したとは証拠上認められないから、Ｘの行為と相まって請託したと認定することはできない」。加えて、Ａ・Ｂは、Ｙから何かを依頼されたとは供述しておらず、仮にＢが依頼をされたと受け取っていたとしても、それは直前のＸの行為という、Ｙにとって具体的に把握できておらず利用もできない事情が色濃く影響している可能性がある。なお、Ａ・Ｂが、Ｅに対する被告人質問の際、現に補充質問ができなくなってしまったが、このような心理状態は、Ｘ・Ｙの威迫によっても十分生じうる。

以上によれば、Ｙが「請託罪の実行行為を行ったことについては、これを認めるに足る証拠はなく、合理的な疑いが残る」ことから、威迫罪のみが成立する（本件では、威迫罪と請託罪が１罪を構成するとして起訴されたものと認められることを理由に、主文において無罪の言渡しは行われていない）。

Ⅲ　評釈

1　問題の所在

本件は、2009年５月の裁判員法施行後初の同法違反事件[(1)]である。裁判員法は106条において請託罪[(2)]を、107条において威迫罪[(3)]を規定するが、本件では両罪の成否がそれぞれに問われている。なお、Ｘ・Ｙそれぞれの行為は、場所的時間的に近接・連続したものではあったが、②判決でも指摘の通り、Ｘ・Ｙはそれぞれ単独犯である。したがって、本件の主たる論点は、両罪の意義と本件におけるその成否（とくに②事件における請託罪の成否）、

(1)　本件の評釈として、松田正照「判批」刑ジャ56号（2018年）118頁以下。また、本件を契機とした論稿として、吉村真性「裁判員の解任規定と対象事件の除外規定に関する研究」新報123巻9・10号（2017年）257頁以下。

及び両罪が成立する場合の相互関係（罪数）である。以下、威迫罪、請託罪の順に検討し、最後に両罪の相互関係をみる。

2　威迫罪の意義

(1)　裁判員法上の「威迫」を、②判決は、「相手に対して言葉・動作をもって気勢を示し、不安・困惑を生じさせる行為」と定義し、立案担当者も「言語・動作・態度など（いかなる方法であるかを問わない）で気勢を示し、相手に不安や困惑を生じさせるような行為」[(4)]と説明する。これらは、警察犯処罰令1条4号後段に関して「威迫トハ他人ニ對シ言語擧動ヲ以テ氣勢ヲ示シ不安ノ念ヲ生セシムヘキ行爲ヲ謂フ」とした大判大正11年10月3日（刑集1巻513頁）と同旨であり、「威迫」が問題となる犯罪で一般に用いられる定義と変わるところはない。

(2)　裁判手続に関係する威迫罪としては、刑法典上の証人等威迫罪が存在するが、これを参考とするならば、本罪の保護法益としては、(a) 国の刑事司法作用、(b) 裁判員等の自由・安全あるいは平穏を挙げることができる[(5)]。また、証人等威迫罪と同様に考えれば、本罪は、(a) に関する抽象的危険犯であると解すべきだろう。この点に関して、立法段階では、公判中に威迫が加えられた場合であれば実際の裁判の結果に影響が出ることもありう

---

(2)　裁判員法106条：

(1) 法令の定める手続により行う場合を除き、裁判員又は補充裁判員に対し、その職務に関し、請託をした者は、2年以下の懲役又は20万円以下の罰金に処する。

(2) 法令の定める手続により行う場合を除き、被告事件の審判に影響を及ぼす目的で、裁判員又は補充裁判員に対し、事実の認定、刑の量定その他の裁判員として行う判断について意見を述べ又はこれについての情報を提供した者も、前項と同様とする。

(3)・(4) 省略。

(3)　裁判員法107条：

(1) 被告事件に関し、当該被告事件の審判に係る職務を行う裁判員若しくは補充裁判員若しくはこれらの職にあった者又はその親族に対し、面会、文書の送付、電話をかけることその他のいかなる方法をもってするかを問わず、威迫の行為をした者は、2年以下の懲役又は20万円以下の罰金に処する。

(2) 省略。

(4)　池田修ほか『解説　裁判員法〔第3版〕』（2016年）224頁。

(5)　裁判員制度・刑事検討会（第13回）議事録 http://www.kantei.go.jp/jp/singi/sihou/kentoukai/saibanin/dai13/13gijiroku.html（2018年2月28日最終閲覧）〔辻裕教参事官発言参照〕。

るが公判後の場合には裁判結果には影響しえない、ということを理由として、公判中か公判後かで本罪の罪質・軽重が変わりうるという趣旨の意見(6)も存在したが、これに対し、実際に被害に遭う個人の側からすれば同じことであるとの指摘(7)や、将来の裁判員裁判の公正を損なう行為という意味では非常に影響があり、悪質さの点でもあまり差はないという反論(8)が加えられた。

公判中・後で保護される国の刑事司法作用の中身が異なる、という理解に立つ場合、公判中に関しては、当該事件の裁判手続・結果が侵害される危険性が、公判後に関しては、裁判員の引受け手がいなくなる危険性や、将来の裁判員が潜在的に畏怖するなどして、将来の類似事件で手続・結果が侵害される危険性が問題とされることになろう(9)。

しかし、仮に公判後には（あまり、あるいは全く）保護が及ばないとすると、裁判員は公判後のことを考えて裁判への参画に憂慮を覚え、その結果として当該事件の裁判手続・結果が侵害される危険性も生じうる、という機序も想定しうるから、そもそも公判中・後で保護される国の刑事司法作用の中身を完全に別異なものとして考える必要があるのかは疑問である。本罪を司法妨害罪の一種と理解し、かつ上述の通り、実際に被害に遭う個人の側からすれば違いがないというのであれば、むしろ威迫が行われる時点の公判中・後を問わず、当該事件の裁判員という個人に対する侵害を通じた当該事件の裁判手続・結果の侵害（の抽象的危険性）、という点に本罪の法益侵害性の本質を求めるべきだろう(10)。

(3)　もっとも、本件は公判中に行われた威迫を問題とする事案である以上、上述したいずれの理解によっても、当該被告事件の裁判員への侵害を通じた当該裁判手続・結果に対する侵害の抽象的危険性が問題とされる。そして、両判決の量刑理由でも指摘のある通り、本件では、不安を覚えた裁判員の辞退が相次ぎ結果的にEに対する殺人未遂被告事件が裁判員裁判対象事

---

(6)　裁判員制度・刑事検討会（第18回）議事録 http://www.kantei.go.jp/jp/singi/sihou/kentoukai/saibanin/dai18/18gijiroku.html（2018年2月28日最終閲覧）〔土屋美明委員発言・四宮啓委員発言〕。

(7)　前掲注(6)〔井上正仁座長発言〕。

(8)　前掲注(6)〔本田守弘委員発言〕。

(9)　こうした違いの存在自体は立法段階で共通認識だったものと思われる。前掲注(6) 参照。

(10)　選挙の自由妨害罪における同様の議論につき、杉本一敏「判批」第1集10-1頁参照。

件から除外されるに至った以上、X・Yの行為に、当該裁判手続を妨害する危険性があったことは明白で、威迫罪の成立に疑いはない。

3　請託罪の意義

(1)　裁判員法の「請託」を、②判決は「裁判員または補充裁判員としての職務に関する事項についての依頼をいい、黙示のものを含む」と定義し、立案担当者は、「『職務に関し』とは、本来の職務行為のみでなく、それに密接に関連する行為に関する場合も含まれるであろう。『請託』とは、一定の依頼をすることをいうが、それが不正な内容であると正当な内容であるとを問わない」(11)とする。

(2)「請託」に係る代表的犯罪として、刑法典上の受託収賄罪が挙げられる。受託収賄罪の「請託」について、最判昭和27年7月22日（刑集6巻7号927頁）が、「公務員に対して一定の職務行為を行うことを依頼することであつて、その依頼が不正な職務行為の依頼であると、正当な職務行為の依頼であるとに関係な」いとし、東京高判昭和37年1月23日（高刑集15巻2号100頁）は、「必らずしも事前に明示的にされることを必要とするものではなく、賄賂を供与すること自体により黙示的にその依頼の趣旨を表示することをも含む」とした。

これらを比較する限り、本件裁判所も裁判員法の立案担当者も、裁判員法の「請託」を、受託収賄罪の「請託」と同様のものと解しているといえる。両者が同様のものであるならば、さらに、裁判員法の「請託」についても、受託収賄罪の「請託」と同様、依頼対象となる職務行為はある程度具体的なものでなければならない(12)と考えられる。

もっとも、受託収賄罪においては、あくまで賄賂の収受等の行為がその法益侵害性を担っているのであって、そこでの「請託」は賄賂の職務関連性を明示する機能を有しているというにとどまるのに対し、裁判員法の「請託」というのは、その行為自体が処罰対象とされているもの(13)なのであるから、賄賂罪の文脈における議論を「請託罪」の「請託」に援用するに当たっては

---

(11)　池田ほか・前掲注(4)224頁。

(12)　依頼内容に具体性が欠けるとして受託収賄罪につき「請託」を否定した最判昭和30年3月17日（刑集9巻3号477頁）参照。

一定の注意が必要である。

(3)　しかし、裁判員法の立法段階において、請託行為それ自体を犯罪とすることは当然の事柄[14]として扱われ、実質的な議論の形跡は見られない。裁判員法以外の「請託罪」は、陪審法に例を見るのみである。概ね前段が裁判員法106条1項、後段が同2項に対応し、裁判員法の規定が陪審法の規定を参考に作られたと推察されることから、陪審法をめぐる議論を参照すると、同法111条[15]は外部から陪審員の意思を左右しようとする行為を罰するもので[16]、外部者が刑法上の脅迫に該当しない程度の何かを陪審員に述べた場合には同条にいう「請託」又は「意見ヲ述ヘル」に該当すると理解されており[17]、その発言内容の職務行為関連性や具体性がどの程度求められていたのかは必ずしも明らかでない。もっとも、陪審法には威迫罪が存在しない[18]ことを考慮すれば、威迫罪も規定する裁判員法の「請託」を陪審法の「請託」よりも限定的に解すべきことは明らかである。威迫罪においては、当該被告事件と何らかの関連性が認められる限りで、どの職務行為とどの程度関連するのかということに係わりなく、不安や困惑を裁判員に生じさせるような行為であれば十分である、ということを考慮すれば、裁判員法の請託罪においては、対象となる職務行為がある程度特定された上で、その職務行為について具体的に[19]何をしてもらいたいのか、ということが明らかにされる必要があろう。したがって、受託収賄罪の「請託」と裁判員法の「請託」とを同様に解した上で、(a) 依頼対象の職務行為関連性と (b) 依頼内容の具体性を裁判員法の「請託」にも要求するのは妥当な限定といえよう。

---

(13)　なお、承諾と金銭の授受があった場合には受託収賄罪が成立するとされる。池田ほか・前掲注(4)224頁参照。

(14)　前掲注(6)〔本田委員発言・高田康行委員発言参照〕。議事録を見る限り、特に異論も出なかったようである。

(15)　陪審法111条：

陪審ノ評議ニ付セラレタル事件ニ付陪審員ニ対シ請託ヲ為シ又ハ評議ヲ了ル前私ニ意見ヲ述ヘタル者ハ一年以下ノ懲役又ハ二千円以下ノ罰金ニ処ス

(16)　「第四十六回貴族院特別委員會議事録」清水書店編輯部『陪審法審議編』(1923年) 1468頁〔林頼三郎政府委員発言参照〕。

(17)　前掲注(16)1470頁〔河村善益議員発言・林頼三郎政府委員発言参照〕。

(18)　林頼三郎『日本陪審法義解』(1926年) は、請託等に随伴した強談威迫行為への警察犯処罰令適用余地にも言及する (351頁) が、「請託」自体には法律上何らの制限又は条件もないとして広く請託罪の成立を肯定する (350頁)。

②事件でＹが話題とした事項（判決・量刑等）は、いずれも裁判員のなすべき職務行為である以上、(a) 職務行為関連性は認められることから、②判決は（b）依頼内容の具体性に乏しいことを根拠に請託該当性を否定したものと考えられる。

(4)　もっとも、「意見を述べ」ることを禁ずる同条２項違反の余地についても一応検討すべきだろう。これに関して、立法段階では、「『被告人は無罪だと思う』、『被告人は死刑にすべきだ』などと判決主文に関して直接的な意見を述べる場合のほか、『被害者の供述は信用できない』などと証拠の評価を述べる場合などが考えられる」[20]というように、発言内容がある程度具体的であることを要求しており、これは１項で具体性が要求されるのと軌を一にする。Ｙの各発言にそこまでの具体性は認め難いから、２項違反も成立しないだろう。

(5)　以上の検討から、106条所定の各犯罪は、判決を具体的に[21]左右しようと試みる行為を罰することで、裁判の公正、それに対する社会一般・国民の信頼を保護するもの[22]であるといえよう。上述した意味における「請託」等が存在すると、それが実際に承諾・受容されたか否かといったことに係わりなく、当該裁判の外形的公正性が（確たる理由はないが何となく疑わしい、という水準を超えて）侵害されうる、という点に106条所定の各犯罪の法益侵害性の本質があるものと思われる。したがって、Ｙの行為の請託該当性の否定根拠を具体性の欠如に求めた②判決の姿勢は妥当なものといえよう。

---

(19)　例えば、ある裁判員が、（本件と異なり）何の予兆もなく、素性不明の人物から「量刑、よろしく」とだけ言われたとする。量刑に関する以上、その発言の職務行為関連性は肯定されるだろう。しかし、「量刑、よろしく」だけでは、被告人を「宥恕してほしい」という趣旨なのか、逆に「厳刑に処してほしい」という趣旨なのか、発言を受けた裁判員には分かりようがない。かくも曖昧な発言まで「請託」に含むべきではなかろう。したがって、職務行為関連性に加えて、一定程度の具体性もまた必要であると考えられる。

(20)　裁判員制度・刑事検討会第13回配布資料「『裁判員制度について』の説明」http://www.kantei.go.jp/jp/singi/sihou/kentoukai/saibanin/dai13/13siryou1-2.pdf（2018年２月28日最終閲覧）19頁。

(21)　この具体性の要否が陪審法との相違点となろう。

(22)　前掲注(5)〔辻参事官発言参照〕。

4　両罪の関係

本件のXの行為を分析的に見れば、「よろしくね」が請託に、それ以前の発言が威迫に当たるとも解しうる(23)が、①判決において、裁判所はこれを総合的に一つの行為として把握し、威迫罪と請託罪との観念的競合として処理した。一つの行為だとしても、両罪が共に究極的には裁判の公正等という国の刑事司法作用を保護するものである以上、択一関係に立たないか一応確認する必要はあろうが、(a) 威迫罪は公判後も成立しうるが、請託罪はもっぱら公判終結前までの犯罪であること、(b) 威迫罪の主眼は、裁判員の個人法益の侵害とそれを通じた国の刑事司法作用への影響にあるのに対し、請託罪の主眼は、当該裁判の外形的公正性への影響にあることを踏まえる限り、両罪の具体的・実質的な保護法益は異なるといえる。したがって、①判決同様、観念的競合とするのが妥当だろう。

---

(23)　その場合、併合罪とするのか、(混合的) 包括一罪とするのか、という問題となる。

第2章
税　法

所得税法、法人税法、関税法、相続税法等の各種税法上の罰則は、総称して、租税犯罪と呼ばれる。租税犯罪は、①国家の租税債権を直接侵害する脱税犯、②国家の租税確定権および徴収権の正常な行使を危険にさらす租税危害犯、③収税官吏の守秘義務違反等のその他の犯罪に大別される。

さらに、①脱税犯は、(1) その典型である、偽りその他不正の行為によって税を免れる狭義のほ脱犯、(2) 無許可輸入罪（関税法111条1項）のように租税収入を確保するため一定の行為を禁止する間接ほ脱犯、(3) 源泉徴収義務者が徴収した租税を納付しない罪（所得税法240条1項）のような不納付犯、(4) 滞納処分の執行を免れる目的で財産の隠ぺい等を行う滞納処分免脱犯（国税徴収法187条）に分類される。②租税危害犯は、(1) 所得税の確定申告書を期限内に提出しない罪（所得税法241条）のような単純無申告犯（さらに、平成23年法律第82号により、故意の無申告犯〔所得税法238条3項・4項等〕を処罰する規定が設けられた）、(2) 源泉徴収義務者が租税を徴収しない罪（所得税法242条3号）のような不徴収犯、(3) かつては各種税法ごとに規定されていたが、平成23年法律第114号により横断的に整備された質問調査を拒む等する罪（国税通則法127条2号、3号）のような検査拒否罪等に分かれる。

まず、上記①の (1) 狭義のほ脱犯が問題となったのが、**判例5**である。事案は、Xが、死亡した夫の相続財産から預貯金、株式等を除外する方法により相続税課税価格を減少させ、所轄税務署署長に対し、被告人分の相続税課税価格、相続税額について殊更過小な金額を記載した内容虚偽の相続税申告書を提出し、そのまま法定納期限を徒過させ、もって不正の行為により、正規の相続税額との差額の税を免れたほ脱犯（相続税法68条1項）が成立するとして起訴されたものである。原判決が、ほ脱罪の成立のためには、未必の故意では足りず、税を不正に免れようとする意図（ほ脱の意図）が必要であるとの解釈を示した上、Xがそれを欠くことを理由として無罪判決を下したのに対し、本判決は、原判決には、ほ脱の故意を否定した点で事実の誤認があり、その誤認が判決に影響を及ぼすことは明らかである等として、原判決を破棄し、Xにほ脱罪の成立を認めた。

次に、上記①の（3）不納付犯が問題となったのが、**判例4**である。事案は、高級クラブの「社長」と呼ばれるXが、従業員に対する給与及びホステスに対する報酬の支払をする源泉徴収義務者に当たり、その源泉所得税を法定納期限までに納付しなかった不納付犯（所得税法240条1項）が成立するとして起訴されたものである。本判決は、本件クラブはAの単独経営であり、Xは、従業員のトップとして本件クラブの経理等の業務に従事していた幹部従業員にすぎなかったのであるから、源泉徴収義務者には該当しないとして、Xを無罪とした。

さらに、上記②の（1）単純無申告犯が問題となったのが、**判例6**である。事案は、馬券を自動的に購入するソフトを使用して独自の条件設定等に基づいてインターネットを介して長期間にわたり多数回かつ頻繁に網羅的な購入をして、当たり馬券の払戻金を得ることにより多額の利益を恒常的に上げたXが、その所得につき正当な理由なく確定申告書を期限内に提出しなかったというものである（所得税法241条の単純無申告犯）。問題となったのは、当たり馬券の払戻金の所得税法上の所得区分と、はずれ馬券の必要経費該当性である。最高裁は、本件事実関係の下では、当たり馬券の払戻金は所得税法上の一時所得ではなく雑所得に当たるとし、また、外れ馬券の購入代金は、雑所得である当たり馬券の払戻金から所得税法上の必要経費として控除することができるとした。

最後に、**判例7**で問題となった無許可輸出罪（関税法111条3項、1項1号）は、上記③その他の犯罪に分類できると思われる。なぜなら、輸出に税金は課されないため、無許可輸出罪は国家の租税権限を侵害・危殆化しないと考えられるからである。事案は、航空機に機内預託手荷物として積載するスーツケースに隠匿する方法でうなぎの稚魚を無許可で輸出しようとしたというものである。最高裁は、入口にエックス線検査装置が設けられ、周囲から区画された国際線チェックインカウンターエリア内にある保安検査済みシールを貼付された手荷物は、そのまま機内預託手荷物として航空機に積載される扱いになっていたなどの本件事実関係の下においては、被告人らが、同スーツケースを機内持込手荷物と偽って入口での保安検査を回避して同エリア内に持ち込み、不正に入手していた保安検査済みシールを貼付した時点では、無許可輸出罪の実行の着手があったと判示した。

〔二本柳誠〕

4　所得税法における源泉徴収義務者の認定判断

大阪高判平成27年11月20日LEX/DB 25541872

杉本一敏

Ⅰ　事実の概要

被告人Xは、「オーナーママ」であるAとともに高級クラブ「B」を開店し、「社長」の肩書で黒服（クラブの裏方業務に当たる従業員）のトップとして稼働していた。Bは、平均して月額5,000万円弱程度の売上げがあり、A以外に「ママ」と呼ばれる幹部ホステスが4〜6名、それ以外の日給制ホステスが20名後半〜30名前半の規模で営業していた。

Bにおいては、平成21年8月から平成23年7月まで、従業員に支払う「給与」、ホステスに支払う「報酬」について源泉所得税の納付が行われておらず、Xが所得税法240条1項の罪（所得税の不納付罪。以下「本罪」とする）の単独正犯で起訴された。他方、AがBの経営者の立場にあったことは疑いないが、Xの強い希望により、国税庁がXのみを源泉徴収義務者として本件の処理を進めたという経緯があり、Aについては本罪の観点からの十分な捜査が行われず、その結果、起訴もなされていない。

原審（大阪地判平成26年11月10日判タ1424号338頁）[(1)]において、Xが源泉徴収義務者に当たるか否かが争われたが、原審は、所得税法において「給与等」または「報酬」の「支払をする者」に源泉徴収義務が課されているのは、「給与や報酬等の支払をする者と支払を受ける者との間に特に密接な関係があって、徴税上特別の便宜を有し、その能率を挙げ得る」からであり、このような趣旨からすれば、ここにいう「特に密接な関係」とは、「それが

(1)　大阪地裁判決の評釈として、今村隆「判批」ジュリ1478号（2015年）10-1頁、林仲宣＝高木良昌「判批」税弘63巻2号（2015年）62-3頁がある。

濫用的脱法的である場合は別として、原則として、雇用契約や請負契約等の法律上の債権債務関係」を意味し、したがって「給与等の支払をする者」とは「本来の〔給与の支払〕債務者あるいはこれに準ずる関係にある者」である、との一般論を提示する。その上で、Bのような個人経営クラブでは、「経営者」が「債権債務関係の当事者」に当たるとし、そこでXが「経営者」といえるか否かの検討を行っている。

原審は、XがBの経営者に当たるか否かにつき以下の5点（(1)～(5)）にわたって検討を加え、XはBの経営者には当たらないとの判断を下した。

(1) 「Bの経営状況とAおよび被告人〔X〕の待遇」を見ると、Aは、Bの売上額の約1割（月額500万円）という極めて高額な利得を固定的に得、飲食・美容治療等の個人的費用もBの必要経費として計上されるなど、Bの「経営者として考えなければ合理性がない待遇」を受けているが、Xの月給は120万円（実際の受給額は80万～100万円程度）でAとの間に5倍以上の開きがあり、経費も個人負担であるなど、黒服従業員のトップとしての待遇を受けているにすぎない。

(2) 「従業員の採用等」について。上記の一般論に従えば、源泉徴収義務者とは「原則として、雇用契約や請負契約等の法律上の債務者」であるから、「ホステスや黒服従業員との雇用契約や請負契約の主体が誰かが重要となる」。そして、「Bの営業に大きな影響を与える高額報酬の幹部ホステスの採用権限」はAにあり、Xにはなかった。

(3) 「B以前の経緯を踏まえた検討」。XとAは、Bの開店以前にも2店のクラブを営業していたが、いずれの店舗でも資金力、肩書、待遇から見てAが経営者であった。

(4) また、本件では「Xが共同経営者である旨のX自身の供述」（検察官調書）があるが、その証拠価値は低い。

(5) 最後に「Xの経営者性を示唆する事情等」として以下の点が挙げられるが、いずれもXの経営者性を基礎づけるには足りない。第1に、Xが経理全般を仕切っていたとされるが、Xがしていたのは事務的な会計処理にすぎず、あくまで幹部「従業員」としての業務にすぎない。第2に、Bの店舗賃貸借契約、火災保険契約、顧客の未収金の支払先の入金口座、営業許可、所得税の確定申告等の「名義人」がXになっていた点は、「実質的な名義貸し」によるものと考えられ、経営者性を基礎づけるものではない（Xは、税金事件で検挙されたとき各種届出の名義人が真っ先に疑いを向けられるので、Aは自分に疑いが向けられないように従業員を名義人にしていた、と供述しており、この供述には信用性がある）。第3に、Xの「社長」という肩書も経営者性を示すものではない。

検察官は、XがBの「経営者」でないとしても、「支払の係る経済的出捐の効果の帰属主体となるにふさわしい実体を有する者」として源泉徴収義務者に当たる、と主張したため、原審はこの点についても検討を加えたが、Xは「Aの僅か5分の1しか利得配分を受けておらず、給与等の計算は、黒服従業員のトップとして事実上行っていたにすぎないのであるから、そのような者を経済的出捐の効果の帰属主体などといえるはずもな」いとし、Xにつき本罪の成立を否定した。

そこで、検察官が、事実誤認などを主張して控訴した。

Ⅱ　判旨――控訴棄却

検察官は、XがBの（共同）経営者でないとした原審の認定は事実誤認である、と主張したが、大阪高裁は、検察官の主張内容を逐一否定し、「検察官の主張を個別的にみても、また、総合的にみても、被告人〔X〕が共同経営者とは認められないとした第一審判決の認定は不合理とはいえ」ない、として原審の認定判断を維持した。

更に検察官は、仮にXがBの経営者でないとしても、①Xの指揮命令の下に労務が提供されていた、また、②Xが給与・報酬等の支払主体であったとして、Xが源泉徴収義務者に当たると主張した。大阪高裁は、次のように判示してこれらの主張も退けた。

①の点について。「これらはいずれも黒服従業員としての役割分担、あるいは黒服従業員の中のトップとしての業務として説明できるものにすぎず、これをもって雇用関係の当事者としてふさわしい実体を有する者とみることはできない。」

②の点について。「Bの経営において、経費等の支払を除いた売上げを実質的に管理していたのはAに他ならず、そもそも、このような収益の帰属

主体こそが通常、事業を行う上での報酬等を支払い得る者であって、Xは事実上Bの売上げの多寡により不利益を被ることがあっても……その収益等を取得する立場にあったとはみられないから、XがBで稼働するホステス及び従業員との間の雇用関係の当事者としてふさわしい実体を有する者であったとみることはできない。」[2]

Ⅲ 評釈

1 本件の問題

所得税の源泉徴収制度は、本来の納税義務者以外の第三者（源泉徴収義務者）に租税を「徴収」させ、「納付」させる制度である。本件で問われたのは、源泉徴収義務者（以下、「義務者」とする）が「徴収して納付すべき所得税を納付しなかった」ときに成立する、不納付罪（所得税法240条1項）の構成要件該当性である。所得税法183条1項は、「給与等の支払をする者」に給与所得に関する源泉徴収義務を課し、同法204条1項・2項3号は、「報酬若しくは料金、契約金又は賞金の支払をする者」のうちバー等の「施設の経営者」に限ってホステス報酬に関する源泉徴収義務を課しており、本罪は、これらの義務主体であることを要件とする身分犯である。本件の問題は、Xが所得税法183条1項の「給与等の支払をする者」、同法204条1項・2項3号のバー等の「施設の経営者」に該当するか、という点である。

2 源泉徴収制度と源泉徴収義務者

(1) 最高裁昭和37年大法廷判決

所得税法には、給与等の「支払をする者」や、バー等の「施設の経営者」の定義・認定基準に関する規定は存在しない。そこで、これらの義務者の概念を考えるにあたり、従来参照されてきたのが、源泉徴収義務の合憲性（憲法14条違反）が争われた事件に関する最大判昭和37年2月28日（刑集16巻2号212頁）（以下、「最大判昭和37年」とする）である。

最高裁は、「給与所得者に対する所得税の源泉徴収制度は、〔①〕これによ

---

(2) 大阪高裁判決の評釈として、加藤恭子「判批」税法学576号（2016年）155頁以下がある。

って国は税収を確保し、徴税手続を簡便にしてその費用と労力とを節約し得るのみならず、〔②〕担税者の側においても、申告、納付等に関する煩雑な事務から免かれることができる。〔③〕また徴収義務者にしても、給与の支払をなす際所得税を天引しその翌日一〇日までにこれを国に納付すればよいのであるから、利するところ全くなしとはいえない」として、同義務の合憲性を基礎づけた。ここでは、①課税権者（国）のメリット、②担税者（給与を受ける者）のメリットのほか、③源泉徴収義務を負わされる者（給与の支払いをする者）の負担も大きなものではない、という点が源泉徴収制度の正当化根拠として挙げられている[3]。更に最高裁は、③の義務者の負担に関して、「法は、給与の支払をなす者が給与を受ける者と特に密接な関係にあって、徴税上特別の便宜を有し、能率を挙げ得る点を考慮して、これを徴税義務者としているのである」から、「担税者と特別な関係を有する徴税義務者に一般国民と異る特別の義務を負担させた」としても、憲法14条に違反しないとしている（引用文中の傍点は筆者）。ここでは、「給与の支払をなす者が給与を受ける者と特に密接な関係にあって、徴税上特別の便宜を有し、能率を挙げ得る」場合には、源泉徴収義務を課しても合憲であるとの解釈（合憲限定解釈）が示されたものと言える。そこで、従来の議論は、「給与の支払をなす者が給与を受ける者と特に密接な関係にあって、徴税上特別の便宜を有し、能率を挙げ得る」という最高裁の判示が、個別具体的事例における「支払をする者」該当性の判断基準にもなり得るものと解している[4]。

以下、給与等の「支払をする者」、バー等の「施設の経営者」の認定基準につき、具体的に検討を加える。

(2) 「給与等の支払をする者」（所得税法183条1項）

給与等の「支払をする者」（所得税法183条1項）の概念・定義としては、

---

(3) 佐藤英明「日本における源泉徴収制度」税研153号（2010年）25頁、渡辺徹也「申告納税・源泉徴収・年末調整と給与所得」日税研論集57号（2006年）123頁、147頁注(9)参照。

(4) 渡辺・前掲注(3)123頁は、この判示部分は「合憲性の根拠としてだけではなく、源泉徴収制度が機能するためにも必要なものであろう」とし、判旨のいう「特に密接な関係」が源泉徴収義務を認めるための「前提」となるとする。また、最判平成23年1月14日（民集65巻1号1頁）は、破産管財人報酬・退職金債権に対する配当に関して、破産管財人が「支払をする者」（源泉徴収義務者）に該当するかが問題となった事件において、最大判昭和37年の判示を明示的に引用した上で、その該当性につき判断を下している。

具体的に次の3つ（①〜③）が考えられる。

①「支払行為の担当者」。第1に、端的に「支払い」という外形的な事実行為を担う者が「支払をする者」である、と解する余地がある。最大判昭和37年の判示に照らしても、給与支払いの事務処理上、実際に源泉徴収額を天引き徴収できる機会を持っている者こそが、「徴税上特別の便宜を有し、能率を挙げうる」者として「支払をする者」に当たる、と見ることは可能である[(5)]。

しかし、義務者としては、支払う給与とは別個に「納税するための資金」を用意しておいてもよいのであり[(6)]、「実際に金銭を交付する際に、必ず支払原資から天引できることまでは」制度上要求されていない[(7)]。したがって、給与の支払時に、義務者の手によって「天引き徴収」が文字通り行われるとは限らず、「支払をする者」の解釈としても、現実に支払いという事実行為を担当している者に限るべき必然性・合理性はない[(8)]。

②「給与等の支払いの法的債務者」。そこで第2に、「支払をする者」とは支払債務者（給与等の支払いについて法的債務を負っている者）である、とする解釈が出てくる。後述のとおり（3)、この解釈が、現在の判例の基礎にあると見られる。

③「経済的出捐者」。第3に、「支払をする者」に当たるのは「その支払に係る経済的な出捐者」（「当該支払に係る経済的効果の帰属主体となるにふさわしい実体を有する者」）である、とする考え方が裁判例に現れている場合もある。

②の「法的債務者」と③の「経済的出捐者」は、単純にいえば、前者が（雇用契約上の）「雇用主」、後者が（当該事業の）「事業主」、と性格づけることができる。「法的債務者」性は、雇用主＝給与等の支払債務者という法的地位に着目する基準であり、「経済的出捐者」性は、法的地位から一旦離れ、経済的に見た支払原資の出所に着目する基準であると言えよう。問題が生じるのは、どちらの基準で考えるかによって「支払をする者」が異なる場合で

---

(5)　田中治「源泉徴収制度等の存在理由」税法学571号（2014年）146頁参照。

(6)　高橋祐介「判批」民商145巻3号（2011年）321-2頁参照。

(7)　長戸貴之「判批」法協130巻4号（2013年）1008頁。

(8)　最判平成23年3月22日（後述の3(1)を参照）は、このような天引き徴収の現実の機会がない者についても源泉徴収義務を認めており、「支払行為の担当者」説を排除したと考えられる（長戸・前掲注(7)1008頁参照）。

ある。しかし、仮に結論が異ならない場合であっても、およそ「支払をする者」の認定に際してどちらの属性に着目するのが妥当なのか、という点は根本的な問題となる。

(3) バー等の「施設の経営者」(所得税法204条2項3号)

次に、本件のようなクラブのホステス報酬(これは給与所得ではなく、ホステス個人の事業所得である)に関しては、所得税法204条2項3号により、バー等の「施設の経営者」が源泉徴収義務者となる。この「施設の経営者」の認定に際しても、「法的債務者」(報酬の支払債務を負う者)としての属性、「経済的出捐者」(支払原資の経済的出所をなす者)としての属性のいずれに着目するべきか、という点は同じく問題となり得る。

3 義務者となるのは法的債務者(雇用主)か経済的出捐者(事業主)か

(1) 「法的債務者」説に立つ判例

最高裁は、次の2件の判例で「法的債務者」説に親和的な判断を示してきた。

最判平成23年1月14日(民集65巻1号1頁)は、破産管財人が、破産会社の元従業員らを債権者とする退職金債権に対して配当を行った場合に、所得税法199条にいう「退職手当等の支払をする者」として源泉徴収義務を負うか否かが問われた事件において、破産管財人は、「破産宣告前の雇用関係に関し直接の債権債務関係に立つものではなく」、退職金債権に対する配当も「破産手続上の職務の遂行として行う」のだから、破産管財人と元従業員との間に「使用者と労働者との関係に準ずるような特に密接な関係があるということはできない」として、破産管財人の源泉徴収義務を否定した。これは、破産管財人の行う配当が「破産管財人自身の利害に関わらない職務行為」であり、破産管財人と破産債権者(元従業員)との間に「債権者と債務者との関係に準じた『特に密接な関係』」はないことから[9]、破産管財人の義務者性を否定したものである。

最判平成23年3月22日(民集65巻2号735頁)は、従業員が雇用主に対して賃金支払いの訴えを提起し、強制執行によって雇用主から賃金を回収し

(9) 古田孝夫「判解」最判解民事篇平成23年度(上)(2011年)24頁。

た場合に、雇用主は所得税法183条1項の「給与等の支払をする者」に当たる者として、従業員に対して源泉所得税相当額を求償することができるかが問われた事件であるが、最高裁は、「給与等の支払をする者が、強制執行によりその回収を受ける場合であっても、それによって、上記の者の給与等の支払債務は消滅するのであるから、それが給与等の支払に当たると解するのが相当である」（引用文中の傍点筆者）として、この場合の雇用主を義務者と認めている。ここでは、「支払をする者」（義務者）は「本来的な債務者」のことである、との理解（法的債務者説）が前提とされていると解される。

(2)　「経済的出捐者」説の根拠

これに対して、給与等の原資の経済的出捐者が義務者である、という「経済的出捐者」説の発想が現れた裁判例もある。

第1に、大阪地判平成22年9月17日（訟月58巻7号2777頁）が挙げられる。X社（一般労働者派遣会社）は、消費税法において消費税額から控除される「課税仕入れ」に「従業員給与」は含まれないが「外注費」は含まれる、ということを利用して消費税の納付を免れようと企て、X社の従業員（派遣スタッフ）を書類等の形式上、事業実体のないダミー会社「A社」に移籍させた。そして、実際には「X社の従業員に対する給与等の支払い」に当たるものを、「A社への外注費の支払い」であるかのように仮装し、その支払いを消費税の控除対象である「課税仕入れ」に該当するものとして消費税の計算を行い、消費税の納付を免れた（X社は、消費税法違反の罪で起訴され有罪判決を受けた）。他方で、従業員（派遣スタッフ）の給与等の源泉所得税は「A社」の名義で徴収・納付されていたが、税務署長は、納付された源泉所得税をA社に還付し、義務者であるX社からの源泉所得税の納付がないとして、X社に対し重加算税の賦課決定処分をした。そこでX社が、実際に従業員に給与等を支払っているのはA社だから、A社が義務者に該当し、かつA社による源泉所得税の納付はなされているとして、本件処分の無効確認を求めた。

大阪地裁は、「支払をする者」（義務者）とは「課税対象たる経済的利益の移転に直接かつ実質的にかかわる者、すなわち、当該支払に係る経済的出捐の効果の帰属主体となるにふさわしい実体を有する者」をいうと判示した上で、本件では、A社は書類上の存在にすぎず、X社こそが「給与等の原資を提供し」、「本件従業員に係る労働者派遣事業を実質的に行っていた事業主体」として、この立場に該当するとした（控訴審の大阪高判平成23年3月24日（訟月58巻7号2802頁）もこの判断を是認している）。

ここでは、当該給与等の支払の実質的・経済的出捐者こそが「給与等の支払をする者」に当たる、という「経済的出捐者」説の立場が示されている[(10)]。この判決が「経済的出捐者」に着目し、あくまでX社を義務者と認定した理由としては、源泉所得税納付の名義人（雇用主としての外形を持つ主体）であるA社に実体がなく、実質的に納付していたのはX社である、という事情が挙げられよう。しかし、納付の形式的な「名義」がA社だったとしても、およそ源泉所得税の徴収・納付はなされていたのだから、租税債権の満足という観点からは問題がなかったはずである。したがって本件では、X社が「消費税の脱税目的」でA社を設立・利用したという事情も（あるいは、むしろその事情こそが）、X社を義務者と認定する上で重要な意味を持っていたのではないかと推察される。この事件で争われていたのは、不納付罪の成否ではなく、重加算税の賦課決定処分の当否であり、したがって争点となったのも、重加算税の成立要件である「事実の隠ぺい、仮装」（国税通則法68条3項）の存否であった[(11)]。この事情が、X社を義務者とする認定判断を大きく後押ししたように思われる。

第2に、東京高判平成20年12月10日（税資258号順号11101）に現れた、国（課税庁）側の主張が挙げられる。この事件では、医師Xが、他の医師3名にそれぞれ医院を開設させて「院長」に就任させ、各医院における事業所得が各院長に帰属するものとして所得税の確定申告を行わせた。しかし、各医院の実質的な経営者はXであり、各医院からの収益はXに帰属していた（そのためXは、これらの事業所得につき、所得税法違反の罪で有罪判決を受けた）。他方で、各医院における従業員の給与等の源泉所得税は、各院長において徴収・納付を行っていたが、税務署長は、各院長に源泉所得税を還付し、

---

(10)　今村・前掲注(1)11頁は、同判決の立場をそのようなものと解している。

(11)　同判決は、X社が「消費税等の脱税を目的として事業実体のないA社等を設立し又は利用し……〔A社〕において本件従業員に対する給与等の支払を行っているかのような外観を作出した」、という事情が、「事実の全部又は一部を隠ぺいし、又は仮装し」に当たるとの判断を示している。

義務者であるXからの源泉所得税の納付がないとして、Xに対し重加算税の賦課決定処分をした。そこで、Xが本件処分の取消しを求めた。

これに対して、国（課税庁）側は、「支払をする者」とは「当該支払に係る経済的出捐の効果の帰属主体」を意味するとした上で（「経済的出捐者」説の立場）、本件各医院から生じる事業所得はXに帰属しており、本件各医院の従業員に対して支払われた給与等もXの事業所得額を計算する際にその必要経費に算入されているのであるから、これらの「経済的出捐の効果の帰属主体」はXであって、Xが源泉徴収義務を負う、と主張した。

この国（課税庁）の主張は、「問題となっている事業活動から生じる事業所得の帰属者」と、「その事業活動のために雇用された従業員の給与等に係る源泉徴収義務者」とが一致する、という論理を前提としている[12]。では、なぜこの両者が一致すべきなのだろうか。その理由は、次の点に求められるように思われる。従業員らの稼働によって事業所得を得ているXが、一方で、「その従業員らは、自分の事業活動ではなく、Aの事業活動の従業員である」と主張して、その給与等の源泉所得税の徴収・納付を自らは履行せず、しかし他方で、自分の事業所得の確定申告においては、「Aの事業活動の従業員」だと言っていたはずの従業員らの給与等の支払額を、自分の事業所得額から「必要経費」として控除したとすれば、このXの行動は一種の「自己矛盾」である。一方で、事業主として負うべき義務を放棄しておきながら、他方で、事業主でなければできない「必要経費としての控除」を主張しているからである。このように考えると、経済的出捐者（事業主）こそが義務者に当たる、という「経済的出捐者」説の根底には、「給与等の支払いを必要経費として自己の事業所得額から控除できる者（＝事業主）こそが、その給与等の源泉徴収義務を負担すべきである」、という発想が伏在しているように思われる。

(3)　両説の当否

しかし、「経済的出捐者」説の根拠がこのようなものだとすれば、そのような見解には問題があると思われる。Xが、自分が従業員を稼働させて収

(12)　占部裕典「源泉徴収制度における権利関係と権利救済」『租税法と行政法の交錯』（2015年）570-1頁。

益を得ている真の事業主であったにも拘わらず、他者が事業主であるかのように仮装し、本当は自分に帰属している収益を自分の事業所得額に計上しなかったとすれば、Xは自分の事業所得を隠蔽して所得税額を偽ったことになり、脱税の罪に問われることになろう（上記の東京高判平成20年12月10日の事案もそうであり、Xは現にその点で所得税法違反の罪に問われている）。つまり、Xが上記の「自己矛盾」に当たる行動に出ている場合には、Xは所得税額を偽ったことについて、別途、脱税の罪に問われ得る状況に置かれているのである。「経済的出捐者」説は、このように事業主に「自己矛盾」（脱税目的）がある場合に、そのことを理由として、源泉所得税の不納付罪の成立を主張するものであるが、そのような論理は、脱税の罪として別途評価されている（されるべき）違法内容を、不納付罪の処罰根拠に「転用」してしまっているように思われる。行為者に脱税目的があったという事情を考慮に入れることは、当罰性の感覚としては理解できなくはないとしても、不納付罪を基礎づける理論的根拠とはなり得ないと思われる。

前掲東京高判平成20年12月10日も、国（課税庁）の主張は「独自の見解というほかない」としてこれを退けた上で、「法的債務者」説に立ち、「個人の開設する診療所における雇用関係は、開設者を雇用主として成立する」から、各医院の開設者である各院長こそが源泉徴収納付の義務者に該当する、との判断を下している。学説の多くも、東京高裁の判断（「法的債務者」説）を支持している。その理由としては、「事業所得の帰属者（＝事業主）」と「源泉徴収納付の義務者」とが一致すべき論理必然的な理由がないこと、「経済的出捐者」説に立つ場合、その判定基準が明確でなく法的安定性を害すること[13]、が挙げられている。

4　本件で挙げられている考慮事項

以上で見たように、「法的債務者」説が判例の基礎にある考え方であり、また、それは妥当であると言うことができる。

本件の原審（大阪地裁）も、上記の最判平成23年1月14日と同じく、

---

(13)　田中・前掲注(5)146-7頁、今村・前掲注(1)11頁、山畑博史「判批」速報判例解説 vol.6（2010年）337-8頁参照。

「給与等の支払をする者とは、本来の債務者あるいはこれに準ずる関係にある者」を意味するとして、「法的債務者」説の立場を明示する。その上で、個人経営のクラブでは、通常その「経営者」が「債権債務関係の当事者」に当たるとして、「法的債務者＝経営者」という等式を示している(14)。なお、大阪高裁は、「支払をする者」の概念に関して独自の判断を示していないが、原審には事実誤認がある、とする検察官の主張を合計26点にまとめた上で、それらを全て退け、原審の事実認定を是認している。

ＸがＢの「経営者」であるか否かを判定するにあたって原審及び大阪高裁が列挙している諸事情の中には、一見すると、Ｂの「事業主」（Ｂにおける給与等の実質的・経済的出捐者）は誰か、を問題にしているかのように見える要素も含まれている。Ｂの収益からＡとＸがそれぞれ得ていた「利得」の額、ひいては「源泉徴収の不納付によって実質的利益を得ていたのは誰か」という事情、Ａが売上げを実質的に手中にし、管理していたという事情がこれに当たる。しかし、裁判所は、個人経営のクラブではその「経営者」に当たる者が「（給与支払等の）法的債務者」である、との前提理解に立ってこのような認定手法を採っているのであり、決して「経済的出捐者」を問題にしているわけではない。これらの事情はあくまで、本件クラブの「法的債務者」と目される「経営者」が誰か、を見極めるために援用されているものである。

他方また、「Ｂの営業に大きな影響を与える高額報酬の幹部ホステスの採用権限」を誰が持っていたかという事情も、採用に当たった者が、被採用者の「雇用主」として直接「法的債務者」に当たることになる、といった意味で考慮されているわけではない点に注意を要する(15)。ここでは、Ｂの経営状態を左右するような重大な決定権限を有している、という事情が、Ｂの「経営者」であることの間接事実として捉えられているにすぎない。

本件の事実関係の下では、「法的債務者」説に立っても「経済的出捐者」

---

(14)　なお、ここで「経営者」という文言が登場しているが、これは、給与等の「支払をする者」（所得税法183条１項）に当たるのが給与等の支払いの「法的債務者」ひいては「経営者」である、という解釈を示したものであって、所得税法204条２項３号の「バー等の経営者」のことを問題にしているわけではない。

(15)　現にＢの経理担当者などは、Ｘが権限を持ってその採用に当たっていたが、だからといって、その給与の支払債務者がＸであるというわけではない。

説に立っても、義務者の認定の結論に違いは出ない（いずれにせよXは義務者でない）、と言える。しかし、裁判所が「法的債務者」説の立場を明示し、あくまでその枠内で個人経営クラブにおける「義務者」の認定判断を行い、そのような判断に際して考慮事項としてとり込み得る諸事情を示して見せた、という点に本判決の意義が認められる。

5　虚偽過少申告逋脱犯の主観的要件

大阪高判平成26年11月18日LEX/DB 25505506

菊地一樹

Ⅰ　事実の概要

被告人は、平成20年9月11日に夫であるAが死亡し、その後の遺産分割協議の結果Aの財産の全部を単独で取得したものであるが、その相続財産に関し、相続税を免れようと企て、実際の相続税額が2億2976万500円であったにもかかわらず、相続財産から、預貯金、株式等（以下、「預貯金等」とする）を除外する方法により相続税課税価額を減少させ、平成21年7月7日、B税務署署長に対し、被告人分の相続税額が8886万500円である旨の殊更過少な金額を記載した内容虚偽の相続税申告書を提出し、そのまま法定納期限を徒過させ、もって不正の行為により、正規の相続税額との差額1億4090万円の税を免れたとして起訴された。これに対して、弁護人は、客観的に過少申告があったことが間違いないとしても、それは被告人の誤解、失念等によるものであって、被告人には相続税を不正に免れようとする意思はなかったのであるから、被告人が「偽りその他不正の行為」（相続税法68条1項）を行ったとはいえないとして無罪を主張した。被告人による誤解の原因としては、申告漏れが指摘された預貯金等の名義の多くが、Aの死亡時において、被告人や4人の子、さらに第三者など、A以外のものであったことが挙げられている。

以上の事案につき、原審（神戸地判平成26年1月17日裁判所HP）は無罪判決を出した。原審は、まず、本件では、相続財産の秘匿隠蔽工作が事前に行われたとの事実が認められないことを確認したうえで、本件のような事前の秘匿隠蔽工作を伴わない過少申告類型の逋脱犯の成立には、単に過少申告があっただけでは足りず、税を不正に免れようとの意図（逋脱の意図）に基づき、その手段として申告書に記載された課税物件が法令上のそれを満たさないものであると認識しながら、あえて過少な申告を行うことを要するとの解釈を示した。この解釈を前提として、申告漏れが指摘された預貯金等のうち、被告人や４人の子など家族名義のものについては、申告が必要であるとの認識を欠いたために申告せず、その余のものについては、失念等によって申告を怠ったとの被告人の公判供述は、基本的に信用することができるとし、被告人には逋脱の意図が認められないと判断して、被告人に本件逋脱罪が成立しないことが明らかである旨判示した。

そこで検察官は、事実誤認、法令適用の誤り等を主張して控訴した。

Ⅱ　判旨――破棄自判

大阪高裁は、検察官による事実誤認の主張につき、次のように判示したうえで、事実誤認が判決に影響を及ぼすことは明らかであるとし、原判決を破棄した。「被告人は、相続財産として税理士に伝えた財産以外にも……相続財産が存在することを明確に認識しながら、税理士から申告すべき財産に漏れがないかを確認された際にもあえてその存在を伝えず、同税理士を通じて過少の相続税申告をしたものであるから、真実の相続財産を隠蔽し、それが課税対象となることを回避するために、相続税課税価格を殊更過少に記載した内容虚偽の相続税申告書を提出したものと認められる」。したがって、「被告人にはほ脱の確定的故意が認められるというべきであ」る。「原判決は……被告人の原審公判供述の信用性を安易に肯定した結果、ほ脱の故意を否定する結論を導いたものであって、経験則等に照らして不合理な判断をしたものといわざるを得ない」。

これに対して、法令適用の誤りの点については、「本件では、被告人に確定的故意が認められるのであり、原判決の採用する法解釈を前提としても、ほ脱罪が成立する」とし、検討を加えるまでもないとした。

Ⅲ　評釈

1　はじめに

本判決は、被告人に逋脱の確定的故意を認めるという事実認定により事案を解決したものであり、解釈論上の問題につき特定の解決を示してはいない。したがって、原判決が提示した解釈論は、本判決において少なくとも否定されておらず、後の税法実務において参照される可能性が残されている。

原判決の解釈論には、逋脱犯の主観的要件に関連する重要な問題提起が含まれている[(1)]。もっとも、その解釈の理論的根拠は十分明らかではなく、内容についても不明確な点が残るように思われる。そこで、本評釈では主に、原判決の内容を分析的な観点から捉え直し、その理論的位置づけを明らかにする。

2　原判決において示された解釈論

原判決は、各種税法における租税逋脱罪の成立要件である「偽りその他不正の行為」の意義を、「逋脱の意図をもって、その手段として税の賦課徴収を不能もしくは著しく困難ならしめるような何らかの偽計その他の工作を行うこと」であるとした最大判昭和42年11月8日（刑集21巻9号1197頁）（以下、「昭和42年判例」とする）を引き合いに出しつつ、これを本件のような事前の秘匿隠蔽工作を伴わない過少申告事案について当てはめると、この場合の「偽りその他不正の行為」とは、「真実の課税物件を隠蔽し、それが課税対象となることを回避するため、課税物件を殊更に過少に記載した内容虚偽の申告書を提出したこと」であるとした。ここで重要なのは、原判決が、昭和42年判例の中に表れている「逋脱の意図をもって」という文言に着目し、行為者の主観的要件に限定を付そうとしている点である。すなわち、単に過少申告が行われたというだけでは足りず、特に「逋脱の意図」という特別の主観的要件の充足が認められなければ、「偽りその他不正の行為」とは

(1)　原判決の評釈として、水野裕史「判批」旬刊速報税理34巻1号（2014年）30頁以下、増田英敏「判批」TKC税研情報24巻1号（2015年）20頁以下がある。

いえないとしたのである。

問題は、ここで主観的要件として要求されるものの具体的内容である。その内容を分析するに当たっては、行為者の事実の認識の問題と違法性の意識の問題とを区別して検討することが有用であろう。

行為者の事実の認識の問題につき、原審は、まず、「不注意や事実の誤認……によって過少申告を行った場合」については主観的要件を満たさないと指摘する。もっとも、逋脱犯が故意犯であることは明らかであり（刑法38条1項、同8条）、不注意や事実の誤認を原因とする過失の過少申告の事案において逋脱犯の成立が否定されることは当然である。むしろ重要なのは、原判決が、検察官により主張された「未必の故意を含む構成要件的故意があれば租税逋脱罪成立の主観的要素としては十分であ」るという解釈を明示的に排斥し、「逋脱の意図」の内容として確定的故意を要求するという態度を示している点である。

他方で、違法性の意識の問題については、「法令に関する不知や誤解などの理由によって過少申告を行った場合には、『偽りその他不正の行為』にはあたらない」としていることから、法律の錯誤及びあてはめの錯誤の両者につき、逋脱犯の成立を否定する解釈を示しているように読める。

3　検討

一般の刑法理論によれば、事実の認識に関して、未必の故意が存在する場合についても故意犯の成立が認められる。また、違法性の意識の問題に関しては、違法性の錯誤はその理由のいかんを問わず故意責任を阻却せず、犯罪の成否に影響を与えないとするのが伝統的な判例の理解である。これに対して、以上で示した原判決の解釈論では、事前の秘匿工作を伴わない虚偽過少申告による逋脱犯の成立につき、事実の認識面と違法性の意識面の両面で要件が加重されていると評価できる。ここで問題となるのは、このように一般の刑法理論を修正し、例外的に要件を加重するだけの理論的な根拠が認められるかどうかである。以下ではまず、租税逋脱犯の類型を簡潔に整理し、それを前提に、逋脱類型における確定的故意の要否と違法性の意識の取扱いの2点に関して、それぞれ検討を加える。

(1)　租税逋脱犯の類型

「偽りその他不正の行為」によって税を免れる狭義の逋脱犯の類型としては、①事前の秘匿工作を伴う虚偽過少申告、②事前の秘匿工作を伴う無申告、③事前の秘匿工作を伴わない虚偽過少申告に区別することが可能である。これらに対して、④事前の秘匿工作を伴わない無申告（単純無申告）については、「不正の行為」に該当せず、たとえ逋脱の意思を伴う場合であっても、狭義の逋脱犯の成立が認められないということが判例上すでに確立しており(2)、場合により、逋脱犯より法定刑が軽い単純無申告罪（例えば、相続税法69条を参照）で処罰されるにとどまる。

このうち、本件で問題となったのは③類型の逋脱である。①や②の類型と比較すると、事前の秘匿工作を伴わない点が特徴であり、学説の中には秘匿工作がないことを理由として、「偽りその他不正の行為」によって税を免れる狭義の逋脱犯には当たらないとする見解も存在する(3)。しかし、最判昭和48年3月20日（刑集27巻2号138頁）（以下、「昭和48年判例」とする）によれば、虚偽過少申告、すなわち「所得金額をことさらに過少に記載した内容虚偽の確定申告書を税務署に提出する行為」それ自体が、「偽りその他不正の行為」であり、事前の秘匿工作がなされなくても本罪の成立は肯定される(4)。本件においても、③類型が狭義の逋脱犯に当たること自体は前提とされている。

(2)　確定的故意の要否

③類型について逋脱犯の成立可能性を認めるとしても、こうした場合には、事前の秘匿工作が伴わないため、法益侵害の類型的危険性、すなわち税額の正確な把握が困難となる危険性が低く、それをいわば「補完する」ために、

---

(2)　最判昭和38年2月12日（刑集17巻3号183頁）は、「たとえ所得税逋脱の意思によつてなされた場合においても、単に確定申告書を提出しなかつたという消極的な行為だけでは……『詐偽その他不正の行為』にあたるものということはできない」と明言している。

(3)　板倉宏「判批」『租税判例百選〔第2版〕』（1983年）229頁、浅田和茂「青色申告承認の取消と逋脱罪の成否」法雑36巻3＝4号（1990年）359頁等。

(4)　なお、滝谷英幸「租税逋脱犯における『偽りその他不正の行為』」早研163号（2017年）151頁以下は、秘匿工作の意味を、税務当局による捕捉を困難にする危険性に求めることを前提に、虚偽過少の記載を行った申告書の作成・提出それ自体が「秘匿工作」に当たりうると指摘する。

主観的要件の方を加重すべきではないか、という点が問題となりうる。③類型における故意の内容を、確定的故意に限定するという発想は、こうした問題意識に支えられたものであろう。下級審裁判例の中でも、例えば、東京地判昭和55年2月29日（判タ426号209頁）は、秘匿工作を伴わない虚偽過少申告が問題となった事案で、「当該申告によって税を逋脱せしめることの積極的な意思」を要求し、未必の故意があるだけでは、「偽りその他不正の行為」が認められないと判示している。しかし、他方で、名古屋高判昭和26年6月14日（高刑集4巻7号704頁）のように、「刑罰法規一般の理論に従い、確定、不確定、未必の各故意があれば足り」るとした裁判例も存在しており、実務的に統一的な解釈が示されているとはいえない状況にある。学説上も、③類型の主観的要件としては、未必の故意では足りないとするものがあるが(5)、これに対しては、「条文上そのような限定がない場面で、故意の一般理論に例外を認める根拠に乏しく、適切でない」とする反論が提起されている(6)。

このように裁判例や学説が対立する中で、本件の原判決は、形式と実質の両面から、故意の程度を確定的故意に限定する解釈の根拠を提示している。形式的根拠としては、「偽りその他の行為」という要件の解釈において、昭和42年判例の中でも現れた「逋脱の意図をもって」という文言が挙げられている。さらに、実質的根拠としては、租税逋脱犯処罰の本来の趣旨が、「違反者の不正行為の反社会性ないし反道徳性に着目し、それに制裁を科すことにある」ことから、「犯罪として処罰するに値する行為を選別する」必要があることに加えて、単純無申告（④類型）については、それが逋脱の意図に基づく場合であっても「偽りその他不正の行為」にあたらないとされることと均衡を図る必要があること、さらに、租税逋脱罪と近接する制度であり、法文上の要件も類似する重加算税制度（国税通則法68条参照）において、納税者の積極的な過少申告の意図の存在が賦課要件とされていることが挙げられている。

このうち、形式的根拠として引き合いに出されている「逋脱の意図をもっ

---

(5)　松沢智『租税処罰法』（1999年）29-30頁。板倉宏「租税犯における故意(上)」判タ191号（1966年）16頁も、この場合に「未必の故意の理論の適用が制限される」とする。

(6)　山口厚編著『経済刑法』（2012年）164頁〔島田聡一郎〕。

て」という文言は、それ自体が法律上規定されているわけではなく、あくまでも「偽りその他不正の行為」の解釈の中で判例上示されたものにすぎない。その具体的な内容として、確定的故意を要求するか否かという点については、実質的な検討を要するであろう。

この点で、原判決が示した、「犯罪として処罰するに値する行為を選別する」という実質面からの理由づけは注目に値する。秘匿工作を伴わない虚偽過少申告それ自体が「不正の行為」に当たるとした昭和48年判例が、過少申告行為の中でも「ことさらに」なされたものを「不正の行為」に当たるとしたのは、単純な過少申告行為の中で可罰的行為を限定的に捉えようとする姿勢があったのではないか、と分析するものがあるが(7)、このような分析は、以上の実質的な観点とも整合的である。

ただし、このような実質的観点から処罰範囲を制限しようとするのであれば、なぜ未必の故意では処罰が広すぎ、確定的故意に限定すれば適正な処罰範囲に合致すると考えられるのかについて、さらなる論証が必要である。この論証を説得的に行うためには、犯罪事実の認識としての故意が、犯罪の処罰根拠との関係でいかなる意義を有しているのかを明らかにする必要があろう。原審のように、「反社会性ないし反道徳性」という抽象的な概念を基準として持ち出すだけでは、十分な論拠が提示されたとは言い難いように思われる。

故意と犯罪の処罰根拠との関係、換言すれば、刑罰論における故意の機能を具体的に解明しようとする試みとして、例えば、故意を、行為者の再社会化（特別予防）を志向する心理的要素と位置づけるものがある(8)。このような理解を前提とすれば、秘匿工作を伴わない単なる虚偽過少申告をすべて処罰することは、同一の法定刑の下で規定されている他の逋脱類型と比較しても広汎となり過ぎることから、法益への敵対性が強く、行為者の特別予防の必要性が特に高いと認められる場合、すなわち確定的故意が存在する場合に限って処罰を認めるべきだとの説明が考えられる。また、この類型の逋脱犯においては、秘匿工作を伴わない分、法益侵害の類型的危険性は低いこと、

---

(7)　船山泰範「逋脱犯の刑法犯化」日法69巻4号（2004年）253頁。
(8)　髙山佳奈子『故意と違法性の意識』（1999年）121頁以下。

さらに、税法はもともと、更正処分や過少申告加算税などの制度を用意し、それらを含めて適正な租税収入を確保しようとしており、過少申告の存在をある程度見越していることからすれば[(9)]、処罰の必要性との関係でも、主観的要件を確定的故意に限定しようとする解釈に一定の説得力が認められるように思われる。

(3) 違法性の意識の取扱い

原判決は、③類型の逋脱犯につき、違法性の錯誤が認められる場合に逋脱犯の成立をおよそ否定するものであるかのように読める。このような解釈を示した裁判例は下級審でも見当たらない。違法性の意識が存在しないことは、量刑事情として主張されることがほとんどであり、犯罪の成立要件と関連づけて理解されてはいないといえる。

逋脱犯における違法性の意識の取扱いを論じるための前提として、納税義務の認識に関する錯誤が、事実の錯誤か法律の錯誤かという問題を解決する必要があろう。学説上は、納税義務を基礎づける事実（所得の存在や相続の事実など）について認識があれば、納税義務の認識がなくとも故意が認められるとする見解[(10)]と、納税義務の認識がなければ、事実の錯誤があるとして故意を阻却する見解[(11)]とが対立している。また、納税義務の認識を法的評価の問題であるとして、故意の内容から除外しつつも、「不正の行為」と評価するための要件として、納税義務の認識が必要であるとする見解[(12)]も主張されている。

故意が、保護法益への敵対性を示す心理的要素であるという立場を前提とすれば、納税義務の存在は、政府の租税債権の保護を目的とする逋脱犯規定が着目する属性の一つとして、故意（意味の認識）の対象に取り込まれ、逋脱犯の成立にはその認識が必要とされることになろう。原判決が、違法性の意識が必要であるかのような判示をしている点も、法の不知あるいは誤解の結果として、納税義務の認識が認められない場合につき、逋脱犯の成立を否定することを意図したものであるとすれば、十分に理解可能なものである。

---

(9) 小島建彦『直税法違反事件の研究』（1979年）63頁参照。
(10) 島田・前掲注(6)177頁。
(11) 板倉宏「租税犯における故意(中)」判タ194号（1966年）35頁。
(12) 堀田力「租税ほ脱犯をめぐる諸問題(四)」曹時22巻11号（1970年）70頁以下等。

これに対して、逋脱犯の成立について違法性の意識一般を要求してしまうと、納税義務は認識したうえで、ただ「申告しないことが違法ではないと思った」という場合にも逋脱犯の成立が否定されてしまうことになる。しかし、「処罰するに値する行為」の選別という実質的な観点からしても、このような場合に、他の一般犯罪と異なり、特に処罰を否定すべき合理的な理由を見出すことは困難である。

以上のことから、原判決を支持するとすれば、法令に関する不知や誤解が納税義務の不認識に結びついた場合にのみ、故意が認められず、逋脱犯の成立が否定される、という限定的な理解を採用することが妥当である。なお、事実の認識に関して確定的故意を要求する解釈を前提とする場合には、この納税義務の存在についても確定的な認識が要求されることになろう。他方で、違法性の意識については、他の一般犯罪と別異に取り扱う必然性は存しないのであり、「主観的要件の加重」も問題とならないと理解すべきである。

(4)　おわりに

原判決が提示した解釈論は、その理論的根拠や内容に不明確さが残るものの、「処罰するに値する行為」の選別という実質的な観点に基づいて、主観的要件を特別に加重することが正当化できるかという、理論的にも実践的にも興味深い問題を提起している。

本判決は事実認定の問題として本件を解決したが、原判決が示した解釈論は少なくとも否定されていない。事前に秘匿工作を伴わない虚偽過少申告類型に関して、主観的要件の加重を正当化する余地は理論的にも十分存在するものであり、こうした方向性については、今後の実務においても大いに検討する価値があろう。

6　競馬の払戻金の所得区分と必要経費の範囲について

最三小判平成27年3月10日刑集69巻2号434頁、判時2269号125頁、判タ1416号73頁

今井康介

Ⅰ　事実の概要

被告人は、馬券を自動的に購入できるソフトを使用し、インターネットを介して長期間にわたり多数回かつ頻繁に網羅的な購入をして当たり馬券の払戻金を得ることにより多額の利益を上げていたにもかかわらず、その所得につき正当な理由なく確定申告書を期限までに提出しなかったため、所得税法241条違反（単純無申告）で起訴された。本件では、主に①本件馬券の払戻金に係る所得の所得区分、②必要経費として控除すべき金額の範囲が問題とされ、検察官は①を一時所得であると解し、②を当たり馬券の購入費用のみであると主張して起訴した。

第一審（大阪地判平成25年5月23日刑集69巻2号470頁参照[(1)]）は、①について、「原則として、馬券購入行為については、所得源泉としての継続性、恒常性が認められず、当該行為から生じた所得は一時所得に該当する」としつつも「本件馬券購入行為は、一連の行為として見れば恒常的に所得を生じさせ得るものであって、その払戻金については、その所得が質的に変化して源泉性を認めるに足りる程度の継続性、恒常性を獲得したものということが出来るから、所得源泉性を有するものと認めるのが相当である」とし、本件払戻金の所得区分を雑所得とした。そして②について、「当たり馬券の購入費用が払戻金を得るために『直接要した費用』に当たることは明らか」であるとし、「外れ馬券を含めた全馬券の購入費用は、当たり馬券による払戻金を得るための投下資本に当たるのであって、外れ馬券の購入費用と払戻金との間には費用収益の対応関係がある。もっとも、外れ馬券の購入費用は、特定の当たり馬券の払戻金と対応関係にあるというべきものではないから、

『その他これらの所得を生ずべき業務について生じた費用の額』として必要経費に該当する」とした。

これに対し検察官が控訴し、第二審（大阪高判平成26年5月9日刑集69巻2号491頁参照[(2)]）は①について、一時所得に当たるかどうかは、「所得源泉性などという概念を媒介とすることなく、行為の態様、規模その他の具体的状況に照らして、『営利を目的とする継続的行為から生じた所得』かどうかを判断するのが相当」であり、その判断は「行為の本来の性質だけではなく、行われる回数や頻度等の反復性及び規模に関する事情を当然に考慮に入れるべき」とし、本件馬券購入行為は「その全体を一連の行為としてとらえるべきであり、その払戻金による所得は、『営利を目的とする継続的行為から生じた所得』に当たり」、本件馬券購入行為による所得を雑所得であるとした。

---

(1)　第一審判決の検討として、寺澤典洋「競馬の当たり馬券利益と課税されるべき所得に関する一考察」税務事例45巻12号（2013年）18頁以下、依田孝子「判批」税理56巻9号（2013年）97頁、岸田貞夫「判批」税理57巻10号（2013年）87頁以下、渡辺充「判批」速報税理32巻19号（2013年）30頁以下、高橋祐介「馬券の払戻金と所得税制」法教398号（2013年）38頁以下、長島弘「判批」税務事例45巻7号（2013年）29頁以下、池本征男「判批」国税速報6278号（2013年）15頁以下、林仲宣＝高木良昌「判批」税弘61巻8号（2013年）122頁以下、末崎衛「判批」税務Q&A 137号（2013年）78頁以下、佐藤英明「判批」ジュリ1459号（2013年）8頁以下、梶谷尚史「判批」山口62巻2＝3号（2013年）25頁以下、木山泰嗣「判批」税経通信68巻15号（2013年）178頁以下、中根隆輔「判批」名城大学大学院法学研究科研究年報41集（2013年）47頁以下、末崎衛「判批」税法学570号（2013年）167頁以下、八ツ尾順一「競馬脱税事件」速報税理32巻21号（2013年）36頁以下、菅野隆「判批」大分大学経済論集65巻3＝4号（2013年）177頁以下、依田孝子「判批」税研178号（2014年）109頁以下、西田圭吾「判批」税務事例46巻3号（2014年）24頁以下、江川功「判批」税務事例46巻4号（2014年）41頁以下、同「判批」公証172号（2014年）42頁以下、宮崎裕士「一時所得への所得区分における法的・会計的側面からの検討」熊本学園会計専門職紀要5号（2014年）41頁以下、岸田貞夫「判批」TKC税研情報23巻1号（2014年）16頁以下、小澤裕司「競馬の払戻金に係る必要経費の範囲」TKC税研情報23巻1号（2014年）19頁以下、青山慶二「競馬払戻金収入課税に関する日米の制度比較」TKC税研情報1号（2014年）192頁以下、小泉泰之「賭博利得の一時所得該当性」青山ビジネスロー4巻1号（2014年）67頁以下、鎌倉友一「当たり馬券の払戻金に見る所得類型」NUCB 58巻2号（2014年）113頁以下参照。

(2)　第二審判決の検討として、渡辺充「判批」速報税理33巻22号（2014年）36頁以下、長島弘「判批」税務事例46巻7号（2014年）42頁以下、手塚貴大「判批」ジュリ1474号（2014年）8頁以下、末崎衛「判批」税務Q&A 149号（2014年）49頁以下、図子善伸「判批」新・判例解説Watch 16号（2015年）217頁以下、菅野隆「判批」大分大学経済論集66巻3号（2014年）53頁以下、朝倉洋子「判批」速報税理3巻3号（2015年）31頁参照。

②について、被告人の本件馬券購入行為を一連の行為ととらえて全体的に見た場合に、第一審判決のように特定の当たり馬券と対応関係があるかどうかを論ずる必要はなく、「当たり馬券だけではなく外れ馬券を含めた全馬券の購入費用と競馬予想ソフトや競馬情報配信サービスの利用料が、所得計算の基礎となった払戻金を得るために『直接要した費用』に当た」るとした。これに対し検察官が法令の解釈に関する重要な事項を含む事件であるとして事件受理の申立て（刑事訴訟法406条）を行った。

Ⅱ 判旨──上告棄却

最高裁は次のように判示して、検察官の上告を棄却した[3]。

「所得税法上、営利を目的とする継続的行為から生じた所得は、一時所得ではなく雑所得に区分されるところ、営利を目的とする継続的行為から生じた所得であるか否かは、文理に照らし、行為の期間、回数、頻度その他の態様、利益発生の規模、期間その他の状況等の事情を総合考慮して判断するのが相当である。」（判旨Ⅰと呼ぶ）

「被告人が馬券を自動的に購入するソフトを使用して独自の条件設定と計算式に基づいてインターネットを介して長期間にわたり多数回かつ頻繁に個々の馬券の的中に着目しない網羅的な購入をして当たり馬券の払戻金を得ることにより多額の利益を恒常的に上げ、一連の馬券の購入が一体の経済活動の実態を有するといえるなどの本件事実関係の下では、払戻金は営利を目的とする継続的行為から生じた所得として所得税法上の一時所得ではなく雑

---

(3) 本最高裁判決の検討として、長島弘「判批」税務事例47巻4号（2015年）9頁以下、同「判批」税務事例47巻7号（2015年）36頁以下、渡辺充「判批」速報税理34巻12号（2015年）31頁以下、林仲宣「『外れ馬券』最高裁判決と所得区分」税弘63巻5号（2015年）91頁以下、同「馬券訴訟最高裁判決のポイントと解釈」税理58巻7号（2015年）181頁以下、同「判批」法律のひろば68巻5号（2015年）70頁以下、佐藤英明「判批」ジュリ1482号（2015年）10頁以下、木山泰嗣「判批」税経通信70巻9号（2015年）190頁以下、高橋祐介「判批」法教421号（2015年）42頁以下、基山泰嗣「判批」青山ビジネスロー5巻1号（2015年）193頁以下、上田正和「判批」刑事法ジャーナル46号（2015年）157頁以下、中村和洋「判批」法セ734号（2016年）10頁以下、一高龍司「判批」平成27年度重判195頁以下、田中治「判批」『租税判例百選〔第6版〕』（2016年）88頁以下、楡井英夫「判解」『最判解 平成27年度』（2017年）91頁以下参照。

所得に当たるとした原判断は正当である。」（判旨Ⅱと呼ぶ）

「外れ馬券を含む全ての馬券の購入代金という費用が当たり馬券の払戻金という収入に対応するなどの本件事実関係の下では、外れ馬券の購入代金について当たり馬券の払戻金から所得税法上の必要経費として控除することが出来るとした原判断は正当である。」（判旨Ⅲと呼ぶ）

Ⅲ　評釈

1　はじめに

本事件は、第一審判決および第二審判決が下された段階から研究が数多く公表され、さらには新聞報道等でも取り上げられた注目度の高い刑事事件である[(4)]。最高裁判決の直後に、国税庁の通達の改正が行われ[(5)]、また本最高裁判決以後も馬券購入と課税区分が争われた判例・裁判例が登場しており[(6)]、実務への影響が少なくない重要な事件であった。本事件においては、第一審から最高裁に至るまで、①本件馬券の払戻金に係る所得の所得区分、②必要経費として控除すべき金額の範囲が争われた。その理由は、どちらの所得区分に属するかによって、その法律上の効果（課税所得金額）が大きく異なるからである。

もう少し具体的に説明しよう。所得税法は、所得をその性質に応じて10種類に分類し、それぞれ金額の計算を定めている。同法によれば、一時所得とは、(α) 雑所得を除く他の８種類の所得以外の所得のうち、(β) 営利を目

---

(4)　馬券による所得と課税の問題一般については、池本征男「馬券投票権の払戻金に係る所得の区分と所得金額の計算について」Accord Tax Review 5号（2013年）21頁以下、林一成「30億円馬券収入と課税の一考察」税研30巻1号（2014年）102頁以下、久米村貴子「所得税法における一時所得と雑所得についての一考察」税務会計情報研究会年報4号（2015年）39頁以下、田中啓之「営利を目的としない継続的行為から生じた所得」論ジュリ12号（2015年）255頁以下等参照。

(5)　所得税基本通達34-1が改正された（平27課個2-8課審5-9改正）。国税速報6365号（2015年）18頁以下参照。

(6)　詳しくは、酒井克彦「馬券の払戻金にかかる所得は一時所得か雑所得か(前)(後)」税務事例63巻10号（2015年）133頁以下、同63巻12号（2015年）109頁以下、同「判批」税経通信70巻7号（2015年）97頁以下、芹澤光春＝黒柳龍哉＝井上五郎「馬券訴訟4判決の比較」税理60巻14号（2017年）114頁以下、伊藤嘉規「近年の『馬券訴訟』と所得課税のあり様」富山大学経済論集62巻3号（2017年）1頁以下等参照。

的とする継続的行為から生じた所得以外の一時の所得で、(γ) 労務その他の役務又は資産の譲渡の対価としての性質を有しないものをいうとされており、所得金額の計算に当たってはその収入を得るために支出した金額（その収入を生じた行為をするため、又はその収入を生じた原因の発生に伴い直接要した金額に限る。）を控除することとされている（34条1項、2項）。

これに対し、雑所得は、他の9種類の所得区分のいずれにも該当しない所得であり、所得金額の計算に当たっては、必要経費を控除することとされている（35条1項、2項2号）。それゆえ、「営利を目的とする継続的行為から生じた所得」は一時所得ではなく雑所得に区分されることになる。そこで問題となるのは、「営利を目的とする継続的行為から生じた所得」をどのように判断し、認定するかという点である。

2　馬券の払戻金に係る所得の所得区分（①の点について）

これについては、大きく分けると2つの判断方法が存在する。第一は「営利を目的とする継続的行為から生じた所得」を所得源泉性という観点から判断する方法であり、第二は所得源泉性を基準としない方法である。

前者の方法は、一時所得の限界が争われた裁判例に由来する。すなわち名古屋高金沢支判昭和43年2月28日（行集19巻1=2号297頁[7]）は、人絹の卸売業を営む者が、先物取引を人絹取引市場の委員に委託して多額の利益を上げていた事案における所得区分が問題となり、「一時所得とは、……定型的所得源泉を有する所得や、その他営利を目的とする継続的行為から生じたいわゆる所得源泉ある所得以外の所得を指すものであって、右所得源泉の有無は、所得の基礎に源泉性を認めるに足る継続性、恒常性があるか否かが基準となるものを解するのが相当である」としていた。

また裁決ではあるが、札幌国税不服審判所平成24年6月27日裁決（裁決事例集87集140頁）[8]は、反復継続的に自らの予想した馬券を購入し、多額

---

(7)　本件については、須貝修一「判批」シュトイエル78号（1968年）6頁以下参照。

(8)　本件については、奥谷健「ネット競馬によって得た利益の一時所得該当性」税務Q&A 130号（2013年）64頁以下、長島弘「競馬の払戻金に係る所得の課税の問題点」税務事例45巻5号（2013年）44頁以下、酒井克彦「馬券の払戻金に係る所得の所得区分(上)～(下Ⅱ)」税務事例45巻6号（2013年）1頁以下、45巻7号（2013年）10頁以下、45巻8号（2013年）11頁以下、45巻9号（2013年）25頁以下等参照。

の配当を得ていた者に対し、原処分庁が一時所得に該当するとして処分を行ったのに対し、競馬による利益は雑所得であると主張した事案である[9]。審判所は、所得源泉の有無は、所得の基礎に源泉性を認めるに足りる継続性、恒常性があるか否かが判断基準になるとし、「本件馬券購入行為は各レースごとに独立して確定する行為であり、源泉性を認めるに足りる継続性、恒常性を認めることは出来ず、たとえ馬券を継続的に購入したとしても、馬券を購入する行為から得られた所得が所得源泉を有すると認めることは出来ない」として、一時所得に該当するとした。

おそらくこれらの判示の影響を受け、本件第一審判決（前掲大阪地判平成25年5月23日）は、所得源泉性を考慮したものと思われる。これに対し本件第二審判決（前掲大阪高判平成26年5月9日）は、「行為の態様、規模その他の具体的状況に照らして、『営利を目的とする継続的行為から生じた所得』かどうかを判断するのが相当である」とし所得源泉性による判断を明示的に否定した。それは次のような理由が存在すると思われる。

そもそも所得源泉性という概念は、所得税法に定められているわけではな

---

(9)　なお同事件は、その後所得税更正処分等取消請求事件として、裁判になり最高裁まで争われた。

第一審の東京地判平成27年5月14日（判時2319号14頁）は、レースの結果を予想し、予想の確度に応じて馬券の購入金額を決め、馬券の購入を個別に判断していたという購入態様は、一般的な競馬愛好家と質的に大きな差がなく、また、具体的な馬券の購入履歴等が保存されていないため、馬券の購入態様が明らかでなく、馬券を機械、網羅的に購入していたとまでは認められない事実関係及び証拠関係の下では、一連の馬券の購入が一体の経済的活動の実態を有するとまでは認められず、営利を目的とする継続的行為から生じた所得に該当するものとはいえないことから、一時所得に該当するものであって、外れ馬券の購入代金を総収入金額から控除することはできないとした。しかし同判決には批判が強かった（これについては、酒井克彦「いわゆる馬券訴訟にみる一時所得該当性」中央ロー12巻3号（2015年）99頁以下）。

控訴審である東京高判平成28年4月21日（判時2319号10頁）は、期待回収率が100%を超える馬券を有効に選別し得る独自のノウハウに基づいて長期間にわたり多数回かつ頻繁に当該選別に係る馬券の網羅的な購入をして100%を超える回収率を実現することにより多額の利益を恒常的に上げていたという本件の事実関係の下では、このような一連の馬券の購入は一体の経済活動の実態を有するから、馬券の的中による払戻金に係る所得は所得税法上の一時所得ではなく雑所得に当たるとし、原審判決を取り消した（これについては、今本啓介「判批」速報判例解説 vol. 19・249頁以下参照）。

最高裁も本件競馬の当たり馬券の払戻金を雑所得とし、外れ馬券の購入代金を雑所得である当たり馬券の払戻金を得るために直接に要した費用に該当すると判断した（最判平成29年12月15日民集71巻10号2235頁）。

く、またこれを定義した最高裁判例も存在しないため、内容は不明であり、判断方法も明らかではないからである。現に、所得源泉性の観点を重視する論者の中には、所得源泉性の内容を第一審とは異なって理解し、（一時所得であるという）異なる結論を導く論者も存在する[10]。また、前述の名古屋高金沢支判昭和43年2月28日で問題となっているのは、事業所得か一時所得かという局面であり、この局面では所得源泉のある前者とない後者を区別するには、所得源泉の有無、例えば行為の恒常性や規則性の有無が所得区分の争点となり得る。

しかし雑所得は、所得源泉を有さない場合を含んだ所得区分であるから、所得源泉を有さない一時所得と区別する局面では、所得源泉性による区別は出来ない[11]。さらに、一時所得か雑所得かが争われた東京高判昭和46年12月17日（判タ276号365頁）は、大手企業に勤める被告人が出入り業者や取引先からもらったリベートや贈答品の所得区分が問題となった事案につき、雑所得に係るほ税犯の成立を認めたが、その際に、一時所得と雑所得の区別を、（所得源泉性そのものに求めるのではなく）継続的行為に求めた上で、「継続的行為とは、量的な概念ではなく、質的な概念であり、それは必ずしも規則的・不可不的に発生するものであることを要せず、不規則的・不許不的に発生するもので足りる」としていた。

以上のように、「営利を目的とする継続的行為から生じた所得」の判断方法に争いがある中、最高裁としてはじめてこの点に判断を下したのが、判旨Iの部分である。それゆえこの部分の判示に本判決の最大の意義がある。最高裁の立場によれば、「営利を目的とする継続的行為から生じた所得」に該当するか否かは、文理に照らし、行為の期間、回数、頻度その他の態様、利益発生の規模、期間その他の状況等の事情を総合考慮して決定されることになる。

これを踏まえて次に問題となるのは、どのような事例が「営利を目的とする継続的行為から生じた所得」として、雑所得と評価できるかである。本判決は判旨IIの部分において、本件被告人は馬券を自動的に購入するソフトを

---

(10) 例えば、図子・前掲注(2)220頁。

(11) この点については、田部井敏雄「競馬による所得をめぐる税務上の問題点」税理56巻5号（2013年）116頁参照。

使用して独自の条件設定と計算式に基づいてインターネットを介して長期間にわたり多数回かつ頻繁に個々の馬券の的中に着目しない網羅的な購入をして当たり馬券の払戻金を得ることにより多額の利益を恒常的に上げ、一連の馬券の購入が一体の経済活動の実態を有するといえるなどの本件事実関係の下では雑所得と認められるとした。

馬券購入の事案で、どのような事実関係が存在すれば、営利を目的とする継続的行為から生じた所得と評価できるかという点については、最高裁判決によって十分に明らかにされたとは言いがたいため、今後、事例の積み重ねを待つほかないと思われるが、近時登場した同種の事案における最高裁の判断が注目される。

最判平成29年12月15日（民集71巻10号2235頁）[12]は、馬券の払戻金の所得区分が問題とされた所得税更正処分取消請求事件であるが、「営利を目的とする継続的行為から生じた所得であるか否かは、文理に照らし、行為の期間、回数、頻度その他の態様、利益発生の規模、期間その他の状況等の事情を総合考慮して判断するのが相当である」として本最高裁判決の判旨Ⅰの部分を引用した上で、「被上告人は、予想の確度の高低と予想が的中した際の配当率の大小の組合せにより定めた購入パターンに従って馬券を購入することとし、偶然性の影響を減殺するために、年間を通じてほぼ全てのレースで馬券を購入することを目標として、年間を通じての収支で利益が得られるように工夫しながら、6年間にわたり、1節当たり数百万円から数千万円、1年当たり合計3億円から21億円程度となる多数の馬券を購入し続けたというのである。このような被上告人の馬券購入の期間、回数、頻度その他の態様に照らせば、被上告人の上記の一連の行為は、継続的行為といえるものである。」「そして、被上告人は、上記6年間のいずれの年についても年間を通じての収支で利益を得ていた上、その金額も、少ない年で約1800万円、多い年では約2億円に及んでいたというのであるから、上記のような馬券購入の態様に加え、このような利益発生の規模、期間その他の状況等に鑑みると、被上告人は回収率が総体として100％を超えるように馬券を選別して購入し続けてきたといえるのであって、そのような被上告人の上記の一連の行為は、

---

(12)　事案及び訴訟の経緯については、前掲注(9)参照。

客観的にみて営利を目的とするものであったということができる。」とした。

すなわち前掲最判平成29年12月15日は、本最高裁判決の判旨Ⅰを前提とし、判旨Ⅱの例として、ソフトを利用するではなく独自のノウハウにより長期間頻繁に馬券を購入した場合であっても「営利を目的とする継続的行為から生じた所得」と認められる場合があることを明らかにしており、さらに営利性の認定に際して、回収率が100％を超えている事実を認定している点が注目される。

3　必要経費として控除すべき金額の範囲（②の点について）

本件被告人の所得区分が雑所得であることを前提とすると、所得税法37条1項の必要経費に当たる費用は、収入金額から控除されることになる。本件第一審判決は、当たり馬券の購入費用は払戻金を得るために直接要した費用であり、外れ馬券を含めた全馬券の購入費用は、当たり馬券による払戻金を得るための投下資本に当たるのであって、外れ馬券の購入費用と払戻金との間には費用収益の対応関係があり、もっとも外れ馬券の購入費用は、特定の当たり馬券の払戻金との対応関係にあるというものではないから、「その他これらの所得を生ずべき業務について生じた費用の額」として必要経費に該当するとしていた。

しかし最高裁は、判旨Ⅲにおいて、外れ馬券を含めた全ての馬券の購入代金の費用が当たり馬券の払戻金という収入に対応するとして、37条1項の必要経費に該当するとした。そのような理由は判旨Ⅱと密接に関連しており、外れ馬券の購入代金を含めた一連の馬券の購入が一体の経済活動の実態を有するからといえよう（なお、この点について大谷剛彦裁判官が法廷意見とは異なる意見を述べている。）。

4　刑法的な点について

そのほかに刑法的な点について2点指摘しておきたい。まず、本事件の第一審では、所得税法241条にいう「正当な理由」が争われた（判タ1410号387頁）。「正当な理由」については、従来ほとんど明らかにされていない状況の中[(13)]、第一審は「正当な理由」を否定しており、「正当な理由」の意義については明示していないものの、その認定方法は、今後の実務上の認定方法として参考になる事例であると考えられる。

次に、本件被告人は、単純無申告罪として所得税法241条で起訴がなされている。これは、被告人の行為時には、無申告ほ脱罪（238条3項）が存在しなかったためであり、現在ではより重い238条3項も成立の余地がある点に注意が必要である。

5 おわりに

以上検討してきたように、本件は最高裁としてはじめて「営利を目的とする継続的行為から生じた所得」の判断方法について判示したものであり、また同時にその判断方法を前提にして、雑所得に該当するとした事例である。租税法学者・実務家らも、所得区分を雑所得とする結論それ自体に反対する者は少数にとどまっている[(14)]。

今後さらに問題となるのは、本件の被告人のように、営利を目的とする継続的な行為として馬券の購入を行った場合、馬券の購入による所得を、他の所得と損益通算することが出来ない「雑所得」ではなく、損益通算可能な「事業所得」として主張出来るかという問題である。実務上、この問題が争われた判決（最判平成29年12月20日公刊物未登載及び東京高判平成29年9月28日LEX/DB 25547535）が登場しており注目される[(15)]。

なお、最高裁が本事件を受理決定したのは2014年6月30日である。同年10月2日、大阪地裁行政部は、本件被告人が原告となった本件に係る所得税決定処分取消等請求事件に関し、本件当たり馬券の払戻金は雑所得に当たり、外れ馬券の購入代金は必要経費に当たる旨の判断をし、2005年から2009年までの更正処分について、所得税、無申告加算税等の合計額が約10億円にのぼっていたところ、課税額を約6700万円に減額した。被告人は、この課税額とほぼ同額を納税している[(16)]。

---

(13) 忠佐市『課税に対する不服申立と罰則（財政経済弘報別冊特別10号）』（1950年）52頁以下参照。

(14) 本件所得区分を一時所得と解すべきとするのは、渡辺・前掲注(1)33頁、梶谷・前掲注(1)38頁、菅野・前掲注(1)195頁、図子・前掲注(2)220頁。

(15) 渡辺充「馬券事件を再び考える」税理61巻4号（2018年）2頁以下参照。

(16) 楡井・前掲注(3)91頁。

7　無許可輸出罪における実行の着手

最二小判平成26年11月7日刑集68巻9号963頁、判時2247号126頁、判タ1409号131頁

二本栁誠

Ⅰ　事実の概要

Y_1は、平成18年2月頃から、氏名不詳者より、日本から香港へのうなぎの稚魚の密輸出を持ちかけられ、報酬欲しさに、これを引き受け、繰り返し密輸出を行っていたが、その後、被告人Xらを仲間に勧誘した。

本件当時の成田国際空港における日航の航空機への機内預託手荷物については、チェックインカウンターエリア入口に設けられたエックス線検査装置による保安検査が行われ、検査が終わった手荷物には検査済みシールが貼付された。また、同エリアは、当日の搭乗券、航空券を所持している旅客以外は立入りできないよう、チェックインカウンター及び仕切り柵等により周囲から区画されており、同エリアに入るには、エックス線検査装置が設けられた入口を通る必要があった。そして、チェックインカウンターの職員は、同エリア内にある検査済みシールが貼付された荷物については、保安検査を終了して問題がなかった手荷物と判断し、そのまま機内預託手荷物として預かって航空機に積み込む扱いとなっていた。一方、機内持込手荷物については、出発エリアの手前にある保安検査場においてエックス線検査を行うため、チェックインカウンターエリア入口での保安検査は行われていなかった。

Y_1らによる密輸出の犯行手口は、①衣類在中のダミーのスーツケースについて、機内預託手荷物と偽って、同エリア入口でエックス線検査装置による保安検査を受け、そのスーツケースに検査済みシールを貼付してもらった後、そのまま同エリアを出て、検査済みシールを剝がし、②無許可での輸出が禁じられたうなぎの稚魚が隠匿されたスーツケースについて、機内持込手荷物と偽って、上記エックス線検査を回避して同エリアに入り、先に入手した検査済みシールをそのスーツケースに貼付し、③これをチェックインカウンターで機内預託手荷物として預け、航空機に乗り込むなどというもので、Xらは、Y_1の指示で適宜役割分担をしていた。

Y_1は、氏名不詳者から、「本件当日に15か16ケースのうなぎの稚魚を運んでもらいたい。そのため5人か6人を用意してほしい。」などと依頼され、X、Y_2、Y_4及びY_5の4名について、本件当日発の日航731便の搭乗予約をしていたが、前日になって、「明日は2名で6ケースになった」旨伝えられ、Xらに対し、X、Y_4及びY_5が本件スーツケース6個を同エリア内に持ち込み、Y_2とY_3が香港までの運搬役を担当するよう指示した。Y_1は、Y_3分の同便の搭乗予約をしていなかったが、他の予約分をY_3に切り替えるつもりでいた。

本件当日、Y_1及びXを含む総勢6名は、ダミーのスーツケースを持参して成田国際空港に赴き、手分けして同エリア入口での保安検査を受け、検査済みシール6枚の貼付を受けてこれを入手した。そして、Xらは、同空港で、氏名不詳者から本件スーツケース6個を受け取り、1個ずつ携行して機内持込手荷物と偽って同エリア内に持ち込んだ上、手に入れていた検査済みシール6枚を本件スーツケース6個にそれぞれ貼付した。

その後、Y_1とY_3は、本件スーツケースを1個ずつ携え、日航のチェックインカウンターに赴き、Y_3の航空券購入の手続をしていたところ、張り込んでいた税関職員から質問検査を受け、本件犯行が発覚した。

原原審（千葉地判平成25年3月25日刑集68巻9号1011頁参照）が特段の検討なしに無許可輸出未遂罪（関税法111条3項、1項1号）の成立を認めたのに対し、原審（東京高判平成25年8月6日刑集68巻9号1013頁参照）は、Xによる運送委託がないことを理由として、無許可輸出の予備罪が成立するにとどまると判断した。被告人、検察官双方が上告。

Ⅱ　判旨――破棄自判・有罪

「上記認定事実によれば、入口にエックス線検査装置が設けられ、周囲から区画されたチェックインカウンターエリア内にある検査済みシールを貼付された手荷物は、航空機積載に向けた一連の手続のうち、無許可輸出が発覚する可能性が最も高い保安検査で問題のないことが確認されたものとして、チェックインカウンターでの運送委託の際にも再確認されることなく、通常、そのまま機内預託手荷物として航空機に積載される扱いとなっていたのである。そうすると、本件スーツケース6個を、機内預託手荷物として搭乗予約済みの航空機に積載させる意図の下、機内持込手荷物と偽って保安検査を回避して同エリア内に持ち込み、不正に入手した検査済みシールを貼付した時点では、既に航空機に積載するに至る客観的な危険性が明らかに認められるから、関税法111条3項、1項1号の無許可輸出罪の実行の着手があったものと解するのが相当である。」

千葉勝美裁判官の補足意見がある。

Ⅲ 評釈

1 問題の所在

本件は、うなぎの稚魚を無許可で輸出しようとした行為について、関税法111条3項、1項1号の無許可輸出罪の実行の着手の成否が問題となった事案である[(1)]。実行の着手の成否は、法益侵害ないし既遂到達の危険発生時として語られる。そこで以下では、まず、無許可輸出罪の法益を含む罪質について確認し (2)、次いで、既遂時期を (3)、最後に未遂時期を検討する (4)。

2 罪質

関税法は、①「関税の確定、納付、徴収及び還付」に関わる税法であると同時に、②「貨物の輸出及び輸入についての税関手続」に関わる通関法であるが (関税法1条参照)、他方で、わが国では輸出貨物に対して税は徴収され

---

(1) 本判決の評釈としては、以下のものがある。上原龍「判批」警論68巻9号 (2015年) 171頁以下、門田成人「判批」法セ722号 (2015年) 127頁、金澤真理「判批」平成27年度重判145頁以下、佐伯和也「判批」刑ジャ44号 (2015年) 89頁以下、長谷川俊明「判批」国際商事法務43巻6号 (2015年) 802頁、前田雅英「判批」捜研64巻6号 (2015年) 16頁以下、松枝正宣「判批」警公72巻7号 (2017年) 85頁以下、松澤伸「判批」セレクト2015 [Ⅰ] 24頁。本判決を契機とする論考として、城下裕二「無許可輸出罪における実行の着手について」渡辺咲子古稀『変動する社会と格闘する判例・法の動き』(2017年) 37頁以下。なお、最判平成26年11月7日 (裁判集刑315号137頁) にも、本判決と同様の判断が示されている。

ない（関税法3条参照）[2]。それゆえ、本件で問題となる無許可輸出罪は、税法違反（上記①）としてではなく、もっぱら通関法違反（上記②）として理解できる。

戦前、無許可輸出罪には、1000円以下の罰金又は科料しか規定されておらず、その罪質は、もっぱら輸出入の秩序を維持し、貿易統計の正確性を確保するための秩序犯的性格を持つ形式犯と解されていた（形式犯説）[3]。これに対して、戦後は、自由刑も規定されるに至り、その罪質について関税法の通関法たる側面を侵害する実質犯と解するのが、多数説とされる（実質犯説）[4]。このような立法と学説の変化の背景事情として、「密輸犯は単に輸出入行政の秩序を乱すのみならず、経済秩序を混乱させ、ひいては国民生活の安定を脅かすものであると考えられるようにな」った[5]とか、「無許可輸出入行為も、反倫理、反道義性の強い刑事犯と認識され」[6]るようになったと指摘されている。

なお、最決昭和33年10月27日（刑集12巻14号3413頁）は、本件とは異なり輸入が問題となった事案についてではあるが、「関税法111条における被害法益は関税法の目的の一つである輸入管理にあり、その罰則は本来秩序罰的性質をもつ形式犯である」と判示した。この背後には形式犯説があるとみるのが自然だと思うが、実質犯説の論者は、これを罪数判断の前提としての判示にすぎないとみる[7]。

実質犯説が無許可輸出罪の侵害対象として想定する、「関税法の通関法たる側面」の内実は、「貨物の輸出……についての税関手続」（関税法1条）ないし「輸出管理」（前掲最決昭和33年10月27日参照）[8]に求められよう。このような「税関手続」ないし「輸出管理」それ自体は、極めて重要だとして

(2)　平野龍一ほか編『注解特別刑法　補巻(3)』（1996年）1頁〔植村立郎〕参照。

(3)　尾関将玄『関税上ノ犯則者処分講義草案』（1935年）101頁参照。

(4)　植村・前掲注(2)5頁参照。

(5)　伊藤寧『関税処罰法』（1981年）153頁。

(6)　山本泰介「関税犯処罰規定の研究」税関研修所論集1号（1973年）171頁。

(7)　植村・前掲注(2)5-6頁参照。

(8)　関税法111条の保護法益と関連して、東京高判平成25年8月28日（高刑集66巻3号13頁＝**第2集・判例3**）は、関税法111条は、「関税法の目的の一つである貨物の輸出入についての通関手続の適正な処理を図るための規定であ」ると判示する。

もやはり秩序・ルールに過ぎないのであって、行政法上の保護法益を超えた刑法上の保護法益（国家的法益）たりうるかは、疑問の余地がある。さりとて、上述のような経済秩序の混乱、国民生活の不安定化、反倫理性、反道義性という説明にも、刑法の任務に関する社会倫理維持説を克服したものとしての法益保護説の見地からは、必ずしも満足できない。そこで、対象となる貨物の性質に応じて、国内の資源や産業の保護、国内供給の確保、物価高騰の抑制、軍事用途への転用防止、国連安保理決議の履行などといった実質的利益を考慮することが想定できる。これらを、（例えば資源保護法違反罪によってではなく）関税法違反罪によって保護すべきかどうかは更なる検討を要するものの、このような実質的利益の危殆化をおよそ想定できない純粋な輸出手続違反の事案については、刑事罰を差し控えるべきではなかろうか[9]。

3 既遂時期

関税法111条1項1号は、「第六十七条（輸出……の許可）……の許可を受けるべき貨物について当該許可を受けないで当該貨物を輸出……し」た者の処罰を規定する。この「輸出」について、関税法は、「内国貨物を外国に向けて送り出すことをいう」（関税法2条1項2号）と定義する。

この「輸出」すなわち「内国貨物を外国に向けて送り出すこと」といえるのはいかなる時点か、無許可輸出罪の既遂時期が問題となる。具体的には、貨物準備→貨物積載→船舶ないし航空機の出航→領海ないし領空脱出→目的地到着→荷下ろしのうち、どの時点で既遂を認めるべきであろうか。

判例はかつて、出航の時点ではじめて既遂を認めていたように読める。すなわち、大判明治36年4月28日（刑録9輯642頁）は、「輸出とは内国所在の貨物を外国に向け輸送することを意味し輸送の方法が船舶なるときは内国の貨物を船舶に積載し其船舶が外国に向け内国の港湾を発すると同時に之に積載せる貨物は内国の土地に対する関係を離脱し内国所在の貨物たるの性質を失脚すべきを以て其貨物は此瞬間において海外に向け輸出せられたるものとなる」と判示したのである。しかし、最判昭和35年12月22日（刑集14

---

(9) 本件は、うなぎの稚魚という稀少な水産資源に対する抽象的危険を認めうると思う。原原審の前掲千葉地判平成25年3月25日も、量刑の理由において、「本件は、我が国の資源保護に悪影響を与えかねない悪質な犯行である」と指摘する。

巻14号2183頁）は、関税法111条1項と同様の規制をする旧関税法76条1項に関する事案について、「輸出行為は、海上にあっては、目的の物品を日本領土外に仕向けられた船舶に積載するによって完成するものであることは、当裁判所の判例とするところである」として、出航よりも早く積載の時点で既遂を認めた(10)。これらはいずれも、船舶利用事案に対する判断であったのに対し、本判決は、航空機利用事案に対する判断である。本判決が、「既に航空機に積載するに至る客観的な危険性が明らかに認められる」と判示するのは、未遂時期を既遂到達の危険発生時に求める見地からすると、積載時に既遂を認める趣旨と読める。

通説も、積載時に既遂を認める（積載説）(11)。その背景には、出航してしまうと犯人検挙が極めて困難になることから、なるべく早い段階で既遂を認めたいという実際的な考慮もあろう。理論的根拠としては、関税法111条が「通関法としての輸出入の管理を目的とする」(12)ことや、「外国仕向船又は航空機に積載すれば自動的に外国に向けて送り出される」(13)ことが挙げられる。いずれも、貨物積載に至れば輸出入管理という保護法益は危殆化されるという趣旨を含むと思われる。しかし、そもそも輸出管理それ自体が本罪の保護法益として妥当かという問題（前述2参照）があることはひとまず措くとしても、法益危殆化のみをもって既遂を認めることはできないのであり、あくまで、「輸出」ないし「送り出すこと」という文言に該当してはじめて既遂を認めるべきである。いずれも「出」という漢字を含んでいることから、文言の制約として、領海ないし領空脱出まで要求するのは過剰だとしても(14)、

---

(10)　既に最判昭和23年8月5日（刑集2巻9号1134頁）は、未遂に終わった事案についてではあるが、「関税法所定の輸出行為は、海上にあつては、目的の物品を日本領土外に仕向けられた船舶に積載することによつて完成するものである」と判示していた。最判昭和25年9月28日（刑集4巻9号1820頁）、最決昭和28年3月10日（裁判集刑75号557頁）も参照。

(11)　植村・前掲注(2)52頁、大蔵省関税研究会編『関税法規精解上巻』（1992年）853頁等参照。なお、「積載」は、積載行為と積載結果に分けて考えることができる（佐伯・前掲注(1)94頁注(25)参照）。土本武司『最新関税犯則論〔2訂版〕』（2006年）123頁は、積載説の観点から、「積載が開始された時密輸出の実行の着手があり、船積が完了すれば既遂に達する。」と述べる。

(12)　植村・前掲注(2)47頁、52頁。

(13)　秋吉淳一郎「判解」最判解平成26年度305頁。

(14)　前掲最判昭和35年12月22日において弁護人は、「貨物が国境を越えてこそはじめて輸出というべき」と主張する。

少なくとも船舶ないし航空機の出航を要求すべきではなかろうか（以下、「出航説」とする）。

4 未遂時期

無許可輸出罪の未遂時期が問題となった判例として、まず、大判昭和8年4月25日（刑集12巻488頁）は、Xがトランクに金地金を隠し入れ、事情を知るYにこれを交付して上海への携行を依頼し、Yも上海行きの乗船切符を買った等の事案で、XはYに「準備を整へしめ」たと認定した上で、「特定の金地金又は金貨幣を密輸出するの目的を以て之を海外に仕向けられたる船舶に積載する為の行為を為した」と判示し、輸出罪の着手を認めた。

最決昭和32年7月19日（刑集11巻7号1987頁）の事案は、関税法111条2項と同様の規制をする旧関税法76条2項に関するものである。密輸出を企てたXは、門司市田の浦海上付近で韓国向けの韓国船に貨物を積み替える目的で、宇品港で本邦船に貨物を積載して同港を出港し、宇部港に寄港・出港し、田の浦港に入港した際、門司市警察署員に検挙された事案で、「国外搬出の目的をもつて本邦港湾附近の海上において外国仕向けの船舶に積み替えるため、貨物を機帆船に積み込んだ上これを同海上まで運搬するときは、輸出の実行行為に接着する行為の遂行に入つたものであり既に予備の段階を超えなお輸出の実行に着手したものと解するのが相当である。」（圏丸筆者）とした原判断を是認した(15)。ここでは、「接着」という基準が示されている一方、法益侵害の危険性という基準は現れていない。

以上は、もっぱら無許可輸出罪に関する判例であったが、未遂時期について「従前の大審院判例や最高裁判例が採用していた判断基準を維持・統合した」(16)ものと評価されているのが、最決平成16年3月22日（刑集58巻3号187頁）である（クロロホルム事件決定）。同決定は、考慮要素ないし下位基準として①所為計画、②必要不可欠性、③障害不存在（ないし自動性）、④時

---

(15) 前掲最判昭和23年8月5日及び最判昭和25年9月28日は、関税法の罰則等の特例に関する勅令1条2項の「輸出しようとした者」に該当する旨判示するが、同文言は未遂罪のほか予備罪に該当する場合も含まれると解釈されていることから、未遂時期に関する判例ではないと考えられることにつき、秋吉・前掲注(13)307頁、植村・前掲注(2)56頁参照。

(16) 平木正洋「判解」最判解平成16年度182頁。

間的場所的近接性を挙げ、そこから、いわば上位基準である⑤密接性（さらには⑥危険性）を肯定し、結論として殺人罪という「犯罪の実行に着手」したことを肯定したものといえる。上記⑤密接性は罪刑法定主義に由来する基準として、上記⑥危険性は法益侵害・危殆化原理に由来する基準として理解でき[(17)]、密接性と危険性の基準は、異なる原理に由来するものとして併用すべきと考える[(18)]。これは、刑法43条の解釈である。他方で、無許可輸出未遂罪の処罰は、刑法43条を引用するものではないが、クロロホルム事件決定の趣旨は妥当するものと考えられる。

本判決は、手荷物が「そのまま……積載される扱いとなっていた」こと（上記③障害不存在）、「航空機に積載させる意図」（上記①所為計画）、手荷物を「周囲から区画された」「エリア内に持ち込」んだこと（上記④場所的近接性）に言及して、そこから、「既に航空機に積載するに至る客観的な危険性」（上記⑥危険性）を肯定し、結論として「無許可輸出罪の実行の着手があった」とするものと読むことができ、クロロホルム事件決定の判断枠組と矛盾はしない[(19)]。

しかし、シール貼付→運送委託→積載行為→積載結果→出航という成り行きを想定すると、シール貼付と積載行為の間には、運送委託という重要な中間行為がはさまっているのだから、両者が密接（接着）しているといえるか、疑問である（シール貼付と出航の密接性については、なおさら疑問である）。たしかに、運送委託自体は容易かもしれないが、容易だから重要でないとは必ずしもいえない。運送委託は、本件のような密輸犯が事象の支配を手放す最終行為として、重要な中間行為とみるべきではなかろうか。原判決が運送委託の不存在を理由として着手を否定したことは、この意味で正当と考える[(20)]。

調査官によれば、本判決を含めた最高裁判例は、法益侵害の危険発生時に着手を認める実質的客観説に沿っており、他方で、密接性の限度で前倒しを

---

(17)　平木・前掲注(16)162頁参照。

(18)　城下・前掲注(1)49頁、59頁、二本柳誠「実行の着手の判断における密接性および危険性」『野村稔先生古稀祝賀論文集』(2015年) 127頁参照。

(19)　本判決の結論に好意的なものとして、上原・前掲注(1)182頁、門田成人「判批」法セ722号 (2015年) 127頁、松枝・前掲注(1)94頁、松澤伸「判批」セレクト2015［Ⅰ］24頁のほか、佐藤拓磨『未遂犯と実行の着手』(2016年) 165頁参照。

認める立場（修正された形式的客観説）は、本件の法廷意見の立場とは「別の立場」とされる[21]。本判決の法廷意見が危険性に言及する一方で密接性に言及していないことは、危険性と密接性のいずれか一方に言及することで足りる（ひいては、一方が欠けても破棄事由にはならない）ことを含意しているのかもしれない[22]。

たしかに、争点とならない場合にまで両方の基準に触れる必要はなかろう。しかし、上述の通り、本件では運送委託という重要な中間行為を想定できる（あるいはその重要性を争いうる）ことからすれば、法廷意見において「密接」性を検討すべきだったと思われる[23]。そして、クロロホルム事件決定が「危険性」のみならず「密接」という基準を用いており、また、無許可輸出未遂罪に関する前掲最決昭和32年7月19日も「接着」という基準を用いる原判断を是認していることからすると、修正された形式的客観説が、判例と「別の立場」とは思えない。

あるいは、最高裁は、「輸出」をかなり広い一連の全行程（判決文にいう「航空機積載に向けた一連の手続」）と捉え、それゆえ、シール貼付行為は、本来的な構成要件該当行為であって、それを前倒ししたものではない、と考えたのかもしれない[24]。この考えが、密接性の限度で前倒しを認める立場と結びつくとき、輸出予定の物品を調達するような典型的輸出予備行為にまで未遂処罰が拡大するおそれがある。

---

(20)　城下・前掲注(1)56頁以下も、本判決の結論に反対する。ただし、筆者は、本件の事実関係を前提にすると、既遂時期に関する積載説からはもとより、本稿のような出航説からも、シール貼付の時点で、たしかに事象支配を手放す最終行為には至っていないものの、積載のみならず出航も時間的・場所的に差し迫っており、危険の切迫を認める余地はあると考える。

(21)　秋吉・前掲注(13)302頁、308頁参照。

(22)　クロロホルム事件決定より後にだされた、覚せい剤の瀬取りの事案に関する最判平成20年3月4日（刑集62巻3号123頁）も、危険性に言及する一方、密接性に言及しない。さらに、振り込め詐欺の着手時期が問題となった最判平成30年3月22日（刑集72巻1号82頁）も、危険性に言及する一方、明示的には密接性に言及しない（ただし、「直接つながる」という密接性類似の表現は認められる。）。

(23)　城下・前掲注(1)59頁参照。

(24)　佐伯・前掲注(1)94頁参照。本判決の補足意見は、少なくとも運送委託行為を本来的な構成要件該当行為とみていると読める。

第3章
交通・通信

平成26年に、「自動車の運転により人を死傷させる行為等の処罰に関する法律（以下、「新法」とする）」が施行され、それまで刑法典に置かれていた危険運転致死傷罪（刑法旧208条の2）と自動車運転過失致死傷罪（同旧211条2項）は、新法に移された。

過失運転致死傷罪を定めた新法5条は、刑法旧211条2項を受け継ぎ、「その傷害が軽いときは、情状により、その刑を免除することができる」との但書を置いているが、考慮される「情状」の範囲は必ずしも明らかではない。**判例8**で横浜地裁は、本罪につきいったん不起訴とされた被告人が改めて起訴された事案について、本罪の成立を認めたうえで、検察官が関係証拠をより慎重に検討していれば、いったん不起訴となった被告人がそのまま起訴されなかった可能性も否定できないことや、長期間にわたって応訴を強いられたという訴訟の経過等を考慮し、同但書の適用を認めて刑を免除している。

危険運転致死傷罪（新法2条）は、一定の危険運転行為から死傷結果が生じた場合に、過失運転致死傷罪よりも重く処罰されるものである。そのため、裁判では、死傷行為の原因となった行為が、同条各号に規定された危険運転行為に該当するかが、しばしば問題となる。**判例9**では、同条2号の類型について、「その進行を制御することが困難な高速度」という要件の意義が問題となった。時速約120 kmでの進行により、道路上の原動機付自転車に自車を衝突させ、被害者を死亡させた事案について、千葉地裁は、同要件は自動車の制御が物理的に困難な状態を予定したものであって、他の自動車や歩行者への対応が困難な状態まで含むものではないとして、本罪の成立を否定している。また、同条5号の類型について、赤色信号を「殊更に無視し」という要件の意義が問題となった**判例11**では、千葉地裁は、交差点の直前で赤色信号に気づいた被告人が、交差点内に止まることを避けようとして赤色信号を無視して交差点に進入した行為について、赤色信号を「殊更に無視した」と評価することはできないとして、本罪の成立を否定している。

危険運転致死傷罪は、故意による危険運転行為を予定したものであることから、故意の内容も問題となる。特に、1号の類型は、新法3条1項の罪（いわゆる準危険運転致死傷罪）と客観的要件を同じくしており、両罪は故意の内容によって区別されると解されるところ、前者の故意には後者の故意（「アルコール又は薬物の影響により、その走行中に正常な運転に支障が生じるおそれがある状態」で自動車を運転することの認識）以上のものが要求されるとすれば、その内容はいかなるものかが問題となる。**判例10**では、酒の影響により前方注視が困難な状態で普通乗用車を走行させ、歩行中の被害者らを死傷させた被告人について、故意の有無が問題となった。札幌高裁は、「被告人は、酒による身体の変調についての自覚もあり、特段運転中に意識を失ったりすることもなく、自分の行った危険な運転行為について余すところなく認識している」として故意を認めた原判決について、運転の困難性を基礎付ける事実の認識に欠けるところがなかったことに基づき故意を認定したものと評価し、有罪判決を維持している。

新法により新設された犯罪の一つが、4条の過失運転致死傷アルコール等影響発覚免脱罪である。本罪は、アルコールまたは薬物による一定の影響下で自動車を運転し、過失により死傷結果を生じさせた者が、アルコールまたは薬物の影響の有無・程度の発覚を免れる目的で、一定の隠滅行為を行った場合に成立するものである。本罪の目的要件については、それが文字通り発覚免脱目的の存在の認定を要するものなのか、それとも「他の正当な目的が存在しない」という消極的な認定で足りるのかが問題となり得る。**判例12**で札幌地裁小樽支部は、当罰性の認められない全く別の目的で事故現場から離れたとはいえないこと等を理由に、目的要件の充足を認めており、後者の理解に立ったものと解される。

道路交通法（以下、「道交法」とする）64条1項は、無免許運転を禁止し、同法117条の2の2第1号がその違反に対する処罰を規定している。**判例13**では、安全運転義務への違反を理由とした違反点数の累積に基づき免許取消処分を受けた被告人が、その欠格期間中に自動車を運転した事案で、免許取消処分の根拠となった安全運転義務違反が認められない疑いがある場合にも、同処分に反した運転行為が本罪を構成するかが問題となった。名古屋高裁は、同処分に重大な手続的瑕疵がないことを理由にこれを有効と認め、安全運転義務違反の有無を改めて問うことなく、原審の有罪判決を維持している。

道交法72条1項後段は、交通事故発生時に直ちに警察官に対して事故内容等を報告すべき義務を定めており、119条1項10号がその違反に対する処罰を規定している。この報告義務は、自動車相互間での交通事故の場合には、それぞれの自動車運転者が負うものとされ、一方の自動車運転者または第三者から事故報告がされても、他方の自動車運転者の報告義務は消滅しないと解されている（最判昭和48年12月21日刑集27巻11号1461頁）。**判例14**では、事故車両の運転者であった被告人が、その場を離れる旨を同乗者に伝えていったん帰宅し、その後同乗者からの電話を受けて事故現場に戻り、警察官に対して事故の報告を行ったという事案について、報告義務が果たされたといえるかが問題となった。札幌高裁は、一方の運転者や第三者から報告が行われた場合でも、他方の運転者は原則として事故現場にとどまり続けなければならず、現場を離れるには警察官からその許諾を得る必要があり、仮にやむを得ない事情で許諾なく現場を離れる場合には、用務先から可及的速やかに報告すべきだとしたうえで、そのいずれも行っていない被告人は報告義務を果たしたものとはいえないとして、報告義務違反罪の成立を認め、原審の無罪判決を破棄している。

道交法の救護義務違反罪（72条1項前段、117条1項、117条の5第1号）および報告義務違反罪（72条1項後段、119条1項10号）は、作為義務の存在を前提とする。**判例15**で、横浜地裁は、義務の発生には事故の認識が必要だとしたうえで、被告人が事故を認識してから義務の履行が可能であった時間は数十秒程度であったとの認定を基に、内心の動揺・混乱もあり得る状況において、義務の履行を瞬時に行うことは必ずしも容易でないとして、両罪の成立を否定している。

「海賊行為の処罰及び海賊行為への対処に関する法律（以下、「海賊対処法」とする）」は、公海等における一定の行為を海賊行為とし（同法2条）、その処罰を定めている（同法3条、4条）。**判例16**では、公海上で外国人によって行われた海賊行為に対し、同法を適用し得るかが問題となった。東京高裁は、「海洋法に関する国際連合条約」100条が海賊行為に対する普遍的管轄権を認めていること、海賊対処法2条ないし4条は国外犯を処罰する旨の「特別の規定」（刑法8条但書）と解されることを理由に同法の適用を認めた原判決について、被告人側の主張を斥けて、これを維持している。

電波法109条1項は、「無線局の取扱中に係る無線通信の秘密を漏らし、又は窃用した者」を処罰の対象としている。**判例17**では、無線LANルータのアクセスポイントへの接続に必要なパスワード（WEP鍵）を利用する行為が、「無線通信の秘密」の窃用に当たるかが問題となった。千葉地裁は、同項にいう「無線通信の秘密」とは、当該無線通信の存在及び内容が一般に知られていないもので、一般に知られていないことについて合理的な理由ないし必要性のあるものをいうとの理解を前提に、それ自体無線通信の内容として送受信されるものではないWEP鍵はこれに当たらないとして、犯罪の成立を否定している。

〔野村健太郎〕

8　過失運転致傷罪における刑の免除

横浜地判平成28年4月12日判時2310号147頁

鈴木一永

Ⅰ　事実の概要

被告人は、普通乗用自動車を運転し、交差点を左折進行する際に、交差点入口で一時停止後、交差点左折方向出口に設けられていた横断歩道における歩行者等の有無を十分に確認しないまま、信号表示に従い漫然と発進した。そして時速約5キロメートルで左折進行したところ、横断歩道上を信号に従い左方から右方に進行してきたA運転の自転車を認めてブレーキをかけたが間に合わず、自車左前部を同自転車に接触させてふらつかせ、バランスを失った同自転車もろともAを路上に転倒させ、加療約1週間を要する頸椎捻挫、右肘・右膝擦過傷、右肋骨挫傷、右顔面挫創の傷害を負わせた。

なお、Aは救急搬送された病院の医師により加療通院見込み約1週間の診断を受けており、検察官は被告人をいったん不起訴処分としていた。また、起訴状の公訴事実では、症状固定までに約244日間を要する肋骨骨折等の傷害を負わせた、とされていたものが、期日間整理手続を経て、傷害の内容が加療約2週間を要する頸椎捻挫等に訴因変更された。

Ⅱ　判旨――有罪（刑の免除・確定）[1]

横浜地裁は、過失運転致傷罪の成立を肯定した上で、大要以下のように述べて被告人の刑を免除した。

事故の発生に関して被害者に落ち度もなく、被害者が自己の傷害の内容に

(1)　求刑は罰金30万円。

ついて殊更に虚偽を述べているとは認められず、「被害者が、本件事故により、症状固定までに約 244 日間を要する肋骨骨折等の傷害を負ったものとして本件を起訴した検察官の判断が、不当であったと即断することはできない。」

「しかしながら、検察官において、被害者にうつ病等の精神症状があることも踏まえて、関係証拠をより慎重に検討していれば、いったん不起訴処分となった本件が、そのまま起訴されなかった可能性も否定できない。」

「また、本件事故を起こした被告人の過失は、単純かつ比較的軽微なものであって、被告人が日常的に不注意な運転をしていたような事情もない。」

「そして、当裁判所が認定した限度では、被告人は、当初から事実をほぼ認め、被害者に謝罪もしていたところ、前科のない被告人が、長期間にわたって応訴を強いられたという訴訟の経過等にも鑑みると、被告人の判示所為は、自動車の運転により人を死傷させる行為等の処罰に関する法律５条本文に該当するものの、本件は、同条ただし書により刑の免除をするのが相当な場合に当たる」。

Ⅲ　評釈(2)

1　問題の所在

自動車の運転により人を死傷させる行為等の処罰に関する法律（以下、単に「法」という）５条本文において「自動車の運転上必要な注意を怠り、よって人を死傷させた者は、７年以下の懲役若しくは禁錮又は 100 万円以下の罰金に処する。」として過失運転致死傷罪を規定し、そのただし書において「ただし、その傷害が軽いときは、情状により、その刑を免除することができる。」として刑の任意的免除を規定している。

本事案においては、過失運転致傷罪が成立することには争いがなく、争点は被害者の転倒の態様と傷害の内容・程度であった。期日間整理手続を経て、訴因が症状固定まで約 244 日の肋骨骨折等の傷害から加療約２週間を要する頸椎捻挫等に変更され、認定されたのはそれよりさらに軽い加療約１週間を

(2)　本判決の評釈として金澤真理「判批」立命 374 号（2017 年）307 頁以下がある。

要する頸椎捻挫等となった。また、そもそも本件は事故直後の診断で通院加療約1週間の見込みという診断があり、いったんは不起訴処分となったものの、その後、症状固定までに約244日を要する肋骨骨折等を事故で負ったとする被害者による供述調書が作成され、この傷害を裏付ける医師の回答が得られたことなどから起訴されたという経緯がある。

本件は、このような起訴に至る特異な事情を考慮し、また訴訟の経過を考慮して法5条ただし書を適用し、刑が免除されたという特殊なケースである。以下では、本規定を含めた刑の免除の意義について若干検討した上で、本規定における「情状により」の意義、特にこのような捜査、起訴の経緯の考慮について検討したい。

2　本規定における刑の免除の意義

法5条の任意的免除規定は、平成13年の刑法改正の際に、危険運転致死傷罪が新設されたのと同時に、業務上過失致死傷罪を規定する旧211条の2項として新設された。その後、平成19年改正によって自動車運転過失致死傷罪（旧211条2項本文）のただし書となった。そして平成25年に本法が新設された際に、5条として旧211条2項がそのまま移されたものである。

そもそも本規定に限らず、刑の免除が言い渡されることはあまりない(3)。この原因は、検察官に広範な起訴裁量が認められており、刑の免除が言い渡されるような事案では、そもそも起訴がなされないことにあろう。自動車関係の業過事案についても事情は同様であり、特に昭和62年以降、傷害が軽微な場合には特別の事情がない限り不起訴とすることとした検察庁の事件処理のあり方の見直し(4)をうけて、昭和61年には起訴率が72.8%だったもの

(3)　自動車運転過失傷害罪について刑を免除した裁判例として公刊されているものに、東京高判平成17年5月25日（判時1910号158頁）、東京高判平成22年10月19日（高刑速（平22）号94頁）がある。また検察統計によれば、平成28年は本件のほかにもう1件のみである。

(4)　この理由として、①国民皆免許時代において、軽微な事件について国民の多数が刑事罰の対象となることは望ましくないこと、②保険制度の普及、充実により、加害者の起訴がなくとも被害者の納得が得られる場合が多いこと、③交通事故防止は刑罰のみに頼るのではなく、行政制裁等総合的な対策によるべきこと、④軽微な事件に少額の罰金が科される状況は、罰金の刑罰としての感銘力低下、刑事司法軽視の風潮を醸成すること、などが考慮されたものとされる（『平成5年版犯罪白書』（1993年）249頁）。

が、平成元年には39.8%、平成5年には15.7%、平成12年には10.9%、と低下しており、平成4年以降、実に8割以上が毎年起訴猶予処分となっている。このような状況の中で免除規定が新たに設けられたとしても、もともと刑の免除が見込まれるような事案は、起訴猶予処分となるままだろうということ(5)は、国会審議の段階から想定され、明文化の意義、必要性に対して疑問が呈されていた(6)。

この点について立法者は、まず①自動車運転による過失傷害事件の特殊性を挙げて説明している。すなわち、自動車が広く普及している現代においては多くの国民が日常生活におけるわずかな不注意で犯しかねない状況にあること、さらに交通事故の警察官への届け出が法律上義務付けられ、保険金支払の手続上も事故の届け出が要件とされていることから一般の犯罪であれば届け出がなされないような軽微な事案についてまで捜査機関に把握され、刑事事件として捜査がなされることになる。そのような事案の中には、結果や過失の程度も軽微であり、本人も反省し、被害者側も処罰を望んでいない、というような明らかに刑の言渡しを要しないものも少なくなく、これを実際に処罰する、また少なくとも法文上処罰が原則となっている現状は望ましくない(7)。また、②軽傷事案の中で情状がよいものについて免除が可能であることを明らかにし、事件処理の基本的指針を法律上明らかにすることとなり、明らかに処罰する必要のない事案において捜査書類の作成を簡略化するなど効率化を図り、真に罰すべき事犯の捜査を充実させることによって、全体として交通事犯の減少、撲滅に資するというのである(8)。

まず、①法文上、処罰されることが原則でありつつ、実際は不起訴処分となっている状況は望ましくない、という点についてはいかに考えるべきであろうか。実務の運用に法律上の根拠を与えるものとして評価する指摘もあ

---

(5) 現に、平成28年の過失運転致傷罪の起訴率は10.9%、起訴猶予率は88.8%である。

(6) 第153国会参議院法務委員会議事録第9号11月22日〔佐々木知子発言〕、同10号11月27日〔角田義一、福島瑞穂発言〕。

(7) 起訴しても罰金10万円というような抑止力もない軽微な罰金しか科せないのであれば、起訴猶予にしてしまう、という運用がなされている、という説明が参考人によってなされている（第153国会衆議院法務委員会議事録第9号11月7日〔高井康行参考人発言〕）。このような見方に反対するものとして、田邊信好「罰金刑運用についての一つの見解」ジュリ891号（1987年）118-9頁。

る[9]。しかし、刑の免除の法的性質から考えると、なお疑問も残ると言わざるをえない。刑の免除は、実質的に無罪と等しいものと理解されることもあるが[10]、通説同様に有罪判決として理解すべきであろう。それは刑訴法333条1項という形式的根拠だけでない。実質的に刑罰を科す必要まではない場合であっても[11]、いったん可罰的な段階に踏み込んだ行為者に対して、象徴的な意味で有罪判決としての免除を言い渡すことに積極的意義を見出すこともできると考えるからである[12]。そうであるとすれば、起訴すらされない不起訴処分と、起訴されて有罪判決として言い渡される刑の免除との間には、看過できない差があるというべきである[13]。

また、②捜査の合理化に資する、という点についてはいかに考えるべきであろうか。検察の事件処理の基準としては、必要的免除事由がある場合には不起訴処分となり、任意的な刑の免除規定がある場合、訴追を必要としないと認めた場合に起訴猶予とされることになる[14]。したがって任意的な免除を明文化したとしても、当然に不起訴処分とはならず、起訴猶予処分の目安のひとつになるにすぎないだろう。もっとも、起訴猶予処分の目安とされてきた2週間の傷害というラインは、不起訴基準においてだけではなく、簡易特例書式という形で捜査に導入されており、本規定が立法される以前から捜

---

(8)　井上宏ほか「刑法の一部を改正する法律の解説」曹時54巻4号（2002年）39-40頁。第153国会参議院法務委員会議事録第10号11月27日〔古田佑紀政府委員発言〕。なお、実際に免除規定を適用しうる場合として、捜査時には判明していなかった事情や、その後に新しい事情が生じた場合がありうる、としている。また、起訴裁量で行われていたものに、法律の枠をはめる、という説明もなされている（第153国会衆議院法務委員会議事録第9号11月7日〔高井康行参考人発言〕）。

(9)　佐伯仁志「交通犯罪に関する刑法改正」法教258号（2002年）75頁。

(10)　佐伯千仭『刑法の理論と体系』（2014年）278頁以下（同『刑法講義（総論）〔4訂版〕』（1981年）を収録）、浅田和茂『刑法総論〔補正版〕』（2007年）391頁。

(11)　免除は実質的な刑罰を伴わない点で無罪判決と共通し、特に実際受けなければならない刑罰に関心がある被告人の側からすれば無罪に限りなく等しいといえる。

(12)　吉岡一男「量刑と適正手続」『刑事制度論の展開』（1997年）228頁以下参照。

(13)　井上宏「自動車運転による死傷事犯に対する罰則の整備（刑法の一部改正）等について」ジュリ1216号（2002年）43頁は、免除規定新設によって規範意識が緩み事故が増加するのではないか、という懸念に対して、「刑の免除は非犯罪化ではなく有罪の一種であ」ることを強調している。しかし、そのことと、本規定が起訴猶予処分の実体法上の裏付けとなると主張することとは整合するのだろうか。

(14)　司法研修所検察教官室編『検察講義案（平成27年版）』（2016年）95頁。

査の合理化が実際に行われていたのであって、当時の現状を追認する意味を持つことになったといえよう。

3　本規定の任意的免除の要件その1：「傷害が軽いとき」

本規定においては、「その傷害が軽いときは、情状により」刑を免除すると規定されている。傷害の程度という結果の重大性は情状における考慮の中核的要素である。したがって、「傷害が軽いとき」という部分は明文化しなくとも免除の可否は変わらないようにも思われる。

「傷害が軽いとき」とは、加療期間のみではなく、傷害の種類、内容等も考慮して社会通念により決せられるものとされている(15)。もっとも前述したように、本規定が検察の起訴猶予実務に実体法上の裏付けを与えることを意図していることからすれば、加療2週間がいちおうの目安になるということはできよう(16)。刑の免除が認められた裁判例においては、東京高判平成17年5月25日（判時1910号158頁）(17)において、2名の被害者の傷害がそれぞれ加療約3日間と加療約2週間であり、東京高判平成22年10月19日（高刑速（平22）号94頁）では、被害者の傷害は加療約7日間であった(18)。本件においては、起訴状では当初加療約244日とされて起訴され、期日間整理手続を経て加療約2週間に訴因変更され、その上で、加療約1週間の傷害が認定されたものであって、「傷害が軽いとき」に当たるとした判断は妥当であったといえよう。

4　本規定の任意的免除の要件その2：「情状により」

傷害が軽いことを前提として要求される「情状により」とは、事故の態様、

---

(15)　井上ほか・前掲注(8)76頁。

(16)　原田國男『量刑判断の実際〔第3版〕』(2008年）137頁、川出敏裕「交通事件に対する制裁のあり方について」宮澤浩一古稀(3)『現代社会と刑事法』(2000年）244頁注10参照。平成4年には、事件送致の捜査書式として、被害者の傷害の程度が概ね2週間以下の軽微な交通関係業過事件に適用する簡易特例書式が導入されている（伴敏之「交通捜査の現状と今後の課題」ひろば47巻1号（1994年）23頁)。

(17)　平成19年改正がなされる前の刑法211条2項が適用されている。

(18)　本件は、原判決において傷害の加療期間が約31日と認定されていた点を事実誤認として破棄自判している。

過失の程度・内容、被害状況、慰謝の措置、被害者の処罰意思、本人の改悛の情等のすべての情状を総合的に考慮して決せられるものとされている[19]。前掲東京高判平成17年5月25日では、保険により十分な損害賠償がなされていること等の事情、前掲東京高判平成22年10月19日では、被害者側にも夜間に無灯火で自転車を走行させていた落ち度があること、被告人が被害者を見舞うなどし、保険会社を通じた示談を成立させていること、被害者も被告人に対する処罰を望まない旨の意向を表明していること、速度違反による罰金刑以外の前科がないこと等を情状として挙げて刑を免除している。本件では、まず、検察官がより慎重に証拠を検討していれば起訴されなかった可能性を指摘した上で、被告人の過失が単純かつ比較的軽微なものであり、日常的に不注意な運転をしていたわけではないこと、当初から事実をほぼ認め、謝罪もしていたこと、前科のないことの他、そのような被告人が長期間にわたって応訴を強いられたことが挙げられている。

まず、本規定の立法経緯、また衆議院・参議院法務委員会においてなされた附帯決議[20]などをみても、被害者の意思が情状における重要な考慮要素であることは間違いない。しかし、刑罰制度とは被害者感情の満足が主たる目的ではなく、起訴猶予、量刑等において被害者の意思は絶対的な意味を持つものではない。本件においては、一旦不起訴となった本件が被害者によって症状固定まで約244日を要する傷害を負った旨の供述調書が作成されたことによって起訴されたことなどの事情もあり、被害者に宥恕の意思が存在している、という事情は少なくとも判決文から読み取ることはできない[21]。したがって、被害者の宥恕、というよい情状がなかったとしても、それ以外の被告人に有利な情状があれば総合考慮して刑の免除を認めることができることが示されたということができ、それは妥当な判断であったように思われる。

---

(19)　井上ほか・前掲注(8)77頁。

(20)　「刑の裁量的免除規定については、……被害者の感情に適切な考慮（配慮）を払うべきである」とされている。

(21)　本件で弁護人を務めた弁護士によれば、被害者から検察官に「執拗な働きかけ」があったとされている（弁護士ドットコムニュース「交通事故で異例の『刑免除』判決、背景にある『ずさん捜査』と『安易な起訴』」（https://c-2.bengo4.com/c_1060/c_1390/n_4596/（2018年2月28日最終閲覧））参照）。

また、弁護人は、不起訴処分とすべきであった事案を公訴権濫用による公訴棄却を主張しているが、裁判所はこれを否定している。症状固定まで約244日を要する傷害を負った旨の被害者の供述調書が作成されていること、同傷害を裏付ける医師の回答も得られていたことなどからすれば、本判決も言及しているように、最高裁判所によって公訴権濫用の法理が認められる可能性のある範囲が非常に狭いことに基づけば(22)、やむを得ない判断である。

もっとも裁判所は、慎重に証拠を検討していれば、不起訴処分が維持された可能性、起訴されたことにより長期間の応訴を強いられた点を、免除を認める文脈で指摘している。起訴裁量の範囲内として起訴自体は合法であるとはいえ、事実認定の結果、本来起訴猶予相当な傷害結果であることが明らかとなっている。刑の免除を言い渡す上で、量刑上、これを有利な事情として考慮することができるだろうか。実際は起訴猶予相当な事案である、という事情は、そもそも責任が軽い事案である、という判断を含むものである(23)。そして、起訴猶予相当であることが、免除に当たることよりも軽い事情であるとすれば、起訴猶予相当であること自体がいえれば、免除を言い渡す上で、それ以上の付加的な要素は必要ないはずである。もっとも、起訴猶予相当であるにもかかわらず起訴をされ、本来不要であったはずの応訴を長期間に渡って強いられた、という要素は被告人に有利な量刑事情として考慮する余地はあるが、本件で免除を言い渡す上でどこまで影響があったかは明らかではない。

5　結論

以上のように、本件において、刑の免除を言い渡した裁判所の結論は妥当なものであるといえよう。本判決は、前例の少ない刑の免除を言い渡した事例判断として意義がある。

本件は、任意的免除の規定がある過失運転致傷罪が問題となったため、捜

---

(22)　最決昭和55年12月17日（刑集34巻7号672頁）は、「検察官の裁量権の逸脱が公訴の提起を無効ならしめる場合のありうることを否定することはできないが、それはたとえば公訴の提起自体が職務犯罪を構成するような極限的な場合に限られるものというべきである」としている。

(23)　和田真「刑事訴追に必然的に伴う負担と量刑」大阪刑事実務研究会編著『量刑実務大系第3巻』(2011年) 338頁。

査ないし起訴段階における被告人に不利益な事情を考慮して免除を言い渡すことができた。もっとも、このような捜査ないし起訴段階における事情を考慮すると刑罰を科す程度には達しない、という状況は、任意的免除規定が存在しない犯罪の場合には妥当な処理を図ることもできないという意味でさらに困難を生じさせることになろう(24)。また、本規定の立法当時から、軽微な事案で刑を言い渡すべきでない事案があるというのは自動車運転に限ったものではない、というような批判もなされていた(25)。

また、このように免除を起訴猶予処分の実体法上の裏付け、として理解することは、起訴される可能性が残るとはいえ「無罪」に等しい起訴猶予処分と、有罪判決の一種である刑の免除との間に齟齬を生じさせることになる。刑の免除は刑の言渡しがなされない、という点では無罪、あるいは起訴猶予処分と等しいが、犯罪が成立しており有罪である、という点では異なる。前者の面を強調することは、刑の免除の意義をあいまいにすることになろう(26)。これに対して刑の免除について、対象行為が（刑罰を科す程度ではないが）違法であり有責でもある、という否定的評価を示す有罪判決の一種としての積極的意義を認めるのであれば、刑の免除を積極的に言い渡す、という方向性も考慮に値しよう(27)。

---

(24)　金澤・前掲注(2)315頁以下は、「具体的状況において看過し難い不均衡を生じた場合に備え、被告人に科刑による不当な不均衡が生じないよう、これを回避すべく特殊な取り扱いを定めておく必要」があり、本免除規定をそのようなものとして理解する。しかし、本件のような訴訟経過等の事後的な事情は、過失運転致死傷罪特有のものではない。そのように考えると、立法論として総則における任意的免除規定も検討に値しよう（三井誠『刑事手続法Ⅱ』（2003年）93頁、福島至「判批」新・判例解説Watch 19号（2016年）4頁参照）。改正刑法草案の作成過程において、「勺量免除」規定を創設する案があったが、寛刑化の助長の危険、執行猶予で対応可能として採用されなかったという（三井・前掲95頁）。また、単純過失（209条）において免除が認められないこととの不均衡を指摘するものとして曽根威彦「交通犯罪に関する刑法改正の問題点」ジュリ1216号（2002年）54頁。自転車運転による過失傷害に免除の可能性がないこととの不均衡を指摘するものとして佐伯（仁）・前掲注(9)75頁。これらに対しては、単純過失が親告罪であるため問題は少ない、という反論がなされている。

(25)　曽根・前掲注(24)54頁。

(26)　もちろん、起訴猶予による不起訴は、嫌疑なし等による不起訴とは異なり、「前歴」がつく、という点では一定のスティグマとなりうる。とはいえ、やはり有罪判決によるスティグマとは一線を画するものと理解すべきであろう。

(27)　もっとも、そうすると軽微事件に対する警察、検察実務の合理化という、立法当局側の本規定の第2の目的が達せられなくなるため、実現は困難かもしれない。

9 危険運転致死罪における制御困難高速度判断時の考慮要素

千葉地判平成28年1月21日判時2317号138頁

増田 隆

Ⅰ 事実の概要

被告人は、飲酒の上、平成26年5月27日午後10時6分頃、普通乗用自動車（以下「本件車両」とする。）を運転し、千葉県印旛郡酒々井町内の片側二車線道路の第二車両通行帯を時速約60kmで進行中、信号機により交通整理の行われている交差点手前の同車両通行帯で停止中のB運転の普通乗用自動車を追い越すに当たり、同車両通行帯に進路を変更した上、時速約80kmに加速して同車をその右側から追い越した過失により、折から発進しようとしていた同車右前部に本件車両の左側面部を衝突させ、よって、Bに傷害を負わせた（以下「第一事故」とする。）。

被告人は、Bの追跡を免れるため、背後を気にして前方左右を注視せず、進路の安全を十分確認しないまま、時速約120km程度で進行した過失により、折から前方左側路外施設に向かい対向右折しようとしているC運転の原動機付自転車（以下「被害車両」とする。）を前方約32.7mの地点に認めたが、急制動の措置を講じる間もなく、被害車両に本件車両の左前部を衝突させた上、同人をそのフロントガラスに激突させて路上に転倒させ、よって、同人に傷害を負わせ、同人を同傷害により死亡させた（以下「第二事故」とする。）。

Ⅱ 判旨――有罪（確定）

「危険運転致死罪の『その進行を制御することが困難な高速度』とは、自動車の性能や道路状況等の客観的な事実に照らし、ハンドルやブレーキの操作をわずかにミスしただけでも自動車を道路から逸脱して走行させてしまうように、自動車を的確に走行させることが一般ドライバーの感覚からみて困難と思われる速度をいい、ここでいう道路状況とは、道路の物理的な形状等をいうのであって、他の自動車や歩行者の存在を含まないものと解される。

これに対し、検察官は、前記の道路状況には、道路の物理的な形状等のほか、歩道・路側帯や路外の施設の有無、それに応じた横断歩行者・車両の存在可能性等も含まれると主張する。

しかし、前記『進行を制御することが困難な高速度で走行』した状態は、その語義として、物理的な意味で自動車の制御が困難になった状態をいうものと解され、これに検察官が指摘するような考慮要素への対応が困難になった状態まで含まれると読み取るのは無理である。その他立法の経緯や過失運転致死傷罪との関係を考慮すると、検察官の主張は採用できない。」

Ⅲ　評釈

1　はじめに

本千葉地裁判決（以下「本判決」とする。）[(1)]は、主位的訴因である危険運転致死罪の成立を否定し、予備的訴因である自動車運転過失致死罪が成立するにとどまるとしたものである。

危険運転致死傷罪[(2)]は、平成13年に刑法旧208条の2に新設され（平成13年11月28日第138号法律[(3)]）、途中改正を経て、自動車の運転により人を死傷させる行為等の処罰に関する法律（平成25年11月27日第86号法律[(4)]。以下「自動車運転死傷処罰法」という）2条に移された。その際、新たに創設された危険運転致死傷類型（自動車運転死傷処罰法2条6号）があるものの、

(1)　評釈・解説として、城祐一郎「判批」捜研797号（2017年）2頁参照。

(2)　危険運転致死傷罪をめぐる最近の文献として、「〈特集〉自動車運転死傷行為等処罰法の動向」刑ジャ52号（2017年）4頁以下、橋爪隆「危険運転致死傷罪の解釈について」曹時69巻3号（2017年）1頁以下参照。

(3)　立法解説として、井上宏ほか「刑法の一部を改正する法律の解説」曹時54巻4号（2002年）33頁以下、山田利行「刑法の一部を改正する法律の概要」警論55巻3号（2002年）114頁以下参照。

従前の危険運転致死傷類型（自動車運転死傷処罰法2条1号乃至5号）については文言の変更がないことから、自動車運転死傷処罰法制定以前の判例及び学説をそのまま参照することについては差し支えない。

本裁判の争点には、危険運転致死傷罪の成否のほかに、第二事故時の本件車両の速度及び第二事故時の過失も含まれるが、本評釈では危険運転致死傷罪の成否のみを扱うこととする。

2 「その進行を制御することが困難な高速度」の意義

自動車運転死傷処罰法2条2号は「その進行を制御することが困難な高速度で自動車を走行させる行為」と規定されるものの、刑法旧208条の2に定められていた時から一貫して、「その進行を制御することが困難な高速度」の法令上の定義は存在していなかった。そのため、「その進行を制御することが困難な高速度」の意義については、判例・学説にゆだねられることになる。

刑法旧208条の2が施行された当初の下級審の裁判例には、危険運転行為の故意の存否が争点となった事案につき、「……『進行を制御することが困難な高速度』であることの認識が必要であるが、その内容は、客観的に速度が速すぎるため道路の状況に応じて車両を進行させることが困難であると判断されるような高速度で走行していることの認識をもって足り……」と判示されたものがある(5)。本判決から、「進行を制御することが困難な高速度」の意義を抽出すると、「速度が速すぎるため道路の状況に応じて車両を進行させることが困難であると判断されるような高速度」となろう。本判決は、この意義を「速度が速すぎるため、道路の状況に応じて進行することが困難な状態で自車を走行させること」とする立法解説の影響を受けていると思われるが(6)、法文の意義としては簡素であると評価できる反面、法文の単なる

---

(4) 保坂和人「自動車の運転により人を死傷させる行為等の処罰に関する法律について」警論67巻3号（2014年）43頁以下、高井良浩「自動車の運転により人を死傷させる行為等の処罰に関する法律」警公63巻3号（2014年）9頁以下参照。

(5) 函館地判平成14年9月17日（判時1818号176頁）（以下「平成14年函館地裁判決」とする）。評釈・解説として、佐藤芳嗣「判批」信州大学法学論集4号（2004年）201頁、水谷規男「判批」法セ577号（2003年）120頁、星周一郎「判批」刑ジャ26号（2010年）8頁参照。

(6) 井上ほか・前掲注(3)69頁参照。

言い直しともいえる点で、実際の裁判でのあてはめの際に資するかどうかについては疑問が残ろう。

この後、「その進行を制御することが困難な高速度」の意義をめぐっては、2つの下級審の裁判例で変更が見られた。一つは、千葉地裁平成16年5月7日判決である。千葉地裁は「一般的・類型的に見て、速度が速すぎるため自車を進路に沿って走行させることが困難な速度、換言すれば、ハンドル操作やブレーキ操作のわずかな誤りによっても自車を進路から逸脱させて事故を発生させることになるような速度をいい、そのような速度であるかどうかは、具体的な道路の状況（道路の形状や路面の状態等）、車両の構造・性能、貨物の積載状況等の客観的事情に照らし、通常の自動車運転者において、当該速度で当該車両を進路に沿って走行させることが困難であるといえるかという基準によって判断すべきである。」と判示した[7]。平成16年千葉地裁判決も、平成14年函館地裁判決と同様に立法解説の影響を看て取ることができる。すなわち、千葉地裁が「進行を制御することが困難な高速度」の意義について、「ハンドル操作やブレーキ操作のわずかな誤りによっても自車を進路から逸脱させて事故を発生させることになるような速度」と言い換えた点については、「進行を制御することが困難な高速度で走行」の具体例として挙げられる「カーブを曲がりきれないような高速度で自車を走行させるなど、そのような速度での走行を続ければ、車両の構造・性能等客観的事実に照らし、あるいは、ハンドルやブレーキの操作のわずかなミスによって自車を進路から逸脱させて事故を発生させることとなると認められる速度での走行」の影響がみられ、さらに、「そのような速度であるかどうかは、具体的な道路の状況（道路の形状や路面の状態等）、車両の構造・性能、貨物の積載状況等の客観的事情に照らし、通常の自動車運転者において、当該速度で当該車両を進路に沿って走行させることが困難であるといえるかという基準によって判断すべきである。」とする点については、「そのような速度（筆者注：進行を制御することが困難な高速度）であるか否かの判断は、基本的には、具体的な道路状況、すなわちカーブや道幅等の状態に照らしてなされることとなる。」

---

(7)　千葉地判平成16年5月7日（判タ1159号118頁）（以下「平成16年千葉地裁判決」という）。評釈・解説として、津田雅也「判批」法学70巻5号（2006年）139頁参照。

とする箇所からの影響が看取されるのである[8]。平成16年千葉地裁判決は、平成14年函館地裁判決に比すと、具体的でわかりやすくなったと評価できる反面、やはり法適用の場面では函館地裁判決と同様に、その有用性について若干の疑問が残る。

もっとも、法適用といっても、それは「進行を制御することが困難な高速度」であるか否かという判断なのであるから、「進行を制御することが困難な高速度」の意義それ自体に多かれ少なかれ不明瞭な部分を仮に残していたとしても、判断基準が明瞭であれば、「進行を制御することが困難な高速度」であるか否かという判断もそれなりに明確になされるものになるであろうと思われる。そうだとすれば、平成16年千葉地裁判決が「進行を制御することが困難な高速度」であるか否かの判断基準を明示した点は評価に値しよう。他方、東京高裁平成22年12月10日判決は「『進行を制御することが困難な高速度』とは、①速度が速すぎるため自車を道路の状況に応じて進行させることが困難な速度をいい、②具体的には、そのような速度での走行を続ければ、道路の形状、路面の状況などの道路の状況、車両の構造、性能等の客観的事実に照らし、あるいは、ハンドルやブレーキの操作のわずかなミスによって、自車を進路から逸脱させて事故を発生させることになるような速度をいうと解される。」(①、②は筆者が挿入。「」内以下同じ。) と判示した[9]。東京高裁は、平成14年函館地裁・平成16年千葉地裁両判決(以下「地裁両判決」とする。) よりも、一見したところ、詳細であるように思われる。具体的には、①については、地裁両判決のいう「進行を制御することが困難な高速度」の意義とほぼ同じであるが、東京高裁が②を加えた点は注目に値する。実際に、その後に、平成22年東京高裁判決が提示した「進行を制御することが困難な高速度」の意義を採用する下級審判例が続出している[10]。

しかしながら、②をよく読んでみると、冒頭箇所にある「具体的には」と

---

(8) 井上ほか・前掲注(3)69頁参照。

(9) 東京高判平成22年12月10日(判タ1375号246頁)(以下、「平成22年東京高裁判決」とする)。評釈・解説として、曲田統「判批」刑ジャ30号(2011年)138頁、宮地裕美「判批」研修753号(2011年)91頁参照。

(10) 宮崎地判平成24年10月29日(LEX/DB 25503143)、松江地判平成24年11月2日(LLI/DB L06750546)、松江地判平成25年11月1日(LEX/DB 25540889)、京都地判平成26年10月14日(LEX/DB 25505063)、京都地判平成28年5月25日(LLI/DB L07150326)。

いう文言が示すように、②は①の具体化にすぎないということがわかる。すなわち、平成22年東京高裁判決は、地裁両判決と比べると、具体例を付加したにすぎず、その限度では、平成22年東京高裁判決のいう意義と、地裁両判決のいうそれとでは際立った差異はないということになる。

もっとも、だからといって、平成22年東京高裁判決が提示した「進行を制御することが困難な高速度」の意義に、先例としての価値が乏しいと判断するのは早計であるといわざるを得ない。というのも、東京高裁が提示した「進行を制御することが困難な高速度」の意義が、平成16年千葉地裁判決や立法解説が示す「進行を制御することが困難な高速度」の意義とその判断基準を東京高裁が独自に折衷させたうえで、それを再構成・再定義した点を評価できるからである。

本判決は、「進行を制御することが困難な高速度」の意義につき、「自動車の性能や道路状況等の客観的な事実に照らし、ハンドルやブレーキの操作をわずかにミスしただけでも自動車を道路から逸脱して走行させてしまうように、自動車を的確に走行させることが一般ドライバーの感覚からみて困難と思われる速度」としている。すなわち、本判決は、平成22年東京高裁判決が提示した「進行を制御することが困難な高速度」の意義について、①を捨て去り、②のみを採用したのである。

本判決のいう「進行を制御することが困難な高速度」の意義は、現在の学説に照らしても[11]、新規なものとも評価できる以上、学説が本判決をどのように位置づけるかについては今後注目する必要があろうと思われる。

3　操作ミスの判断基準

「その進行を制御することが困難な高速度」とは、客観的な事実に照らし、ハンドルやブレーキの操作をわずかにミスしただけでも自動車を道路から逸脱して走行させてしまうように、自動車を的確に走行させることが困難と思われる速度であるが、ここでいう困難と思われるとは誰を基準に決するべきであるかが問題となる。

この点につき、平成16年千葉地裁判決は「そのような速度であるかどう

---

(11)　たとえば、高橋則夫『刑法各論〔第2版〕』(2014年) 75頁以下参照。

かは、具体的な道路の状況（道路の形状や路面の状態等）、車両の構造・性能、貨物の積載状況等の客観的事情に照らし、通常の自動車運転者において、当該速度で当該車両を進路に沿って走行させることが困難であるといえるかという基準によって判断すべきである。」（圏点筆者）と判示して、「通常の自動車運転者」を基準にする立場をとっていたが、その後、平成22年東京高裁判決は、平成16年千葉地裁判決の「その進行を制御することが困難な高速度」の意義とは異なる判断を示して、「①速度が速すぎるため自車を道路の状況に応じて進行させることが困難な速度をいい、②具体的には、そのような速度での走行を続ければ、道路の形状、路面の状況などの道路の状況、車両の構造、性能等の客観的事実に照らし、あるいは、ハンドルやブレーキの操作のわずかなミスによって、自車を進路から逸脱させて事故を発生させることになるような速度」と判示したものの、判断基準に関する言及はなくなっており、その意味で、いかなる判断基準を判例がとるのかについての明示的判断が待たれていたといえよう。

かかる事情を踏まえて、本判決は、平成22年東京高裁判決が提示した「その進行を制御することが困難な高速度」の意義のうちの一部（②）のみを採用するとともに、「自動車を的確に走行させることが一般ドライバーの感覚からみて困難と思われる速度」（圏点筆者）として、再度判断基準を明示した。平成16年千葉地裁判決のいう「通常の自動車運転者」と本判決のいう「一般ドライバー」との間に意味上の違いはほとんど見出しえない以上、本判決は、平成16年千葉地裁判決が打ち出した判断基準を明示的に復活させたと評価できる。

4　道路状況に他の自動車や歩行者の存在は含まれるか？

「その進行を制御することが困難な高速度」という法文は、法案作成段階では現在と異なる文言であった。すなわち、平成13年に刑法旧208条の2第1項に「その進行を制御することが困難な高速度」が新設される前に法務省に設置された法制審議会における当初の諮問には、「自動車の進行を制御することが困難な著しい高速度」[12]（圏点筆者）と表されおり、現行の規定ぶ

---

(12)　法制審議会諮問第54号。

りとは文言が異なっていたのである。その後、答申の段階では「著しい」という文言が削除され、これに基づいて立法された経緯がある[13]。「著しい」という文言が削除された背景には、当該速度が制御困難であるか否かについては、道路状況などといった具体的事情に鑑みて決定されるものであることが確認され、仮にそうであれば、「著しい」という文言を削除し、「自動車の進行を制御することが困難な高速度」と表現したとしても、文意は別段変わらないと解されたことがある[14]。

このように、「その進行を制御することが困難な高速度」であるか否かの判断に際しては、道路状況などの客観的な事情を考慮要素とすることが、すでに立法段階で予定されていたということができる。それを踏まえて、判例は、すでに述べてきたとおり、自動車の性能や道路状況などの客観的な事実に照らして、「その進行を制御することが困難な高速度」であるか否かが決せられるとする立場をとってきたが、従前の裁判では、路外施設などの存在を考慮要素に加えるべきかが争点となっておらず、それゆえにこの点に関する先例はないといってよかろう。

立法解説は、ここでいう「道路状況」の具体例としては、カーブと道幅を限定列挙するにとどめており[15]、路外施設やそこへ向かう車両の存在可能性についての言及がないために、この言及の欠如が、路外施設やそこへ向かう車両の存在可能性をも考慮要素として当然に含まれるという趣旨であるのか、又は、限定列挙にしてあることに着目して、列挙されていない路外施設やそこへ向かう車両の存在可能性は考慮要素としては除外するという趣旨であるかは必ずしも判然としない[16]。

もっとも、考慮要素に運転技能のような個人的事情を組み込むべきかについては、立法解説は「道路状況や車両の性能とは異なり、類型的、客観的判断にはなじみにくい面があるので、判断要素になることは通常はないと考えられる。」[17]と明示しており、個人的事情を除外すべきとするが、個人的事

(13)　井上ほか・前掲注(3)45頁参照。
(14)　井上ほか・前掲注(3)45頁参照。
(15)　井上ほか・前掲注(3)69頁参照。
(16)　匿名解説・判時2317号138-9頁（特に139頁）。
(17)　井上ほか・前掲注(3)71頁参照。

情が客観的事情とは異なる以上、この説明はあまり参考にならないといわなければなるまい。

学説の中には「個別的な人や車の動きなどへの対応の可能性自体は考慮の外に置かれるべきであろう」(18)とするものがある。これは、個別的な人や車の動きなどに対応できるか否かについては考慮すべきではないとして、路外施設やそこへ向かう車両の存在可能性は考慮要素としては除外するという趣旨であろうと思われる。

思うに、個別的な人や車の動きなどに対応できる能力には個人差があり、仮にそれを考慮要素に加えるということは、ひいては運転者ごとに異なる制御困難速度を認めることにつながりかねないおそれがあり、それは前述した困難性の判断基準を一般ドライバーとしたことと整合しないこととなろう。そうだとすると、路外施設やそこへ向かう車両の存在可能性は考慮要素としては除外するべきだと思われる。

さらに、「進行を制御することが困難な高速度」について、本来的語義に立ち返って考えてみると、これは「進行を制御することが困難に感じる高速度」ではない以上、本判決がいうように、心理的な意味ではなく、物理的な意味で自動車の制御が困難になった状態をいうものと解するべきである。そうだとすると、他の自動車や歩行者といった、運転者に危険性対処が求められる心理的要素はやはり考慮すべきではないということになろう(19)。

本判決は、「ここでいう道路状況とは、道路の物理的な形状等をいうのであって、他の自動車や歩行者の存在を含まないものと解される。」と判示して、他の自動車や歩行者の存在を除外することを明確化した。以上のような考察を踏まえれば、当該判断は判断の明確化に資する以上、肯定的に評価できよう。

5　危険運転致死傷罪の他類型の成立可能性

本判決は、過失運転致死傷罪が成立することをも考慮して、危険運転致死

---

(18)　大塚仁ほか編『大コンメンタール刑法〔第2版〕第10巻』(2006年)〔野々上尚＝中村芳生〕509頁参照。

(19)　ほぼ同様の考え方を採用したと解される判例として、前掲注(10)宮崎地判平成24年10月29日。なお、匿名解説・前掲注(16)138-9頁(特に139頁)も併せて参照。

傷罪の射程範囲を拡大しようとする解釈を控え、危険運転致死傷罪の成立を否定した。しかし、この点については、本判決では、自動車運転死傷処罰法2条2号の成否が問題とされたが、本判決の事案のような場合には、証拠関係によるものの、同2号以外にも同4号の成立可能性をも検討すべきであるとの見解もある(20)。すなわち、この見解は、下級審判例を根拠に(21)、同4号のいう「人又は車の通行を妨害する目的」には、自分の運転行為によって通行の妨害を来すのが確実であると認識していた場合をも含まれるとの立場から、路外施設やその周囲の状況を認識し、そこに自車が高速度で進行すれば、路外施設に向かうために同道路を横断しようとする車両や歩行者などの通行に妨害を来すのは確実であると認識していたはずであると認定するのは、証拠関係にもよるが、あながち無理ではないとするのである(22)。

高速度による自動車運転により死傷結果が生じた場合には、危険運転致死傷罪の積極的な適用が求められるとの指摘があるが(23)、それは、自動車運転死傷処罰法2条2号の強引な解釈を許容するという趣旨ではなく、他の類型の成立可能性を模索・検討すべしという趣旨だと思われる。そうだとすれば、「その進行を制御することが困難な高速度」の意義をより簡明にし、さらに、それを判断するに当たり考慮すべき道路状況には、他の自動車や歩行者の存在は含まれないとして考慮要素を絞り込んだ本判決を支持し、同2号と同4号の限界を明らかにすることが今後の課題となろう。

---

(20)　城・前掲注(1)5頁以下参照。

(21)　東京高判平成25年2月22日（高刑集66巻1号3頁）。評釈・解説として、吉浪正洋「判批」研修780号（2013年）73頁、岡本昌子「判批」判例セレクト2013［I］32頁、内田浩「判批」平成25年度重判172頁、武藤雅光「判批」研修789号（2014年）15頁、吉川崇「判批」警論67巻4号（2014年）173頁、煙山明「判批」警公69巻6号（2014年）87頁、岡部雅人「判批」愛媛41巻1=2号（2015年）147頁参照。

(22)　城・前掲注(1)6頁以下参照。

(23)　城・前掲注(1)7頁以下参照。

10　自動車運転処罰法における「アルコールによる正常な運転が困難な状態」の認識

札幌高判平成27年12月8日LEX/DB 25541866

石井徹哉

Ⅰ　事実の概要

被告人は、平成26年7月13日午後4時28分頃、北海道小樽市の道路において、運転開始前に飲んだ酒の影響により、前方注視が困難な状態で普通乗用自動車を北方向から南方向に向けて時速約50ないし60キロメートルで走行させ、もってアルコールの影響により正常な運転が困難な状態で自車を走行させ、進路左前方を自車と同一方向に歩行中のA、B、C及びDに気付かないまま、同人らに自車左前部を衝突させ、同人らをはね飛ばして路上に転倒させ、よってA、B及びCに重大な傷害を負わせ、即時ないし3時間後に死亡させるとともに、Dに加療約1年間を要する傷害を負わせ、そのまま現場から走り去った。

当初は、過失運転致死傷（自動車の運転により人を死傷させる行為等の処罰に関する法律（平成25年法律86号、以下「自動車運転処罰法」とする）5条）と道路交通法（以下、「道交法」とする）違反（救護義務違反及び報告義務違反）の訴因で起訴されたが、訴因変更され、危険運転致死傷及び道交法違反が主位的訴因とされ、過失運転致死傷及び道交法違反が予備的訴因とされた。

第一審では、事故現場の道路が歩車道の区別や中央線のない幅員が4.7メートルほどの見通しの良い直線道路であり、衝突地点の約160メートル手前から被害者4名を人として認識可能であったが、被告人は、この道路に入ってすぐにスマートフォンを取出し、その後、時速50ないし60キロメートル前後という速度で自車を走行させながら、15秒ないし20秒程度スマートフォンの操作をするため、ほぼその画面だけを見続けるような運転をしたと認定し、そのような運転態様がよそ見という水準をはるかに超えた危険極まりない行動であり、正常な注意力や判断力のある運転者であれば、到底考えられない運転であるとし、さらに、飲酒状況や酒酔いの程度について、本件当日の飲酒時間の長さ及び飲酒量及び、完全に酔いつぶれて2時間ほど眠り込んだことやその後の行動、運転開始時における被告人自身の感覚、事故後に実施された飲酒検知の結果、警察官の事情聴取の際の態度など、それらの事実を総合して、被告人が本件当時、客観的に、道路交通の状況等に応じた運転操作を行うことが困難な心身の状態、すなわち、正常な運転が困難な状態であったことが明らかであり、そのような状態になった原因がアルコールの影響によるものとしか考えられないと説示した上、被告人が、酒による身体の変調に対する自覚があり、自分の行った運転行為について余すところなく認識しているから、故意も認められるという判断を示し、危険運転致死傷罪の成立を肯定した（札幌地判平成27年7月9日（裁判所HP））。

これに対して、被告人らが、訴訟手続の法令違反のほか、本件事故の原因は、被告人がスマートフォンの画面を見ながら自動車を運転したことによる前方注視義務違反であり、アルコールの影響によるものでないので、被告人の行為について過失運転致死傷罪が成立するにとどまるとして、控訴の申立てをおこなった。

Ⅱ　判旨――控訴棄却

最高裁平成23年10月31日決定（刑集65巻7号1138頁）を参照した上で、「幅員が狭く歩車道の区別がないなどの本件道路の状況や日中の時間帯であったことなどを踏まえると、正常な注意力や判断力を保持している運転者であれば、スマートフォンの画面を見ながら自動車を運転するだけで、あえて危険な運転をしているという自覚を伴うはずであるから、運転中に、進路前方に車両や人等が存在しないか、それらに自車を衝突させる危険がないかという危惧が念頭から離れないのが通常というべきである。しかるに、被告人は、時速50ないし60キロメートル前後という相当な速度で自動車を走行させながら、15秒ないし20秒に及ぶ時間にわたり、ほぼ進路前方を見ることなく下を向き続けていたものであり、相当な時間にわたり、自分が負傷する危険等を含め、交通事故を発生させる危険性に対する配慮がおよそ念頭から抜け落ちていたものと見るほかない。このように、正常な状態にある運転者として通常は考え難い運転態様の異常さからみて、被告人が、本件当時、アルコールの影響により、前方を注視してそこにある危険を的確に把握して対処することができない状態、すなわち道路交通の状況等に応じた運転操作を行うことが困難な心身の状態にあったものと認められる。したがって、本件事故の態様のほか、事故前の飲酒量や酩酊状況、事故前の運転状況、事故後の言動、飲酒検知結果等を総合的に考慮して、被告人が本件事故を起こした当時、アルコールの影響により正常な運転が困難な状態にあった旨の事実を認定した原判決の判断過程に不合理な点はなく、十分に首肯できるというべきである。また、被告人について、自己の酒酔いの程度や自ら行った危険な運転行為等、運転の困難性を基礎付ける事実の認識に欠けるところがなかったことに基づき、危険運転致死傷に係る故意を認定した原判断も、是認することができる。」と判示した[(1)]。

Ⅲ　評釈

1　はじめに

飲酒後の前方不注視による事故での危険運転致死傷罪の肯否に関し「アルコールの影響により正常な運転が困難な状態」について、旧刑法208条の2第1項に関する最高裁平成23年10月31日決定（刑集65巻7号1138頁）があり、本判決も参照するところである。この決定において、「アルコールの影響により道路交通の状況等に応じた運転操作を行うことが困難な心身の状態」とは、精神的、身体的能力がアルコールによって影響を受け、道路の状況、交通の状況に応じ、障害を発見する注意能力、これを危険と認識し、回避方法を判断する能力、その判断に従って回避操作をする運転操作能力等が低下し、危険に的確に対処できない状態であるとし、その判断にあたっては、事故の態様のほか、事故前の飲酒量及び酩酊状況、事故前の運転状況、事故後の言動、飲酒検知結果等を総合的に考慮すべきものとされた。

---

(1)　上告がされたものの棄却されている。最決平成29年4月18日（LEX/DB 25546127）。

本判決の原審は、15秒から20秒間スマートフォンをほぼ注視しながら運転したという異常な運転行為から被告人の注意力が著しく減退していた状態を認定し、これを酒による影響としか考えられないとする。本判決でも、「正常な状態にある運転者として通常は考え難い運転態様の異常さからみて、被告人が、本件当時、アルコールの影響により、前方を注視してそこにある危険を的確に把握して対処することができない状態、すなわち道路交通の状況等に応じた運転操作を行うことが困難な心身の状態にあったものと認められる」とし、これを前提に事故前の飲酒量や酩酊状況、事故前の運転状況、事故後の言動、飲酒検知結果等を総合的に考慮して、被告人が本件事故を起こした当時、アルコールの影響により正常な運転が困難な状態にあった旨の事実を認定した原判決を是認している。本判決も、その原審も、前記平成23年決定に示された解釈とその基準を用いて判断したものである(2)。

前記平成23年決定も本判決も、認識能力または注意能力が著しく減退していることを危険運転の実質として、その際、客観的な危険運転行為の認定よりも、行為者自身の心身状態が重要であり(3)、故意においても、行為者自身の心身状態の認識が重視されることになる(4)。問題は、このような故意の理解が適切かということにある。

2　自動車運転処罰法における危険運転致死傷罪

前記平成23年決定は、アルコールの影響により前方を注視してそこにある危険を的確に把握して対処することができない状態の認識が被告人にあったことも認められるとして、自己の心身状態の認識を故意として重視している(5)。しかし、危険運転致死傷罪が自動車運転処罰法に移行された際、新た

---

(2)　本件については、蛯原意「危険運転致死傷罪の『アルコールの影響により正常な運転が困難な状態』及びその認識について」警論69巻10号（2016年）155頁以下参照。

(3)　大谷裁判官の補足意見は、総合的判断の枠内において、事故態様自体から推認される被告人の心身状態が重視されるべきであるとする。最決平成23年10月31日（刑集65巻7号1145頁以下参照）。そのほか、島戸純「自動車の運転により人を死傷させる行為等の処罰に関する法律第2条及び第3条の罪に関する故意の立証について(上)」警論70巻9号（2017年）119頁参照。

(4)　島戸・前掲注(3)120頁参照。この点について、林幹人「危険運転致死傷罪（アルコール影響型）における故意」判時2194号（2013年）4頁は、平成23年決定について、裁判所は危険の有無に関心を集め、故意について十分な検討をしていないと評する。

に、同法3条1項(6)において、アルコール又は薬物の影響により、その走行中に正常な運転に支障が生じるおそれがある状態で、自動車を運転し、よって、そのアルコール又は薬物の影響により正常な運転が困難な状態に陥り、人を死傷させる行為が犯罪化された現在、従前と同様に考えてよいかは、慎重な検討を要する。

たしかに、故意を肯定するために法的に正確な評価は必要とされない。例えば、道路交通法の酒酔い運転の罪について(7)のものであるが、最高裁昭和46年12月23日判決（刑集25巻9号1100頁）は、飲酒によりアルコールを自己の体内に保有しながら車両等の運転をすることの認識があれば足り、そのアルコールの影響により正常な運転ができないおそれのある状態に達していることまで認識している必要はないとしている(8)。このように、酒酔い運転の罪についてではあるが、判例は、アルコールを自己の体内に保有している事実の認識のみで故意を肯定し、正常な運転ができないおそれがある状態の認識までは故意として要求していない。このような考えからは、前記平成23年決定、本判決及びその原審の判断にそれほど問題はないであろう(9)。

しかし、自動車運転処罰法3条1項の罪の創設は、同法2条における危険運転致死傷罪の故意についてこの枠組に疑問を投げかける(10)。同法3条1

---

(5) 田原裁判官の反対意見では、本件事故に至る迄の約8秒間の脇見についても、その間に被告人がそのような脇見運転自体がアルコールの影響によるものであることを認識していたことを窺わせる証拠は存しないとの指摘がある。最決平成23年10月31日（刑集65巻7号1159頁以下参照）。

(6) 髙井良浩「自動車の運転により人を死傷させる行為等の処罰に関する法律」ひろば67巻10号（2014年）12頁以下、14頁以下、橋爪隆「危険運転致死傷罪をめぐる諸問題」ひろば67巻10号（2014年）21頁以下、27頁以下、さらに本庄武「自動車事故をめぐる重罰化のスパイラル」法セ722号（2015年）23頁以下、26頁参照。

(7) 道交法117条の2第1号は、「第65条（酒気帯び運転等の禁止）第1項の規定に違反して車両等を運転した者で、その運転をした場合において酒に酔つた状態（アルコールの影響により正常な運転ができないおそれがある状態をいう。以下同じ。）にあつた」者を5年以下の懲役又は100万円以下の罰金に処している。

(8) また、最決昭和52年9月19日（刑集31巻5号1003頁）は、酒気帯び運転の罪の故意について、飲酒によりアルコールを自己の体内に保有しながら車両等の運転をすることの認識があれば足り、同法施行令44条の3所定のアルコール保有量の数値まで認識している必要はないとする。

(9) 林・前掲注(4)4頁は、昭和46年判決を危険運転致死傷罪における故意について重視すべきでないとする。

項によると、その実行行為は、①アルコール又は薬物の影響によりその走行中に正常な運転に支障が生じるおそれがある状態で自動車を運転する行為であり、②そのアルコール又は薬物の影響により正常な運転が困難な状態に陥ることがいわば中間結果として要求され、この結果として③人の死傷結果が発生しなければならない(11)。この構成要件を客観面のみで観察するならば、３条１項の実行行為と中間結果を結合させた部分（①＋②）が２条１号の実行行為と一致していることになる。したがって、３条１項の罪の故意としては、アルコールまたは薬物の影響によりその走行中に正常な運転に支障が生じるおそれがある状態の認識があれば足りる(12)のに対して、２条１号の罪については、現に正常な運転が困難な状態にあることを認識していなければならないこととなる(13)。例えば、飲酒により運転操作に支障が生じるおそれがある状態で走行しているうちに、不意に予想外にも酩酊から眠ってしまい、これにより事故が生じ、人が死傷したとしても、２条の罪を肯定することはできず、３条１項の罪のみ成立する(14)。

３条１項の罪に関しては、運転開始前に服用したハルシオンの影響により、前方注視及び運転操作に支障が生じるおそれがある状態でトラックを運転し、その影響により前方注視及び運転操作が困難な状態に陥り、自車を対向車線

---

(10)　３条１項の罪の創設による故意の認定時期を扱うものとして、橋爪隆「危険運転致死傷罪の解釈について」曹時69巻３号（2017年）690頁以下参照。２条１号の罪の故意につき原因において自由な行為と対比して論じるが、私見では、３条１項が原因において自由な行為の類型を犯罪化したものではないかと考えているが、なお詳細は別稿にゆずる。これに関して、葛原力三「危険運転致死傷罪の酩酊・病気類型と原因において自由な行為」『浅田和茂先生古稀祝賀論文集　上巻』（2016年）343頁以下参照。

(11)　２条１号との対比からすると、３条１項の罪は、２条１号の罪についての原因において自由な行為の法理による処罰をある種明文化したものとみることができよう。

(12)　３条１項の罪は、２条１号の罪についてのいわば原因において自由な行為の法理による処罰を立法化したものか、または中間結果を要する二重の結果的加重犯を立法化したものといえよう。橋爪・前掲注(6)29頁参照。

(13)　髙井・前掲注(6)15頁。

(14)　大分地判平成26年10月７日（LEX/DB　25504818）では、運転開始前に飲んだ酒の影響により、前方注視及び運転操作に支障がある状態で同車を運転し、よってアルコールの影響によって居眠り状態に陥り、正常な運転が困難な状態になり、右方道路から青色信号に従って進行してきた軽４輪車両の左後部に自車前部を衝突させて、その運転者に傷害を負わせたという事案で、自動車運転処罰法３条１項の罪を肯定したが、対面の赤色信号を無視していることからすると、居眠りでなければ、２条１号の罪も視野に入れることができたであろう。

に進出させ、同車線上で作業員らを死傷させたという事案で、ハルシオン服用による身体機能への影響の経験、事故の1時間余り前のガソリンスタンドの店員との対応状況で「自己の身体の様子を感じていたといえるのであるから」、交通整理員に促されて発進して間もない時点で、正常な運転に支障が生じるおそれがある状態であることを認識し、それが前日に服用したハルシオンの影響によるものであることについても認識していたと判断したものがある(15)。

また、運転中に使用した危険ドラッグの影響により、前方注視及び運転操作に支障が生じるおそれがある状態で同車を運転し、前方注視及び運転操作が困難な状態に陥り、自車を急発進させ、進路前方で信号に従い停止していたB運転の原動機付自転車後部に衝突させ、さらに、同所先交差点内において右折のため一時停止していたC運転の普通乗用自動車に衝突させ、両名に傷害をそれぞれ負わせたという事案で、被告人は、危険ドラッグを使用して運転すれば、その薬理効果により正常な運転が困難な状態に陥るかもしれないと認識した上で、本件薬物を吸引使用して運転し、遅くとも赤色信号で停止してから急発進をするまでの間に、本件薬物の薬理効果を自覚し、その後も運転を継続して本件事故に至ったのであるから、本件薬物の影響により正常な運転に支障が生じるおそれがあることを認識していたと認められるとする(16)。

いずれの事案も、事故を生じさせた運転行為時において運転操作が困難な状態であるにもかかわらず、起訴裁量ゆえか、その認識の有無が問われないままになっている。しかし、そこで認定されている行為者の認識は、平成23年決定と大きく相違していないようにもみられる。これらの下級審の判断をみる限り、2条の罪とするのか、3条の罪とするのかは、事故により生じた結果が重大であるかいなかであるか(17)、そうでなければ、運転行為の事情とその認識について、被告人の供述その他の証拠から、ある程度運転の

---

(15) 札幌地判平成27年7月15日(LEX/DB 25541166)。

(16) 東京地判平成27年3月23日(LEX/DB 25506206)。

(17) 福岡飲酒ひき逃げ事件における田原裁判官の反対意見では、多数意見が結果の重大性に引きずられて、被告人がアルコールの影響による運転困難状態にあったことを認識していたことを推認するものと断じている(最決平成23年10月31日刑集65巻7号1160頁)。

状況が判明している場合かいなかということになる。

３　危険運転致死傷罪における故意と意味の認識

危険運転致死傷罪が重大な死傷事犯となる危険が類型的に極めて高い運転行為を故意に実行した結果人を死傷させた場合を暴行による傷害、傷害致死に準じて重く処罰する趣旨であったことからする(18)と、危険運転行為の認識がなければ故意を肯定することができない(19)。自動車運転処罰法２条１号の危険運転行為の規定内容からすると、アルコールまたは薬物の影響により正常な運転が困難な状態であることの認識が必要となる。この点について、立法担当者(20)は、アルコールまたは薬物の影響により正常な運転が困難という評価自体の認識ではなく、運転の困難性を基礎づける事実の認識が必要であるとしている。

問題は、運転の困難性を基礎づける事実の認識の内実にある。自動車運転処罰法３条１項(21)の前記事案でも、薬物の影響により正常な運転が困難な状態に陥る可能性を認識しているだけでなく、例えば赤信号で停止してから急発進するなどの事実も認識しているといえ、見方によっては、運転の困難性を基礎づける事実を認識しているともいいうる。本件事案で、札幌地裁は、「酒による身体の変調についての自覚もあり、特段運転中に意識を失ったりすることもなく、自分の行った危険な運転行為について余すところなく認識」していたとするが、約15秒ないし20秒スマートフォンを注視しながら走行し、前方不注視であったという事実について果たして認識があったのかということについて疑問なしとしえない(22)。アルコールの影響下にあった

---

(18)　大塚仁ほか編『大コンメンタール刑法（第２版）第10巻』（2006年）501頁以下、503頁〔野々上尚＝中村芳生〕参照。

(19)　刑法208条の２に規定されていた当時は、危険運転行為の危険を客観的処罰条件とする見解（峰ひろみ「危険運転致死傷罪（アルコール影響型）における故意についての一考察」法学会雑誌50巻１号（2009年）113頁以下、133頁以下）も主張されていたが、自動車運転処罰法３条１項の犯罪類型の追加により、現行法上、そのような見解を主張することは困難である。

(20)　井上宏ほか「刑法の一部を改正する法律の解説」曹時54巻４号（2002年）33頁以下、68頁参照。

(21)　３条１項の罪の故意については、島戸純「自動車の運転により人を死傷させる行為等の処罰に関する法律第２条の罪及び第３条の罪に関する故意の立証について（下）」警論70巻10号（2017年）129頁以下参照。

からこそずっとスマートフォンを注視したというのであれば、行為者自身は、注視している時間の感覚すらなかったものと考えられるからである。それゆえ、裁判所の故意の認定は、走行中にスマートフォンを注視したという事実の認識だけをもってなされているといえ、運転が困難な状態を基礎づける事実の認識を要求しているものとはいえない。もし裁判所のような判断をもって故意があるとするならば、通常の人なら危険な運転行為であると認識しうるということ、通常の一般人が正常な運転が困難な状態にあるということを認識しうることをもって故意としているのに等しく、行為者の認識事実ではなく、客観化された評価のみによって故意を肯定していることになる(23)であろう(24)。

すでに述べた2条1号と3条1項の罪の故意を区別する必要性に加え、2条の危険運転致死傷罪の重い処罰に適するように故意として必要な事実の認識を考えるのであれば、やはり正常な運転が困難な状態の内実の認識が必要である。この内実は、事案により様々であろう。しかし、前方注視能力の欠如が問題となっている本件事案では、行為者が前方注視能力の欠如していることを認識していることが必要である。しかしながら、札幌地裁は、「酒による身体の変調に対する自覚があり、自分の行った運転行為について余すところなく認識している」として故意を肯定しており、運転が困難な内実についてまでの認識を要求していない。本件においては、少なくとも「一定程度の時間」スマートフォンを注視し続けたことの認識または当該行為の異常性の認識が必要であろう。本件では、一定の時間スマートフォンを注視した客観的な事実の認定はあるものの、被告人が注視した時間の長さについて明示的に認定をしていないところに疑問がある。原審判決において列挙された諸

---

(22) 林・前掲注(4)6頁は、最高裁平成23年決定について、被告人がよいのために見えていなかったことをおよそわかっていない疑いがあるとする。また、橋爪・前掲注(6)26頁は、被告人が被害車両に気付くまでの約8秒間終始前方を見ていなかったこと、または前方を見ていてもこれに気付かなかったことのいずれかを「正常な運転が困難な状態」であるとしていることから、そのいずれかの状態にあることの認識が必要であるとする。

(23) 林・前掲注(4)4頁は、運転行為の危険の実体が行為者の認識に関わる生理的事情であり、その存在が本来客観的である危険を基礎づけているという特殊性があるとする。

(24) 島戸・前掲注(3)122頁以下は、正常な運転が困難が状態にあったことの認定説示が詳しいものとなった裁判例において、そのような状態があったことの認識が争われていても、その認識の認定の説示が比較的簡潔にされているものも少なくないとする。

事情は、問題となる危険運転行為の前の時点で、正常な運転に支障が生じるおそれがある状態の認識を認めうるにとどまり、3条1項の故意を認定しているにすぎないものといえよう。本判決でも、「相当な時間にわたり、自分が負傷する危険等を含め、交通事故を発生させる危険性に対する配慮がおよそ念頭から抜け落ちていた」と認定し、自己の運転行為の状態についてある種の忘却状態にあること[25]を示しているにもかかわらず、危険運転致死傷に係る故意を認定した原審の判断を是認しており、妥当とはいえない[26]。

---

(25)　島戸・前掲注(3)123頁は、仮眠状態や意識喪失状態に至って運転操作が不可能になる前には、意識的な運転行為があり、この時点に第2条の罪の故意が認められれば、事実認定としては十分であるが、これを前提にすると、本件ではスマートフォンを注視する直前の行為を危険運転行為としなければ、実行行為と故意との同時存在の原則が否定されることになろう。

(26)　そのほか本件に関する評釈として、神元隆賢「判批」北海学園大学法学研究51巻4号（2016年）701頁以下、佐藤央雅「判批」警公73巻3号（2018年）93頁以下及び根津洸希「判批」新報124巻11＝12号（2018年）191頁（これは上告審（前掲注(1)）のものであるが、いわゆる例文棄却であるため、実質的には本件のものとみてよい）がある。

11 危険運転致死傷罪における赤色信号を「殊更に無視」することの意義

千葉地判平成28年11月7日判タ1436号243頁

伊藤亮吉

I 事実の概要

本判決が認定したところによると、「被告人は……道路を……時速約65 km で進行し……信号機により交通整理の行われている交差点を直進するに当たり……赤色の灯火信号に気付いたものの、その時速では同交差点に進入することが避けられなかったことから、自車を時速約 70 km に加速させて同交差点に進入し、折から左方道路から信号に従って同交差点に進行してきた被害者……運転の普通自動二輪車を左前方約 12.9 m 地点に認め、同車に自車左前部を衝突させて同自動二輪車もろとも同人を路上に転倒させ、よって……同人を……死亡させた」。

被告人の本件交差点への進入態様につき、検察官は、「被告人は……同交差点の対面信号機……が赤色の灯火信号を表示しているのを同交差点入口の停止線手前約 33 m ないし約 39.5 m の地点で認め、直ちに制動措置を講じれば交差道路等の交通の安全を阻害するおそれがない場所に停止することができたにもかかわらず、先を急ぐあまり、これを殊更に無視し……同交差点に進入した」として、危険運転致死罪（赤色信号殊更無視罪）（自動車運転死傷行為処罰法2条5号）（以下、「本法」、「本罪」とする）（なお、本稿において「本罪」という用語を使用する場合には致死罪だけでなく致傷罪を含め、また、平成25 年改正前の刑法 208 条の 2 第 2 項後段の罪についても同一の犯罪として区別することなく扱う）の成立を主張した。

これに対して、本判決は、被告人は「交差点を直進するに当たり、同交差点の対面信号機の信号表示に留意し、これに従って進行すべき自動車運転上の注意義務があるのにこれを怠り、同信号表示に留意せず、同信号機が赤色の灯火信号を表示しているのを看過したまま漫然前記速度で進行した過失により、同交差点入口手前付近で赤色の灯火信号に気付いたものの……同交差点に進入し〔た〕」として、過失運転致死罪（本法5条）の成立を認めた。

Ⅱ　判旨――有罪（確定）

「検察官の主張する事実関係から被告人が赤色信号を本件交差点の相当程度前から認識していたと推認する程度は弱く、本件実況見分時の被告人の指示説明についてはその信用性に疑問が残り、被告人の公判供述を証拠上排斥できないことからすると、被告人が遅くとも本件停止線手前約33mないし約39.5mの地点で本件信号機が赤色信号であったことを認識していたと認定するには合理的な疑いが残るといわざるを得ない。」

「信号機による交通整理がされており、片側2車線の道路と交差するといった本件交差点の形状に照らし、本件交差点内が交通の安全を阻害するおそれがない場所であるとはいえないことも考慮すると、本件交差点内に止まることを避けようとして本件信号機の赤色信号を無視した被告人に、およそ赤色信号に従う意思がなかったとはいえず、被告人が赤色信号を『殊更に無視した』と認めることはできない。」

Ⅲ　評釈

1　問題の所在

本罪の「赤色信号を殊更に無視」することの意義について、立法趣旨は、故意に赤色信号に従わない行為のうち、およそ赤色信号に従う意思のないものをいう(1)とし、判例も基本的にこれに従った説示をしている(2)。しかし、これは本件事案の解決に際して直接的に何らかの帰結をもたらすものではない。本件事案においては、「被告人は、遅くとも本件交差点に進入する時点

(1)　井上宏ほか「刑法の一部を改正する法律の解説」曹時54巻4号（2002年）73頁。
(2)　最決平成20年10月16日（刑集62巻9号2797頁）。

においては、本件信号機が赤色信号であることを認識していた」にもかかわらず交差点に進入し、「本件交差点内において……衝突する事故を起こし、被害者が死亡した」点に争いはない。そして、制動措置を講じても交差点への進入が避けられない地点で初めて赤色信号を認識した被告人が、制動措置を講じることなく赤色信号を無視して交差点内に進入し、結果として死亡事故を起こした点につき、被告人が赤色信号を認識した地点とその後にとるべき措置の可能性について、検察官の主張と本判決の判断がわかれたことが本罪の成否を決定することとなった。

2　交差点への進入が避けられない地点で初めて赤色信号を認識した場合

立法趣旨は、本罪の成否に関する典型例としていくつかの類型をあげているが、ⅰ）赤色信号についての確定的な認識があり、停止位置で停止することが十分可能であるにもかかわらず、これを無視して進行する行為については本罪の成立を肯定し、ⅱ）すでに安全に停止することが困難な地点に至って初めて赤色信号に気づいた場合はこれを否定する[(3)]。本件事案について、検察官はⅰ）の類型に当たることを主張したのに対して、本判決はⅱ）の類型と判断したものといえる。

ⅰ）の類型に関する下級審裁判例においては、赤色信号を認めて直ちに制動措置を講ずれば交差点の停止線の手前で停止できたにもかかわらず、交差点に進入した場合に本罪の成立を認めたものがある[(4)]。立法趣旨がⅰ）の類型として「停止位置で停止することが十分可能である」ことを指摘するところ、道路交通法44条、50条1項、道路交通法施行令2条2項の規定を考慮すると、「停止位置で停止する」とは停止線の手前での停止を一般的に意味すると解することができ、そうであれば、ここでの裁判例が停止線の手前での停止可能性に言及して本罪の成否を判断するのは理解しうるところである。

しかし、制動措置による停止線の手前での停止可能性は、本罪成立の必要条件とするべきではない。停止位置が停止線の手前か否かと、本罪の特徴としてあげられる、特定の相手方との関係で、または特定の場所において、重

---

(3)　井上ほか・前掲注(1)73-4頁。

(4)　津地判平成14年5月8日（判時1790号159頁）、名古屋高判平成21年7月27日（高刑速（平21）号195頁）。

大な死傷事故を発生させる高度の危険性を有する運転行為[5]とは直接的な関連性を有するものではないからである。ⅰ）ⅱ）の両類型は、急制動により交通の安全を阻害するおそれのない地点で停止し、その結果衝突事故を回避することが可能か否かでその特色を異にするものであり、このことから、停止線を越えての停止は、その事実のみをもって本罪の成立可能性から除外されると判断することはできないと考えられる[6]。

下級審裁判例ではあるが、本件事案と同様に、交差点への進入が避けられない地点で初めて赤色信号に気づいた事案に関して、高松高判平成18年10月24日（高刑速（平18）号391頁）（以下、「①判決」とする）と東京高判平成26年3月26日（高刑集67巻1号8頁）（以下、「②判決」とする）は、本罪の成立を肯定した。

①②両判決は、a）赤色信号に気づいた地点で急制動の措置を講じたとしても停止線の手前で停止することが可能であったとはいえないこと、b）赤色信号の意味は停止線を越えることのみを禁じるのではなく、停止線を越えた後も進行を禁じることを指摘している点で共通する。そのうえで、①判決は、c）急制動により停止線から約5メートル越えた横断歩道上に停止することができたと実際の停止可能地点を示すとともに、d）被告人自身もそのような地点に停止できると考えており、e）停止により他の交通の阻害を招くとは考えていなかったと認定し、さらには、f）当該行為に至った被告人の動機の悪質性についても言及する。これに対して、②判決は、g）急制動により他の交通を阻害しない地点で停止することができ、事故を回避することができたことを認定し、さらに、①判決と同様に、e）「被告人は、赤色信号を確定的に認識し、その時点でブレーキを踏めば、他の交通を妨げない安全な位置で停止することができ、かつ、そのような認識があった」との原判決の認定を否定しないことから、被告人にその認識があったことを認定したと評価することができる。

---

(5)　井上ほか・前掲注(1)65頁。

(6)　橋爪隆「危険運転致死傷罪における赤色信号を『殊更に無視し』の意義について」『山中敬一先生古稀祝賀論文集　下巻』（2017年）391頁は、停止線で停車できたという事情は、危険回避が容易であったことを示す典型的な状況にすぎないから、この基準を過度に強調するべきではない、とする。

動機の悪質性（f）については、行為者の動機が量刑に影響を与えることは否定することはできないが、「殊更に無視」することの成立要件ではないとするのが判例学説の基本的な立場といえる(7)。

停止可能位置に関して両判決を比較すると、①判決は約5メートルという実際の停止可能地点（c）を示すのみで、その地点が交通を阻害するおそれがあるかどうか（g）までの具体的な認定はなされていない。ただし、停止線から約5メートル越えた横断歩道上であることは、当然に交通を阻害するおそれはない、あるいは、そのおそれが少ないものと解していると読み取れないわけではなく、また、交通阻害のおそれの認識（e）を判断していることから、交通阻害のおそれは実際の停止可能地点（c）に含まれて判断が示されていると考えることもできる。これに対して、②判決は、交通阻害のおそれなくしての停止（g）は認定しているものの、実際の停止可能地点（c）までは認定していないが、これはむしろ、交通を阻害するおそれと事故の回避可能性を認定すればそれで足りるとするものと考えられる。その意味では、c）とg）の説示の相違はそれほど大きな相違というものではないと評価することも可能であり、そうであれば、この点に対応する認識を示すd）とe）の説示の相違も大きな相違ではないということになる。

学説もまた、その理論的構成の詳細においては差異が認められるものの、大枠においては裁判例で示されてきた基本的立場に賛同するものと評価することができる(8)。

3　本判決の意義・評価

本判決は、①②両判決で示された本罪成立の基準について、赤色信号を認識した地点で急制動の措置を講じたとしても停止線手前で停止することが可能であったとはいえないこと（a）を指摘するとともに、実際の停止可能地点（c）ではなく、「本件交差点内が交通の安全を阻害するおそれがない場所であるとはいえない」として交通阻害のおそれなくしての停止（g）を指摘し、これを否定する。それによって、「赤色信号に従う意思」、すなわち、本

---

(7)　井上ほか・前掲注(1)73頁。

(8)　例えば、任介辰哉「判解」最判解平成20年度（2012年）676頁、十河太朗「判批」セレクト2014［Ⅰ］32頁、岩間康夫「判批」平成26年度重判175頁。

罪の故意を否定する。

いずれにしても、本判決は、交差点への進入が避けられない地点で初めて赤色信号を認識した場合における本罪の成立可能性について、停止線で停止することが可能か否かではなく、交通の安全を阻害するおそれのない場所で停止することが可能か否かがその判断において決定的であるとする点では、従来の裁判例と軌を一にする方向性を有するものであり、そこでの一事例における判断を示したものと評価できる。

しかしながら、本判決における具体的な判断の手法についてはいくつかの問題点を提示することができる。

まず、本判決では、被告人がどの地点で停止することができたかについて具体的な認定がなされていない。これについては、②判決が指摘する通り、停止線の手前での停止ではなく交通の安全を阻害するおそれのない地点で停止ができたにもかかわらず交差点に進入し死傷事故を起こしたという本罪の特徴から、このことが示されている限りでは、具体的な停止位置まで示す必要はないといえよう。

次に、「交通の安全を阻害するおそれ」とは、一般的な状況で判断されるのか、それとも、具体的な状況も含めて判断されるのか、ということが問題となる。本判決はこの点について、「本件交差点の形状に照らし、本件交差点が交通の安全を阻害するおそれがない場所であるとはいえない」と説示するが、それだけでは一般的な状況なのか具体的な状況なのかを断言することはできず、本件事故当時の交通の安全を阻害するおそれを示す具体的な状況について認定がなされているかは不明確と言わざるをえない。

交通の安全を阻害するおそれが一般的な状況を意味するのであれば、交差点内は、法の規制に服することから、常に交通の安全を阻害するおそれがあるものと考えられるため、その中で停止することはいかなる事情のもとでも許容されないこととなり、そうだとすると、交差点への進入についての故意責任を問うことができないこととなってしまう[9]から、交通の安全を阻害するおそれは、当該交通の具体的状況下で判断されるべきである[10]。

以上のことからすると、赤色信号を認識した時点において急制動の措置をとるなどして交通の安全を阻害するおそれがない地点で車両を停止でき、それによって事故を回避することができたのであれば、そのための対応をとることが要請されるべきであり、その認識があるにもかかわらず、赤色信号を無視して交差点内に進入し死傷事故を起こした場合には本罪の成立を肯定できると解する。したがって、判決においても、具体的な停止可能地点までは明示しなくとも、以上の点についての認定が求められるべきと考える。

これを本判決についてみると、被害者車両が片側二車線の右方交差道路ではなく左方交差道路から交差点に進入してきたという事実は、真実であるととらえられる被告人の「急ブレーキを踏んでも交差点の真ん中で止まってしまうと思った」との供述と合わせて考慮すると、被告人が赤色信号を認識した時点で急制動の措置を講じれば本件事故は回避するここことができたか否かに大いに関係する事項と考えられる。つまり、左方交差道路では交差点の真ん中よりも交差点の出口側から車両が進行してくるのであるから、「被告人が赤色信号を認識した〔のが〕……少なくとも本件停止線手前約 33 m よりもかなり本件交差点に近い地点であ」り、「急ブレーキを踏んでも交差点の真ん中で止まってしまうと思った」としても、本件事故当時の具体的な諸状況を考慮に入れると、認識時に制動措置を講じたのであれば交通の安全を阻害することない地点で停止して事故を回避することができたかもしれないからである。このことは、立法趣旨における「すでに安全に停止することが困難な地点に至って初めて赤色信号に気づいた場合」に当たるか否かとして本罪の成否の判断に影響を及ぼすものであると解する。

本判決が本罪の成立を否定する直接的な根拠は、前述のとおり、故意を否定することにある[11]。赤色信号を無視して交差点内に止まることを避ける、

---

(9) 平尾覚「判批」研修 709 号（2007 年）41-2 頁は、運転者が赤色信号に気づいた時点では、交差点入口の停止位置を越えない場所で止まろうとしても止まれない状況にあった場合、運転者にとっては、赤色信号に従うことが客観的に不可能な状態にあったといえるのであるから、赤色信号にしたがわず交差点入口の停止位置を越えて進行したこと自体は、責任を問うことができず、故意犯である「赤色信号無視」の罪には問えず、過失犯としての罪責を問うほかないということになるが、このような帰結を疑問視する。

(10) ②判決も具体的な状況において判断する。また、中村芳生「判批」研修 738 号（2009 年）21 頁は、特段道路上の危険を生じさせない場所に停止することが可能かどうかを評価する必要があると指摘する。

(11) 名古屋地判平成 21 年 8 月 10 日（裁判所 HP）も本判決と同様に、故意を否定するので、本判決と共通する性格を有するといえよう。これについて、橋爪・前掲注(6)393 頁は、安全な位置に停車することができたか否かでなく、被告人がそのような事実を認識していたかを重視するものであり、適切な理解であるとする。

すなわち、交差点内を進行する意思だけでは本罪の故意として十分とはいえない。しかし逆に、交差点内に止まることを避ける意思はそれだけでは赤色信号に従う意思から除外されることにもならない。その意思が安全に停止することが困難な地点で停止しうるか否かの認識を伴って本罪の故意を構成することとなる。そのためには、当該交差点において実際に交通の安全を阻害するおそれがあったか否かがその前提として必要であり、その交通の安全を阻害するおそれの有無を認定しているか不明確な本判決は、その意味でも不明確なものと言わざるをえない。

なお、前述のような交通の阻害を避けるための交差点への進入という理解は、被告人は赤色信号を認識した時点ですでに交通の安全を阻害するおそれのない地点で停止できなかったということを示すものである。これは、行為者が赤色信号を認識して制動措置をとったとしてもなお本件事故を回避することができない場合、すなわち、赤色信号を認識した時点ですでに当該事故を回避できる地点での停止等の事故回避措置が不可能であった場合の問題である。この場合について、赤色信号であれば、原則として進行することが禁止されていると解するのが相当であり、交差点内にあり交差道路の進行を阻害している場合には、交差点内から直ちに車両を移動させる必要があり、それは緊急避難ないし正当行為として違法性が阻却される、との見解(12)が主張されている。これは義務衝突の一種と位置づけることができ、違法性阻却事由の存否が検討されるべきこととなろう。

しかしその前段階として、赤色信号を無視したとしても、殊更に無視したということができるか否かがまずは構成要件の問題として検討されるべきであり、本判決における故意の問題は、その１つの解決策と位置づけることができるであろう。

4　結びにかえて

本判決は、「交通の安全を阻害するおそれ」を本罪成立のための要件としている点では従来の裁判例に従ったものと評価することができるが、その判断については、そのおそれのない地点での停止可能性を事案の具体的事情に

---

(12)　平尾・前掲注(9)42-3頁。

応じて判断がなされているかどうかは不明瞭であると言わざるをえない。

つまり、本判決においては、急制動措置が具体的に交通の安全を阻害するおそれを伴うものであったか否か、停止可能な位置で停止することを妨げるような事情があったか否か、が認定されるべきであったと言える。その上で、被告人の行為について、安全な地点での停止の可能性を認識しながらそれでもなお赤色信号を無視したことが立証されれば、本罪の成立も可能ではなかったかとおもわれる。

12　過失運転致死傷アルコール等影響発覚免脱罪の実行行為および目的について

札幌高判平成29年1月26日LEX/DB 25545268

伊藤嘉亮

Ⅰ　事実の概要

被告人Xは、平成28年3月15日、パーティーに出席するために自動車で飲食店に行き、午後8時頃からビールをコップで2杯、ジョッキで1杯、チューハイをジョッキで3杯飲み、同日午後11時頃に同店を出て、パーティーの参加者宅でワインを一口とコップ1杯飲んだ。Xは、同日16日午前0時頃、Yを迎えに行くために自動車を運転し、その途中の同日午前0時4分頃、対面信号機が赤色表示であったにもかかわらず、携帯電話機の操作に気を取られ信号表示を確認しないまま進行したため、本件交差点入口の横断歩道を歩行中の被害者に衝突し、よって同人を頭部打撲等の傷害により死亡させた。Xは、被害者との衝突時、被害者がけがを負ったことを認識していたにもかかわらず、停止することなく走行し、Yと落ち合ってからY方へ向かい、アパートに到着後、Yが自分の駐車スペースに停めてある自車を来客用駐車スペースに移動させ、被告人の自動車をYの駐車スペースに停め、その後に就寝して同日午前6時30分頃に目を覚ました。同日午後1時22分頃、警察が破損した被告人車両を発見し、アパートの住民から事情聴取していたところ、Xがそこに現れて出頭した。

原審（札幌地小樽支判平成28年9月28日裁判所HP）は、以上の事案に対して、過失運転致死傷アルコール等影響発覚免脱罪（以下、発覚免脱罪）の認識および目的につき、「当罰性の認められない全く別の目的で本件交差点から離れたと認めることはできない」し、「本件事故の約4時間前から続けて多量に飲酒していたのであるから、酒気帯び運転に該当する程度のアルコールを身体に保有しているという認識はあったものと認められ、そうすると、アルコールの影響によりその走行中に正常な運転に支障が生じるおそれがある状態であったことについても認識していたものと認めることができる」とし、「被告人は、アルコールの影響の有無又は程度が発覚することを免れる目的で、本件交差点を離れて移動し、B方に留まったものと認めることができる」と判示し、認識および目的の成立を肯定した。

次いで、原審は、発覚免脱罪の実行行為について、「アルコール等影響発覚免脱罪が設けられた趣旨に鑑みれば、同罪の免脱行為に当たるというためには、運転時のアルコール等の影響の有無又は程度の発覚に影響を与えることができる程度の行為がされることを要すると解される。そうすると、その場を離れて身体に保有するアルコール等の濃度を減少させる行為については、その場から離れて一定程度の時間を経過させて身体に保有するアルコール等の濃度に変化を生じさせ、運転時のアルコール等の影響の有無又は程度の発覚に影響を与えることができる程度の濃度減少に達すれば同罪が成立するものであり、アルコール等が身体に残存する可能性がないと考えられる時点以降の行為については、もはやアルコール等の影響の有無又は程度の発覚に影響を与えるものではないから、同罪の実行行為に該当しないと解するのが相当である」と解した。そして、以上を前提に、「被告人の飲酒時間及び飲酒した酒の種類と量に加え、被告人が飲んだ酒のアルコール度数、被告人の体重及び性別をもとに、ウィドマーク計算法を用いて被告人の血中アルコール濃度を推計すると、以下のとおり、被告人が大学生方を出た16日午前0時ころまで飲酒していたとしても、その約6.3時間後である同日午前6時20分ころには、血中アルコール濃度が0になっていた可能性があると認められ」、「そうすると、被告人が同日午前6時30分ころに起床した後の行為については、もはやアルコール等の影響の有無又は程度の発覚に影響を与えるものではないから、アルコール等影響発覚免脱罪の実行行為に該当しない」と判示し、事故現場からの逃走や就寝には実行行為性を肯定しつつ、起床後の行為の実行行為性を否定した。

以上により、原審は、発覚免脱罪、救護義務違反罪、報告義務違反罪の成立を認め、被告人に懲役5年を言い渡した。

Ⅱ　判旨——控訴棄却

弁護人が「本件のような事故現場から立ち去っただけの行為が問題となる事案で本罪が成立するために、免脱目的として、更にアルコールを摂取する追い飲み行為に匹敵する程度に、身体のアルコール濃度という重要な証拠収集を妨げる積極的な目的を要すると解すべきであるが、被告人について、そのような免脱目的を肯認できないから、本罪は成立しない」と主張したのに対して、札幌高裁は、「立ち去り行為は、作為犯に該当するが、事故現場から離れれば直ちにそれに該当するものでなく、……〔1〕客観的な行為として、その場から離れた後に一定程度の時間が経過して摂取した物質の濃度に変化をもたらすなど、運転時の当該物質の影響の有無又は程度の立証に支障を生じさせかねない程度のものであることが必要というべきである。また、〔2〕免脱目的について、例えば急病を患う家族を救護するなど、専ら摂取した物質の影響の発覚を免れることと異なる目的でその場を離れるような当罰性に欠ける場合を処罰対象から除外する趣旨の下に規定されたものであり、そのような場合でない限り、〔1〕のような立ち去り行為に伴い、摂取した物質の濃度等が低減する旨の認識を備えていることで足りるものと解するのが相当である」とした上、本件について、「被告人は、Ｙの依頼により同女の出迎えに赴く途中に本件事故を起こしたにすぎず、上記の逃走後も本件事故の経緯や状況を十分に認識していたのに、緊急に対処すべき格別の用向きがなかったと認められる。したがって、被告人は上記影響の有無等の発覚を免れることと全く別の目的でその場を離れたものでないと認められるから、被告人について免脱目的を肯認した原判断について、不合理な点は認められない」と判断し、発覚免脱罪の成立を認めた。

Ⅲ　評釈

1　実行行為について

(1)　実行行為の成立範囲

自動車の運転により人を死傷させる行為等の処罰に関する法律（以下、

「法」とする）4条が規定する発覚免脱罪は、①アルコール又は薬物の影響によりその走行中に正常な運転に支障が生じるおそれがある状態で自動車を運転することで酒気帯び運転を行い、次いで②運転上必要な注意を怠ったことによって人を死傷させ過失運転致死傷を行い、最後に③その運転時のアルコール又は薬物の影響の有無又は程度の発覚を免れる行為を行うことで成立する。以下では、まず、それぞれの場面において必要なアルコール量について検討する。

①の酒気帯び運転が成立するには呼気1リットルあたり0.15ミリグラム以上のアルコール量が必要となる。また、②の過失運転致死傷においては、アルコール等の影響とは無関係な過失でも可能ではあるが、死傷を生じさせた運転の時点で「正常な運転に支障が生じるおそれがある状態」ではなくなっていた場合、過失運転致死傷罪が成立し得るに止まり、発覚免脱罪は成立しないのであって、他方で、酒気帯び運転罪に該当する程度のアルコールを身体に保有している状態であれば、通常は正常な運転に支障が生じるおそれがある状態に当たると解されていることから、結局、②の時点でも0.15ミリグラム以上のアルコール量が必要となる。

他方で、③に必要なアルコール量については、本件原審が、アルコール等が身体に残存する可能性がないと考えられる時点以降の行為につき、もはやアルコール等の影響の有無又は程度の発覚に影響を与えるものではないから、発覚免脱罪の実行行為に該当しないと述べている点が注目される。そうすると、③の隠滅行為に実行行為性が認められるには体内にアルコールが残存していなければならず、体内のアルコール量が0になった時点で実行行為は終了することになる。しかし、こうした理解に対しては、橋爪隆が、「アルコール濃度が0になった可能性があれば（すなわち、体内にアルコールが残留していることが合理的な疑いを超える程度に立証できない場合には）直ちに本罪の成立を否定するのでは、過度に処罰範囲が限定されてしまい、妥当ではないと思われる。なお検討を要するが、本罪が抽象的危険犯であることにかんがみれば、むしろアルコール濃度が0になっていない可能性がある限り、本罪が継続して成立すると解する余地もあるだろう」と批評している(1)。また、福岡地裁飯塚支部(2)は、被告人は約7日間にわたり、その運転の時のアルコールの影響の有無又は程度が発覚することを免れる目的で、事故現場から逃走して自宅で過ごすなどし、もってアルコールの影響の有無又は程度が発覚することを免れるべき行為をするものであると判示しており、どの範囲で実行行為を認めたのかは明らかでないが、7日間にわたり発覚免脱罪の実行行為は継続すると考えた可能性もある。福岡地裁飯塚支部は、橋爪と同様に発覚免脱罪を抽象的危険犯と解することで、実行行為の範囲を広く捉えているように思われる。

法4条が発覚免脱罪を抽象的危険犯の形式で規定している以上、橋爪や福岡地裁飯塚支部の解釈も理解できるものである。しかし、発覚免脱罪のうち「その場を離れて身体に保有するアルコール又は薬物の濃度を減少させる」類型については、事故現場からの逃走により直ちに成立するのではなく、北川式検知器の検知管の一目盛（0.05ミリグラム）を減少させる程度の時間（約40分）が経過して、はじめて、本罪は成立すると理解されている[(3)]。これは、40分未満の場合には証拠収集等の捜査に影響を与えないためである。そうであるならば、被告人のアルコール濃度が0になった可能性がありうる時点以降も、40分未満の場合と同様に捜査に影響を与えることはないわけだから、発覚免脱罪は成立しないと解するべきではないだろうか[(4)]。

(2)　実行行為の認定

発覚免脱罪は、事故直後に呼気検査が出来なかった場合も当然に想定しているにもかかわらず、①と②においては呼気1リットルあたりアルコールが0.15ミリグラム以上あったことを、③においては0でなかったことを認定しなければならず、その方法が問題になる。この点、前述の福岡地裁飯塚支部[(5)]は「運転の前に、長時間にわたり、多量のビールを飲んでおり、相当危険な態様の運転をしたといえる」とし、また、横浜地裁[(6)]は「相当量の飲酒

---

(1)　橋爪隆「過失運転致死傷アルコール等影響発覚免脱罪について」『西田典之先生献呈論文集』（2017年）513頁。

(2)　福岡地飯塚支判平成26年8月12日（D1-Law 28223608）。

(3)　城祐一郎『ケーススタディ危険運転致死傷罪』（2016年）86頁などを参照。

(4)　本罪の抽象的危険犯としての性格を貫徹させるのであれば、40分が経過せずとも、その可能性を認めうるのであれば本罪の成立を認めてよいはずである（松尾誠紀「過失運転致死傷アルコール等影響発覚免脱罪の罪質とその要件解釈」関学68巻3号（2017年）18頁以下参照）。

(5)　前掲福岡地飯塚支判平成26年8月12日。

をし」たとするだけで、その認定はアバウトに過ぎる。これに対して、本件札幌地裁小樽支部は、被告人が飲み始めた時刻を午後8時、飲んだ酒の種類・量を、ビールをコップ2杯、ジョッキ1杯、チューハイをジョッキ3杯、ワインを1口とコップ1杯と具体的に認定し、その上でウィドマーク式計算法により、事故当時は呼気1リットルあたり0.214ないし0.855ミリグラムであったと推測でき、酒気帯び運転に必要なアルコール量（0.15ミリグラム）を超えていたことを認定できるとしている。このように呼気検査が実施できなかった中で、当時のアルコール量をウィドマーク式計算法により具体的な数値を提示した本件原審の認定方法は傾聴に値する。

しかし、ウィドマーク式計算法[7]を使用する上では、飲酒量や飲酒の開始時刻（起算点）次第で算定結果が変動しうることに、また、算定される数値に幅があることに留意しなければならない。検察および警察は、被告人が飲んだ酒の種類・量・時刻を可能な限り正確に調査するよう求められることになるが、例えば起算点を一点に限定できない場合はどうすべきであろうか。この点は、酒気帯び運転の成否が争われた名古屋高判平成20年4月28日[8]が参考になる。同判決は、「関係証拠によれば、被告人が飲酒を始めたのは本件運転当日の午後7時過ぎころとしか認定できず、正確な時刻を確定できないから、開始時刻は被告人に最も有利な同日午後7時00分として算出すべきである。そうすると、本件運転時である同日午後11時30分ころまでには約4.5時間が経過していることになるから、〔原審が〕経過時間を4.3時間とした点で本件ウィドマーク計算式による計算の前提となる数値は正しいとはいえない」として、酒気帯び運転の成立を肯定した原審を破棄し、その成立を否定した。このように、飲酒した時刻を正確に認定することができず、ある程度の幅をもった時間帯でしか特定できない場合には、被告人に最も有利な時刻を起算点として設定すべきであると思われる。また、酒は一度にすべてを摂取するのではなく、時間をかけて徐々に飲むのが一般的であるが、

---

(6)　横浜地判平成26年12月10日（公刊物未登載）。

(7)　ウィドマーク式計算法については、城祐一郎『Q&A　実例　交通事件捜査における現場の疑問〔第2版〕』(2017年) 35頁以下参照。同計算法の問題点については、山室匡史「ウィドマーク法を用いた酒気帯び運転の捜査の問題点」刑弁54号（2008年）76頁以下参照。

(8)　名古屋高判平成20年4月28日（LEX/DB 25421351）。

どのようなペースで飲酒したか不明な場合は被告人が摂取したアルコールのすべてを当該起算点で一度に摂取したと仮定すべきであろう。更に、ウィドマーク式計算法ではどうしても算定される数値に幅が出るが、数値も被告人に最も有利な最小値を基準とした上で被告人の実行行為性を検討すべきだろう(9)。

本件の場合、被告人は午後8時頃からビールおよびチューハイを飲み始め、午後11時頃からワインを飲み始めたと認定されているから、それぞれ被告人に最も有利な時刻、つまり最も早い時刻を起算点に設定することになる。そして、裁判所によれば、本件事故当時、被告人は呼気1リットルにつき0.214ないし0.855ミリグラムのアルコールを保有する状態であったと推計されると認定されており、最低値でも酒気帯び運転に必要なアルコール量を超えているため、①、②、③のいずれにも実行行為性を肯定できる。また、③の実行行為は、被告人に有利な最も早い時刻を起算点に体内アルコールが0になると推測できる範囲で成立しうることになる。この点、本件原審は、「被告人が大学生方を出た16日午前0時ころまで飲酒していたとしても、その約6.3時間後である同日午前6時20分ころには、血中アルコール濃度が0になっていた可能性がある」として、一見、最も遅い時刻を起算点に設定しているようにも読めるが、たとえそこを起算点にしたとしても、被告人が起床して以降はもはや発覚免脱罪の実行行為が成立する余地はないことを明示したに過ぎないものだろう。

2　目的について

本件において、発覚免脱罪の成立範囲を限定するためには証拠収集を妨げる積極的な目的を本罪の成立に要求すべきであると弁護人が主張したのに対して、札幌高裁（および原審）は、そのような積極的目的の存在を不要と解している。

発覚免脱罪が「発覚することを免れる目的」を要件とするのは、「アルコール等の発覚を免れる目的とは全く別の目的でその場を離れたような場合を

(9)　他方で、発覚免脱罪において、（とりわけ③の隠滅行為の時点での）責任能力の有無・程度が問題になる場合、被告人に有利な最大値を基準にするべきであると思われる。

本罪の対象から除外するためであり、積極的な原因・動機を要求するものではない」[10]。具体的には、「例えば、自宅で飲酒していた際に子供が急病となったため病院に連れていくために自動車を運転し、病院に向かう途中で事故を起こしたが、まずは子供を病院に連れていくために病院に行き、子供の無事が確認できた後に最寄りの警察署に出頭したような場合」[11]であれば、目的要件が欠けるとされている。したがって、目的要件が欠けるのは、事実上、事故現場からの離脱に正当化事由が認められる場合、あるいは被告人が正当化事由を基礎づける事実の存在を誤認していた場合に限定されることになろう[12]。

この点、例えば、背任罪が目的犯として規定されているのは、「任務違背行為の範囲が必ずしも明確ではなく、任務違背行為と正常な事務処理との限界も截然としないため、形式的に任務違背に当たる行為をすべて本罪に問うのは事務処理者に酷であり、経済活動を過度に萎縮させるという考慮によるもの」[13]であって、そうであるならば、その動機として積極的な動機を要求する主張（積極的動機説）も理解できなくはない。しかし、発覚免脱罪の場合、発覚免脱行為に先立って既に違法な行為を行っており、また、発覚免脱行為自体も中立的な性格のものではないため、目的要件を通じて成立範囲を限定する必要性は背任罪ほど強くはないだろう。そもそも、発覚免脱罪が念頭に置く事例は、被告人が過失により不意の事故を起こし、保身のために慌てて事故現場から逃走してしまったような場合であり、免脱行為を予め意図しているような事例はほぼ考えられない。それゆえ、発覚免脱罪の成立に積極的な目的を要求するとなると、本罪の成立範囲を過度に狭め、法４条を適用しうる事例が観念できなくなり、適当でないと思われる。

したがって、発覚免脱罪の成立に積極的目的は不要と解する札幌高裁（お

---

(10)　岸毅「過失運転致死傷アルコール等影響発覚免脱罪（自動車運転死傷処罰法４条）の実務的運用について」警論69巻１号（2016年）130頁。

(11)　保坂和人「自動車の運転により人を死傷させる行為等の処罰に関する法律について」警論67巻３号（2014年）62頁。

(12)　「本罪の目的要件は（目的要件の客観面への反映を要求することによって）客観的に正当な行為を処罰範囲から排除する機能を有するものにすぎず、主観的要件として独自の意義は乏しいというべきであろう」とする橋爪・前掲注(1)516頁も参照。

(13)　松原芳博『刑法各論』（2016年）344頁。

よび原審）の判断は妥当である。本罪の成立範囲を適切なものに限定するべきだとしても、それは目的要件ではなく、その他の要件、とりわけ実行行為の解釈・認定を通じてなされるべきであろう。

13　無免許運転罪の前提となる免許取消処分の要保護性

名古屋高判平成26年8月21日高刑速（平26）号146頁

野村健太郎

Ⅰ　事実の概要

被告人Xは、「平成23年3月3日、道路交通法70条所定の安全運転義務に違反し、かつ、その際に人を死亡させる事故を起こした」との事由（事由1）による違反点数の累積に基づき、同年8月5日、愛知県公安委員会から、欠格期間を366日とする運転免許取消処分（以下、「本件処分」）を受けたが、平成24年3月14日、道路で普通乗用自動車を運転した（事由2）。Xは、事由1につき自動車運転過失致死傷罪（刑法211条2項（当時））の訴因で、事由2につき無免許運転罪（道路交通法64条（当時。現64条1項）、同117条の4第2号（当時。現117条の2の2第1号））の訴因で起訴され、前者につき無罪、後者につき有罪（罰金30万円）の判決を言い渡された。

有罪部分に対し、Xが控訴した。

Ⅱ　判旨――控訴棄却（上告）

「論旨は、次のとおり主張する。すなわち、……検察官が上記死亡事故の事由を掲げて起訴した前記自動車運転過失致死傷罪の訴因について、被告人は、注意義務違反が認められないと判断されて、原審で無罪の判決が言い渡された。これにより上記安全運転義務の違反もないことになり、違反点数の累積も本来なかったはずであるから、運転免許の取消事由が存在しないことになる。このように、運転免許の取消処分の要件が欠けているという重大な瑕疵が明らかに認められる以上、本件処分は無効とされるべきである。

しかし、……〔改行〕……さほど複雑な態様のものではないといえる上記交通事故について、被告人に安全運転義務の違反があったかどうかの捜査、違反点数に係る所定の審査、運転免許の取消手続等の一連の公的手続が、根拠となる資料の収集や吟味を欠いたまま進められたとか、法定の告知・聴聞等の手順を経ることなく進められたとか、あるいは、被告人に安全運転義務の違反のないことが一見明白であるのに不合理な判断に基づいて行われているなどという、重大な瑕疵を抱えていたとみるべき事情はうかがわれない。そのような瑕疵のない手続により本件処分が行われた後に、別途、検察官が、上記交通事故について、被告人の運転行為に係る過失を改めて法的に構成した上、自動車運転過失致死傷罪の訴因に掲げて起訴し、原審において審理を遂げ、同訴因につき無罪の判決が言い渡されたものである。そして、この結果は、上記訴因に対し被告人が防御活動を行い、刑事裁判における厳格な証拠法則の下、速度の鑑定に関する専門家の証人尋問等の証拠調べを行い、検察官の主張する過失を認定することに合理的な疑いが残ると判断されたことによるものと認められるところ、刑事裁判の結論がそうであったからといって、遡って本件処分に重大な瑕疵があったことに帰するとはいえないのであり、本件処分が無効となるものではない（最高裁昭和63年10月28日第二小法廷決定・刑集42巻8号1239頁参照）。

本件処分は、その後に被告人が原判示のとおり普通乗用自動車を運転した時点を含め、有効に存在していると認められるから、被告人が公安委員会の運転免許を受けないで同車を運転したと認めた原判決に事実誤認はない。」

Ⅲ　評釈

1　本判決の考え方

道路交通法（以下、「道交法」とする）64条1項（本件行為当時は64条）は、「何人も、……公安委員会の運転免許を受けないで（……第103条第1項……の規定により運転免許の効力が停止されている場合を含む。）、自動車又は原動機付自転車を運転してはならない」と規定し、さらに117条の2の2第1号（本件行為当時は117条の4第2号）がその違反を処罰対象としている。そして、103条1項は、「免許……を受けた者が次の各号のいずれかに該当することとなつたときは、……その者の住所地を管轄する公安委員会は、政令で定める基準に従い、その者の免許を取り消し、又は6月を超えない範囲内で期間を定めて免許の効力を停止することができる」とし、その5号で「自動車等の運転に関しこの法律……に違反したとき」と規定している。

被告人側の主張は、死亡事故について注意義務違反が否定され、自動車運転過失致死傷罪が成立しないこととなった以上、安全運転義務（70条[1]）違反も存在しないことになり、同違反による違反点数累積に基づく本件処分は無効となるから、無免許運転罪はその前提を欠く、というものである。そこでは、①本罪が成立するためには、免許取消処分の前提として安全運転義務違反の事実（以下「義務違反事実」とする）が存在しなければならない、という理解に立ったうえで、②（自動車運転過失致死傷罪の要件としての）注意義務違反が否定された本件では、処分の前提となる義務違反事実も存在しなかったことになるとして、同罪は成立しないとの結論が導かれているのである。

これに対し、本判決は、②の義務違反事実の有無を検討することなく本罪の成立を肯定していることから、そもそも①のような前提をとっていないものと解される。本判決は、仮に義務違反事実がなくても、本件処分は依然として有効であり、そうである限り、本罪成立の要件は充たされていると考えているのである。

このような本判決の考え方は、いわゆる行政行為（行政処分）の公定力を援用したものと考えられる。公定力とは、違法な処分であっても、その違法が重大かつ明白であって当然に無効といえる場合でない限り、権限のある機関によって取り消されるまでは一応有効なものと扱われ、取り消されないまま裁判等でその違法を主張することはできない、という効力である[2]。本判決も、このような枠組みを前提に[3]、本件処分には「重大な瑕疵」はないとしてこれを有効と認め、そのことをもって無免許運転罪の要件は充たされていると判断しているのである[4]。

---

(1) 同条は、「車両等の運転者は、当該車両等のハンドル、ブレーキその他の装置を確実に操作し、かつ、道路、交通及び当該車両等の状況に応じ、他人に危害を及ぼさないような速度と方法で運転しなければならない」と規定している。

(2) 最判昭和30年12月26日（民集9巻14号2070頁）等参照。

(3) 被告人側も、そのような枠組み自体は前提としたうえで、処分には「重大な瑕疵」が明らかに認められるとしてその「無効」を主張したものと考えられる。

2　刑事訴訟と公定力

もっとも、処分の公定力が刑事訴訟にまで（当然に）及ぶかについては、争いがある。

本判決も引用する最決昭和63年10月28日（刑集42巻8号1239頁）は、速度違反の罪（当時は、過去1年以内の免許停止の処分歴を訴訟条件として、処罰の対象とされていた）で起訴された被告人が、免許停止処分の理由となった軽傷交通事故について無罪となったこと等を理由に、公訴の提起は前提を欠き違法だと主張したのに対し、「処分行政庁は、相当な根拠のある関係資料に基づき、被害者らが傷害を負つたと認めたのであるから、その後……刑事裁判において傷害の事実の証明がないとして、被告人が無罪とされたからといつて、右処分が無効となるものではない。そうすると、本件免許停止処分は、無効ではなく、かつ、権限のある行政庁又は裁判所により取り消されてもいないから、……本件公訴の提起は、適法である」と判示し、これを斥けた。そこでは、免許停止処分に認められる公定力を根拠として、公訴提起の適法性が認められているのである[5]。

同決定は、処罰の実体的要件について判断したものではなく、あくまで公訴提起の適法性という手続的な問題について、公定力を援用したに過ぎない[6]。もっとも、訴訟条件の具備によって、処罰の可能性が開かれることも否定できず、現に同決定は結論として有罪判決を維持している。そうすると、同決定は、公定力を根拠とした「処罰」を認めているとみる余地もある[7]。

これに対し、最判昭和53年6月16日（刑集32巻4号605頁）は、児童福祉施設からの距離制限に違反した個室付浴場業について、当該児童福祉施設の認可処分の違法性を自ら認定することで、（認可が「当然に無効」か否かを論ずることなく）無罪判決を導いている。これは、公定力論に形式的に依拠

(4)　同様の考えに立つものとして、広島高判平成25年11月14日（高刑速（平25）号230頁）。

(5)　原田國男「判解」最判解昭和63年度440頁以下参照。

(6)　同決定の調査官解説は、「起訴すべきか否かを決定するに際して、……刑事事件と同程度の資料を収集し……なければならないと……検察官に要求しても……到底無理である」〔傍点引用者〕としている（原田・前掲注(5)439-40頁）。

(7)　同決定の匿名解説（判時1295号151頁）は、免許停止処分中の無免許運転事案への影響を示唆している。

するのではなく、処分の違法性を直接に問題としたものといえる[8]。

このように、処分の公定力が刑事訴訟にも及ぶかについて、従来の判例の態度は必ずしも明らかではない[9]。

他方、行政法学説においては、処分の公定力は刑事訴訟に当然には及ばないとして、被告人が刑事裁判で処分の違法性を直接主張する余地を認める見解が有力である。公定力とは、あくまで処分対象者の救済方法を限定する原理であって、構成要件解釈の問題である犯罪の成否に直結するものではないとすれば[10]、処分の公定力を根拠として直ちに犯罪の成立を認めることは、適切ではないように思われる。

もっとも、刑罰法規自体が処分の行政法上の有効性（「当然に無効」とはいえないこと）をそのまま要件としていると解される場合には、違法な処分への違反であっても処罰の対象とする余地がある。これは、当該刑罰法規の解釈の帰結であって、公定力によって刑事裁判が拘束されることを意味するものではない[11]。結局、処罰の可否を判断するためには、当該犯罪構成要件が処分の「適法性」まで要求しているのか、それとも行政法上一応有効であることで足りるとしているのかを明らかにする必要がある[12]。

3 「処分の実効性」の要保護性

本罪の構成要件解釈の出発点となるのは、その保護法益である。本件のように、いったんは免許を受けたがこれを取り消された（または停止された）者が運転したという場合、「無免許運転」の実質は、個別の免許取消・停止処分への違反にある[13]。したがって、この類型においては、個別の免許取消・停止処分の実効性が直接の保護法益であり[14]、その要保護性が犯罪成立の要件をなすと解される。

この点、たとえ処分が違法であっても取消訴訟等を経ない限り運転を禁じ

---

(8)　宮崎良夫「判批」『行政判例百選Ⅰ〔第4版〕』（1999年）155頁参照。
(9)　水戸地判昭和49年6月7日（判タ316号298頁）は、他人の事故の身代わりとして免許を取り消された者の運転行為につき、公定力論に依拠して無免許運転罪の成立を認めているが、これは行為者自ら虚偽の申立・供述を行っているという特殊な事情のある事案である。
(10)　塩野宏『行政法Ⅰ〔第6版〕』（2015年）169頁参照。
(11)　人見剛「行政処分の公定力と刑事裁判に関する覚書」立教80号（2010年）49-50頁参照。
(12)　藤田宙靖『行政法総論』（2013年）225頁参照。

るのが64条1項の趣旨だと考えるならば、違法な処分についても要保護性を認める余地があろう[15]。しかし、そのような処罰は、違法な命令への服従を強いるものにほかならない[16]。軽微な手続違反であればともかく、処分の実体的要件を充たさないような実質的違法が認められる場合には、その処分によって実現すべき正当な利益は存在しないはずである[17]。そのような処分の実効性を保護することは、刑罰の役割を超えるものではないだろうか。

こうして、本罪は、処分の「適法性」を要件とするものと解すべきである。

4　処分の適法性

それでは、義務違反事実を前提としない免許取消・停止処分は、適法といえるのだろうか。

この問題は、対象者に違反が認められないことが事後的に明らかになった場合の、行政機関の行為の適法性が問われるという点で、公務執行妨害罪における誤認逮捕の適法性の問題と類似する。そして、後者の問題については、刑訴法上の要件を充たしている限りは誤認逮捕であっても刑法上適法であり、それに対する暴行・脅迫は同罪に当たるとする立場が有力である[18]。同様の考え方がここでも妥当するとすれば、たとえ義務違反事実がなくても、一定の適正な手続を経た処分といえる限りは、刑法上も適法と解する余地があるようにも思える。

しかし、誤認逮捕事例について適法説が成り立つのは、逮捕が（対象者の

---

(13)　これに対し、そもそも初めから免許を受けていない者が運転をしたという類型では、通常、具体的な「処分」の存在は前提とはならない（ただし、「不許可」処分への違反と捉え得る場合もあることについて、兼子仁「許可制行政処分の公定力と刑事訴訟等」自研89巻7号（2013年）10頁参照）。そこでは、運転免許制度を維持するために、「免許を受けずに運転してはならない」というルールそのものが刑法的保護の対象になると解される。

(14)　免許停止処分について、前掲広島高判平成25年11月14日参照。

(15)　これは、私人による勝手な権利回復・実現を禁じること自体を処罰目的とする点で、財産罪の保護法益に関する占有説と同様の発想といえる。

(16)　原田尚彦『行政法要論〔全訂第7版補訂2版〕』（2012年）237-8頁等参照。免許取消・停止処分に対する取消訴訟がほとんど機能しないとされる現状では（阿部泰隆『行政法解釈学Ⅰ』（2008年）610頁参照）、その問題は特に切実になる。

(17)　島田聡一郎「判批」『行政判例百選Ⅰ〔第6版〕』（2012年）147頁参照。

(18)　中森喜彦『刑法各論〔第4版〕』（2015年）272頁等。

犯人性ではなく）あくまで「嫌疑」を根拠としたもの（刑訴法199条）だからである。公務執行妨害罪について審理する裁判官は、逮捕の理由となった犯罪について、行為者がその犯人ではなかったことを認めつつ、逮捕時にその「嫌疑」が存在したことを認めることができる。だからこそ、同一の刑事裁判において、「行為者は犯人ではなかった」という認定と「逮捕は適法であった」という評価とが両立するのである。

これに対し、免許取消・停止処分は、義務違反事実の「疑い」ではなく、義務違反事実そのものを根拠としたものだと考えられる。というのも、同処分の目的が、将来における道路交通の危険を予防することにあるとすれば(19)、その対象者はかかる危険性を現に有する者であることが前提となるはずであり、その危険性の根拠は、本件で問題となる103条1項5号の類型においては、対象者が一定の違反行為を行ったという事実に求められるからである。処分の実体的要件は、「義務違反事実が存在したように見えること」ではなく「義務違反事実が現に存在したこと」であり、ただその認定の手続的なハードルが、刑事裁判上のそれとは異なるに過ぎない。いったんそれが刑事裁判で判断対象となった場合、「義務違反事実は存在しなかった」という認定と「処分は適法であった」という評価とは両立し得ない(20)。

このように考えると、義務違反事実の存在を前提としない（と裁判上認定された）処分は違法と評価され、その実効性は刑法上の要保護性を失うことになると思われる(21)。たしかに、個々の処分対象者が「自分は安全運転義務に違反していない」との独断に基づいて運転してしまう事態を防ぐために、義務違反事実の有無にかかわらず、処分に従うことを一律に強制すべきだとの考えも、成り立ち得ないわけではない。しかし、そのような強制に合理性を認めるためには、義務違反の有無を判断することが個々の運転者には困難である等の事情がなければならず、そのような前提は、道交法の立場とは整合しないように思われる。違反の有無を個々の運転者が容易に判断できないような義務ならば、それを遵守させること（70条）自体がそもそも困難にな

---

(19)　道路交通法研究会編著『最新注解道路交通法〔第4版〕』（2018年）692頁参照。

(20)　同様の構造を持つ罪として、例えば、ストーカー規制法の禁止命令違反罪（19条1項）を挙げることができる（島田・前掲注(17)147頁参照）。

(21)　宮崎・前掲注(8)155頁も結論同旨か。

る[22]はずだからである。法がそのような前提に立っているとは考えられない以上、一律強制のための処罰には、合理性を認め難いように思われる[23]。

こうして、本罪の成立を肯定するためには、処分の前提をなす義務違反事実の存在を認定する必要があると考えられる。義務違反事実が刑事裁判上の要証事実となる以上、その存在は合理的な疑いを超えて証明されなければならず[24]、行政機関による認定を裁判所がそのまま援用することは許されないというべきである。この点、本件では、処分の根拠となった死亡事故について、（自動車運転過失致死罪の要件としての）注意義務違反が原審で否定されていることに照らすと、処分の要件としての安全運転義務違反も否定される可能性があったように思われる。もっとも、両者の義務内容が必ずしも同一ではない[25]とすれば、自動車運転過失致死罪の成立を否定しつつ、義務違反事実を認定して無免許運転罪の成立を認める余地は、なお残される。

---

(22)　その場合、安全運転義務違反を処罰する規定（119条1項9号）は、明確性を欠き違憲無効となろう。

(23)　このように解したとしても、処分に違反して運転しようとする者は、処分の前提となる義務違反事実が認定されれば処罰されることになるというリスクを負うのだから、処分に違反した運転が多発することにはならないであろう（阿部・前掲注(16)610頁参照）。

(24)　義務違反事実の不存在が「犯罪の成立を妨げる理由」（刑訴法335条2項）に当たり、被告人側からその主張があった場合には、義務違反事実の存在を立証する責任が訴追側に生じると解すべきである。

(25)　前者の義務違反が必然的に後者の義務違反を帰結するわけではないし、その逆も同様である（岡野光雄『交通事犯と刑事責任』(2007年) 69頁以下参照)。

14　交通事故報告義務違反罪（道交法119条1項10号、72条1項後段）の成否

札幌高判平成28年2月4日高刑速（平28）号289頁

大塚雄祐

Ⅰ　事実の概要

被告人は、普通乗用自動車（以下、「本件自動車」とする）を運転中、自車後部をB運転の普通乗用自動車左前部に衝突させ、同車の前部バンパーなどを損壊する交通事故（以下、「本件事故」とする）を起こした。被告人は携帯電話を所持しておらず、本件事故の他方の当事者であるBが携帯電話で警察官に事故発生の報告をした。被告人の夫は病により自宅で横になって過ごすことが多い生活を送っており、被告人はそのような夫の身の回りの世話をしており、Bが電話で事故の報告をしていた頃は、既に被告人が自宅を出てから1時間45分が経過し、自宅に1人残してきた夫をトイレに連れて行かなければならない時間になっていた。被告人は、本件事故まで本件自動車に同乗していた知人のCに「主人の具合が悪いので家に帰る。ちょっと様子を見て、直ぐに戻ってくる」と告げた上、夫の様子を見るため、本件事故の現場から約450メートルの距離にあり、1～2分で到着できる自宅に本件自動車を運転して戻った。警察官に対し、電話で事故の報告をしていたBは、被告人が立ち去るのを見て、「いなくなりました」と叫んだが、その後CはBに対し、「Aさんは用事があって自宅に戻った。直ぐに戻ってくる。」と、被告人の姓がAであること、行先が自宅で、被告人は直ぐにもどってくることを伝えた。

Bの報告から約25分後に上記現場に臨場した警察官の要請を受け、Cが自宅にいた被告人に電話をかけて、本件事故現場に戻るように伝えた結果、被告人は警察官の上記臨場から10分以内に上記現場に戻り、警察官に対し、

事故発生の報告をした。なお、被告人は、事故発生から現場に戻るまでの間、自宅の電話機を使用するなどして警察官に対する事故発生の報告をしなかった。

原審（室蘭簡判平成27年10月21日LEX/DB 25542498）は、最判昭和48年12月21日（刑集27巻11号1461頁）を引用の上、「自動車相互間での交通事故が発生した場合においては、それぞれの自動車の運転者が、道路交通法72条1項後段のいわゆる事故報告義務を負い、一方の運転者または第三者から事故報告がなされても、他方の運転者の事故報告義務が消滅するものではない」としつつ、上記昭和48年最高裁判決の原審である東京高判昭和47年4月28日（刑集27巻11号1466頁参照）を参照し「一方の運転者からすでに事故報告がなされ、他方の運転者も当該事故報告がなされたことを承知している場合」は「他方の運転者はそのまま現場に留まり現場に臨んだ警察官に事故報告をしても、なお直ちに警察官に事故報告をしたものとみることができ」、仮に「警察官に事故報告をするために現場に留まっているべき運転者が、警察官が現場に到着するまでの間に、やむを得ない理由によって一時その場を離れざるを得ないような場合には、自分の氏名及び行先等をあらかじめ既に警察官に事故報告を行った運転者に連絡しておくなどの措置を講じておかなければならない」とした。その上で、本件の被告人は、Bが携帯電話で警察官に事故報告をしたことを承知していること、また事故による負傷者もなく交通秩序が回復している中で、病気の夫の様子を見に行くというやむを得ない理由により、親しい関係にあるCに告げた上で現場を立ち去っており、Cがこの旨をBや警察官に伝えており、BもCを介していつでも連絡を取れる状況にあった以上、Bに対しては自己の氏名や行先を告げなかったとしても、被告人は必要な措置を講じたものとみることができるとして、道交法119条1項10号、同72条1項後段の事故報告義務違反罪の成立を否定し、無罪を言い渡した。

これに対して、検察官は控訴した。

Ⅱ 判旨——破棄自判・有罪（確定）

1 「自動車相互間で交通事故が発生した場合、それぞれの自動車運転者が、道路交通法72条1項後段所定の事故報告義務を負い、一方の自動車運転者又は第三者から報告が行われても、他方の自動車運転者の事故報告義務は消滅しない」のであり、また、「上記事故報告義務が、交通事故が発生した場合に、警察官に対し、所定の事項を知らせ、当該事故に対する適切妥当な措置を講じる必要性の有無等をその責任で判断させ、職責上執るべき万全の措置を検討、実施させるためのものであることや、事故報告を受けた警察官が、負傷者を救護し、又は道路における危険を防止するために必要があると認められるときに、当該報告をした運転者に対し、警察官が現場に到着するまで現場を去ってはならない旨を命ずることができること（同条2項）などに照らすと……他方の自動車運転者は、原則として、事故現場にとどまり続けなければならないものというべきである」

2「他方の運転者が事故現場を離れることが許されるのは、他者を介するなどして、警察官に対し、事故現場を離れざるを得ない事情を伝え、警察官からその許諾を得た上、一時的に事故現場を離れる場合に限定される」。「当該運転者が、警察官の許諾を得ることなく、やむを得ない事情により事故現場を離れた場合は、用務先に所在する電話機を使用するなどして、可及的速やかに警察官に対する事故発生の報告をすべきである」

3「被告人が、本件事故現場で、すぐ近くにあるCの自宅の電話機を使用するなどして、警察官に事故報告をすることが可能かつ容易であったのに、それをしないまま、Bに無断で上記現場を離れ、帰宅した後も、自宅の電話機を使用して警察官に対する事故報告をすることなく経過した上、本件事故の発生から30分を超える時間が経過した時点で、警察官の要請に基づくCによる電話連絡を受けて、ようやく上記現場に戻り、既に臨場していた警察官に対して、事故報告をしたのであるから、被告人が、その報告をもって、直ちに警察官に対する事故報告をしたといえない」。

Ⅲ　評釈

1　事故報告義務（72条1項後段）の趣旨

道路交通法72条1項は、前段において、交通事故発生時に、「車両等の運転者その他の乗務員……は、直ちに車両等の運転を停止して、負傷者を救護し、道路における危険を防止する等必要な措置を講じなければならない」と規定し、後段において、「この場合において、当該車両等の運転者……は、警察官が現場にいるときは当該警察官に、警察官が現場にいないときは直ちに最寄りの警察署……の警察官に当該交通事故が発生した日時及び場所、当該交通事故における死傷者の数及び負傷者の負傷の程度並びに損壊した物及びその損壊の程度、当該交通事故に係る車両等の積載物並びに当該交通事故について講じた措置を報告しなければならない」と規定し、同法119条1項10号はこれに違反した場合の罰則を規定する。72条1項後段が規定する事故報告義務は、交通事故が発生した場合、警察官に、車両等の運転者等が講じた措置が負傷者の救護や交通秩序の回復等のために十分なものであったかを判断させ、不十分な場合には車両等の運転者等に必要な措置をとるよう指示させるためのものであると解される[(1)]。この義務は、上記措置が必要か否かの判断を、あくまでも運転者ではなく警察官に判断させるためのものであることから、交通秩序が回復され、負傷者が救護されていたとしても、当該車両等の運転者は報告義務を免れない[(2)]。

2　各要件の解釈

同項後段の「当該車両等の運転者」は、当該交通事故の発生に関与した運転者をさし、事故発生について故意又は過失のある運転者に限定されず、被害者の立場に立つ車両等の運転者をも含むとされる[(3)]。本判決も判示するように、自動車相互間の事故の場合は、双方車両の運転者が報告義務を負うことは異論をみない。

「直ちに」は、同項前段の「直ちに」と同様、時間的にすぐにという意味であるとされ、事故報告義務者が救護等の措置に時間を要する場合もしくは負傷しているなどのやむを得ない場合でなければ、時間的な隔たりのある報告は「直ちに」報告したものとはいえないと解される[(4)]。

---

(1)　道路交通執務研究会編『執務資料　道路交通法解説〔17訂版〕』(2017年) 811頁、平野龍一ほか編『注解特別刑法　第1巻〔第2版〕』(1992年) 500頁〔東川一〕。

(2)　東川・前掲注(1)500-1頁。

(3)　道路交通執務研究会編・前掲注(1)805、812頁。

(4)　東川・前掲注(1)501頁。また、大阪高判昭和41年9月20日 (刑集21巻8号1051頁参照)、名古屋高金沢支判昭和39年7月21日 (高刑集17巻5号509頁) 参照。

同項後段所定の報告事項は、交通事故が発生した日時及び場所、当該交通事故における死傷者の数及び負傷者の負傷の程度、損壊した物とその損壊の程度、当該交通事故に係る車両等の積載物、当該交通事故について講じた措置の5項目である。5項目以外の運転者本人及び雇用主の住所や氏名、免許証や車体番号その他について報告を強要することは、「逮捕ないしは検挙等刑事手続の対象」となる直接の危険を伴い、憲法上許されないとされる(5)。

3　一方運転者から事故報告がなされた場合の他方運転者の報告義務

本判決のように、一方の自動車運転者（または第三者）から事故報告がなされた場合、他方の自動車運転者の報告義務は消滅するか否かが問題となる(6)。

他方の運転者の報告義務は消滅するとする見解は、運転者による事故報告が、実質的には犯罪発覚の端緒を与えるだけでなく、事故原因とその責任者の究明という犯罪捜査の過程につながるものであり、このような報告を義務付けることに黙秘権（憲法38条1項）との関係で合憲性に疑問を呈し、交通事故発生の場合に被害者の救護および交通秩序の回復等のため応急措置をとらせるという報告義務の規定の立法目的に鑑みれば、交通秩序が回復された場合などには報告義務は消滅するとみるべきであるとの前提(7)のもと、一方の運転者ないし第三者から既に報告がなされている場合には、再度の報告を刑罰で強制することはできないとする(8)。

---

(5)　宇都宮地判昭和34年10月17日（高刑集13巻1号143頁参照）は、氏名を告げることが自白にあたる場合とそうでない場合があり、前者の場合には氏名の黙秘は黙秘権の対象となる余地を認める一方で、氏名を告げず或いは偽名を用いるなど刑事手続の対象となることにつき直接の危険を伴わない方法での事故報告を義務付けることは黙秘権の侵害にはあたらないとした。同判決の控訴審にあたる東京高判昭和35年2月29日（高刑集13巻1号131頁）も、警察官がその指示を為し得る必要な限度において事故の種類、程度、日時、場所、報告当時の交通状況等発生した事故の概況を報告することは、操縦者等の刑事責任を推測させる事故発生の原因等事故の調査事項にわたるものを要求するものではないため、黙秘権を保障した憲法38条1項に反するものではないとして、原審の判断を維持している。

(6)　小田健司「自動車相互間での交通事故が発生した場合における自動車運転者の事故報告義務」曹時26巻4号（1974年）174頁以下参照。

(7)　田中利幸「自動車相互間での交通事故が発生した場合における自動車運転者の事故報告義務」警研49巻2号（1978年）62頁以下。

(8)　田中・前掲注(7)62頁以下、前橋地判昭和43年6月21日（判時540号86頁）など。

しかし、72条1項後段所定の報告事項は違反行為の捜査又は事故の原因の調査とは何ら関係ないものであり[9]、これを義務付けても憲法上何ら問題ないと解されるのが一般的であり、判例[10]も同様の立場に立つ。同項所定の事項を報告しただけで直ちに犯罪を立証するための証拠になるわけではないので、これらの報告を義務付けたとしても、自己負罪拒否特権を制約したとまではいえない。また、一方運転者の報告が同項の要求する全ての事項を網羅しているとは限らず[11]、事故報告の確実な履行を図るため、重畳的報告を求める必要がある。そして、本判決も判示するように、同法72条2項により、1項後段の報告を受けた警察官は、運転者に対し、必要に応じて警察官が現場に到着するまで現場を去ってはならない旨を命令することができ、この命令をなしうるよう全ての運転者にも報告させる必要がある。また、一方運転者の報告により他方運転者の報告義務が消滅するとすれば、安易に他の者の報告を期待して自らの報告を怠る恐れもある[12]。したがって、一方の運転者又は第三者が報告しても、他方運転者の報告義務は残るとする見解が妥当である。

判例も同様の立場に立っており、本判決の原審が引用する最判昭和48年12月21日も、「一方の運転者または第三者から事故報告がなされても、他方の運転者の事故報告義務が消滅するものではない」とし、このように解しても憲法38条1項に違反しないとする。

4　相手方運転者を介した報告の許否

一方運転者による事故報告によって他方運転者の報告義務は消滅しないとしても、他方運転者が事故報告をした相手方運転者を介して報告したとみることができる場合がある。

もっとも、他人を介して報告したといえるには、その他人の事故報告が運転者の意思に基づくものといえることが必要である[13]。そのためには、少

---

(9)　道路交通執務研究会編・前掲注(1)812頁。
(10)　最大判昭和37年5月2日（刑集16巻5号495頁）など。
(11)　たとえば、一方の車両の運転者および同乗者の受傷の有無、程度、これについて講じた措置等を他方の車両の運転者が全て把握できているとは限らない。
(12)　東川・前掲注(1)501頁。
(13)　田中・前掲注(7)771頁。

なくとも運転者は、その者が警察官に実際に報告したか、またその者が報告を受けた警察官から現場滞留命令を受けたか否かを確認しなければ、報告義務を尽くしたとはいえない[14]。そうでなければ、両運転者に報告義務を課した趣旨が損なわれかねないからである。

本判決の原審が参照している、東京高判昭和47年4月28日（前述の昭和48年最高裁判決の原審）は、「この報告義務を履行するについては必らずしも双方の運転者が相重復して同一の事項を報告する必要はなく、一方の運転者を通じ、又は第三者を介して所要事項を報告することも許される場合」がありうるとした上で、「一方の運転者を通じ、又は第三者を介して報告した場合には、それが自己のした報告と同視し得るような状況を確保しておく」必要があり、報告者が同項所定の事項を報告したかどうか、そして、その際、報告を受けた警察官から滞留命令があったかどうかを確認できるように警察官が臨場するまでその場に留まるか、やむを得ない理由で一時その場を離去せざるを得ないような場合には、「自分の氏名および行先等をあらかじめ報告者に連絡しておくなどの措置を講じておかなければならない」と判示し、報告者に無断で現場を立ち去った被告人は、「特段の事情」がない限り、報告義務を履行したとはいえないとした。これは、一方運転者の事故報告を介した場合も、その報告が他方運転者自身の意思に基づいているといえる状況でなければ、他方運転者自ら報告した場合と同視しえないことを示したものといえ、妥当と思われる。

一方運転者が事故報告をし、他方運転者がやむを得ず現場を離れる場合に、一方運転者の報告が十分であったか、また警察官から滞留命令があったかを確認をするためにも、報告者との意思疎通が必要であろう。もっとも、仮に報告者に現場を立ち去る旨や行先を告げていないなど意思疎通が十分でなかったとしても、たとえば用務先から警察官に遅滞なく報告するなど、報告者の事故報告と併せて被告人の意思に基づいて報告したといえる事情があれば、なお報告義務を「直ちに」履行したとみることができる余地はある。

---

(14)　東川・前掲注(1)502頁。また、大阪高判昭和56年8月27日（刑月13巻8＝9号503頁）参照。

5　本判決の評価

本判決は、原審同様、相手方運転者Bが事故報告をしたとしても、他方運転者である被告人にも報告義務は依然として残っており、また、警察官が臨場するまでは原則として現場に滞留し、臨場した警察官に事故報告をしなければならないことを前提としている。

もっとも、原審は、現場に残っている被告人の同乗者Cに、現場を立ち去るがすぐに戻る旨を伝え、Cを介して事故報告をしたBに伝えていればよく、その後臨場した警察官の要請でCから連絡を受けて被告人が現場に戻ってから警察官に事故報告をしたことをもって、被告人自ら「直ちに」報告したといえるとして義務違反性を否定した。これに対し本判決は、事故報告者Bは被告人が現場を離れた時点で、その旨および被告人の行先を認識しておらず、また被告人が自らも警察官に事故報告をし得たにもかかわらず、これをせずに、Cからの連絡で現場に戻るまで、警察官にもBにも全く連絡を取らなかったことから、被告人の義務違反性を肯定している。すなわち、やむを得ず現場を離れなければならない他方運転者が、相手方運転者を介して自らの意思で報告したといえるためには、①報告者との意思疎通が取れているか、②用務先から可能な限り速やかに自ら警察官に報告することを要し、①も②も欠いて現場に戻って警察官に自ら報告したとしても「直ちに」なされたとはいえないとする[15]。原審は、Cを介してBに告げていても①を満たしているとして義務違反性を否定したのに対し、本判決はBに直接告げていない以上①は満たさず、また被告人自ら用務先から事故報告もしていない以上②も満たさないとするのである。

本件被告人は、Bが警察官に事故を報告していることは認識しており、また現場に戻るつもりであったが、報告を受けた警察官からBおよび被告人が現場滞留命令を受けたか否かをBまたはCに確認していない。しかし、被告人が事故を報告している最中に相手方運転者に対し行先も告げずに行方をくらませ、事故現場に戻らなかった上記昭和47年東京高判の事案とは異なり、本件被告人は同乗者Cに伝えればBにも伝わるだろうと考え、Cに

---

(15)　本判決によれば、①を充足しなくても②を充足すれば義務違反性は否定される。この点で、まさに上述の昭和47年東京高判の「特段の事情」の1つを具体化したのが、②要件だといえよう。

現場を立ち去ることやすぐに戻ることを告げており、現にCを介してBに伝わったのであるから、事故報告者とおよそ意思疎通を取れていなかったとまではいえない。また、被告人は携帯電話を所持していなかったため、少なくとも現場を離れてからいつでも警察官に電話で事故報告をし得る状況であったとはいえず、作為容易性を否定することもできよう。

本件はまさに限界事例といえるが、交通秩序の回復という同項の報告義務の趣旨に鑑みれば、Cを介した警察官の要請により被告人が現場に戻り、適切に事故処理がなされた以上、報告義務違反性を否定する余地もあったように思われる(16)。

(16) 仮に義務違反性が肯定され、構成要件該当性が認められたとしても、被告人が自宅に帰らなければならなかった事情が緊急避難（37条1項）の要件を充足すれば、違法性が阻却される余地もあろう。

15　救護義務違反罪・報告義務違反罪における義務の履行

横浜地判平成28年6月9日LLI/DB L07150443

萩野貴史

I　事実の概要

被告人Xは、平成26年11月18日の夜から翌19日の朝にかけて、婚約者であるFとともに3軒の飲食店を順次訪れるなどして、その際にFは各店舗で飲酒をし、Xも少なくとも最初の2軒で飲酒をした。

Xは、翌19日の午前7時頃、3軒目の店を出てコインパーキングに駐車していたX車両に乗り込み、Fを助手席に乗せて運転を開始した。

Xは、国道を進行中に、a交差点において赤色信号を無視して時速約80kmで通過しようとした。その際に、折から同交差点直進方向出口に設けられた横断歩道上を青色信号に従って歩行中のAに自車左前部を衝突させて同人をボンネット上に跳ね上げ、フロントガラスに衝突させたうえ、路上に転倒させ、よって同人を外傷性くも膜下出血等の傷害により死亡させた。

Xは、本件事故後、その進行方向にあるb、c、d、eの各交差点を通過してから、e交差点とf交差点の間（a交差点から約300mの地点）で最終的に停車した。

Xが停車した後、（タクシー運転手Bが運転する）タクシーに乗ってX車両を追い掛けてきた二人組の男が現れ[(1)]、Xに対し殴る蹴るなどの暴行を加え

---

(1)　この二人組の男とXとのトラブルの発端、場所等については、関係者の供述が一致しておらず、明らかでない。なお、本判決では、二人組がすぐ後ろを追いかけてきていると確信し、パニック状態になったとのXの主張に対して、「被告人車両をそのすぐ後から追跡する車両等は存在しなかったと認められ」、また「被告人が状況判断ができなくなるような心理状態に陥っていたとは認め難い」ものとされている。

た。その結果、Xは、歯を数本破損するなどの傷害を負った。

以上の事実関係のもとで、Xは、危険運転致死罪および道路交通法違反の罪で起訴された。

II 判旨——一部有罪、一部無罪（控訴）

横浜地裁は、被告人Xに対して危険運転致死罪の成立を認めたうえで、大要、以下のように述べて、道路交通法違反（救護義務違反および報告義務違反）の罪については無罪を言い渡した。

「被告人は、被告人車両を停止した後、必要な連絡等をするために携帯電話機を探していたところを、間もなく二人組の男に暴行を受けて救護や報告が不可能な状態に至った可能性を否定することはできない。

以上によれば、被告人が救護義務及び報告義務を履行できた可能性がある期間は、本件事故発生から被告人が被告人車両を本件停車位置……に停止させるまでの間に限定され、その後の期間は除外されるというべきである。」

そして、「被告人が救護義務及び報告義務を履行できたかについて検討するに、かかる義務が発生するためには、被告人が本件事故を認識したことが前提となる」としたうえで、「被告人車両のフロントガラスには……大きなくもの巣状の破損が生じていたこと等に照らすと、被告人は、容易に本件事故に気付き得る状況にあったといえる。そして、被告人車両がc交差点において信号待ちの車両に続いて停止したとすれば、被告人は、遅くとも、その頃までには、人身事故を含む交通事故を起こしたことを認識したことが合理的に推認できる」。

「被告人車両が本件事故交差点からe交差点付近まで1分強程度で移動していると考えられることからすると、被告人が人身事故を起こしたことを認識してから本件停車位置に停車してBのタクシーに乗った二人組の男に追い付かれるまでの時間は、正確には不明であるものの、数十秒程度であったと考えられる。

人身事故を起こしたことを認識した者は、客観的に停車可能な場所があれば、すぐさまそこに自車を停止させ、救護義務及び報告義務を履行することが求められることはいうまでもない。c交差点付近から本件停車位置に至るまでの間においても、被告人が被告人車両を停止させることが可能な場所はあったと考えられ、被告人が本件事故を認識したのであれば、本来そうすべきであったことは明らかである。

しかしながら、自動車を走行させている間に自車が事故を起こした可能性を認識した場合、そのような不測の事態に対して、内心が動揺ないし混乱し、様々な心理が去来することは通常あり得ることと考えられる。そのような状況下において、法の求める作為義務に及ぶことの決意を瞬時にして行うことが必ずしも容易でないことは否定できない。そして、運転者において救護や報告をする意思が生じていたとしても、赤色から青色に変わった信号表示や車の流れに従って一旦は自車を走行させてしまうこともあり得るし、進行道路の左側路肩に駐車車両があるなどのために走行しながら適切な停車場所をうかがっているうちに数十秒が経過してしまうこともまたあり得る。」

「以上のように考えると、被告人車両がc交差点付近で停止したことを前提としたとしても、被告人が数十秒程度被告人車両を走行させて本件停車位置に至って停止したことをもって、直ちに自車を停止していないと認めることには、疑問が残るといわざるを得ない。そして、被告人は、本件停車位置に被告人車両を自らの意思で停止しているのであり、前記のとおり、被告人が、被告人車両を停止した後、必要な連絡を取るために携帯電話機を探していた可能性は否定できず、また、その後いずれにしてもBのタクシーに乗った二人組の男に襲われ義務履行が困難な状態になったと認められるのであって、それまでの時間が僅かしかなかった可能性も否定できないのである。そうすると、被告人が直ちに自車を停止して救護義務及び報告義務を履行しなかったと評価できるだけの事実を認めることについては、合理的な疑いが残るというべきである。」

Ⅲ　評釈

1　問題の所在

本判決では、自動車を運転するXが、赤色信号にもかかわらず時速約80kmの速度で交差点に進入してAに衝突し、死に至らしめたという事実が認定されている。被告人側は、信号機の存在を認識しておらず、信号表示を守って運転しているつもりであったので、「赤色信号……を殊更に無視」しているとはいえないなどと主張して危険運転致死罪の成立をも争っている。だが、認定された事実に従う限り、赤色信号殊更無視型の同罪（自動車運転死傷行為等処罰法2条5号）が成立するという結論は妥当なものといえよう。

主な検討対象となるのは、道路交通法（道交法）上の救護措置等義務（以下では、本判決の用語法に従い、「救護義務」とする）違反罪および報告義務違反罪である。本件では、最終的に救護措置等が行われていないにもかかわらず無罪の判決が下されており、その根拠が問題となる。

2 救護義務違反罪および報告義務違反罪

道交法は、交通事故があったときは、運転者等は、「直ちに車両等の運転を停止して、負傷者を救護し、道路における危険を防止する等必要な措置を講じなければならない」（72条1項前段）として救護義務を定め、さらには「警察官が現場にいないときは直ちに最寄りの警察署……の警察官に当該交通事故が発生した日時及び場所、当該交通事故における死傷者の数及び負傷者の負傷の程度……〔等〕を報告しなければならない」（同条1項後段）として報告義務を定めている。そして、救護義務に違反した場合[(2)]にも、報告義務に違反した場合[(3)]にも、それぞれ刑罰が規定されている[(4)]。

これらの犯罪（以下では、「本罪等」とすることもある）においては、直ちに車両等の運転を停止して（停止・確認義務）、負傷者の応急手当をしたり救急車を要請したりする（救護義務）など各種の作為義務を履行することが求め

(2) 罰則は、大別すると2つに分かれている。第1に、軽車両を除く車両等の運転者が、人の死傷があったのに救護義務を果たさなかった場合には5年以下の懲役または50万円以下の罰金（ただし、人の死傷が当該運転者の運転に起因する場合は10年以下の懲役または100万円以下の罰金）に処せられる（同法117条1項および2項）。第2に、物の損壊があった場合の軽車両以外の運転者や、人の死傷または物の損壊があった場合の軽車両の運転者、あるいは車両等の運転者以外の乗務員が救護義務を果たさなかった場合には、1年以下の懲役または10万円以下の罰金に処せられる（同法117条の5）。

(3) 報告義務を果たさなかった場合には、3月以下の懲役または5万円以下の罰金に処せられる（同法119条1項10号）。

(4) 両罪の関係について、最判昭和38年4月17日（刑集17巻3号229頁）は、併合罪と解していたが、その後、最判昭和51年9月22日（刑集30巻8号1640頁）において観念的競合の関係に立つものと判例変更されている。この点から、本稿では、必要のない限り、より罪の重い救護義務違反罪（救護義務）を代表させて論じることとする。

られており、不作為犯の一種であるといえる(5)。そして、従来の判例においては、履行した行為が期待される内容を伴っているか、「直ちに」義務を履行したといえるかといった点を争うものが散見される(6)。

本件では前述のように、Xが停車した後に間もなく現れた二人組の男がXに対して暴行を加えたという事情が認められており、本罪等の成否の判断に大きな影響を及ぼしているといえる。

その際、本判決では、停車後の段階について判断した後に、停車前の段階についても判断するというように、2つの段階に分けて本罪等の成否を検討している。そこで、以下ではこれに倣って、停車後の本罪等の成立可能性を検討したうえで、停車前の本罪等の成立可能性を検討していく。

3　停車後の本罪等の成立可能性

本罪等は、前述のように不作為犯の一種である。そして、不作為犯においてはその体系的な位置づけや判断基準において相違がみられるものの(7)、作為可能性を犯罪成立の要件とする理解が一般的である。すなわち、期待される作為が不可能である場合には、犯罪が成立しないと解されている。

本件において、Xは、停車した後、携帯電話機を探していたところ、間もなく二人組の男から歯を数本破損するほどの暴行を受けている。こうした状況において、本判決は、「暴行を受けて救護や報告が不可能な状態に至った可能性を否定することができない」と判断している。この判断は、作為可能性を、X個人の能力を基準として考えるか(8)、あるいは一般人ないし社会通念を基準として考えるか(9)にかかわらず、妥当なものと評価され得よう。

なお、作為が不可能な状態にあったことを理由として不作為犯の成立を否

---

(5)　とりわけ72条1項前段違反の罪の保護法益や罪質については、松尾誠紀「道路交通法における負傷者救護義務違反罪の義務内容」関学66巻2号（2015年）229頁以下等を参照。

(6)　たとえば、大阪高判昭和47年8月8日（判タ288号291頁）は、病院に運んでもらうため、交通事故の負傷者をタクシーに乗せただけでは救護義務を尽くしたとはいえない旨を判示する。「直ちに」義務を果たしたといえるかが争われた事例については、後掲するものを参照。

(7)　山口厚『刑法総論〔第3版〕』（2016年）94-5頁等参照。また、結果回避可能性との関係について、高橋則夫ほか『理論刑法学入門　刑法理論の味わい方』（2014年）55-6頁〔仲道祐樹〕等参照。

(8)　山口・前掲注(7)95頁等。

(9)　大谷實『刑法講義総論〔新版第4版〕』（2012年）138-9頁等。

定した先例は現在までに参照し得た資料では見当たらず、その意味においても本判決は注目に値するといえる(10)。

4 停車前の本罪等の成立可能性

本判決は、停車後の上述のような事情から、義務の履行が可能だった期間は「本件事故発生から被告人が被告人車両を本件停車位置……に停止させるまでの間に限定され〔る〕」としている(ここで検討対象となる期間についてより精確にいうと、本判決は、救護義務等が発生するには行為者が事故の発生を認識している必要があるとしたうえで(11)、X車両がc交差点においていったん停止した頃までにはXが「人身事故を含む交通事故を起こしたことを認識した」と推認し、それからX車を停車し二人組の男に追いつかれるまでの数十秒程度の時間を問題としている)。そこで次に、この期間の本罪等の成否についてみることにする。

本判決は、「本件停車位置に至るまでの間においても、被告人が被告人車両を停車させることが可能な場所はあったと考えられ、被告人が本件事故を認識したのであれば、本来そうすべきであったことは明らかである」として、停止・確認義務の履行が可能であったと評価しているようにみえる。しかし、①事故という不測の事態に対して「内心が動揺ないし混乱し、様々な心理が去来することは通常あり得る」ため、「法の求める作為義務に及ぶことの決意を瞬時にして行うことが必ずしも容易でない」ことに加え、②「信号表示や車の流れに従って一旦は自車を走行させてしまうこともあり得るし、進行道路の左側路肩に駐車車両があるなどのために走行しながら適切な停車場所

---

(10) これまでの判例においても、たとえば交通事故を起こした運転者が、遺棄目的で被害者を自車内に引き入れて走行中に被害者が死亡したという事案において、直ちに救護措置を受けたとしても被害者の死の結果を回避できたとは言えない(不作為と死亡結果との間の因果関係が認められない)等の理由で不作為による殺人罪の成立を否定したもの(盛岡地判昭和44年4月16日判時582号110頁)はみられる。

したがって、厳密には、作為可能性と結果回避可能性が異なるという前提のもとで初めて本文のように言い得ることになる。

(11) 人の死傷または物の損壊に関する(少なくとも未必的な)認識が必要である点については、従来、一般に認められてきたといえよう(最大判昭和40年10月27日刑集19巻7号773頁、最判昭和45年7月28日刑集24巻7号569頁等)。安西温『特別刑法2』(1983年)49-50頁も参照。

をうかがっているうちに数十秒が経過してしまうこともまたあり得る」として、「被告人が数十秒程度被告人車両を走行させて本件停車位置に至って停止したことをもって、直ちに自車を停止していないと認めることには、疑問が残るといわざるを得ない」とする。

ここで問題となるのは、（救護義務の前提として）停止・確認義務の履行可能性を認めているようにみえつつも、本罪の成立が否定されている点を理論的に根拠づけ得るかである。

(1)　作為容易性の否定

1つには、本判決が、交通事故後の①運転者の内心状態や②交通状況などを例として挙げつつ、作為義務を果たすことが容易でないことを無罪の根拠としていると評価することが考えられるであろう。

従来の判例においても作為義務の履行が「容易」であったという表現を用いることは少なくなく(12)、学説においては不作為犯が成立するためには作為義務の履行が容易でなければならない（容易な作為のみが義務づけられる）との主張も多くみられる(13)。こうした見地から、本件のXの罪責を判断するに際しても、直ちに停車して救護等を行うことが容易であったか否かを問題としたということが考えられるのである。そして、このような理解のもとでは、本判決は、作為が容易だった「と評価できるだけの事実を認めることについては、合理的な疑いが残る」と判示したものと捉える余地がある。

もっとも、このように解した場合、本判決には次のような課題が残されることになるように思われる。

従来、学説は、「重い火傷を負うことを受忍してまで火中の子どもを救う義務を認めることはできない」等の形で作為容易性に関する事案を想定し、その場合の処罰を否定してきた(14)。これに比して、本判決の示すように②「信号表示……に従って一旦は自車を走行させてしまうこともあり得る」等

---

(12)　大判大正7年12月18日（刑録24輯1558頁）等。

(13)　堀内捷三『刑法総論〔第2版〕』（2004年）59頁等。作為容易性に関する学説、およびこれを要件とすることに批判的な論拠について、蔡芸琦「不作為犯における作為義務の内容」『曽根威彦先生・田口守一先生古稀祝賀論文集　上巻』（2014年）179頁以下参照。

(14)　たとえば小林憲太郎『刑法総論』（2014年）35頁に拠るならば、このように作為容易性が欠ける事例は「人格の本質的部分の犠牲を強いることとなったり、むしろ社会的厚生を減少させる過度な負担の賦課につながったりする」場合であるとされる。

の交通状況が、停止・確認義務履行の容易性を否定する事情となり得るのかが問われよう(15)。また、①運転者の内心状態を作為容易性の判断事情として扱うべきか否か、もしその判断事情として扱い得るとしても、動揺による決意の困難さ等を理由に作為義務履行の容易性を否定することが妥当か否かという点についても問題となろう(16)。

(2) 義務履行の「猶予期間」

もう1つの根拠づけとして、本判決が、Xの事情としてではなく「通常」の事情や「あり得る」事情を挙げて本罪等の成立を否定している点から、一律に本罪等の成立範囲について限定を行ったとの試論を示してみたい。

従来の判例においては、道交法が「直ちに」義務を履行することを要求している点に鑑みて、一切の遅延なく義務を履行することが求められてきた(17)。すなわち、たとえば、運転者が事故現場より逃走を図り、事故発生から15分程度たってから事故報告をした事案において、大阪高判昭和41年9月20日（刑集21巻8号1051頁参照）(18)は、「同条1項後段の『直ちに』とは右にいう救護等の措置以外の行為に時間を藉してはならないという意味であつて、例えば一旦自宅へ立帰るとか、目的地で他の用務を先に済すというような時間的遷延は許されないものと解すべき」であると判示する(19)。

このように本罪等の義務履行において遅延は許されないのであるが、本判決においては、義務履行が可能な最初の時点において義務を履行しなければ

---

(15) ここでは、作為容易性を判断する決定的な事情とすることの当否を問題としており、道交法72条1項の目的に「交通事故が発生した場合には、他の交通関与者に危険が拡大する可能性があるので、その予防を図ること」（松尾・前掲注(5)232頁参照）等も含まれるとすれば、こうした事情を判断要素とすること自体はあり得るように思われる。

(16) 作為容易性について、期待可能性が考慮されると述べるものとして、町野朔『刑法総論講義案Ⅰ〔第2版〕』（1995年）132頁等。また、町野朔「『釧路せっかん死事件』について」『三井誠先生古稀祝賀論文集』（2012年）302-3頁は、物理的にであっても心理的にであっても困難な義務を不作為犯で想定してはならないとする。

(17) 安西・前掲注(11)51頁参照。また、従来、本罪等における「直ちに」は、「遅滞なく」よりも即時性の強いもので、「事故後直ちにまたは事故に引続く必要措置を執った後直ちに」の趣旨であるとの指摘もなされている（鈴木雄八郎「報告義務」判タ284号（1973年）248頁等）。

(18) 同判決は報告義務違反罪の成立を認めたが、この上告審として、最決昭和42年10月12日（刑集21巻8号1040頁）がある（弁護人の上告趣意は「上告理由に当たらない」として上告棄却されている）。

(19) そのほかに、東京高判昭和39年10月27日（高刑集17巻6号634頁）等も参照。

すなわち遅延とするのではなく、本罪等の成立まで多少の猶予の余地が肯定されたと理解するのである。

この猶予の点について、外国人登録令における登録不申請罪を例に説明を試みることとしよう。外国人登録令は、かつて、「外国人は、本邦に入ったときは60日以内に、……居住地を定め、……当該居住地の市町村……の長に対し、所要の事項の登録を申請しなければならない」（4条1項）と規定し、これに違反した者に対して刑罰を科していた[20]。この登録不申請罪では一定の申請期間（「60日以内」等）が定められており、この申請期間を最判昭和28年5月14日（刑集7巻5号1026頁）は「右登録申請義務の履行を猶予する期間として定められた」ものと解していた[21]。

このように一定の時間内に義務の履行を求めるという法的性質を不作為犯一般に肯定し[22]、その理解を本罪等にも援用してみる。本罪等においては、（外国人登録令とは異なり、明文上は猶予期間が存在しないため、よりいっそう）事故直後から運転者等には救護義務等の履行が要求されることになる。だが、運転者の心理状態や交通状況に鑑みて、事実上は可能な時点があったとしても、犯罪成立まで一定の猶予期間を与えると（処罰範囲を限定的に）解釈し、何らかの理由で数十秒程度義務を履行しなかったとしてもこの猶予期間に含まれ、「直ちに自車を停止して救護義務及び報告義務を履行しなかったと評価」しないと本判決は認めたと捉えるのである。

もっとも、一般的な内心状態や交通状況等に鑑みて一定の猶予期間が与えられていると解したとしても、本罪ではこの期間がそれほど長く認められるとは考えにくいため、義務履行が10分以上も遅れた場合に本罪が成立するという従来の判例の帰結等に変更を迫るものではないだろう[23]。

---

(20)　外国人登録令やその後の法令の変遷、真正不作為犯の本質については、萩野貴史「外国人登録不申請罪の構造と公訴時効の起算点」『曽根威彦先生・田口守一先生古稀祝賀論文集　上巻』（2014年）214-5頁、218頁以下等。

(21)　ただし、同判決において、本文中の内容は、登録不申請罪の公訴時効の起算点を問題とするにあたり、同罪を状態犯と捉えるか継続犯と捉えるかといった観点のもとで判示されている。

(22)　萩野・前掲注(20)219-20頁、正田満三郎「外国人登録不申請罪の性質」判タ26号（1953年）31頁参照。

(23)　こうした理解のもとでは、（上述の作為容易性の欠如を根拠とする理解とは異なり）事故発生直後に数十秒程度運転を継続した事例に関して、自車の停止等の義務を履行することが容易であったことの立証の有無にかかわらず、おおよそ一律に不可罰と結論づけることになろう。

5　おわりに

救護義務違反罪等に関する本判決の特徴は、停車前の段階と停車後の段階に二分したうえで犯罪の成否を検討している点にある。

停車後の段階については、X が二人組の男に暴行を受けるという事情に鑑みて、作為可能性の不存在を根拠に無罪という結論を導いている。

その一方で、停車前の段階についても本罪等の成立を否定しているが、刑法学上のいかなる根拠に基づくのか、本判決の文言からはやや判然としない。そこで、本稿では、作為容易性の要件が欠けることにより本罪が成立しないという構成と、自車の停止等を行う義務には一定の猶予期間が存在しており、その猶予期間中の不作為を問責対象行為とすることはできないという構成を試みた。この両者の構成は、いずれの構成を採るにせよ、実際の事案で結論にそれほど大きな差が生じるようには思われない。だが、理論的には立証内容等が異なり得るのであり、今後、この点に関してさらに明示的な判断がなされることが望まれよう。

〈付記〉校正の段階で、被告人側・検察官の各控訴を棄却した控訴審判決（東京高判平成 29 年 4 月 12 日判時 2375・2376 合併号 219 頁）に接した。同判決では、救護義務違反罪等に関して、「〔c 交差点で救護義務等が発生していることを認識した〕にもかかわらず、そこから被告人車両を再び発進させた」ことを「これらの義務の履行と相容れないような行動をとったもの」と評価しつつ、同罪の成立を否定している。「救護義務及び報告義務の履行と相容れない行動を取れば、直ちにそれらの義務に違反する不作為があったものとまではいえないのであって、一定の時間的場所的離隔を生じさせて、これらの義務の履行と相容れない状態にまで至ったことを要する」として、本件の経緯や状況においては同罪等が成立しないと判示したのである。これは、本稿の（2）の根拠づけ（義務履行の「猶予期間」を認めるアプローチ）と同様ないし類似するものと評価できるように思われる。この点において、同判決は、本稿において「やや判然としない」と指摘した原判決よりも、同罪等が成立しない根拠について一歩踏み込んだものといえよう。

16　海賊行為に対する普遍的管轄権と明文規定のない国外犯処罰

東京高判平成25年12月18日高刑集66巻4号6頁

辻本淳史

Ⅰ　事実の概要

ソマリア人を自称する被告人2名は、平成23年3月5日午後5時ごろ(現地時間)、北緯16度00分、東経62度51分付近のアラビア海の公海上において、他の2名と共謀し、「私的目的」で、バハマ国船籍のオイルタンカー「K号」に対して自動小銃を発射しながら小型ボートで接近して乗り込んだ。被告人らは、レーダーマストや船長室ドアに自動小銃を発射するなどの行為により乗組員24名を脅迫し、操舵室で操縦ハンドルを操作し、さらにK号の操縦をさせようと前記乗組員らを探し回るなどして、乗組員らを抵抗不能の状態に陥れ、ほしいままにその運航を支配する海賊行為をしようとしたが、同月6日、K号の救助に駆け付けたアメリカ合衆国海軍兵士に制圧されたため、その目的を遂げなかった。

被告人2名は、アメリカ合衆国海軍から身柄を引き受けた海上保安官によって逮捕され、日本国に護送されて、海賊行為の処罰及び海賊行為への対処に関する法律（以下「海賊対処法」とする）違反の罪で起訴された。第一審（東京地判平成25年2月1日（LEX/DB　25500936））は、両名の行為について、海賊対処法上の運行支配未遂罪（同法2条1号、3条2項、同1項）の共同正犯が成立するとし、両名を懲役10年に処した。これに対し、弁護人は、本件被告人らの行為に対する刑事裁判管轄権が無いなどとして控訴した。

Ⅱ　判旨——控訴棄却

東京高裁は、被告人らの行為に関する刑事裁判管轄権について、次のように判示して控訴を棄却した。

「また所論は、本件については以下の理由により、日本の裁判所には国際法上の管轄権も国内法上の管轄権も認められないと主張する。すなわち、ア　国際法上の管轄権について、原判決は、海洋法に関する国際連合条約（以下「国連海洋法条約」という。）100条は『すべての国は、最大限に可能な範囲で、公海その他いずれの国の管轄権にも服さない場所における海賊行為の抑止に協力する。』と定めているところ、海賊行為が公海上における船舶の航行の安全を侵害する重大な犯罪行為であることや、海賊行為をめぐる国際社会の対応等の歴史的沿革を踏まえ、その規定の趣旨を勘案すると、海賊行為については、旗国主義の原則（公海において船舶は旗国の排他的管轄権に服するというもの）の例外として、いずれの国も管轄権を行使することができるという意味での普遍的管轄権が認められているものと解するのが相当であるとしたが、同条約105条は『（海賊船舶等の）拿捕を行った国の裁判所は、科すべき刑罰を決定することができる。』と明確に規定しているのであって、このような明確な規定を同条約100条のような抽象的な規定を拡張ないし類推解釈をして否定することはできない、イ　国内法上の管轄権について、原判決は、海賊対処法は、公海等における一定の行為を海賊行為として処罰することを規定し（同法2条ないし4条）、国外での行為を取り込んだ形で犯罪類型を定めているところ、このような規定の仕方自体から、同法には国外犯を処罰する旨の「特別の規定」（刑法8条ただし書）があるものと解され、海賊行為については普遍的管轄権が認められることを併せ考えると、海賊対処法は、公海上で海賊行為を犯したすべての者に適用されるという意味で、その国外犯を処罰する趣旨に出たものとみることができ、海賊行為について国外犯処罰規定がないといえないことはもちろん、管轄を及ぼすべき具体的な行為が法文から明らかでないともいえないとしたが、海賊行為に認められる普遍的管轄権とは、『（海賊船舶等の）拿捕を行った国の裁判所は、科すべき刑罰を決定することができる』という意味での普遍的管轄権であるから、海賊対処法の処罰規定を適用することができる者も、日本の官憲が拿捕した者に限られるというべきである。

しかしながら、(2) アの点については、海賊行為は古くから海上交通の一般的安全を侵害するものとして人類共通の敵と考えられ、普遍主義に基づいて、慣習国際法上もあらゆる国において管轄権を行使することができるとされており、実際、ソマリア海賊に関しても海賊被疑者を拿捕した国が第三国に引き渡し、第三国もこれを受け入れ、訴追、審理を行った例が多数みられるところである。こうした慣習国際法上の実情及び国家実行に加えて、国連海洋法条約100条が、上記のとおり海賊行為に関し、すべての国に対する協力義務を規定していることも併せ考慮すれば、国際法上、いずれの国も海賊行為について管轄権を行使することができると解される。所論は、同条約105条によれば本件につき国際法上管轄権を行使し得るのは被告人らを拿捕したアメリカ合衆国であり、日本はこれを認められないというのであるが、同条は、その規定振りが全体として権利方式である上（英文では『may decide upon the penalties to be imposed』とされており、『科すべき刑罰を決定することができる』と訳されている。)、同条が定めるすべての国が有する海賊行為に対する管轄権は、国連海洋法条約によって初めて創設されたものではなく、古くから慣習国際法により認められてきたものであって、所論の主張は、このような沿革や同条の趣旨に反するものである。そして、実質的に見ても、拿捕国が海賊被疑者の身柄を拘束し証拠も保持しており、同国にその管轄権を肯定するのが適正かつ迅速な裁判遂行、ひいては海賊被疑者の人権保障にも資することからすれば、同条はいずれの国も海賊行為に対して管轄権を行使することができることを前提とした上で、拿捕国は利害関係国その他第三国に対して優先的に管轄権を行使することができることを規定したものと解するのが相当である。原判決は、同条約105条の解釈については特に触れていないが、その判文に徴すれば同条約に関し上記と同旨の理解に立つものであると考えられ、所論がいうように同条約100条のみに依拠したものとは認められない。所論 (2) アは、原判決を正解しないものであって採用できない。また、所論 (2) イは、既に見たとおり、普遍的管轄権の理解及び同条約105条の解釈を異にするものであって、その前提において失当である。」

Ⅲ　評釈

1　問題点

本件では、公海上で、外国人によって行われた、外国人のみが乗船した外国船舶に対する海賊行為について、日本の海賊対処法上の運行支配未遂罪（海賊対処法２条１号、３条２項、同１項[1]）を適用したことの是非が争われた[2]。本判決は普遍的管轄権を根拠に海賊対処法の適用を認めたが、これについては、すでに若干の論考が公表されている[3]。これらの論考によれば、本判決が被告人らの処罰を肯定した結論は妥当であると評価されているが[4]、明文の国外犯処罰規定を欠く海賊対処法を、公海上での外国人の行為に適用した点については、なお検討の余地があると思われる。以下、この点について評釈する。

2　普遍的管轄権と国外犯処罰

海賊行為は、海上交通の安全を侵害する人類共通の敵とされ、国際法上、旗国主義の例外として普遍的管轄権の行使が認められてきた[5]。したがって、海賊行為については、すべての国が、容疑船舶の臨検・拿捕、容疑者の逮

---

(1)　海賊対処法２条柱書は、「この法律において『海賊行為』とは、船舶（軍艦及び各国政府が所有し又は運行する船舶を除く。）に乗り組み又は乗船した者が、私的目的で、公海（海洋法に関する国際連合条約に規定する排他的経済水域を含む。）又は我が国の領海若しくは内水において行なう次の各号のいずれかの行為をいう。」とし、同条１号は、「暴行若しくは脅迫を用い、又はその他の方法により人を抵抗不能の状態に陥れて、航行中の他の船舶を強取し、又はほしいままにその運航を支配する行為」を規定する。２条１号が定める運行支配罪の法定刑は、無期または５年以上の懲役であり（同法３条１項）、未遂も処罰される（同２項）。

(2)　鶴田順「判批」平成25年度重判（2014年）287頁。

(3)　刑法学者の研究として、北川佳世子「海賊対処法の適用をめぐる刑事法上の法的問題」『川端博先生古稀祝賀論文集　下巻』（2014年）551頁以下、甲斐克則「海賊対処法の適用に関する刑法上の一考察」『野村稔先生古稀祝賀論文集』（2015年）523頁以下、実務家の研究として、城祐一郎「アラビア海におけるソマリア沖海賊によるグアナバラ号襲撃事件に関する国際法上及び国内法上の諸問題(上)(下)」警論67巻３号（2014年）67頁以下、67巻４号（2014年）101頁以下がある。また、グアナバラ号事件の別判決（東京高判平成26年１月15日判タ1422号142頁）に関して、後藤啓介「判批」刑ジャ42号（2014年）137頁以下がある。

(4)　北川・前掲注(3)574-5頁、甲斐・前掲注(3)532頁、城・前掲注(3)「(下)」122-3頁。なお、後藤・前掲注(3)140-2頁。

捕・訴追・処罰を行うことができる(6)。本判決も、「国際法上、いずれの国も海賊行為について管轄権を行使することができると解される」ことを根拠として、海賊対処法による被告人らの処罰を認めた。しかし、この理由づけが、海賊行為に対する国際法上の普遍的管轄権によって、本件被告人らの行為の国内法上の可罰性までもが示されている、という趣旨であるならば、疑問の余地がある。

国連海洋法条約101条によれば、海賊行為とは、①私有の船舶または航空機の乗組員または旅客が、②私的目的のために行う不法な暴力行為、抑留行為または略奪行為であって、③公海またはいずれの国の管轄にも服さない場所において、④他の船舶または航空機またはこれらの内にある人もしくは財産に対して行われるものをいう(7)。このような、人類共通の敵として伝統的に処罰されて来た海賊行為と比べて、海賊対処法上の海賊行為の概念はより広い内容をもつと思われる。なぜなら、海賊対処法2条は、日本国の領海または内水において犯された行為（柱書）を処罰することにより、場所的に海賊行為の概念を拡げるとともに、海賊行為目的をもってする他船舶への侵入（5号）、接近・つきまとい（6号）等、国際法上の海賊行為よりも当罰性が低い行為をも処罰しているからである(8)。海賊対処法が海賊行為概念を拡張している側面があるなら、普遍的管轄権が認められてきた国際法上の海賊行為概念によって、海賊対処法上の罪の処罰範囲が精確に示されることにはならないと思われる。罪刑法定主義の趣旨に鑑みると、本判決の理由づけによって被告人らの処罰を直ちに肯定することには疑問が残る。

3　海賊対処法2条における「公海」の文言と「すべての者」の処罰

もちろん、本判決は、海賊行為に対する普遍的管轄権だけでなく、海賊対処法2条の文言解釈もひとつの根拠として、被告人らを処罰している。すな

---

(5)　海賊行為についての普遍的管轄権については、瀬田真「海賊行為に対する普遍的管轄権の位置づけ」早誌63巻2号（2013年）119頁以下がある。また、海賊問題に関するフランス法の紹介として、増田隆「海賊への対応」日仏法学27（2013年）136頁以下がある。

(6)　山本草二『国際刑事法』（1991年）248-9頁。

(7)　国連海洋法条約101条にいう海賊行為の意義については、山本・前掲注(6)249-50頁、林司宣ほか『国際海洋法〔第2版〕』（2016年）104-6頁〔林司宣〕。

(8)　海賊対処法が規定する諸々の犯罪類型については、甲斐・前掲注(3)534頁以下参照。

わち、第一審は、「海賊対処法は、公海等における一定の行為を海賊行為として処罰することを規定し（2条ないし4条）、国外での行為を取り込んだ形で犯罪類型を定めている。このような規定の仕方自体から、海賊対処法には国外犯を処罰する旨の『特別の規定』（刑法8条ただし書）があるものと解され、……海賊対処法は公海上で海賊行為を犯したすべての者に適用されるという意味で、その国外犯を処罰する趣旨に出たものとみることができる。したがって、海賊行為について国外犯処罰規定がないといえないことはもちろん、管轄を及ぼすべき具体的な行為が法文から明らかでないともいえない。」としたが、本判決もこれを是認しているのである。この理由づけは、海賊対処法2条の「この法律において『海賊行為』とは、…公海…において行う次の各号のいずれかの行為をいう。」と定める文言を根拠として、この条文を国外犯処罰規定と解する趣旨であると思われる。

しかし、上記のように、海賊対処法2条は、人類共通の敵として伝統的に処罰されて来た海賊行為とあわせて、他船舶への侵入、接近・つきまといなど、これらよりも当罰性が低いと思われる行為を処罰する構成要件を定めている。「公海」という文言を根拠に、これらの構成要件すべてが、公海上で行われた外国人の行為も含めて、「すべての者」の行為を一律に処罰しているとまで解することは、実質的に見ても疑問の余地がある(9)。このことを考慮すると、海賊対処法2条の「公海」という文言が、どの範囲で国外犯を補足するものかということは、なお検討に値する問題を含んでいると思われる。

また、本件では、公海上における外国人による海賊行為に対して海賊対処法を適用したことが問題となったが、行為地と行為主体も構成要件要素であるとすれば(10)、これらについても罪刑法定主義の保障の趣旨が及ぶものと考えられる(11)。そうすると、海賊対処法上の構成要件が、「外国人の国外

(9)　北川・前掲注(3)574頁は、海賊対処法が公海上の海賊行為を対象とすることは立法趣旨から明らかであり、同法2条の「公海」という文言によってこのことが明示されていることを理由として、海賊対処法2条を刑法8条ただし書の特別の規定と解するが、そのような解釈によって、公海において外国人が犯した他船舶への侵入、接近・つきまとい等の行為についてまで処罰を肯定できるかどうかについては、なお検討の余地があるのではないかと思われる。

(10)　山口厚『刑法総論〔第3版〕』(2016年) 417頁参照。

(11)　松原芳博『刑法総論〔第2版〕』(2017年) 33頁は、行為者に不利益な方向での類推適用ないし語義を超えた拡張解釈の禁止は、刑法の適用範囲の規定の解釈にも及ぶとする。

犯」の処罰を事前に告知していたかが問題となる。

この点については、日本国の領海外において無許可で漁業を営んだ行為につき、明文の国外犯処罰規定がないにもかかわらず、漁業調整規則上の罰則の適用を肯定した判例を検討することが参考になると思われる。これは、漁業法および水産資源保護法、ならびに北海道海面漁業調整規則の目的と取締りの対象である漁業の性質とを考慮して、「日本国民が前記範囲〔引用者注：水産資源の保護培養および漁業秩序取締りその他漁業調整を必要とし、日本国の主務大臣または知事が取締りを行うことができる範囲〕の我が国領海又は公海と連接して一体をなす外国の領海においてした調整規則の規定に違反する行為をも処罰する必要のあることは、いうをまたないところであり、それゆえ、その罰則規定は、当然日本国民がかかる外国の領海において営む漁業にも適用される趣旨のものと解するのが相当である」とし、「右規定違反の行為については、前記の目的を持つ前記各法律及び調整規則の性質上、我が国領海内における右規定違反の行為のほか、前記範囲の公海及びこれらと連接して一体をなす外国の領海において日本国民がした調整規則違反の行為（国外犯）をも処罰する旨を定めたものと解すべきである。」と判示して、明文の国外犯処罰規定のない北海道海面漁業調整規則上の罰則を、日本国の領海外でなされた行為に適用したものである(12)。この判例によれば、明文の国外犯処罰規定がない場合でも、構成要件の解釈を通して、日本国民による国外犯に一定の範囲で国内刑法が適用されうることになる。

このような判例理論については、これが法令の効力を属地的管轄にもとづいて拡張したものか、それとも属人的管轄にもとづいて拡張したものか明らかではない、ということが早くから指摘されていた(13)。この指摘は刑法の適用範囲を考える上でも重要であると思われる。日本国民に対する属人的管轄を根拠として、日本国民による国外犯のみを処罰するのか、それとも、属地的管轄を拡張して管轄内での「すべての者」の行為を処罰するのか、いずれの論理によるかで処罰の範囲が変わってくるからである。例えば、昭和42年当時の「ニュージーランド周辺の海域における漁業取締令（昭和42・

---

(12) 最決平成8年3月26日（刑集50巻4号460頁）。なお、最判昭和46年4月22日（刑集25巻3号492頁）。

(13) 宮崎繁樹「判批」判評115号（1968年）146頁。

7・19）は、「ニュージーランドの沿岸の基線から12海里以内の海域においては船舶により漁業を営んではならない。ただし、農林大臣の承認を受けて昭和45年12月31日までの間規制水域（6カイリより外）において底はえなわ漁業を営む場合はこの限りでない」と規定していた[(14)]。この取締令は、日本国民に対する属人的管轄を根拠とし、日本国民による領海外での漁業規則違反のみを取り締るものと考えざるをえない。そして、海賊対処法がこれと同様の管轄を定めた法律である可能性は、刑罰法規の認識という観点からみると、論理的には排除しえないのではないかと思われる。もちろん、立法政策の観点からみて海賊行為を処罰する必要性は高いと認められるし、海賊対処法の立法目的も公海上での「すべての者」の海賊行為を処罰することにあるのではないかと推測される[(15)]。ただし、刑罰法規の厳格解釈の要請が無視できないものであるとすれば、上記の可能性を直ちに排斥することには躊躇を覚える。また、刑法総則の規定をみても、外国人の行為については、刑法3条の2が一定の重大犯罪についてのみ国民に対する国外犯の処罰を定め、刑法4条の2が刑法典の罪であって条約で国外犯の処罰が求められる犯罪を犯した場合を補足するにとどまっている。

このことからすると、海賊対処法2条の「公海」という文言が、何らかの管轄を公海上に及ぼし、そこで行われた一定の行為について同法所定の罰則を適用することを定めていることは明らかであるが、この文言が、場所的管轄を公海上に拡張して「すべての者」の行為を、したがって外国人の行為をも処罰する趣旨であると言い切ることは難しいと思われる。

4　本判決に対する評価と立法政策上の課題

以上のように考えると、本件被告人らの行為に海賊対処法を適用するのであれば、刑法4条の2の例にならう等として[(16)]、場所的適用範囲の明文規定を設け、これらの罪が捕捉する行為者の範囲を、同法2条の定める各構成

---

(14)　宮崎・前掲注(13)146頁。ただし、本文に挙げた漁業取締令について原文を参照しえなかった。

(15)　海賊対処法の立法政策上の意義については、甲斐・前掲注(3)523-5頁。

(16)　国際人道法の重大な違反行為の処罰に関する法律7条、細菌兵器（生物兵器）及び毒素兵器の開発、生産及び貯蔵の禁止並びに廃棄に関する条約等の実施に関する法律11条、人質による強要行為等の処罰に関する法律5条等参照。

要件ごとに事前に明示しておく必要があったのではないかと考えられる[17]。被告人らの行為を処罰するという本判決の結論はやむをえないものかもしれないが、海賊行為に対する普遍的管轄権と「公海」という文言を根拠に、直ちに結論を導いたようにみえる点まで妥当であると評価することは困難である。国外犯も含めた海賊対処法2条の罪全体について、罪刑法定主義に基づく事前の処罰の予告の要請が充たされているかどうかを検討することは、立法政策上の課題であると思われる[18]。

---

(17)　これらの罪の適用範囲を定めるにあたっては、①被害者または加害者の国籍、②海賊行為の対象とされた船舶の国籍、③身代金要求などによる法益侵害の場所、④海賊船を拿捕した国などの要素を考慮すべきことが指摘されている（これらの要素については、後藤・前掲注(3)142頁参照)。

(18)　国際法上、「各国内法で定められた海賊行為を他国に適用しその遵守を強制する（対抗力をもつ）ためには、国際法が定めた海賊行為の定義と要件の範囲内におさまる内容のものであることが、必要である」（山本・前掲注(6)252頁）とされている。そうすると、国連海洋法条約の範囲内にあるか疑問の余地のある行為についてまで、包括して可罰性を認めるかのような判決の理由づけは、外国人に対する国際法上の裁判権の問題にも影響しないか、という疑問がでてくる。この点については、飯田忠雄『海賊行為の法律的研究』（1967年）385頁も参照。

17　無線LANアクセスポイントのWEP鍵の取得と電波法違反

東京地判平成29年4月27日裁判所HP

石井徹哉

Ⅰ　事実の概要

被告人は、フィッシングメールや遠隔操作ウイルス等を利用して複数企業のインターネットバンキングの識別符号を不正に取得し、不正ログインやそれに引き続く不正送金を行うなどした不正アクセス行為の禁止等に関する法律違反、電子計算機使用詐欺、私電磁的記録不正作出・同供用、不正指令電磁的記録供用などの罪に問われたが、そのうち、Q方に設置して運用する小電力データ通信システムの無線局である無線LANルータのアクセスポイントと同人方に設置の通信端末機器で送受信される無線局の取扱中に係る無線通信を傍受することで、同アクセスポイント接続に必要なパスワードであるWEP鍵をあらかじめ取得し、自宅にてパーソナルコンピュータを使用し、前記WEP鍵を利用して前記アクセスポイントに認証させて接続し、もって無線局の取扱中に係る無線通信の秘密を窃用した（電波法違反）として起訴された。

Ⅱ　判旨——本件電波法違反の点については無罪（他の事実について有罪）

裁判所は、WEP鍵取得方法について、パソコンを購入した当日午後にRというOSをインストールし、R上でWEP鍵情報の解析を行うことができるソフトウエアSにより、被告人方向かいにあるQ方の無線LANアクセスポイントに対して攻撃がなされて、WEP鍵が取得され、その後1号パソコンからQ方無線LANに接続したとの認定を、事実認定の補足説明に述べた上で、次のように述べて、「Q方無線LANアクセスポイントにかかるWEP鍵を利用して、同アクセスポイントに接続していたことは、証拠上認められるものの、当裁判所は、WEP鍵は電波法109条1項にいう『無線通信の秘密』にはあたらず、それを利用することが同項違反にはならないと判断し」、無罪とした。

「第2　WEP等

1　WEPは、無線通信を暗号化する国際的な標準形式である。その際に用いられる暗号化鍵がWEP鍵である。

暗号化の過程は概ね以下のとおりである。平文（暗号化したい情報）に、104ビットのWEP鍵と24ビットのIV（誰にでもわかるようになっている数字）を組み合わせた128ビットの鍵をWEPというシステムに入れることでできる乱数列を足し込んで暗号文を作成する。復号するためには、平文に足し込まれた乱数を引く必要があるが、その乱数を知るためには、WEP鍵が必要になる。

WEP方式の無線LAN通信において、WEP鍵自体は無線通信の内容そのものとして送受信されることはない。

2　……被告人は、1号パソコンからRに収録されているSを用いて、Q方無線LANのWEP鍵情報を取得している。Sの攻撃手法はARPリプライ攻撃と言われるものであり、WEP鍵を計算で求める前提として、通信している者が出しているパケットが少ない場合に、大量のパケットを発生させることで大量の乱数を収集するというものである。

第3　検討

1　電波法109条1項の『無線通信の秘密』とは、当該無線通信の存在及び内容が一般に知られていないもので、一般に知られないことについて合理的な理由ないし必要性のあるものをいうと解される。

2　前記のとおり、WEP鍵は、それ自体無線通信の内容として送受信されるものではなく、あくまで暗号文を解いて平文を知るための情報であり、その利用は平文を知るための手段・方法に過ぎない。

WEP鍵は、大量のパケットを発生させて乱数を得ることにより計算で求めることができるという点では、無線通信から割り出せる情報ではあるものの、WEP 鍵が無線通信の内容を構成するものとは評価できない。このことは、WEP 鍵を計算によって求めるためには、必ずしも無線 LAN ルータと端末機器との間で送受信されるパケットを取得する必要はなく、ARP リプライ攻撃によってパケットを発生させることでも足りることからもいえる。すなわち、WEP 鍵は、無線 LAN ルータと端末機器との間で送受信される通信内容の如何にかかわらず、取得することができるのであり、無線通信の内容であるとはいえない。

3　そうすると、WEP 鍵は、無線通信の内容として送受信されるものではなく、無線通信の秘密にあたる余地はない。」

Ⅲ　評釈

1　無線 LAN 通信と WEP 鍵

WEP(1)は、機密性保持のためストリーム暗号(2)RC4(3)を使用しているが、これは、判決理由にも述べられているとおり、104 ビットの鍵と 24 ビットの初期化ベクトル（IV）と連結して生成される(4)。このため、攻撃者から見ると、暗号化に使用される鍵の冒頭 104 ビットがつねに等しいということを前提に、24 ビットの IV を多量のパケットを取得して解析することにより、WEP 鍵を取得することが可能となる(5)。

実際には、無線 LAN 通信は、アクセスポイントの SSID(6)、送信元の MAC アドレス、送信先の MAC アドレス及び IV から構成される IEEE

---

(1)　Wired Equivalent Privacy の略。IEEE 802.11 無線ネットワークのセキュリティのためのアルゴリズムのこと。

(2)　平文をビット単位等で逐次暗号化する方式のこと。

(3)　ストリーム暗号の方式の一つ。WEP では、WEP 鍵と IV との結合で生成される擬似的乱数列と 128 ビット（ないし 64 ビット）ごとの平文の排他的論理和が暗号となる。

(4)　当初は、米国における暗号輸出規制から WEP の標準は、64 ビットであった。また、152 ビット及び 256 ビットの WEP も実装されたが、いずれにしても IV が 24 ビットであることに変わりはなかった。

(5)　以上の点の詳細な技術的説明につき、森井昌克「暗号解読とストリーム暗号」Think It 〈https://thinkit.co.jp/article/834/1〉、同「WEP の解読方法を知る！」Think It 〈https://thinkit.co.jp/article/838/1〉参照。

(6)　Servie Set Indetifier の略。無線 LAN アクセスポイントの識別名称のことをいう。

802.11ヘッダ（平文）と暗号化されたデータからなるフレームによりなされる。IVが暗号化されていないヘッダ部分にあることから、無線LANアクセスポイントと端末との間の通信を傍受することで大量のパケットを取得するという方法がまず考えられる。しかしながら、本件で被告人は、いわゆるARPリプライ攻撃という手法を使用したと判決理由において述べられている。これは、攻撃者がアクセスポイントに対して無理矢理ARPreplyを応答させることで大量にパケットを発生させることでパケットを取得するものである。判決理由にあるSというソフトウエアは、これを自動化するものといえる。

ARPとは、Address Resolution Protocolを略したもので、IPアドレスがわかっているがMACアドレスがわからない場合にMACアドレスを問い合わせるものである。この場合、ARP要求は、特定のIPアドレスをもつ機器のMACアドレスをLAN内の全員が受信する形（ブロードキャスト）で照会をかけることをいい、ARP応答は、ARP要求に対して該当アドレスの機器からMACアドレスを返信することをいう。ARPリプライ攻撃は、ARP要求と推測されるフレームを傍受し、これを記録、複製して、無線LANアクセスポイントに繰り返し送信することにより、無線LANアクセスポイントからその都度生成、送信されるARP応答を大量に収集し、WEP鍵を解析するものである。

2　電波法における「無線通信の秘密」

電波法109条1項は、「無線局の取扱中に係る無線通信の秘密を漏らし、又は窃用した者は、1年以下の懲役又は50万円以下の罰金に処する。」と規定しており、本件で被告人は、この刑罰法規違反に問われたものである。無線通信が電波により行われるものであるため、その傍受が受信可能な受信機を用意することにより誰でも可能であることから、通信内容自体を特に刑罰をもってまで保護する必要はなく、処罰の対象から除外され、傍受により取得した通信についてその秘密を漏らす行為とこれを窃用する行為のみを処罰している[(7)]。

電波法109条にいう「窃用」について、最高裁判所は、原審の「特定の相手方に対して行われる無線通信の秘密を保護しようとする電波法59条、109

条1項の規定の趣旨・目的、また無線通信の種類内容は、……周知のごとく多種多様な性質内容のものを包含するものであり、従つてこれを傍受し利用する行為も極めて多様である実状等にかんがみると、電波法59条、109条1項にいう窃用とは、自己が傍受によつて知りえた無線通信の秘密を発受信者である本人の意思に反して自己又は第3者の利益（積極的な利益に限らず、不利益を免れることも含む）のために利用することを意味するものと解するのが相当である。」とした判断(8)を受けて、「電波法109条1項にいう『窃用』とは、無線局の取扱中に係る無線通信の秘密を発信者又は受信者の意思に反して利用することをいう」とし、現判断を是認している(9)。

もっとも本判決は、「窃用」を否定したわけではなく、その前提としての「無線通信の秘密」にあたらないとするものである。これまで「無線通信の秘密」の意義について明示的に判断したものはなく、本判決は、無線LANに関する特殊なものではあるとはいえ、「無線通信の秘密」について一つの事例判断を示したものといえる。

「無線通信の秘密」とは、本判決に示されているとおり、広く当該無線通信の存在及び内容が一般に知られていないもの（非公知性）で、一般に知られていないことについて合理的理由ないし必要性（秘匿の必要性）のあるものをいうと解されている(10)。本判決は、公訴事実がWEP鍵をあらかじめ取得してこれを利用してQ方の無線LANアクセスポイントに認証させて接続したというものであったことから、WEP鍵が無線通信の秘密に該当するかどうかを検討し、これを否定している。その理由としてあげられたのは、WEP鍵がそれ自体無線通信の内容として送信されるものではなく、暗号文を解いて平文を知るための情報であり、その利用が平文を知るための手段方

---

(7) 大阪地岸和田支判昭和52年6月3日（刑集34巻6号483頁）（最高裁昭和55年決定（後掲注(9)）の第一審である）参照。電気通信事業法における通信の秘密の侵害がその知得行為をも含んでいることと異なる。

(8) 大阪高判昭和53年5月9日（刑集34巻6号488頁参照）。

(9) 最決昭和55年11月29日（刑集34巻6号480頁）。窃用の意義から、原審及び当時の解説書等において示されている「自己又は第3者の利益のために」の文言がないことについては、龍岡資晃「判解」最判解昭和55年度325頁参照。

(10) 伊藤榮樹ほか編『注釈特別刑法　第6巻Ⅱ』（1982年）402頁〔河上和雄〕、佐伯仁志「判批」警研53巻11号（1982年）66頁など参照。なお、村井敏邦「判批」判評252号（1975年）189頁以下参照。

法にすぎないこと、WEP鍵は、無線LANアクセスポイントと端末機器との間で送受信される通信の内容如何に関わらず取得することができることを理由としている。端的に言えば、WEP鍵は、通信を暗号化するために用いられており、WEP鍵が通信されているわけではないということにある。WEP鍵を「無線通信の秘密」と解するには、通信の際に生成される暗号ストリームをWEB鍵を用いて暗号化されたことをもって暗号ストリームにWEP鍵が内包されて通信されているとみることになる。しかし、このような考えは、暗号ストリームとそれを平文にするための鍵が同梱されているとみなすことになり、そもそも当該通信が暗号化されているという前提に矛盾することになる。したがって、WEP鍵を「無線通信の秘密」を構成するものではなく、その内容ではないとした本判決の立場は妥当である。

公訴事実を離れてみた場合、被告人の使用した攻撃方法は、あらかじめ無線LANアクセスポイントと端末との間の通信を傍受し、そのうちARP要求と推測されるフレームを取得し、記録し、これを攻撃の手段として利用している。ARP要求が「無線通信の秘密」に該当するのであれば、これを利用して無線LANアクセスポイントに多数送信しており、窃用にあたるといえる(11)。しかし、この考え方は、ARP要求の意味ないし機能から考えると、適切とはいえない。すなわち、ARP要求は、特定の機器ないし端末との間で行われる通信ではなく、すべての端末等を宛先として送出されるものであり、傍受したといっても、傍受者も通信の相手方といえる。これは、非公知性にかけるものであり、無線LANアクセスポイントがビーコン的に送出しているSSIDが「無線通信の秘密」に該当しないのと同様である。

これに対して、攻撃者が無線LANアクセスポイントと当該アクセスポイントを設置した者の端末との間の通信を継続的に傍受し、ARP応答パケットを大量に取得、記録してWEP鍵を解読した場合は、事情が異なりうる。ARP要求及び応答について、これらを通信そのものではなく、通信の端緒のための事前の準備ともいえるもの、通信開始のための制御信号にすぎないものであるとする考えもありうる。しかし、電波法施行規則2条1項15号

---

(11)　齊藤貴之「総務省、『無線LANただ乗り無罪』に苦しい反論」日経×TECH 2017年5月22日〈http://tech.nikkeibp.co.jp/it/atcl/column/14/346926/051800978/〉参照。

は、無線通信を「電波を使用して行うすべての種類の記号、信号、文言、影像、音響又は情報の送信、発射又は受信をいう。」としており、少なくともARP応答パケットについては、情報の発射ないし受信を認めることができ、かつ特定の相手方に向けられたものであるため、非公知性を肯定することも可能である(12)。このような自己以外の特定の相手方と無線LANアクセスポイントとの間のARP応答パケットを大量に取得して、これらをもとに計算することでWEP鍵を取得することは、発信者または受信者の意思に反して利用することであるといえる。積極的にARP応答パケットを要求してWEP鍵を取得する行為が無線通信の秘密の窃用に該当せず、受動的にARP応答パケットを傍受してWEP鍵を取得することが無線通信の秘密の窃用に該当するというのは、受動的行為が犯罪を構成し、積極的行為が犯罪を構成しないという点で極めてバランスを失するものであるが、これは、インターネット、無線LANといった新しい通信技術に対応した立法を怠ってきた立法の瑕疵(13)に由来するものであり、旧来型の無線通信を念頭に置いた電波法の法体系においてはやむを得ないものである。

3　他の犯罪の成立可能性

それでは、本件の被告人の行為について、電波法109条1項の罪以外の犯罪が成立する可能性はないのであろうか。

電波法109条の2は、平成16年法47号により追加されたものであるが、その1項において、「暗号通信(14)を傍受した者又は暗号通信を媒介する者であつて当該暗号通信を受信したものが、当該暗号通信の秘密を漏らし、又は窃用する目的で、その内容を復元したときは、1年以下の懲役又は50万円以下の罰金に処する。」と規定している。ここで処罰の対象となる行為は、暗号通信の内容を復元することである。本件の被告人の行為は、あくまで平文部分の情報を利用して計算し、解析することによってWEP鍵を取得する

---

(12)　この場合、平文部分を利用するのか、暗号部分を利用しまたは解読するかどうかは関係ない。

(13)　電波法の改正によるのか、別の法制度によるかは検討を要するところである。

(14)　暗号通信の意義は、同条3項において「通信の当事者（当該通信を媒介する者であつて、その内容を復元する権限を有するものを含む。）以外の者がその内容を復元できないようにするための措置が行われた無線通信をいう。」と規定されている。

ものであって、暗号化された部分にはまったく手をつけていない。そのため、本条を適用することはできない。

WEP鍵を当該無線LANアクセスポイントに接続して、ネットワークを利用するための認証の手段として理解し、不正アクセス行為の禁止等に関する法律3条違反（罰則11条）の可能性はどうであろうか(15)。同法にいう不正アクセス行為が成立するには、識別符号によるアクセス制御機能が当該電子計算機である無線LANアクセスポイントに認められなければならない。しかし、WEP鍵は、特定の利用者に対して付与されるものではないことから、WEPによる無線LANアクセスポイントをアクセス制御機能を有する電子計算機と解することはできない。これに対して、例えば、WPA2(16)の無線LANアクセスポイントにおいて、RADIUS(17)サーバによるユーザ認証を使用している場合においては、同法2条4項3号の不正アクセス行為に該当しうる。

そのほか、WEP鍵の解析による取得及びその使用を私電磁的記録不正作出罪及び同供用罪とみることも考えられる。しかしながら、私電磁的記録は、権利、義務または事実証明に係るものであることが必要である。無線LANアクセスにおける暗号化の鍵は、権利、義務に関するものではないことはもちろんのこと、事実の証明に係るものとみることも無理がある。事実証明に関するものといえるには、実社会生活における交渉を有する事実を証明するもの(18)であることが必要である。WEP鍵は、平文を暗号化し、また暗号文を復号化するためのコンピュータプログラムの処理のためのツールにすぎな

---

(15)　総務省の電気通信FAQには、アクセス制御機能の侵害にあたる場合には不正アクセス禁止法違反となる旨の記載があった。名残として〈http://www.soumu.go.jp/main_sosiki/joho_tsusin/d_faq/5Privacy.htm〉参照。

(16)　WPAは、Wi-Fi Protected Accessの略であり、Wi-Fi Allianceが策定したセキュリティプロトコルに準拠しているものであることを示す。WPA2は、その拡張されたものであり、よりセキュリティが高いものとされる。

(17)　Remote Authentication Dial in User Serviceの略であり、ネットワークリソースの利用の可否を判断し、利用状態を記録するものである。無線LANアクセスの場合、アクセスポイントから識別符号による認証情報がRADIUSサーバに送られ、そこで認証されることで、無線LANアクセスポイントが利用できるようになる。

(18)　私文書に関する大判大正9年12月24日（刑録26輯938頁）、最決昭和33年9月16日（刑集12巻13号3031頁）参照。

いのであり、電子計算機に対する指令の記録そのものといえる。それゆえ、私電磁的記録不正作出罪を認めることも困難である。

4　最後に

本判決は、通説的な「無線通信の秘密」の解釈に従って、無線 LAN に関する特殊なものではあるとはいえ、「無線通信の秘密」について一つの事例判断を示したものといえる。しかしながら、現在の技術状況においては、WEP による暗号化通信を行う無線 LAN は、ごく僅か残っているといえ、過去のものといえ、今後同様の事件が起こる可能性は低いといえる。無線 LAN に関しては、むしろ現在普及している WPA によるものに対する攻撃手法をどのように捉えるかについて検討することが求められるであろう。

第4章
経　済

本章では経済分野における近年の判例を取り扱う。経済分野における判例は、金融商品取引法（以下、「金商法」とする）の分野に関するものの他、不正競争防止法、債権管理回収業に関する特別措置法（以下、「サービサー法」とする）、貸金業法、出資法、補助金適正化法に関するものと多岐にわたる。

まず、金商法についてであるが、金商法は平成27年に第14次改正、平成29年に第15次改正がなされている。金商法は、会社関係者について、重要事実を知った者はこの重要事実が公表された後でなければ株式等の有価証券の取引をしてはならないというインサイダー規制をしている（法166条1項）。**判例18**では、この「公表」について、情報源を公にしないまま報道されたとしても公表にあたらず、また、「重要事実」について、公表の方法によらずに公知になったとしても重要事実でなくなったとはいえないとした原審を支持した。この点は、平成29年の第15次改正で導入された公表前の内部情報を上場会社が第三者に提供する場合に、当該情報が他の投資家にも等しく提供されることを確保するルール（フェア・ディスクロージャー・ルール、法27条の36に新設）でも、同様の要件を採用していることから、同判決の重要性は高まるものと思われる。また、同項1号はインサイダー取引規制の範囲について「上場会社等の役員、代理人、使用人その他の従業者」と規定するところ、**判例19**では、発行済み株式の4割以上を実質的に保有し、役員を多数送り込み、さらに2週間に1度程度、代表取締役と面談して、重要な業務執行に関与していた者は「その他の従業者」に当たるとした原審を支持した。実質的判断によるものであるが、この範囲の適正化が問題となろう。

また、金商法は不公正取引に対して、没収・追徴を認め、その総額を原則としながら、その範囲について金商法198条の2第1項ただし書により調整している。この点について、従来、共同正犯事例においても総額を原則としていたことにより寄与の程度によって按分した没収・追徴は否定的に解されていた。しかし、**判例20**では、共同正犯関係にある者の投資額や分配額が明確である等の理由から、例外的に按分した追徴を認めた。

不正競争防止法は平成27年に第8次改正がなされている。営業秘密を保有者から示された者が、不正の利益を得る目的で、その営業秘密の管理に係る任務に背き営業秘密等の記録の複製を作成することを処罰している（法21条1項3号）が、**判例21**では、工作機械の設計図や3Dファイルには「有用性」が認められ「営業秘密」にあたる。また、会社のサーバーから自己所有のハードディスクに転送する行為は「複製」であり、社外の人に売却を仲介するように誘引したことから「不正の利益を得る目的」があったと判示した。

サービサー法は、「債権管理回収業」を「弁護士又は弁護士法人以外の者が委託を受けて法律事件に関する法律事務である特定金銭債権の管理及び回収を行う営業又は他人から譲り受けて訴訟、調停、和解その他の手段によって特定金銭債権の管理及び回収を行う営業をいう」（法2条2項）と定め、債権管理回収業について法務大臣の許可を受けた株式会社のみの営業を認める（法3条）。**判例22**は、特定金銭債権を保有している清算中の他の貸金業者の全株式を取得して回収した行為について、全株式の取得行為を「他人から譲り受け」る行為と判示した。

さらに、質屋営業法・貸金業法・出資法について、貸金業は内閣総理大臣または都道府県知事の登録を受けなければならない（貸金業法3条）。また、貸金業については金利が年利20%に制限されている（出資法5条2項）。貸金業者が年利109.5%（1日当たり0.3%）を超える契約をし、または金利を受領する場合には加重処罰されている（出資法5条3項）。**判例23**では、質屋を改装して貸金業を営んでいた被告人が貸金業の登録を受けないで財産的価値がない物品を名目上の質物として受け取って、質屋営業法の認める年利109.5%をも超える金利で契約をして金利を受領していた。裁判所はこの事実について、実質的に貸金業を営んでいると認定した上で、無登録貸金業を行ったとし、また、出資法5条3項に違反して法定利率を超える高利で契約し、さらに利息を受領したと判示した。

最後に、補助金適正化法は、偽りその他不正の手段により補助金等の交付を受け、又は間接補助金等の交付若しくは融通を受けた者を罰しており（法29条1項）、また、法人・団体であればその代表者や代理人、使用人、従業者が行った場合にはその者を罰するとともに、当該法人・団体に罰金を科すことになっている両罰規定が設けられている（法32条1項）。**判例24**では、補助金の対象となった会社の代表取締役から一括して業務委託を受けていた被告人が、虚偽の報告書を提出して会社が補助金の交付を受けたという事案である。この点、被告人は、対向的に委任を受けた代理人は補助金適正化法の「代理人」に当たらないと主張したが、それを否定して「代理人」に当たると判示した原審を支持した。

これらの判例を概観すると、経済分野において、それぞれ構成要件の実質化が進んだといえるであろう。特に文言レベルの実質化は顕著であるように思われる。この分野ではある種の脱法行為が発生しやすく、これを取り締まる必要は理解できる。しかし、構成要件の明確性を害さないよう、なお慎重であるべきように思われる。この意味で、これらの実質化がどのような観点から基礎付けがなされているのかを把握して、無制約な実質化にならないように注意していく必要があろう。

〔鈴木優典〕

18 インサイダー取引の罪における重要事実の「公表」と公知の事実の重要事実性

最一小決平成28年11月28日刑集70巻7号609頁、判時2331号114頁、判タ1435号110頁

大庭沙織

Ⅰ 事実の概要

A社のB社長は、A社の親会社であるC社のD専務の提案を受けて、E社との事業統合を検討することとし、平成21年3月6日（以下、断りのない限り、期日は平成21年である）、E社の次期社長に内定していたF氏（以下、「F社長」とする）と会談して事業統合に向けた交渉を進めることについて合意し、その交渉を会社の業務として行うことを決定した（以下、「A社重要事実」とする）。同月9日、D専務らは経済産業省を訪問し、被告人Xらに本件事業統合を検討していることを報告した。4月16日、日本経済新聞朝刊紙上に本件事業統合に関する記事が掲載されたが、その日のうちに、A社は同記事に関し、同社が発表したものではなく、報道にあるような事業再編を同社として決定した事実はない旨の適時開示を行った。Xは、A社重要事実公表前である同月21日から同月27日午前10時40分までの間、証券会社を介し、東京証券取引所において妻名義でA社株券合計5000株を代金合計489万7900円で買い付けた。同月27日、B社長とF社長は本件事業統合に関する覚書を締結し、同日午後3時に東京証券取引所の適時開示情報伝達システムTDnetにより適時開示を行い、A社重要事実について公表した。

Xは、A社株券買付け行為につき金融商品取引法（以下、「法」とする）197条の2第13号、166条1項3号、同条2項1号ヌに該当するインサイダー取引規制違反の罪で起訴された。

弁護人は、①A社重要事実は、4月16日付新聞記事およびそれに続く後追い報道により、Xによる株券買付け以前に既に公表されていた、②仮に

公表されていなくても、新聞報道により既に公知の状態となっていたから、法166条所定の「重要事実」性を喪失し、インサイダー取引規制の効力が失われていたと主張した(1)。

第一審（東京地判平成25年6月28日刑集70巻7号689頁参照）(2)は、①4月16日付の新聞報道はA社の正式な意思が表明されたものとは解されないこと等から、Xによる各株券買付け以前に重要事実の公表があったとはいえず、②適時開示がなされていない状況で複数の報道があったとしても、それは会社の意思としての情報公開とは異なるため、Xと一般投資家との間にはなお情報の格差があったといえ、重要事実が公知となっていたから「業務に関する重要事実」に当たらない、とはいえないとし、有罪（懲役1年6月及び罰金100万円）を認めた。

控訴審（東京高判平成26年12月15日刑集70巻7号717頁参照）(3)も第一審を支持して控訴を棄却し、Xが上告した(4)。

Ⅱ　決定要旨――上告棄却

最高裁は、重要事実の「公表」の有無、および、事実が公知になった場合のインサイダー取引規制の効力について、職権により次のように判断した。

1　重要事実の「公表」の有無

「(1)　法166条4項及びその委任を受けた施行令30条は、インサイダー取

(1)　本件では他に、株券買付けの主体と故意の有無が争われ、Xが買付け主体であることと、故意があったことが、第一審及び控訴審で認められている。

(2)　第一審の評釈として、丹羽繁夫「判批」NBL1010号（2013年）72頁、松井秀征「判批」商事2018号（2013年）4頁、白井真「判批」金法1988号（2014年）12頁、田路至弘ほか「判批」商事2025号（2014年）51頁、杉田貴洋「判批」法研87巻6号（2014年）47頁、黒沼悦郎「判批」金法2001号（2014年）67頁、唐津恵一「判批」ジュリ1473号91頁（2014年）、川崎友巳「判批」判評671号（2015年）166頁、松岡啓祐「判批」金判1460号（2015年）2頁、今川嘉文「判批」セレクト2014［Ⅱ］23頁。

(3)　控訴審の評釈として、久保田安彦「判批」平成26年度重判115頁、鈴木正人「判批」金法2016号（2015年）4頁、大庭沙織「判批」法時87巻7号（2015年）111頁、芳賀良ほか「判批」ビジネス法務15巻9号（2015年）88頁、滝琢磨「判批」木目田裕＝佐伯仁志編『実務に効く企業犯罪とコンプライアンス判例精選』（2016年）169頁がある。

引規制の解除要件である重要事実の公表の方法を限定列挙した上、詳細な規定を設けているところ、その趣旨は、投資家の投資判断に影響を及ぼすべき情報が、法令に従って公平かつ平等に投資家に開示されることにより、インサイダー取引規制の目的である市場取引の公平・公正及び市場に対する投資家の信頼の確保に資するとともに、インサイダー取引規制の対象者に対し、個々の取引が処罰等の対象となるか否かを区別する基準を明確に示すことにあると解される。」

「(2) 施行令30条1項1号は、重要事実の公表の方法の一つとして、上場会社等の代表取締役、執行役又はそれらの委任を受けた者等が、当該重要事実を所定の報道機関の『二以上を含む報道機関に対して公開』し、かつ、当該公開された重要事実の周知のために必要な期間（同条2項により12時間）が経過したことを規定するところ、前記（1）の法令の趣旨に照らせば、この方法は、当該報道機関が行う報道の内容が、同号所定の主体によって公開された情報に基づくものであることを、投資家において確定的に知ることができる態様で行われることを前提としていると解される。したがって、情報源を公にしないことを前提とした報道機関に対する重要事実の伝達は、たとえその主体が同号に該当する者であったとしても、同号にいう重要事実の報道機関に対する『公開』には当たらないと解すべきである。

本件報道には情報源が明示されておらず、報道内容等から情報源を特定す

---

(4) 本件Xは、A社株券買付けの他に、公訴事実第二としてG社株券買付けについてもインサイダー取引として訴追され、下級審で有罪が認められていた。しかし、上告審である本決定が職権で判断したのはA社株券買付けについてのみであり、G社株券買付けについては特に言及していないので、本稿ではここに紹介するにとどめる。事案は、Xが、改正産活法に基づく事業再構築計画の認定を取得し、その計画に沿って日本政策投資銀行への第三者割当増資を行うことについて決定した旨の重要事実を、遅くとも平成21年5月11日までに知り、TDnetによるG社重要事実公表前の同月15日および同月18日に証券会社を介し妻名義でG社株券合計3000株を代金合計305万9000円で買い付けた、というものである。この行為については、同法197条の2第13号、166条1項3号、同条2項1号イに該当するインサイダー取引が問題となり、ここでも公表の有無と、情報が公知となったことによる重要事実性の喪失が争われたが、第一審は、Xによる株券買付け以前に重要事実の公表があったとはいえず、また、G社重要事実について適時開示がなされていない状況では、これに関する複数の報道があったとしても、会社の意思としての情報の公開とは異なるものであり、一般投資家とXとの間にはなお格差があったといえ、「業務に関する重要事実」に当たらないなどとはいえない、と判断した。控訴審も第一審を支持して控訴を棄却した。

ることもできないものであって、仮に本件報道の情報源が施行令30条1項1号に該当する者であったとしても、その者の報道機関に対する情報の伝達は情報源を公にしないことを前提としたものであったと考えられる。したがって、本件において同号に基づく報道機関に対する『公開』はされていないものと認められ、法166条4項による重要事実の『公表』があったと認める余地もない。」

2　事実が公知になった場合のインサイダー取引規制の効力

「(3) また、所論がいうように、法令上規定された公表の方法に基づかずに重要事実の存在を推知させる報道がされた場合に、その報道内容が公知となったことにより、インサイダー取引規制の効力が失われると解することは、当該報道に法166条所定の『公表』と実質的に同一の効果を認めるのに等しく、かかる解釈は、公表の方法について限定的かつ詳細な規定を設けた前記(1) の法令の趣旨と基本的に相容れないものである。本件のように、会社の意思決定に関する重要事実を内容とする報道がされたとしても、情報源が公にされない限り、法166条1項によるインサイダー取引規制の効力が失われることはないと解すべきである。」

Ⅲ　評釈

本件は、経済産業省大臣官房審議官であったXが、職務上の権限行使に関し、A社重要事実を知り、その公表前にA社の株券を買い付けたというインサイダー取引の事案である。本決定は、インサイダー取引規制における「公表」の意義、および、重要事実が法定の方法で公表されなくても公知になった場合のインサイダー取引規制の効力について新たに判断を示した重要な決定である[(5)]。

1　重要事実の「公表」の有無

インサイダー取引規制解除要件である「公表」は、法166条4項に定められ、その方法は法施行令（以下、「令」とする）30条に規定されている。本件ではA社重要事実につき、新聞報道が令30条1項1号・2項所定の、取締役等会社代表者やその委任を受けた者が重要事実を2以上の報道機関に対して公開してから12時間以上経過したこと、という公表措置にあたるかが問題となった。

本決定は、重要事実の「公表」を定める趣旨を、①市場取引の公平・公正および市場に対する投資家の信頼の確保と②処罰対象となる取引の区別の基準を明確に示すことにあると解し、特に①を重視して「公表」の意義を解釈したと読むことができる。①はインサイダー取引規制の目的であり、この目的の追求においては、一般投資家とインサイダー取引規制対象者との間の情報の格差が解消され、一般投資家が規制対象者と同等に投資判断できることが重要である。従来から、取材源が明らかでないことが多いスクープ報道は「公表」に当たらないと解され[(6)]、投資判断においては、情報の内容だけでなく、その情報の責任がどこにあるかということも重要な判断材料であるとされてきた。本決定が、「情報源を公にしないことを前提とした報道機関に対する重要事実の伝達は……同号にいう重要事実の報道機関に対する『公開』には当たらない」としたことは、まさにこのような理解に則している。また、本決定が、令30条1項1号・2項が定める「公表」の方法は、「当該報道機関が行う報道の内容が、同号所定の主体によって公開された情報に基づくものであることを、投資家において確定的に知ることができる態様で行われることを前提としていると解される」としていることから、「公表」があったと認めるためには、情報公開を受けた報道機関が、実際に、情報源が推知されうる態様で報道したことを要求しているように読める[(7)]。

問題は、報道機関への情報公開が令30条1項1号を満たしているが、報

---

(5) 本決定の評釈として、白井真「判批」金法2056号（2016年）1頁、楠田泰大「判批」同法69巻5号（2017年）175頁、飯田秀総「判批」法教439号（2017年）125頁、湯原心一「判批」商事2131号（2017年）4頁、是木誠「判批」研修826号（2017年）19頁、鈴木優典「判批」刑ジャ52号（2017年）142頁、本村健ほか「判批」商事2134号（2017年）57頁、久禮博一「時の判例」ジュリ1508号（2017年）107頁、王子田誠「判批」新・判例解説Watch 21号（2017年）129頁、河津博史「判批」銀法816号（2017年）66頁、藤原俊雄「判批」ひろば70巻10号（2017年）55頁、黒沼悦郎「判批」ジュリ1515号（2018年）108頁、若林泰伸「判批」重判平成29年度118頁、内田幸隆「判批」重判平成29年度173頁、田山聡美「判批」判評711号（2018年）176頁、久禮博一「判解」曹時70巻9号（2018年）252頁。

(6) 横畠裕介『逐条解説インサイダー取引規制と罰則』（1989年）134頁、三國谷勝範『インサイダー取引規制詳解』（1990年）110頁。

道機関が報道しなかった場合である。本決定が、最高裁はこのような場合に「公表」を認めないと考えていることを示したものであるかはなお明らかではない(8)。しかし、報道機関によって実際に報道されたことを要求し、令30条1項1号を満たしても報道機関が報道しないかぎりインサイダー取引規制が解除されないと解するのであれば、そのような解釈は、報道機関への情報公開から12時間が経過すれば「公表」を認める現行規制と整合的でなく(9)、過剰規制になるおそれがあると指摘されている(10)。また、実際に情報源が推知されうる態様で報道されたことを要求すると、「公表」に該当するかどうかが、報道機関の報道の仕方に左右されるおそれがある。これについては、公表方法を定めた令30条1項1号は、会社が報道機関に対して行う重要事実の公開について規定しているのであって、報道機関が行う報道の態様を規定しているのではないから、報道機関の報道の態様は「公表」に該当するか否かの判断に影響を及ぼさないと解すべきだとされる(11)。

そうすると、現行規制のもとで、情報源が一般投資家において推知できるように報道されたことまで「公表」の要件として要求することは難しいと考えられる(12)。しかし、インサイダー取引規制の目的に鑑みると、重要事実が一般投資家と規制対象者とに平等に開示され、両者が対等の立場で投資判断できることが要求されるのであるから、情報の内容だけでなく、情報源まで一般投資家に明示されることは本来望ましいことである。公表概念の改正を待たなければならないであろうが、法が定める公表の方法において、これを保証するためには、情報源を推知できる態様での報道が実際になされたことを要求するのは適当であるように思われる。

---

(7)　これに対して、黒沼・前掲注(5)110頁は、本決定は、情報伝達の時点で情報公開の主体と報道機関の間で情報源を公にする了解があり、その情報公開が令30条1項1号を満たしていれば、情報源を推知できない態様で報道されても、12時間の経過によってインサイダー取引が解禁されるとの趣旨で読むこともできるという。

(8)　藤原・前掲注(5)62-3頁。

(9)　黒沼・前掲注(5)110頁。

(10)　湯原・前掲注(5)7頁。

(11)　湯原・前掲注(5)7頁、藤原・前掲注(5)63頁、田山・前掲注(5)178頁。

(12)　黒沼・前掲注(5)110-1頁参照。

2　事実が公知になった場合のインサイダー取引規制の効力

本件では弁護人の側から、Xによる株取引以前に事実が公知となり、それによって重要事実性が失われたとの主張がなされたが、第一審も控訴審も、一般投資家とXとの間にはなお情報の格差があったとして、これを否定した。しかし、第一審判決は、事実が公知となった場合には当該事実は法166条の「重要事実」に該当しないとの解釈（以下、「公知性理論」とする）を前提としていると解することができ(13)、控訴審もこのような解釈を否定していないと解することができると指摘されていた(14)。

これに対して本決定は、法定の公表方法に基づかずに報道によって重要事実が公知となった場合にインサイダー取引規制の効力は失われないことを明確に示した。本決定は、公表方法について限定的かつ詳細な規定を設けた法166条4項および令30条の趣旨に相容れないことをその理由としている。しかし、事実が広く一般投資家にも公知となり、規制対象者との間の情報の格差が解消された場合には、規制対象者が株券売買をしても市場取引の公平・公正および市場に対する信頼は害されないのだから、上記①の趣旨からは、むしろ、この場合にインサイダー取引規制の効力は失われると解すべきではないだろうか(15)。

もっとも、本決定は「情報源が公にされない限り」という留保を付けており、この留保は、情報源が公にされればインサイダー取引規制の効力が失われることを意味するから、公知性理論を全面的に否定するものではないといえる(16)。すなわち、本決定は、法定の公表方法で公表されなくても、情報源を明らかにして重要事実が報道された場合には、インサイダー取引規制の効力が失われることを認めたように読めるのである(17)。たとえば、報道機関1社にのみ情報が伝達された場合は令30条1項1号に規定された公表方

(13)　白井・前掲注(2)21頁、杉田・前掲注(2)55頁、黒沼・前掲注(2)70頁、唐津・前掲注(2)94頁参照。

(14)　湯原・前掲注(5)8頁。

(15)　湯原・前掲注(5)8頁、黒沼・前掲注(5)111頁参照。

(16)　ただし、白井・前掲注(5)1頁は、本決定は「その適用の可能性がきわめて小さいものであることを示したと評価でき」るという。

(17)　飯田・前掲注(5)125頁。黒沼・前掲注(5)111頁も、本決定がこのような結論を採るのであれば妥当であるとする。

法に該当しないが、その後、報道機関が情報源を明らかにして重要事実を報道し、一般投資家の間に広く知られることとなった場合には、もはや一般投資家と規制対象者との間に情報の偏在はなく、インサイダー取引を規制する必要はなくなっているといえよう(18)。他方で、このような見解に対しては、「本件当時または現行金商法の解釈論としても……無理があるという他はない」との批判がある(19)。

しかし、インサイダー取引の罪を抽象的危険犯と理解すると(20)、抽象的危険を実質化する立場（実質説）(21)から、重要事実が広く公知となって市場における公平性、健全性、市場に対する信頼が失われる危険がない場合には、インサイダー取引の罪は成立させるべきではないと解することになろう。抽象的危険犯については、構成要件該当行為が行われれば危険が生じたものと擬制して犯罪成立を認めるのではなく、その処罰の根拠として、程度の低い危険であっても、法益侵害の危険が実際に生じたことを要求すべきである。したがって、インサイダー取引の場合も、当該事案の具体的事情をもとに、当該取引によって市場における公平性等のインサイダー取引規制の保護法益が侵害される危険が生じていなかったと判断される場合には処罰すべきでないということになろう(22)。

しかし、本件はこれと異なり、情報源は明らかにしない報道がなされた事案である。上述のとおり、情報源が公にされないのでは、なお一般投資家と

(18)　湯原・前掲注(5)8-9頁。

(19)　藤原・前掲注(5)65頁。久禮・前掲注(5)「曹時」278頁は、「重要事実」該当性を実質的に判断することは「規制対象者の予測可能性をも担保しようとした現行法の基本思想とは整合しない」という。

(20)　インサイダー取引の罪は、形式犯的な構成がなされているが、これは、昭和63年立法当時、法定刑が6月以下の懲役又は50万円以下の罰金と軽かったことと関係があると指摘されており（以上、黒沼悦郎「インサイダー取引規制と法令解釈」金法1866号（2009年）43頁）、法定刑が5年以下の懲役若しくは500万円以下の罰金、またはこれらの併科と格段に重くなった現行法のもとでは、形式犯と解するのは妥当でない（川口恭弘「判批」『金融商品取引法判例百選』（2013年）121頁）。インサイダー取引規制違反の罪を抽象的危険犯と理解することについて、大庭・前掲注(3)114頁、鈴木・前掲注(5)147頁、湯原・前掲注(5)12頁注23、田山・前掲注(5)179-80頁。

(21)　浅田和茂『刑法総論〔補正版〕』（2007年）129頁、曽根威彦『刑法総論〔第4版〕』（2008年）88頁、林幹人『刑法総論〔第2版〕』（2008年）106頁以下、山口厚『刑法総論〔第3版〕』（2016年）47頁など。

規制対象者との間の情報の格差は解消されないままであるから、本件において、インサイダー取引規制の効力は失われないと判断されたことは妥当である。

(22) この場合に、構成要件該当性が欠けるか、違法性が阻却されるかは争いがあり、詳細な検討を要する論点であるが、法益に対する侵害の危険の発生が認められない場合には、当該取引はもはや構成要件に該当しないと解することができよう（山口・前掲注(21)47頁、林・前掲注(21)107頁注14参照)。可罰的違法性が認められないと解するものとして、内田・前掲注(5)174頁。

19　金融商品取引法166条1項1号の「その他の従業者」の意義

最二小決平成27年4月8日刑集69巻3号523頁、判時2265号127頁、判タ1415号83頁

木崎峻輔

Ⅰ　事実の概要

被告人は、A社の筆頭株主であり、平成20年6月26日時点で、その発行済み株式総数の48.47パーセントを保有していた。その上で、A社の筆頭株主としての地位を背景に役員人事に介入し、知人のBを代表取締役に就任させ、Bとの間で、役員の人選と資本政策については事前に被告人に相談する旨の取り決めをした。Bは、平成20年初め頃から、第三者割当増資で資金調達をすることを考え、被告人に増資への協力を依頼した。被告人は、上記第三者割当増資の事実を知るや、当該事実の公表前に、A社の発行する株券を買い付けた。しかし、その後A社の第三者割当増資への出資の大半がキャンセルになり、払込総額の約9割に相当する新株式の発行が失権することが確実になった。被告人は、上記事実を知るや、当該事実の公表前に、A社の発行する株式を売り付けた。

被告人は、これらのA社株式の買付及び売却について、金融商品取引法（以下、「金商法」とする。）166条1項1号違反の罪などを理由に起訴されたが[(1)]、本件においては、被告人が同号の「その他の従業者」にあたるかが争点となった。第一審（大阪地判平成24年6月6日刑集69巻3号537頁参照）は、金商法166条1項1号の「その他の従業者」とは、当該上場会社のために、現実にその業務に従事する者をいい、それに該当するか否かについて、当該上場会社との雇用関係の有無や形式上の呼称・地位を問わないとして、被告

(1)　被告人は、その他にも詐欺及び証券取引法の相場操縦罪を理由に起訴されている。

人は同号の「その他の従業者」にあたるとした。控訴審（大阪高判平成25年10月25日刑集69巻3号564頁参照）も、166条1項1号の「その他の従業者」には、上場会社の内部情報を知りうる会社業務に現実に従事しているものが該当し、第一審が被告人を「その他の従業者」にあたるとしたことは正当であるとして、被告人の控訴を棄却した。

これに対して、被告人は、金商法166条1項1号の「その他の従業者」とは、上場会社等に対して職務を提供する義務を負う立場にある者等に限られること、被告人が事前相談を受けるなどしたのは、株主又は投資家としての行動であり、当該上場会社の「職務」とみなすべきではないことを理由に、上告した。

Ⅱ　決定要旨――上告棄却

このような被告人の主張に対し、最高裁は、まず「その他の従業者」の意義について、「同号の文言及び会社関係者によるインサイダー取引を規制する同条の趣旨からすれば、同号にいう『役員、代理人、使用人その他の従業者』とは、当該上場会社等の役員、代理人、使用人のほか、現実に当該上場会社等の業務に従事している者を意味し、当該上場会社等との委任、雇用契約等に基づいて職務に従事する義務の有無や形式上の地位・呼称のいかんを問わないものと解するのが相当である。」とした。その上で、被告人が「その他の従業者」にあたるかについて、被告人がA社の発行済株式総数の4割以上の株式を実質的に把握していたこと、A社の株主総会では、被告人側が指定した者6人が取締役に選任され、その1人で、被告人の知人でもあるBが代表取締役に選任されたこと、Bは、被告人との取決めに基づいて、おおむね2週間に1度の頻度で被告人と面談し、重要な業務執行については被告人に相談し、了承を求めるなどしていたこと、被告人は、Bに対し、新規事業や増資、他社への出資等について提案するなどして、自らの意向を業務意思に反映させていたこと等を指摘して、「被告人は、A社の代表取締役と随時協議するなどして同社の財務及び人事等の重要な業務執行の決定に関与するという形態で現実に同社の業務に従事していたものであり、このような者は、金融商品取引法166条1項1号にいう『その他の従業者』に当たるというべきである。」として、上告を棄却した。

Ⅲ　評釈

1　問題の所在

本決定は、会社の実質的支配者によるインサイダー取引の事例において、金商法166条1項1号の「その他の従業者」の意義が初めて示された最高裁判例である[(2)]。金商法違反の課徴金事例には、会社の実質的支配者を会社関係者としてインサイダー取引規制の対象になるとしたものが存在するが[(3)]、本決定はこの点に関して初めて裁判所が判断を示した事例であり、同号の解釈にとって重要な意義を有すると解される。

このような本決定の判示内容に関連して、以下の点が問題になる。まず本決定は、同号の「その他の従業者」の意義について、当該会社との法律上の契約関係の有無を問題にせずに、現実に当該会社の職務に従事している者であれば足りるとしているが、具体的にはどのような立場にある者が「その他の従業者」に該当し、また、本決定のこのような理解は妥当なものといえるのか。その上で、結論として被告人を「その他の従業者」にあたるとしたことは妥当といえるのかが問題になる。

2　インサイダー取引罪の保護法益

まず、本決定は、「同号の文言及び会社関係者によるインサイダー取引を規制する同条の趣旨」を根拠として「その他の従業者」の意義を示している。そこで、本決定の判示内容を検討する前提として、金商法におけるインサイ

---

(2)　本決定に対する評釈として、佐藤剛「判批」警論69巻1号（2016年）180頁、濱田新「判批」刑ジャ46号（2015年）163頁、山田剛志「判批」セレクト2015［Ⅱ］25頁、水野信次「判批」銀法795号（2016年）67頁、中村聡「判批」金法2022号（2015年）4頁、辻川靖夫「判解」最判解平成27年度146頁、同「時の判例」ジュリ1504号（2017年）103頁、川崎友巳「判批」平成27年度重判161頁、津野田一馬「判批」ジュリ1508号（2017年）128頁、東山太郎「判批」論ジュリ21号（2017年）156頁、松岡啓祐「判批」金判1516号（2017年）2頁、品谷篤哉「判批」立命367号（2016年）229頁、川口恭弘「判批」リマークス53号（2016年）70頁など。

(3)　証券取引等監視委員会事務局『金融商品取引法における課徴金事例集（平成22年6月）』14-5頁。

ダー取引規制の趣旨、すなわちインサイダー取引罪の保護法益を明らかにする必要がある。

まず、通説的見解は、インサイダー取引罪の保護法益を、証券市場の公正性・健全性及びそれに対する一般投資家の信頼と解している[(4)]。同見解は、上場会社と特別の利害関係にある者が、未公表の重要な事実を知って当該上場会社の有価証券を売買することは、一般の投資家と比べて著しく有利となって極めて不公平であるとして、このような取引を規制すべきとするものであり[(5)]、本決定を含む判例及び立法者も、このような見解に立っている[(6)]。これに対して、インサイダー取引罪を、現実的な利益侵害や義務違反として理解する見解も存在する。例えば、わが国のインサイダー取引規制の母法であるアメリカ法における見解としては、未公開情報に接近できない投資者を犠牲として情報を有する者の利得を禁じるとする情報の平等理論、会社、株主と信任関係にあるものがインサイダー規制の下に置かれるとする信任義務理論、未公開情報を利用することが義務違反になる場合にその利用が禁止されるとする不正流用理論が存在する[(7)]。また、わが国の見解としては、インサイダー取引は、一般投資家の当該株式に対する情報を取得する機会を奪う行為であると解する見解が存在する[(8)]。

たしかに、通説的見解に対しては、刑法上の保護法益としては極めて抽象的かつ不明確であるとか、秩序やシステムの保護だけを目的として刑事制裁

---

(4) 横畠裕介『逐条解説インサイダー取引規制と罰則』(1989年) 1頁、山下友信＝神田秀樹編『金融商品取引法概説〔第2版〕』(2017年) 306頁〔松井秀征〕、川村正幸編『金融商品取引法〔第5版〕』(2014年) 597頁〔品谷篤哉〕、神崎克郎ほか『金融商品取引法』(2012年) 1212頁、山口厚編著『経済刑法』(2012年) 230頁〔橋爪隆〕、芝原邦爾『経済刑法研究(下)』(2005年) 658頁、平野龍一ほか編『注解特別刑法　補巻(2)』(1996年) 208頁〔土持敏裕＝榊原一夫〕、神田秀樹ほか編著『金融商品取引法コンメンタール4』(2011年) 110頁〔神作裕之〕、井田良「インサイダー取引」法教240号 (2000年) 12頁、川崎友巳「インサイダー取引罪」刑法51巻1号 (2011年) 86頁、上田正和「インサイダー取引と刑事規制」大宮ロー4号 (2008年) 17頁。

(5) 横畠・前掲注(4)9頁。

(6) 横畠・前掲注(4)9頁。また、このような見解に立つ裁判例として、東京地判平成4年9月25日 (判時1438号151頁)。

(7) 近藤光男ほか『金融商品取引法入門〔第4版〕』(2015年) 314頁以下。

(8) 佐藤雅美「インサイダー取引と刑事規制」刑法30巻4号 (1990年) 108頁、内田幸隆「判批」第2集136頁、板倉宏＝鈴木靖宏「インサイダー取引規制の保護法益に関する若干の考察」日法62巻2号 (1996年) 20頁。

を発動させるべきではないなどの批判が向けられている(9)。しかし、現行法におけるインサイダー取引罪は、特定の立場にある者が、未公表の重要事実を知って取引を行うことを形式的に禁止するものであり、何らかの現実的な利益侵害や義務違反を処罰していると解することは困難である。そこで、現行法においては、インサイダー取引罪の保護法益は、証券市場の公正性・健全性及びそれに対する一般投資家の信頼と解さざるを得ないように思われる。

3　本決定における「その他の従業者」の意義

以上を前提として、本決定における「その他の従業者」の具体的な意義を検討する。本決定が被告人を「その他の従業者」と評価する上では、①被告人がA社の大株主であることと、②被告人がA社の人事や資本政策などの業務に積極的に介入していたことが指摘されている。そこで、本決定における「その他の従業者」の意義を明らかにするためには、本決定が被告人を「その他の従業者」と認める上で、どちらの事実を重視したのかが問題となる。

インサイダー取引規制の対象となる会社関係者（166条1項各号）とは、会社と一定の関係があり、その地位、職務等により発行会社の内部にある未公開の情報であって投資判断に影響を及ぼすべきものを知り得る立場にあると考えられる者とされる(10)。そして、166条1項1号は、インサイダー取引規制の対象となる会社関係者として、「役員、代理人、使用人、その他の従業者」を規定しており、「その他の従業者」の具体例としては、アルバイト、パート従業員、派遣社員、顧問、相談役などが挙げられている(11)。これらの会社関係者の会社との契約態様や、業務に関する権限の有無は、それぞれ大きく異なっている。しかし、これらの者に共通しているのは、通常であれば実際に当該会社の内部業務に何らかの形で関与しているということである。すなわち、実際に会社の業務に継続的に関与していれば、その法律上の契約

(9)　佐藤・前掲注(8)108-9頁、内田・前掲注(8)136頁、神山敏雄『日本の証券犯罪』（1999年）74-5頁。

(10)　横畠・前掲注(4)35頁。

(11)　黒沼悦郎＝太田洋編著『論点体系・金融商品取引法2』（2014年）448頁〔萬澤陽子〕、松井・前掲注(4)310頁、近藤ほか・前掲注(7)317頁、神崎ほか・前掲注(4)1221頁、土持＝榊原・前掲注(4)211頁。

関係の有無や態様にかかわらず、投資判断に影響を及ぼす内部情報を知る機会が生じ得ることになる[12]。そこで、このような者については、投資判断に影響を及ぼしうる未公開の内部情報を知りうる立場にあると評価して、インサイダー取引規制の対象とすべきであるということができる。

このように考えると、本決定が被告人を「その他の従業者」と評価した上で重要なのは、②被告人がA社の業務に積極的に関与していたという事実であると解される。そこで、本決定における「その他の従業者」とは、「実際に会社の内部業務に継続的に関与している者」を意味すると解するべきである。本決定が、「その他の従業者」の範囲につき「現実に」という限定を付していることは、このような見地から理解することができる[13]。このような意味における「その他の従業者」にあたるかを判断するためには、その者の職務内容や会社への関与の程度を実質的に考慮することが必要であり、法律上の地位や形式的な肩書きは基準にはならない。すなわち、何らかの形で実際に会社の内部業務に関与していれば、会社との契約関係の有無及び態様、その地位の上下、職務権限の大小を問わず、166条1項1号の「その他の従業者」とされることになる。例えば、契約関係なしに会社の業務を手伝っている社長の身内や、事実上の相談役として会社経営において頼りにされている引退した重役も、「その他の従業者」になりうると思われる。

これに対して、①被告人がA社の大株主であったという事実は、②の事実が生じる前提として指摘されたものであり、それ自体が重要な意味を持つものではないと解される。すなわち、株式会社においては、通常は株主は会社の経営及び業務に直接関与できないとする「所有と経営の分離」が基本原則とされており[14]、また166条1項2号は、株主が帳簿閲覧権を行使した場合に限ってインサイダー取引規制の対象になると規定していることから、大株主であるという事実から直ちにインサイダー取引規制の必要性が生じる

---

(12) 継続的に会社の業務に関与している従業者は、類型的にこのような機会が生じうるという点で、金商法166条3項の情報受領者とは区別することができる。そこで、たまたま1度だけ当該会社の業務に関与した者については、情報受領者としてインサイダー取引規制の対象にすれば足りると解される。

(13) 例えば、「相談役」や「顧問」といった肩書きが付いていても、実際には会社の業務に一切関与していない者は、「その他の従業者」にはあたらないと解すべきである。

(14) 弥永真生『リーガルマインド会社法〔第14版〕』(2015年) 22頁。

ことにはならないということができる[15]。

では、本決定のこのような見解は妥当なものといえるか。まず、「従業者」という文言は、一般的に「業務に従事する者」を意味するので、被告人のように、会社に対して職務上の義務を負うものでなくても、実際に会社の業務に関与している以上は「従業者」に含めても罪刑法定主義には反しないと解される[16]。また、「その他の従業者」の意義に関する本決定の見解は、前述のインサイダー取引規制の趣旨に照らしても、妥当なものであるということができる。すなわち、証券市場の公正・公平及びそれに対する信頼というインサイダー取引罪の保護法益に照らすと、当該取引がインサイダー取引規制による刑事制裁に相当するか否かは、「証券市場の公正性と健全性に対する一般投資家の信頼の確保を損なっていると評価できるのか」を基準として判断すべきところ[17]、実際に当該会社の業務に関与し、当該会社の内部情報を手に入れることが可能な立場にある者により取引がなされれば、一般投資家の証券市場の公正に対する信頼は害されることになる。このような取引に対する評価は、行為者と当該会社に法律上の契約関係が存在するか否かによって何ら変わることはない。そうであるならば、インサイダー取引規制の対象になる内部者から、会社との委任契約、雇用契約等によることなく、事実上同会社の業務に従事する者を除くことに合理性はないということができる[18]。もしインサイダー取引規制の趣旨が、前述の信任義務理論にあるならば、会社との法律的な契約関係は重要な要素となると思われるが、わが国のインサイダー取引規制はこのような理論に基づくものではない。そこで、「その他の従業者」の意義に関する本決定の見解は、インサイダー取引規制の趣旨に照らして妥当であるということができる。

この点に関して、最決平成27年12月14日（刑集69巻8号832頁）は、補助金等に係る予算の執行の適正化に関する法律（以下、「補適法」とする。）

---

(15)　神崎ほか・前掲注(4)1229頁は、大株主が帳簿閲覧権を行使せずに取締役等から直接内部情報を伝えられた場合には、166条3項の情報受領者になるとする。

(16)　匿名解説・判時2265号129頁、辻川・前掲注(2)ジュリ104頁、同・前掲注(2)最判解160頁。

(17)　上田・前掲注(4)34頁。

(18)　匿名・前掲注(16)129頁、辻川・前掲注(2)ジュリ106頁、同・前掲注(2)最判解163頁、東山・前掲注(2)161頁、濱田・前掲注(2)166頁。

32条1項の両罰規定における「代理人」、すなわち直接行為者は、事業者による統制監督を受ける者であることを要すると判示した。同決定の判断は、他の法令の両罰規定にも及ぶと解されるところ(19)、金商法207条1項2号は、両罰規定における直接行為者として「その他の従業者」を規定している。そうであるならば、金商法における「その他の従業者」も、事業者による統制監督を受ける者であることを要することにもなりそうである(20)。しかし、一般的な両罰規定の趣旨と、インサイダー取引規制の趣旨は全く異なる(21)。そうであるならば、補適法32条1項の両罰規定の趣旨に基づく「その他の従業者」の意義に関する解釈を、166条1項1号の解釈に持ち込むべきではないと解すべきである。

4 本決定の結論の当否

では、本決定が被告人を「その他の従業者」にあたるとしたことは妥当といえるか。まず、被告人によるA社の業務への関与としては、被告人がA社代表取締役のBから2週間に1度の頻度で報告を受け、重要事項については必ず相談されていたことが指摘されている。もっとも、2週間に1度の頻度で報告を受け、重要事項に関する相談に応じていただけでは、上告趣意で主張されているように、被告人は大株主または投資家として行動していたにすぎないと評価することもできそうである(22)。しかし、被告人は消極的にBからの報告や相談を待っていただけではない。本決定の第一審が詳細に認定したように、実際にA社においては、被告人の意向に基づいて役員の人選や報酬が決定され、また被告人の了承を得た上で第三者割当増資などの資本政策がなされている。Bは、これらの重要な業務執行について、単に被告人に相談していただけではなく、被告人の了承を得た上で実行しており、それが被告人の意向に反する場合には、被告人を説得するなどしていた。す

(19) 松宮孝明「判批」法セ739号(2016年)121頁。

(20) 松宮・前掲注(19)121頁は、本決定の理解について、「統制監督に服さない大株主をも『その他の従業者』に含まれるとする解釈は、矛盾を免れない。」と指摘する。

(21) 上記最高裁決定は、補適法32条1項の両罰規定の趣旨について、「同条項は、『代理人』等の行為者がした違反行為について、事業主として行為者の選任、監督その他違反行為を防止するために必要な注意を尽くさなかった過失の存在を推定した規定」であるとする。

(22) 山田・前掲注(2)25頁、品谷・前掲注(2)240-1頁参照。

なわち、被告人はA社の人事や財務を事実上掌握している立場にあったということができる。また被告人は、新規事業や増資、他者への出資などについては積極的に提案を行い、それだけではなく自ら工場の視察に行ったり、他社との交渉などに立ち会うなどしていた。このような被告人によるA社の業務への関与の態様は、実質的にはA社の代表取締役と変わらないものであると評価できる(23)。

以上のような被告人の行動からすると、本決定が被告人を「その他の従業者」にあたるとしたことは、前述の「その他の従業者」の意義に照らして当然であるということができる。すなわち、被告人はA社の大株主や、投資家としての行動の範囲を超えて、会社の経営に積極的に関与しており、事実上はA社の経営者として行動していたと評価することができ、まさに166条1項1号の「その他の従業者」として、インサイダー取引規制を及ぼすべき立場にあったということができる(24)。

5　おわりに

以上のように、本決定は、金商法166条1項1号の「その他の従業者」の意義につき、「実際に会社の内部業務に継続的に関与している者」と解しており、当該会社との法律上の契約関係という形式的な基準ではなく、当該会社の業務への関与の態様という実質的な判断基準で判断している。このような判断基準は、インサイダー取引罪の保護法益に照らして妥当である。その上で、本決定が被告人を「その他の従業者」にあたるとしたことも、被告人のA社の業務への関与の態様は、実質的にはA社の経営者として行動していたと評価できるものであることから、妥当であるということができる。

---

(23)　中村・前掲注(2)5頁、辻川・前掲注(2)最判解154頁、川口・前掲注(2)73頁参照。
(24)　東山・前掲注(2)161頁、水野・前掲注(2)67頁、川口・前掲注(2)72頁。

20　インサイダー取引の共同正犯の事案における追徴額の算定

東京地判平成27年8月18日判タ1431号240頁

鈴木優典

Ⅰ　事実の概要

A株式会社（以下、「A社」とする）の業務執行を決定する機関は、平成25年9月11日、株式会社東京証券取引所が開設する有価証券市場に株券を上場していた株式会社B（以下、「B社」とする）の株券の公開買付けを行うことについての決定をした（以下、「本件公開買付けの実施に関する事実」とする）。その前後、A社は、株式会社C（以下、「C社」とする）との間で、C社が保有するB社の株式譲渡契約締結の交渉をしていたところ、C社の代表取締役であったDは、同交渉に関し本件公開買付けの実施に関する事実を知った。被告人Xは、平成25年11月12日頃、Dから、本件公開買付けの実施に関する事実の伝達を受けた。

被告人Xは、本件公開買付けの実施に関する事実の公表前にB社の株券を買い付け、その公表後に売り付けて利益を得ようと考え、知人であった分離前相被告人Yと共謀の上、法定の除外事由がないのに、本件公開買付けの実施に関する事実の公表前である同月19日、E証券株式会社（以下、「E社」とする）を介し、E社において、Y名義でB社の株券合計3万株を代金合計3534万円で買い付けた。

Ⅱ　判旨――有罪、懲役1年6月執行猶予3年及び罰金100万円・追徴1642万3000円（確定）

「金商法198条の2第2項における追徴については、共犯者各自から没収不能財産の価額全部を追徴するのが原則であり、例外的に追徴を共犯者の一部のみに限定したり、追徴額を均分化するといった措置は、利益の再投資等のおそれがないような極めて限られた場合に限定されると解される（……）。その趣旨は、不公正取引により得た利益を犯人全員から残らず剥奪することにより、不法な利益を犯罪に再投資することを防ぐとともに、不公正取引を防止することにあるところ、そのような趣旨が損なわれない例外的な場合には、各共犯者の利益額に応じて按分した額を追徴することなど、裁量により、各人にそれぞれ一部の額の追徴を命じることも許されないものではないと解される。」

「本件は、被告人ＸがＹと共謀の上、インサイダー取引に及んだ事案であるところ、被告人ＸとＹとがそれぞれＢ社の株券取得に投下した原資の額、当初からの計画どおりこれに比例する形でＢ社の株券を売却した代金が被告人ＸとＹの間で分配されたことによる各利得額がいずれも証拠上明白であることに加え（……）、Ｙも被告人Ｘと同一の公訴事実で訴追されており（……）、Ｙの利得額に相当する金額については、Ｙが追徴を受ける可能性がある（……）。また、本件は、被告人ＸがかつてＣ社の代表取締役を勤めていた関係で入手したインサイダー情報を用いて及んだ一回的なものであり、加えて、被告人Ｘはその利得金の使途等を全て明らかにしているところ（……）、それによって、犯罪行為への再投資や不公正取引が行われたという事情もうかがわれず、今後、これらの利得金が犯罪に再投資されるおそれも認め難い。」

「以上に鑑みると、被告人Ｘが得た額のみを追徴すれば、被告人Ｘにおいて、不法な利益の犯罪への再投資や不公正取引をするのを防止することができると認められるのであって、本件は上記例外的な場合に当たるといえるから、Ｂ社の株券３万株を売却した代金総額である4926万9000円を、Ｂ社の株券取得に投下した原資の金額に応じて配分した1642万3000円を被告人から追徴することが相当である。なお、弁護人が主張するように、手数料額や税金額に相当する金額までをも控除する必要は認められない。」

「……検察官は、本件は、被告人Ｘ及びＹが相互利用補充の上、株券の購入、購入代金の振込み及び売却も３万株一括で行い、当初より合意していた割合に沿って利益の分配も行われたことを挙げて、３万株の売買全体に強い一体性があるから例外を認めるべきではないと主張する。……共犯者間における利得額の配分が明白であるなどの事情のある本件においては、被告人からその得た額のみを追徴すれば、必要的没収・追徴の趣旨は充たされる一方で、共犯者における身分の有無が直ちに金商法198条の2第1項ただし書の適否を左右するものとまでは言い難いことからすれば、採用できない。……」

Ⅲ 評釈

1 没収・追徴の範囲

付加刑としての没収とその換刑処分である追徴の範囲について、純益主義を採るか総体主義を採るかについてはかつて議論があった。純益主義とは売却代金等から買付代金、手数料等の費用を差し引いた額のみを没収・追徴の対象とする立場であり、犯人が手にした純益のみを剝奪することによって「犯罪は儲からない」として新規参入等の「犯罪の助長を防止」することを目指す。これに対して、総体主義は買付代金や手数料等の費用にかかわらず売却代金や保有する現物株を没収・追徴の対象とする立場であって、総収益を剝奪することによって不正資金の循環を断ち切り「犯罪は痛い目にあう」として「犯罪の減少」を目的とする(1)。金商法198条の2による没収・追徴は旧証券取引法時代に、平成10年の金融システム改革法（平成10年法律第107号）により「いわゆる『やり得』を許すことのないよう、不公正取引により得た財産を例外なく没収・追徴する」(2)とする趣旨にもとづいて創設されたものである。立法段階では純益主義を採るか総体主義を採るかについて検討がなされたが、刑法とのバランスや売買差益とは何かが不明確となるおそれがあるとして、全部没収を原則としつつ、動機、行為の態様、相場の変動、刑の軽重等を総合的に勘案して、全部又は一部を没収しないとするただし書規定が設けられた(3)。

---

(1) 髙山佳奈子「犯罪収益の剝奪」論叢154巻4=5=6号（2004年）462頁以下、安田拓人「犯罪収益の没収・追徴」研修742号（2010年）4頁以下。

(2) 茶谷栄治「金融システム改革のための関係法律の整備等に関する法律の概要(下)」NBL650号（1998年）23頁。同旨、東京高判平成17年9月7日（高刑集58巻3号42頁）。

2　金商法198条の2第1項ただし書による控除の対象

このように、金商法198条の2第1項は、没収・追徴の範囲を、総体主義を原則としつつ、ただし書による裁量的な諸経費の控除を認め、その範囲は解釈に委ねた。同項ただし書の適用について、相場操縦罪の事件であった志村化工事件判決[(4)]では、旧証取法198条の2を「犯罪行為により得た利益を犯人から残らず剝奪し、不公正取引に対する抑止力を強化する趣旨」として総体主義を採ることを確認するとともに、「本条1項ただし書は、これらを前提としながら、犯人に過酷な結果をもたらす場合などには、例外的に没収・追徴の対象から除外することを許容」するものとした。その結果、相場操縦罪では犯人が実際に手にすることができる利益が売買差額相当額に過ぎないため、積算される売買代金全額を没収・追徴するのは「被告人らにとってあまりに酷にすぎる」として、没収・追徴の範囲を売却代金から買付代金相当額を控除した売買差益相当額に限定した。これ以降の判例は同様の見解を採用し、「違法行為へ再投資されるのを防止し、もって違法な証券取引を抑止する」[(5)]として総体主義を基礎とする予防的観点を採用しつつ、「犯人に過酷な結果をもたらす場合など」に同項ただし書を適用して没収・追徴の対象から除外することを許容している[(6)]。

同項ただし書の対象として検討されるものは、まず、株式等の買付代金である。相場操縦あるいは馴れ合い取引の場合、株式の買付行為と売却行為が繰り返されるがそれぞれ犯罪行為に該当するため没収・追徴の対象となり得る。しかし、このような不公正取引の場合、売買代金をそれぞれ単純合算することによって得られる金額は莫大になるが、現実に動いている資金は株価変動部分のみであり、売買代金の全額を没収・追徴の対象にするのは現実的ではない。そのため、同項ただし書によって売却代金から買付代金を控除する[(7)]。もっとも、すべての取引について買付代金が控除されるわけではない。

---

(3)　森本滋「不公正取引規制の整備」証券取引法研究会『金融システム改革と証券取引制度』(2000年) 207頁以下。

(4)　東京地判平成15年7月30日（商事1672号43頁)。

(5)　たとえば、東京地判平成19年7月19日（刑集65巻4号452頁参照）（村上ファンド事件第一審判決)。

(6)　東京地判平成17年3月11日（判時1895号154頁）等。

インサイダー取引等では買付代金の控除を認めない判例がみうけられる(8)。

このように、同項ただし書は「犯人に過酷な結果をもたらす場合」を捉えて柔軟に運用されている。しかし、その判断枠組みは妥当とばかりはいえない。ユニオン HD 事件(9)では、相場操縦の手段として行われた信用取引の部分については「没収・追徴の範囲を売却代金から買付代金相当額を控除した売買差益相当額に限定するのが相当である」として、同項ただし書の適用を認めて買付代金を控除した。他方、保有株式を相場操縦中に売り抜けた現物取引の部分については「売り付けた者が、当該現物株の売付代金の全額を取得することになるから、これを全額没収・追徴の対象としても、犯人に過酷な結果をもたらすことにはならず、犯罪に対する再投資等を阻止しようとする証券取引法 198 条の 2 の趣旨からすれば、これらを全額没収・追徴の対象とするのが相当というべき」として、同項ただし書の適用を認めず買付代金を控除しなかった。確かに「犯罪行為により得た利益を犯人から残らず剥奪し、不公正取引に対する抑止力を強化する趣旨」を踏まえれば、犯人を経済的に困窮させる趣旨ではないと同時に、犯人が保有する資金を剥奪することによって不公正取引を抑止するために、このような区別を設けることには理由がある。また、不公正取引によって現物株を取得している場合は、現物株のすべてが没収の対象となり買付代金の控除が認められないものと理解すれば、売却代金相当額をすべて追徴することにも理由がないとは言い切れないであろう。しかし、追徴が、刑罰である没収の換刑処分であり、刑罰的性質をなお有する(10)とすれば、やはり罪刑均衡の原則に服すべきように思われる。そう考えると、同様に不公正な現物取引と信用取引を分けて、同項ただし書の適否を区別する根拠は十分ではないように思われる(11)。

---

(7) 名古屋地判平成 14 年 9 月 12 日（LEX/DB 28085091)、前掲東京地判平成 17 年 3 月 11 日等。

(8) 前掲東京地判平成 19 年 7 月 19 日は「追徴額が同人にとって酷に過ぎるとは認められない。」と判示する。札幌地判平成 19 年 9 月 10 日（裁判所 HP)。本事件においても、売却した代金総額を追徴の対象としていることから、買付代金が控除されていないことがわかる。

(9) 大阪地判平成 22 年 8 月 18 日（裁判所 HP)。

(10) 山本輝之「刑法における没収・追徴」町野朔＝林幹人編『現代社会における没収・追徴』(1996 年）4 頁。

(11) 鈴木優典「判批」第 1 集 191 頁。

なお、本事件では「手数料額や税金額に相当する金額までをも控除する必要は認められない」として、特段の言及なく同項ただし書の適用を否定しているが、手数料等は不公正取引を構成する行為に付随するものであるから控除する必要は無いであろう(12)。

3　共同正犯事件の没収・追徴の方法

本事件では(13)、被告人Xは共同正犯であるYと共謀の上、インサイダー取引に出ている。共同正犯事件であることは、没収・追徴にどのような影響をもたらすであろうか。

まず、金商法198条の2第2項の「犯人」とは共同正犯者を含むと理解され、さらに国庫にその全額を納付させる趣旨から、追徴の全額について犯人に対して連帯責任を負わせることを原則とする(14)。それ以前の判例は、賄賂の必要的没収につき、「共同正犯者が共同して収受した賄賂については、これが現存する場合には、共犯者各自に対しそれぞれ全部の没収を言い渡すことができ」(15)るから、没収が不能な場合の追徴も、共同正犯者らがそれぞれ収受した賄賂の価額全部の追徴を命じることができる。しかし、「賄賂による不正な利益の共犯者間における帰属、分配が明らかである場合にその分配等の額に応じて各人に追徴を命じるなど、相当と認められる場合には、裁量により、各人にそれぞれ一部の額の追徴を命じ、あるいは一部の者にのみ追徴を科することも許される」(16)とする。もっとも、「追徴が没収に代わる

---

(12)　片岡康夫「証券取引法違反罪等における没収・追徴をめぐる問題」研修670号（2004年）110頁以下参照。なお、控除を認めたものとして東京地判平成15年10月30日（LEX/DB 28095425）。控除を否定したものとして、横浜地判平成16年1月30日（公刊物未登載）、前掲東京地判平成19年7月19日。

(13)　本判決の評釈として、上原龍「判批」警論69巻6号（2016年）162頁以下。

(14)　東京高判平成17年9月7日（高刑集58巻3号42頁）（キャッツ株価操作事件控訴審判決）。関税法違反事件である、最大判昭和45年10月21日（刑集24巻11号1480頁）を引用する。

(15)　最決平成16年11月8日（刑集58巻8号905頁）。

(16)　前掲最決平成16年11月8日。なお、同決定が引用する最大判昭和33年3月5日（刑集12巻3号384頁）は、「共に起訴された共犯者の一人又は数人が、その物の所有者であることが明らかである場合には、必ずしも、右共犯者全員のそれぞれに対し、各独立して全額の追徴を命じなければならぬものと解すべきではなく、その物の所有者たる被告人のみに対して追徴を命ずることも……違法ではない」という。

処分である以上、その全員に対し重複してその全部につき執行することが許されるわけではなく、共犯者中の1人又は数人について全部の執行が了すれば、他の者に対しては執行し得ない」[17]とする。

これらについて、東京高裁平成17年9月7日判決は、共犯者各自からの没収不能財産の価額全部の没収・追徴ができることを本則とした上で、金商法における没収・追徴は賄賂罪と異なり保安処分的色彩が濃いとして、「例外的に追徴を共犯者の一部のみに限定したり、追徴額を均分化するといった措置は、利益の再投資等のおそれがないような極めて限られた場合に限定されるというべき」という[18]。

追徴額の全額について共同正犯全員に対して連帯責任を負うとしても、追徴が刑罰である没収の換刑処分的性質を負うものである以上、実際の追徴総額が科した追徴額を超えることが許されないのは当然である。その上で、「違法行為へ再投資されるのを防止し、もって違法な証券取引を抑止する」という予防的な観点を考えるのであれば、共同正犯者各自の利得額の剝奪が優先されるべきであって、前掲東京高裁平成17年9月7日判決の「共犯者全員に対して、没収不能財産の価額全部の追徴を科して、国家による不法取得財産等はく奪の完全性を期しつつ、共犯者間においては相互の求償により調整する」という考えは、むしろ、各自の利得額を把握できない場合等に限定して解されるべきであろう。

この意味において、「そのような（不法な利益を犯罪に再投資することを防ぐとともに、不公正取引を防止する）趣旨が損なわれない例外的な場合には、各共犯者の利益額に応じて按分した額を追徴するなど、裁量により、各人にそれぞれ一部の額の追徴を命じることも許されないものではない」[19]として、株券取得に投下した原資の金額に応じた配分した額を追徴した本件の裁判所の判断は各個の利益額を把握できる場合は、それに応じて按分すべきという

---

(17) 最決昭和30年12月8日（刑集9巻13号2608頁）。

(18) 前掲東京高判平成17年9月7日。共犯者間において按分を認めた判例として大阪地判平成15年7月3日（LEX/DB 28095084）。全額を共犯者のうちの1名に追徴した判例として東京地判平成22年4月5日（判タ1382号372頁＝**第2集・判例17**）。

(19) 括弧内は筆者。なお、本判決も前掲東京高判平成17年9月7日の判旨に沿って、共同正犯の各個の利益額等わからない場合を原則としたうえで、共同正犯の各個の利益額を把握できた例外として追徴額を按分している。

限度において妥当といえよう[20]。

(20)　なお、この場合、追徴額を各個の利得額に応じて縮小できるのは、金商法198条の2第1項ただし書の「その取得の状況」によって理解されるべきであろう（なお、匿名解説・判タ1431号（2017年）241頁は「同ただし書を根拠として……按分した額を追徴することを絶対的に否定したものとまでは解さない」とする）。このように考えた場合、形式的には全額を追徴するのが原則となり、同項ただし書による限定は例外となる。しかし、金商法における追徴にも罪刑均衡の原則が妥当するならば、例外の原則化も容認せざるを得ないであろう。ただし、前掲東京高判平成17年9月7日は金商法198条の2第1項ただし書について「立法過程からしても、共犯者の個々の利得状況等を考慮して犯人各人からの没収財産の範囲やこれに代わる追徴額を決めるということは想定していないものと解される。」と判示する。このように考えるのであれば、例外的であれ全額の一部のみを追徴することの法的根拠が不明になってしまうであろう。

21　営業秘密の侵害と不正競争防止法違反の罪の成否

名古屋高判平成27年7月29日高刑速(平27)号225頁

内田幸隆

I　事実の概要

被告人Xは、金属工作機械の製造、販売等を業とするA社の従業員であり、同社からその保有する営業秘密を示されていた。しかし、Xは、不正の利益を図る目的で、同営業秘密の管理に係る任務に背き、2011（平成23）年8月23日、A社において、貸与されていた業務用パソコン（以下、「本件パソコン」とする）から同社のファイルサーバーであるハードディスク（以下、単に「サーバー」とする）にアクセスし、同社の製品である工作機械（以下、「本件工作機械」とする）を製造するのに必要な部品の設計、製法の情報に当たる6個のファイル記録（以下、「本件ファイル」とする）を、サーバーから自己所有のハードディスク（以下、「本件HD」とする）に転送させて複製を作成した。

以上の事実に基づき、Xの行為は、不正競争防止法21条1項3号ロ（営業秘密の複製作成による領得）に当たるとして起訴されたが、原判決は、Xの行為が不正競争防止法違反の罪に当たるとして有罪とした（名古屋地判平成26年8月20日LEX/DB 25504719）。これに対して、X側は、(1) 本件ファイルがA社の事業活動に「有用」な技術上又は営業上の情報に当たらないから、同法2条6項でいう「営業秘密」に該当しない、(2) Xが本件ファイルを上記のとおり転送させて複製を作成した事実はない、(3) 不正の利益を得る目的を有していた事実もないとして控訴した。

Ⅱ　判旨——控訴棄却

本判決は、本件に関する上記（1）、（2）、（3）の争点について、以下のように判示して、X側の主張を認めず、控訴棄却とした。

本件の争点（1）について、原判決は、「本件ファイルは、本件工作機械の製造に利用される図面情報であり、本件工作機械を製造、販売する同社の事業活動に有用な技術上の情報であって、有用性が認められる旨説示するところ、以上の判断に誤りはない」。「所論は、本件工作機械の主要な部分に他社の特注部品が用いられていて、その部品の製造図面はA社が保有していないこと、本件工作機械を作動させるためには他社の制御装置に係る電気図面情報が必要であるのに、本件ファイルにはそれらの情報が含まれていないことを指摘し、仮に、他社の協力を得るなどして上記の不備を補ったとしても、部品を組み立てるには高度の技術が必要であることを指摘して、結局、第三者が本件ファイルを入手しても本件工作機械の製造や販売等の事業活動に役立てることはできず、したがってA社に応分の被害を及ぼすような情報でもないから、有用性は認められないと主張する」。しかし、「情報を取得する第三者において当該情報を実際に役立てられるかどうかが判断の要素であるかのようにいう所論は、独自の解釈に基づくものであり、採り得ない」とした。

本件の争点（2）について、原判決は、「A社は、その従業員らが同社内のネットワークにアクセスできるようにするため、貸与するパソコン等の端末にそれぞれ異なるIPアドレスを割り当てていたところ、ネットワークに組み込まれているサーバー内の本件ファイルを含む工作機械の図面情報のファイル等に対し、平成23年8月20日から同月26日までの間、いずれの端末にも割り当てられていない空きのIPアドレス〔以下、「不正IPアドレス」とする〕2個から合計6000回を超えるアクセス〔以下、「本件アクセス」とする〕があった。平成24年3月19日、捜査機関は、Xに貸与されていた本件パソコンに接続され、ファイルの保存等に用いていたとみられる本件HDを被告人の自宅から押収し、その後に、捜査機関が、本件HDに保存されているファイルの内容を確認したところ、A社が製造、販売する工作機械の設計図面等のファイル約1万5500個が本件HDにフォルダに分けて整理されており」、その中には「本件ファイルが含まれていた。そして、警察官Bが、A社から、不正IPアドレスによるサーバー内の上記ファイル等に対するアクセスの日時や対象のファイルの名称等を示すアクセスログ履歴の情報の提供を受けた上、上記のとおり本件HDに保存されていたファイルの中から、上記提供を受けたアクセスログ履歴の情報と名称が同じものを抽出し、その作成日時や更新日時を付記する作業をして結果をまとめた一覧表」を作成したところ、「本件HDに保存されていたファイルのうちの本件ファイルを含む約4000個の名称が、本件アクセスによる対象の名称と一致し、しかも、個別のアクセスの日時から約2分遅れる日時が、本件HDに保存されていたそれぞれの同名のファイルの作成日時及び更新日時となっていることが判明した。そうすると、本件HDに保存されていた上記約4000個のファイルは、作成されると同時又はほぼ同時に保存されたことになるところ、これは、ほかからのダウンロードにより複写され、保存されたものとみて符合するから、そのような作成や保存をもたらす別の人為的な操作が行われた場合でない限り、本件アクセスの際にこれらのファイルが本件HDに保存されたものと推認できる、すなわち、被告人が不正IPアドレスを使用して本件アクセス及びダウンロードを行い、本件ファイルを本件HDに転送させて複製を作成したものと推認できる」としたところ、この判断に誤りはないと判示した。

本件の争点(3)について、「原判決は、Xが、平成23年8月24日、日本で知り合った中国在住の知人に送信したメッセージ、すなわち『工作機械の電機スピンドルの設計図一式と3Dファイルを提供できる』旨に続き、『7、80万〔元〕ならとても安いでしょ』『あなたが売れる人を探すなら、連絡費用20万〔元〕あげます』などという文言を含む一連のメッセージの存在を指摘し、このメッセージについて、図面情報の売却の対象、売却価格等に関して相当の具体性を備えたものであるなどとして、Xが上記知人に対し、A社の金属工作機械に関する図面情報の売却を仲介するよう誘い掛けた内容のものであると認められる旨説示した上、Xが、同日の時点で、本件ファイ

＊事実の概要及び判旨については、LEX/DB 25541038も参照した。

ルを含む図面情報を、上記知人を介してほかに売却することを企図していたというべきであり、その直近の前後数日にわたる本件HDへの多数の図面情報ファイルの複製に含まれる同月23日に行われた本件ファイルの複製自体も、図面情報を他に売却して利益を得る意図を有して行ったと認められ、すなわち、被告人に不正利得目的があったと認められる旨説示しているところ、以上の認定、説示に誤りはない」と判示した。

Ⅲ　評釈

1　本判決の意義

企業などが保有する「情報」に対して、刑事上の保護をどのように及ぼすべきかは従来から議論がある。刑法上の財産犯によって「情報」それ自体を保護することも考えられるが、そこには限界があると指摘されている(1)。そこで、不正競争防止法（以下、「本法」とする）は、企業などが保有する「情報」のうち、「営業秘密」といえるものについて、その不正な取得・領得、開示、使用をある一定の範囲において処罰する規定をおき、その「情報」の保護を図ろうとしている。営業秘密の侵害は、その不正な使用・開示によって具体化・現実化するといえるが、本判決は、営業秘密が使用・開示される以前の段階である領得行為について営業秘密侵害罪（以下、「本罪」とする）の成立を認めた点に意義が認められよう。なお、本判決に対しては上告がなされているが、最高裁は上告を棄却しており、本判決の判断が維持されている（最決平成28年10月31日LEX/DB 25544875参照）。

また、本判決では、被告人が本件アクセスとダウンロードを行い、本件ファイルの複製を作成したといえるか、さらに、その複製作成時に本罪の成立に必要な「不正利得目的」があったといえるかという事実認定の争いがあった。本件アクセスとダウンロードを被告人が行ったこと、あるいはその行為時の内心的動機である「不正利得目的」の存在について直接的に認める証拠はなかったが、本判決は事実認定を積み重ねることによって間接的にそれら

---

(1)　内田幸隆「営業秘密侵害罪の基本的性格とその課題について」増田豊古稀『市民的自由のための市民的熟議と刑事法』（2018年）361-2頁参照。

を推認する手法を用いており、この点についても実務上の意義がある。

以上に対して、本稿では、本罪における個別の成立要件を検討の課題としたい。本罪は比較的新しく立法化されたものであり、社会的に注目されているといえるが、その成否が争われた裁判例は多くない。この点において、本判決では、本罪の成立要件である「営業秘密」性や「不正利得目的」の存否が問題になっており、本判決が示した判断は、それらの要件を検討するための手がかりになると思われる。

2　営業秘密侵害罪の概要

本法は1934（昭和9）年に制定されたものであるが、本罪が本法において初めて規定されたのは2003（平成15）年の改正時である。この時点では、本罪において営業秘密の不正使用・開示行為が原則的に処罰の対象とされており、また、本罪の成立には「不正の競争の目的」が必要であるとされていた。これに対して、2009（平成21）年の法改正によって、営業秘密の領得行為が新たに処罰の対象となり、また、本罪の成立には、「不正の競争の目的」に代えて「不正の利益を得る目的、または営業秘密の保有者に損害を加える目的」が必要となった(2)。本件では、この改正によって立法化された規定の適用が問題になっている。すなわち、本法21条1項3号ロは、「営業秘密を保有者から示された者であって、不正の利益を得る目的で、又はその保有者に損害を加える目的で、その営業秘密の管理に係る任務に背き、次のいずれかに掲げる方法でその営業秘密を領得した者」に本罪の成立を認め、当該方法として「営業秘密記録媒体等の記載若しくは記録について、又は営業秘密が化体された物件について、その複製を作成すること」を規定している。この規定について、本件では理論的にみて「営業秘密」と「不正利得目的」の存否が問われており、本件工作機械の製造に利用される図面情報である本件ファイルが「営業秘密」に当たらないとすると、あるいは本件ファイルが

---

(2)　この改正の理由については、土肥一史「営業秘密侵害罪に関する不正競争防止法の改正について」ジュリ1385号（2009年）81頁以下参照。なお、現行の規定は2015（平成27）年の改正を受けたものであり、営業秘密の不正取得・領得行為、営業秘密の不正使用・開示行為、営業秘密の不正使用によって生じた品（営業秘密侵害品）の譲渡・輸出入等といった行為類型を処罰の対象としている。本罪の規定の変遷について詳しくは、内田・前掲注(1)362頁以下参照。

「営業秘密」に当たるにせよ、被告人の当該行為に「不正利得目的」がなければ本罪の成立を認めることができない。

3 「営業秘密」の意義

「営業秘密」については、本法2条6項にその定義規定がおかれている。この規定によると、営業秘密とは、秘密として管理されている生産方法、販売方法その他の事業活動に有用な技術上または営業上の情報であって、公然と知られていないものをいう。すなわち、ある情報が営業秘密として保護されるためには、(1) 秘密管理性、(2) 有用性、(3) 非公知性という3つの要件を満たす必要がある。この3つの要件のうち、本判決は、被告人側の主張を受け、上記の (2) 有用性について判断を示している。

有用性のある情報とは、脱税や有害物質の垂れ流しといった公序良俗に反する情報を除いた上で、広い意味で商業的価値が認められる情報をいうと解されている。具体的には、製品の設計図・製法、顧客名簿、販売マニュアル、仕入れ先リストなどが挙げられる(3)。この観点からすると、本件ファイルは、本件工作機械を製造するのに必要な部品の設計、製法の情報に当たるのであるから、問題なく有用性が認められるようにみえる。しかし、ここで問題となるのは、第三者が当該情報を入手したとしても、第三者の事業活動にとって直ちに役立てられない場合にも有用性を認めてもよいのかということである。このことにつき、原判決は、本件ファイルが「A社の事業活動にとってその競争力を高めるという効果を持つ有益な情報であるから、有用性はそのことだけをもって充足され、そのような情報を不正に取得した者がそれを具体的にどのように利用できるかにかかわらない」と述べており、このような見地を本判決も支持している。たしかに有用性を形式的に判断する上ではこのような見地でよいと思われる(4)。しかし、X側は、本件ファイルを第三者が入手してもその事業活動に役立てることができない以上、A社に「応分の被害」を及ぼすことにならないと指摘しており、この点については原判決も本判決も正面から判断することを避けている。実質的な観点からすると、

---

(3) 経済産業省知的財産政策室編『逐条解説不正競争防止法』(2016年) 42頁。
(4) 田中浩之「判批」木目田裕＝佐伯仁志編『実務に効く企業犯罪とコンプライアンス判例精選』(2016年) 212頁参照。

「被害」、あるいはその危険の有無を本罪の成否にとって考慮するべきかが改めて問われるのではないだろうか。

4　営業秘密侵害罪の保護法益

ただし、X側が指摘する「応分の被害」が具体的に何を意味するのかは判然としない。ここでは、本罪の保護法益を確認する必要があろう。立案担当者によると、本罪の保護法益は、事業者の営業上の利益（私益）と、公正な競争秩序の維持（公益）であるとされており(5)、また学説のなかにもこの見解を支持するものがある(6)。本罪には、財産的価値のある情報を保護するという点で財産犯的性格があるだけでない。本法1条の目的規定では、「事業者間の公正な競争及びこれに関する国際約束の的確な実施を確保する」ことが述べられているため、本罪に公正な競争秩序に対する危険犯的性格があることは否定し難い(7)。

以上に関して、本件におけるX側がA社に対する「応分の被害」の発生、あるいはその危険を問題にしている以上、ここでいう「被害」とは、事業者の営業上の利益を損なう事態を想定しているのであろう。ところで、営業秘密は、その保有者と競業者との競争関係において、保有者に独占的に保持・利用されることにより、保有者に営業上の利益をもたらすものである。したがって、営業秘密が競業者に取得・開示され、競業者によって利用されると、保有者の競争上の優位性は損なわれ、将来的な収益を期待することができなくなってしまう(8)。すると、本罪の成否にとって問題にされるべきなのは、営業秘密が実際に競業者によって使用されることだけでなく、それ以前の段階として、営業秘密が不正取得・領得され、開示されることにより現に競業者に伝わること、あるいは競業者に伝わるおそれを生じさせることである。

---

(5)　経済産業省知的財産政策室編・前掲注(3)215頁。

(6)　例えば、小野昌延編著『新・注解　不正競争防止法　下巻〔第3版〕』（2012年）1329-30頁〔佐久間修〕、只木誠「営業秘密侵害の罪」法教397号（2013年）95頁など。

(7)　これに対して、一原亜貴子「営業秘密侵害罪に係る不正競争防止法の平成21年改正について」岡法60巻3号（2011年）486頁は、近年の不正競争防止法の改正動向を踏まえて、本罪について専ら個人法益に対する罪として理解するべきであると指摘する。

(8)　一原・前掲注(7)486-7頁、佐藤力哉＝海野圭一朗「営業秘密をめぐる刑事上の保護について」ジュリ1469号（2014年）52頁参照。

この観点から、営業秘密が競業者を含む第三者にとって直ちに役に立たないものであっても、それが競業者に伝わるおそれを生じさせている限り、営業上の利益に対する抽象的危険は発生するのであって、そこに本罪の可罰性の基礎を認めるべきであろう[9]。結局のところ、本件ファイルを第三者が入手してもその事業活動に役立てることができないとのX側の主張は、当該情報の営業秘密性、その中でも有用性の存否に直接的に係るものではなく、法益侵害の（抽象的）危険が存しない例外的な場合であれば、本罪の成立を否定するべきであるという趣旨で理解するべきである。そして、本件では、本件ファイルが競業者に伝わるおそれが生じており、さらに、本件ファイルが競業者に伝わると、将来的にはA社が競争上の優位性を維持することができないといえる限りにおいて、本罪の成立を認めるべきではないかと思われる。

5　営業秘密侵害罪の目的要件

本法21条1項によると、本罪の成立には、営業秘密に対する侵害行為の際に「不正の利益を得る目的」、または「営業秘密の保有者に損害を加える目的」が必要である。本件では、前者の不正利得目的の存否が問題になっているが、立案担当者によると、不正利得目的とは、公序良俗または信義則に反する形で不当な利益を図る目的のことをいい、自己図利目的か第三者図利目的かを問わず、また、その得ようとする利益が経済的なものか、非経済的なものかも問わないと理解されている[10]。

本判決がこのような理解にしたがって不正利得目的の存否を判断したのかは明らかではない。ただ、本判決は、本件ファイルの複製が、A社の金属工作機械の図面情報を第三者に売却して利益を得る意図を有して行われたものであり、Xに不正利得目的があったとする原判決の評価を肯定している。このような事実認定からすると、立案担当者の理解にしたがったとしても

(9)　さらにいえば、営業上の利益に対する侵害・危殆化が生じることによって、公正な競争秩序の維持が阻害される危険が生じることになるかが問題となる。この点につき、詳しくは、内田・前掲注(1)370-1頁参照。

(10)　経済産業省知的財産政策室編・前掲注(3)220頁。なお、同頁は、加害目的について、営業秘密の保有者に対し、財産上の損害、信用の失墜その他の有形無形の不当な損害を加える目的のことをいい、現実に損害が生じることは要しないとする。

Xに不正利得目的があったと認めることができるであろう。

ところで、立案担当者の理解によると、不正利得目的または加害目的がないとして不可罰になるのは、例外的な事例にとどまっている(11)。それゆえ、当該目的の有無を検討することを通じて、可罰的な営業秘密に対する侵害行為と、保有者のための経済活動として許された営業秘密の活用行為をよりわけることが困難になっただけでなく(12)、本罪における、公正な競争秩序に対する危険犯的性格もあいまいになったといえる(13)。したがって、本件においてXの当該行為につき本罪の成立が結論的に認められるにせよ、Xが本件ファイルを売却しようとしたことにより、本件ファイルの内容が直接的にあるいは間接的に競業者に伝わるおそれを生じさせたのかを確認することにより、Xの当該行為がA社の営業上の利益を害する危険を生じさせるだけでなく、それに伴って公正な競争秩序を害する危険も生じさせたといえるかにつき、改めて検討するべきであったと思われる。

6　補論——営業秘密における秘密管理性、および管理任務違背性の意義

本判決では具体的な判断が示されていないが、原判決では、本件ファイルが営業秘密として認められるために秘密管理性を具えていたといえるか、また、営業秘密を管理する任務に違背して領得したといえるかが問題とされた。前者の問題につき、原判決は、「保有者が秘匿しようとする意思を有し、かつ、客観的にもその意思が明らかにされていることが必要」であるとした上で、当該情報に対して「アクセスする者に当該情報が管理されている秘密情報であることの認識が可能であることを要する」と指摘する。立案担当者においても、保有者の秘密管理意思に対する「認識可能性」の有無を重視しており、当該情報への「アクセス制限」は上記「認識可能性」を担保する1つの手段に過ぎないと理解されている(14)。しかし、十分なアクセス制限が施

---

(11)　例えば、公益を図るために内部告発する場合、労働組合活動の一環として労働組合内部に開示する場合、残業のために自宅に持ち帰る場合といった事例が目的要件を満たさない場合として想定されているにすぎない（経済産業省知的財産政策室編・前掲注(3)221頁）。

(12)　帖佐隆「不正競争防止法平成21年改正法の危険性と問題点」知的財産法研究51巻1号（2010年）10頁参照。

(13)　一原・前掲注(7)484-5頁参照。

(14)　経済産業省知的財産政策室編・前掲注(3)40-1頁。

されていないのであれば、そのような状態におかれた当該情報は保有者によって単に保管・占有されているだけであって、秘密として管理されているといえるか疑問が生じることになる。秘密管理性を認めるためには、物理的・規範的なアクセス制限措置が具体的に必要なのであって、秘密管理意思に対する認識可能性の有無は故意の認定の問題に解消されるべきであるように思われる。

次に、管理任務違背性の意義について、原判決は、「情報の保有者との間の契約等による秘密保持義務に違背すること」であるとした上で、特に本件ファイルの「複製を作成することが秘密保持義務違反になることを被告人が認識していたことが必要である」と解している。立案担当者においても、秘密保持契約等によって個別に課された秘密保持任務だけでなく、保有者との委任契約や雇用契約等において一般に課された秘密保持任務についても秘密管理任務性を認めている(15)。他方で、原判決が秘密保持義務違反の認識を要求している点は、行為者の故意の認定の問題と重なるのであって、管理任務違背性それ自体の有無を判断する基準にはならないと思われる。ところで、企業が保有する資料の漏洩が背任罪に問われた事例では、一般的な秘密保持任務に反しただけでは任務違背性が認められないとして、背任罪の成立が否定された裁判例がある（神戸地判昭和56年3月27日判時1012号35頁）。翻って本罪について検討してみると、行為者に一般的な秘密保持任務しかないのであれば、行為者が当該秘密情報を自己の管理の元においていたとはいえない場合もあろう。それゆえ、一般的な秘密保持任務に違反した点だけに着目すると、本法21条1項1号の不正取得類型に該当するのか、それとも同項3号の領得類型に該当するのか区別が困難になると思われる。実際に本件については、むしろ同項1号の不正取得類型に当たるのではないかとの指摘がある(16)。同項1号については占有・管理侵害型、同項3号については横領・背任型として位置付けるのであれば、同項3号における秘密管理任務については、背任罪における前述の裁判例と同様の見地から、保有者から営業秘密を示された際に課された個別、具体的な秘密保持任務を問題にするべき

(15)　経済産業省知的財産政策室編・前掲注(3)226頁。
(16)　帖佐隆「判批」パテント68巻5号（2015年）19頁以下参照。

である。本件では、結論的に同項３号の領得類型に該当するというにせよ、この点を改めて検討するべきであったと思われる。

22　サービサー法2条2項後段にいう『債権を譲り受けた』ことの意義

東京高判平成27年11月5日判時2284号136頁、判タ1425号251頁

永井紹裕

Ⅰ　事実の概要

被告人株式会社Z（以下、商号変更前も含めて「被告会社Z」とする）は、債権管理回収業等を営むもの、被告人Xは、被告会社の実質的経営者として被告会社の業務全般を統括するもの、被告人Yは、被告会社の代表取締役として債権管理回収業務を統括するものであるが、被告人X、Yは、被告会社の従業員であるAらと共謀の上、被告会社の業務に関し、法務大臣の許可を受けないで、業として、貸金業登録業者であった株式会社B_1、B_2、B_3から、特定金銭債権であるCほか10名に対する貸付債権を譲り受け、平成22年4月3日頃から平成25年2月16日頃までの間、11回にわたり、前記Cほか10名に対し、面会して前記貸付債権の支払を請求し、平成22年4月23日頃から平成25年12月10日頃までの間、288回にわたり、前記Cほか15名に、株式会社D銀行E支店に開設された被告会社名義の普通預金口座に振込入金させるなどの方法により、現金合計386万4938円を弁済させ、もって許可を受けないで債権管理回収業を営んだ。

なお、被告人らが当該債権の一部を譲り受けた経緯は、被告人Xが、清算中の法人B_1、B_2の全株式を前保有者から廉価で譲り受け、その後、被告会社Zがその全株式を譲り受け、完全親子会社となった被告会社ZとB_1、B_2との間で、B_1、B_2が保有していた債権の譲受けが行われた、というものである。

当該行為について、債権管理回収業に関する特別措置法（以下、「サービサー法」とする）33条1号、3条の無許可営業罪に該当するとし、起訴された。

原審において、被告人らは、本件の各貸付債権は、各債務者と和解した後の正常債権（非紛争債権）を譲り受けたにすぎないから、構成要件に該当しない、株式会社 B_1 ほか２社は、被告会社の100パーセント子会社であり、しかも両社は実体のない法人であるから、両社からの貸付債権の譲り受けは、債権を「他人から譲り受けた」（同法２条２項）ことには当たらず、被告会社が両社の貸付債権の管理回収を行うのはサービサー法に違反しない、被告人らの行為がサービサー法違反の構成要件に該当するとしても、正当業務行為として違法性が阻却されるなどと主張した。

原審（東京地判平成27年４月20日判時2284号143頁参照）は、「被告人Ｘないし被告会社Ｚは、貸付債権の取得を目的として B_1 及び B_2 の株式を取得した結果、親子会社関係となったのであり、サービサー法の保護法益の観点からも、本件における株式譲渡による債権譲り受けをサービサー法違反に当たらないというのは、サービサー法規制の潜脱というべきである」、「被告会社の業務内容やその実態を踏まえると、被告会社において、本件各貸付債権を譲り受け、その管理回収を行ったことは、濫訴の誘発や紛議の助長といった弊害を生じさせるおそれがあり、非弁護士の法律事務の取扱等の禁止を定めた弁護士法72条の潜脱というべきであって、社会的経済的に正当な業務の範囲内の行為ということはできない（サービサー法２条２項後段が継受する弁護士法73条に関する最高裁平成14年１月22日第三小法廷判決参照）。」と判示した。

これに対して、被告人らは以下のように主張した。すなわち、サービサー法33条１号、３条は、その構成要件が不明確であるから、憲法31条に違反する。また、最高裁平成24年２月６日決定（刑集66巻４号85頁）によれば、サービサー法33条１号、３条が規制しているのは、「紛争債権」を譲り受けて管理及び回収をすることであり、「紛争債権」とは「通常の状態では満足を得るのが困難なもので、金額に争いがある債権や時効消滅した債権」に限定されるところ、本件各貸付債権は単なる遅延債権であって、いずれも「紛争債権」ではなく、これらを譲り受けてもサービサー法の構成要件には該当しない、などと主張した。

Ⅱ　判旨——控訴棄却（上告）

被告人らの主張については、以下のように判示した。

「B_1及びB_2が保有する債権については、被告人Xが、……両社の全株式を譲り受けた行為をもって、債権を『他人から譲り受け』たことに当たるかという点について、補足して説明する。

……被告人Xは、B_1及びB_2の全株式を取得したことにより、実質的には両社の主たる財産である債権をも取得して、その管理及び回収ができるようになったところ、サービサー法2条2項後段が規定する『他人から譲り受け』という文言上、このような全株式の取得による方法で法人の保有する債権を実質的に取得することが除外されるとは解されない。また、サービサー法2条2項後段が継受する弁護士法73条の趣旨は、主として弁護士でない者が権利の譲渡を受けることによって、みだりに訴訟を誘発したり、紛議を助長したりするほか、同法72条本文の禁止を潜脱する行為をして、国民の法律生活上の利益に対する弊害が生ずることを防止することにあるところ（最高裁平成14年1月22日判決・民集56巻1号123頁参照）、このような弊害は、債権譲渡の形式により債権を譲り受けた場合のみならず、上記のような全株式の取得による方法で法人が保有する債権を実質的に取得した場合にも同様に生じ得るものであるから、サービサー法の規制を及ぼすべき必要性は後者にも認められるといえる。仮に、後者が同法の規制の対象から外れるとすれば、同法の規制は、企業買収の形式さえとれば容易に潜脱できることになるのであって、このような事態をサービサー法が許容しているとは到底解されない。」

被告人側の主張は「サービサー法2条2項前段と後段を区別せず、後段の債権についても、弁護士法72条にいう『法律事件』であること（事件性）を要するという解釈を前提とするものと解される。しかしながら、本件は、被告人らが他人から譲り受けた特定金銭債権の管理及び回収を行ったとされている事案であり、サービサー法2条2項後段の適用の是非が問題となるところ、同項後段及び同規定が継受する弁護士法73条は、文言上、譲受債権について事件性を要件としていないのであって、本件に適用されるサービサー法33条1号、3条の構成要件が、文言上明確さを欠くことにはならない（この場合は、刑法35条の正当行為として違法性阻却を認めることにより、妥当な結論を導くことができると思われる。)。また、所論がいうように、サービサー法2条2項後段の債権についても事件性を要するという見解に立つとしても、ここにいう事件性とは、後述のように、『通常の状態では満足を得るのが困難なもの』をいうと解釈することができるから（上記最高裁決定参照)、前記の構成要件が明確さを欠くとはいえない。

したがって、憲法31条違反をいう所論は、いずれにしても前提を欠くものであって、採用できない」

被告人の援用する最高裁平成24年2月6日決定は、「本件と同様にサービサー法違反の成否が争われた事案について、同法2条2項後段の該当性を判断するに当たり、当該事案で問題となった債権が、『長時間支払が遅滞し、譲渡元の消費者金融業者において全て貸倒れ処理がされていた上、その多くが、利息制限法にのっとって元利金の再計算を行えば減額され又は債務者が過払いとなっており、債務者が援用すれば時効消滅となるものもあったなど、通常の状態では満足を得るのが困難なものである』ことを判示した上、同項後段の該当性を肯定している。同決定が、所論がいうように、金額に争いがある債権や時効消滅した債権だけが『紛争債権』として同法の規制の対象となる旨判断したものではないことは、その判文上明らかであり、所論は、上記最高裁決定を正解しないものであって、失当である。

そして、本件各貸付債権は、……いずれも長期間返済されていないなどの事情があり、譲渡元の貸金業者において回収不能又は回収困難な債権であると判断されていたことが明らかであるから、通常の状態では満足を得るのが困難な債権であったというべきである（最高裁昭和37年10月4日決定・刑集16巻10号1418頁及びその原審福岡高裁昭和36年11月17日判決参照)。また、被告人X_3らが本件各貸付債権の債務者に対して行った取立ての態様をみても、……確定した債権等の単純な取立てであったとはいえず、このことからしても、本件各貸付債権が通常の状態では満足を得るのが困難なものであったということができる。

本件各貸付債権が紛争債権ではないとする所論は、上記最高裁決定を正解しない独自の見解に立つものか、あるいは本件の事実関係を踏まえない抽象論に終始するものであって、その前提において採用することができない。」

Ⅲ 評釈

1 サービサー法について

債権回収業に関する特別措置法（サービサー法）は、金融機関等の有する不良債権の処理が喫緊の課題となっていた状況に鑑み、法務大臣による許可制度の下で、弁護士法の特例として債権回収会社（サービサー）にも不良債権の管理及び回収を業として行うことを解禁した法律である[1]。サービサー法制定以前は、弁護士法の規制（72条・73条）により、弁護士以外の者が報酬を得る目的で債権者から委託を受けて債権の回収をすること、さらには債権を譲り受けて訴訟その他の手段によってその権利の実行を業とすることは禁止されていた。

2 無許可営業罪（サービサー法3条・33条1号）

サービサー法3条は、債権回収業を営むには、法務大臣の許可が必要と規定し、同法33条1号は、当該許可を受けずに債権回収業を営んだ者に対して罰則を設けているが、無許可営業に関して、弁護士法違反（72条・73条）よりも重い罰則を設けている[2]。重い罰則を設けている理由は、サービサー制度の導入により、（厳格な要件の下ではあるが）一定の業者であれば、債権の回収を法人形態をとって組織的かつ大規模に行えるようになった一方で、法務大臣の許可を受けずにサービサーを詐称し、不良債権の回収業を営業犯として敢行する者が出没する可能性が高まったが、このような行為を放置することは、サービサー制度の根幹を揺るがし、債務者の平穏な生活をも危険にさらすおそれがあるため、当該行為を悪質な犯罪行為として厳正に対処する要請によると解されている[3]。

---

(1) 黒川弘務＝坂田吉郎「債権回収業に関する特別措置法（いわゆるサービサー法）の概要（1）」NBL653号（1998年）6頁。

(2) サービサー法は33条1号（3条違反）において3年以下の懲役若しくは300万円以下の罰金が科されるのに対し、弁護士法は77条3号（72条違反）・4号（73条違反）で2年以下の懲役又は300万円以下の罰金が科されている。

(3) 黒川弘務＝石山宏樹『実務サービサー法225問〔改訂3版〕』（2011年）357頁。

(1)　債権の譲受け

弁護人は、株式の取得という企業買収はサービサー法の規制の対象にはならないこと、完全親子会社間で行われた債権の譲受も同法の規制の対象外であり、それゆえ同法違反の構成要件に該当しないと主張している。この点に関して、原審は「被告人Xないし被告会社Zは、貸付債権の取得を目的としてB_1及びB_2の株式を取得した結果、親子会社関係となったのであり、サービサー法の保護法益の観点からも、本件における株式譲渡による債権譲り受けをサービサー法違法に当たらないというのは、サービサー法規制の潜脱というべきである」と判示し、本判決も「被告人XがB_1及びB_2の全株式を取得したのは、主として両社が保有する債権を取得するためであり、これは、債権を『他人から譲り受け』たことに当たるというべきである」と判示し、全株式の譲受の時点で他人から債権を譲り受けたことに該当すると解している。

本件のように、形式的には債権取得によらずに、多数の不良債権を保有している法人そのものを買収する方法で実質的に債権を取得した事例を、サービサー法の規制の対象外とすると、同法が骨抜きになる危険性が生じてしまう。本判決も、本件のような事例が「同法の規制の対象から外れるとすれば、同法の規制は、企業買収の形式さえとれば容易に潜脱できることになるのであって、このような事態をサービサー法が許容しているとは到底解されない」と判示しており規制の必要性を強調している。

もっとも、株式の取得と債権の譲り受けは法的な形式としては明らかに違うことからして、全株式を取得したことが常に債権を「譲り受け」たと解することはできない。サービサー法2条2項後段が継受した弁護士法73条では、「譲り受け」とは、「売買、贈与その他法形式のいかんを問わず、他人の権利の移転を受け、自らに帰属させる行為」と解されており[4]、債権そのものを譲り受けることが必要であるように見える。しかしながら、株式取得も実質的に法人所有の債権取得・回収を可能にするものである以上、債権譲渡によらない形式として「譲り受け」に該当すると解することも十分可能であるように思われる。

---

(4)　日本弁護士連合会調査室編著『条解弁護士法〔第4版〕』(2007年) 642頁。

ただし、株式取得それ自体は、債権取得・回収を可能にするにすぎないことや、株式取得による企業買収には経済的合理性が認められる場合が多い点などを顧慮すると、株式取得が常に「譲り受け」に該当すると解することも妥当でない。

本判決は、株式取得がもっぱら両法人の保有する債権を取得するためであることを、株式取得に至る経過を具体的詳細に認定することで確認している。さらに、サービサー法2条2項後段が継受する弁護士法73条に関する最高裁判決(5)を援用し、無許可営業の「弊害は、債権譲渡の形式により債権を譲り受けた場合のみならず、上記のような全株式の取得による方法で法人が保有する債権を実質的に取得した場合にも同様に生じ得るものであるから、サービサー法の規制を及ぼすべき必要性は後者にも認められるといえる」と判示している。

無許可営業行為の弊害と企業の経済活動の自由とが問題となる点に鑑みると、本判決は、株式取得がもっぱら当該債権の取得のために行われており、株式取得の形式を経ることでサービサー法による規制を潜脱することを目的としているような悪質な場合に限って、譲り受けに該当するとの限定的理解をしていると解するのが適切である(6)と思われる。

(2)　事件性の要否と違法性阻却

サービサー法3条の無許可営業罪においては、紛争を生じさせる恐れがある債権を譲り受ける場合に同法の適用を限定するか（事件性必要説）(7)、あるいはそのような限定を必要としない（不要説）(8)かが問題となる(9)。

---

(5)　最判平成14年1月22日（民集56巻1号123頁）。

(6)　本判決については、債権譲渡によらずに株式取得により実質的に債権を取得した場合にサービサー法の適用があることを明らかにした点で先例として価値があるとの指摘があるが（匿名解説・判タ1425号（2016年）252頁）、企業の経済活動の自由も考慮すべきであり、株式取得がもっぱら不良貸付債権を取得するための手段であったような例外的な場合にのみ同法の適用があるとした限定的な理解が必要であると解される。

(7)　黒川弘務『逐条解説サービサー法〔4訂版〕』（2012年）72頁、関哲夫「判批」**第1集**232頁、弁護士法72・73条についてであるが、福原忠男『弁護士法〔増補版〕』（1990年）288頁。

(8)　日本弁護士連合会調査室・前掲注(4)616頁、高中正彦『弁護士法概説〔第4版〕』（2012年）360頁。

(9)　サービサー法3条が継受した弁護士法72条・73条の適用に関する争いがそのまま持ち込まれている。この点に関しては、楡井英夫「判解」最判解平成24年度35頁以下、安嶋建「判批」**第2集**220頁以下参照。

本判決は、「……弁護士法73条は、文言上、譲受債権について事件性を要件としていないのであって、本件に適用されるサービサー法33条1号、3条の構成要件が、文言上明確さを欠くことにはならない」と判示し、必ずしも文言上事件性が要求されるわけではないとしながらも、「サービサー法2条2項後段の債権についても事件性を要するという見解に立つとしても、ここにいう事件性とは、後述のように、『通常の状態では満足を得るのが困難なもの』をいうと解釈することができる」とも判示しており、事件性必要説に立つものと解される。

複雑な金融取引が増大する今日において、紛争の発生する可能性がない特定金銭債権の債権譲受け・回収をすべて規制の対象とすることは経済活動の自由という観点から見ても、適切ではない。しかしながら、金融取引の多様性に鑑みると、どのような場合に許容すべきかを画一的に定めることも困難であるように思われる。

このような点から考えると、サービサー法2条2項後段の適用に際し、全く紛争の発生する可能性のない債権に関しては、構成要件該当性が否定されると解し（事件性必要説）、紛争が生じる可能性が認められる場合、すなわち判例にいう通常の状態では満足の得られない債権の場合には、構成要件該当性を肯定した上で、当該回収行為を許容することで生じうる弊害と、当該債権回収行為が社会において持つ社会的経済的正当性や有用性が比較衡量され、有用性・正当性の方が高ければ、正当業務行為として違法性が阻却されると解するのが妥当である。

本判決においては、被告人及び被告会社の権利取得の態様、被告会社の業務の実態、債権回収の方法及び態様等が、違法性阻却の判断材料にされている[(10)]が、挙げられている要素は、回収行為のための債権の譲り受けがもたらした弊害を考慮するためのものであると考えると適切な例示であったと考えられる。これに加えて、社会的正当性や有用性についていかなる事情が判断材料になるかは今後重要な問題となると思われる[(11)]。

---

(10) すでにこれらの要素は本判決が引用する前掲最判平成14年1月22日が挙げている諸要素と重なる。この点に関しては、最決平成24年の評釈である、佐藤淳「判批」警論65巻6号（2012年）185頁、中村聡「判批」金法1949号（2012年）5頁、安嶋・前掲注(9)222頁参照。

(11)　この点に関しては、バルクセールに関する下級審判決である東京地判平成21年12月25日（金判1333号60頁）において、当該債権が紛争を誘発するものでないことのほか当該取引が有益な取引として社会的に認められている点を考慮要素としている点で参考になると思われる。

23　質屋営業法の質屋営業該当性判断と貸金業法・出資法各違反の罪との関係

福岡高判平成27年9月17日高刑速(平27)号307頁

北尾仁宏

Ⅰ　事実の概要

被告人有限会社Z_1及び被告人株式会社Z_2は、いずれもA県公安委員会から質屋の営業許可を得た法人、被告人Xは、Z_1・Z_2の業務全般を統括掌理していた者、被告人Yは、Xを補佐し、Z_1・Z_2の業務全般を統括管理していた者、原審分離前相被告人Bは、Z_1・Z_2の統括としてX・Yを補佐し、その業務全般を統括指導していた者であるが、X・Yは、Bと共謀の上、Z_1・Z_2の業務に関し、

①内閣総理大臣又はA県知事の登録を受けずに、業として、（ⅰ）平成24年6月以降10回にわたり、Z_1営業所において、Cほか6名に対し、同人らから貸付金を担保する財産的価値がない物品を質物として受け取り、同物品の流質による貸付金弁済への充当を予定せず、同人らに貸付金及びその利息の返済を求めるなどして、合計91万円を貸し付け、（ⅱ）平成24年2月以降6回にわたり、Z_2営業所において、Dほか3名に対し、（ⅰ）と同様の態様で合計38万円を貸し付け、

②（ⅲ）同年6月以降5回にわたり、Z_1営業所において、公的給付（以下年金等）の受給権者であるEほか4名に対し、同人らとの間における貸付けの契約について、年金等が同人らの預金口座に払い込まれた場合に同預金口座に係る資金から前記貸付けの契約に基づく債権の弁済を受けることを目的として、同人らに対し、これらの預金の払出しとその払い出した金銭による前記貸付けの契約に基づく債権の弁済を年金等が払い込まれる預金口座のあるF銀行G支店ほか4支店に委託して行うことを、（ⅳ）同年7月以降3回

にわたり、Z_2営業所において、年金等の受給権者であるHほか2名に対し、同人らとの間における貸付けの契約について、（iii）と同様の目的で、同様の方法による弁済を、同様の預金口座のあるI銀行J支店ほか2支店に委託して行うことを、それぞれ求め、

③業として、①の貸付けを行うに当たり、法定利息を超える契約をし、（v）同年8月以降2回にわたり、②の方法により、Kほか4名に対する年金等を、貸付金及びその利息として、L銀行M支店に開設されたZ_1名義の普通預金口座に振替入金させ、同人らから、法定利息（合計3万1740円）を超える合計4万円を、（vi）同年8月以降3回にわたり、Lほか2名に対する年金等を、貸付金及びその利息として、②の方法により、L銀行M支店に開設されたZ_2名義の普通預金口座に振替入金させ又はZ_2営業所において手渡しの方法により交付させ、同人らから、法定利息（合計2万2980円）を超える合計3万6800円を、利息相当額として受領し、

④業として、①の貸付けを行うに当たり、法定利息を超える契約をし、（vii）同年10月2回にわたり、Z_1営業所において交付を受ける方法により、法定利息（合計6万5100円）を超える合計11万2000円を、（viii）同年3月、Z_2営業所において交付を受ける方法により、法定利息（1万1700円）を超える2万4000円を、利息相当額として受領した。

以上の事実につき、X・Yは貸金業法47条2号及び48条1項5号の3並びに出資法5条3項及び8条2項、またZ_1・Z_2は貸金業法51条1項1号及び同2号並びに出資法9条1項、各違反の罪に問われた。

被告人・弁護人は、イ）Z_1・Z_2による本件貸付けは、質屋営業法1条にいう「質屋営業」であるから、貸金業法2条1項ただし書により貸金業法違反は成立せず、また質屋営業法36条2項の適用によって出資法違反も成立しない　ロ）仮に本件貸付けが質屋営業でなくとも、X・Yはその認識（故意）を欠き、共謀も存在しなかった、として無罪を主張した。

これに対して、原審（福岡地判平成26年8月8日LEX/DB 25504727）は、イ）質屋営業該当性は実質的判断を要するとした上で、（i）質屋営業法では、優先弁済的作用の規定により、換価・譲渡不可能な物は質に取れない、（ii）質置主の債務は物的有限責任である、（iii）質屋営業法に貸金業法ほど詳細な業務に関する取締規定がないのは、（i）と（ii）により強引な回収

の恐れが少ないと解されるからであるし、質屋営業法で高金利が容認される根拠は、質物たる物品の査定、保管・管理、換価に見込まれる相応のコストであるから、質物が、その財産的価値により、実質的に貸付金の担保たることが必要である（主観的価値で補充する場合にも、質置主にとって弁済を心理的に強制されるだけの事情がなければならない）ことを理由に、判断基準を質物の「実質的担保機能の有無」に求め、本件貸付けは、（ⅰ）人的信用に依存した貸付けであり、また（ⅱ）質物の物的信用は何の役割も果たしていなかった、としてＸらの行為の質屋営業該当性を否定し、ロ）故意・共謀の有無についても、（ⅰ）Ｘ・ＹはZ1・Z2の業務内容を完全に把握しており、（ⅱ）民事訴訟での相次ぐ敗訴や、マスコミ・警察への対策という事実からして違法性の意識について錯誤は有り得ない、としてその主張を退け、Z1・Z2にそれぞれ罰金300万円、Ｘに懲役２年６月及び罰金300万円、Ｙに懲役２年（執行猶予４年）及び罰金200万円を言い渡した。

被告人らは、原審の判断基準は質屋営業法上の質屋営業の定義から乖離しており罪刑法定主義違反である等と主張して控訴した。

Ⅱ　判旨――Ｘにつき破棄自判、ほか控訴棄却

「質契約では、金銭の貸借契約に加えて、庶民金融における慣習を尊重した質権の設定契約が行われることによって、単に金銭の貸借契約が行われる場合とは異なる権利義務関係が生じ……、質屋営業者と貸金業者とでは債権回収を含めた営業内容、清算の在り方が相当に異なることになるから……、質屋営業者については、貸金業法及び出資法による規制に服させる必要がないか、服させるのが相当でないと考えられたことによると解され」、「質権の設定契約がない場合や実質的に質権の設定契約がないのと同視される場合には、質権の設定契約によって発生する権利義務関係が全く生じないか、事実上生じないから、質屋営業者であっても債権回収を含めた営業内容、清算の在り方が貸金業者と異なることにはならず、貸金業法及び出資法の適用を免れる前提を欠く」から、「『無担保に等しい扱いをもって金銭を貸し付ける行

＊事実の概要及び判旨については、LEX/DB 25541331も参照した。

為』が行われた場合（質屋営業を仮装して脱法行為が行われた場合を含む。）には、貸金業法2条1項ただし書、質屋営業法36条2項の適用はない」。

質屋営業該当性判断は、「質屋営業の要件に該当するかどうかだけでなく、質屋営業を始めた動機、目的及び経緯や金銭貸付けに当たり質物を担保として機能させようとしていたかどうか、質物が実際に担保として機能していたか等の質屋営業の実態等を総合的に評価して行われるべきものであるから」、原審の判断基準は「むしろ当然であり、正当」である。

（なお、被告人らの上告は、刑訴法405条の上告理由に当たらないとして棄却された（最決平成29年3月22日LEX/DB 25545823）。）

Ⅲ　評釈

1　偽装質屋について

平成18年改正貸金業法の内、出資法上の上限金利（法5条2項・年利20%）との間隙に存在した所謂グレーゾーン金利の根元たる「みなし弁済規定」の廃止や、所謂ヤミ金行為に対する罰則強化が、平成22年6月に施行された。これを背景として、一部のヤミ金業者が「質屋」に移行した[(1)]という。質屋営業法36条は出資法の特例として、一日当たり0.3%の金利を許容し、また質屋の商慣習等を背景として月9%の月利計算を許容している[(2)]。これらの点に着目し、都道府県公安委員会から「質屋営業」の許可を取得した上で、形式的には「質屋」の形態をとりつつ、実質的には国・都道府県知事への貸金業者登録を潜脱しながら貸金業を行い、出資法の上限金利を超す利益を収受することを目的とした業者を「偽装質屋」という[(3)]。偽装質屋にも幾つかの営業形態がある[(4)]ようだが、本件の業者は、担保価値のない物品を質置きさせた上で、実質的に年金等を担保として金銭の貸付を行い、高額

(1)　谷崎哲也「偽装質屋ヤミ金業者の実態と対応」現消19巻（2013年）60頁以下参照。

(2)　小堀旭ほか『改正質屋営業法逐条解説』（1963年）262頁以下、保安警察研究会編『質屋・古物営業法の解説』（1985年）75頁以下参照。

(3)　黒木和彰＝河内美香「偽装質屋に対する債権者破産申立て（国庫仮支弁）」消ニ96巻（2013年）170頁以下参照。

(4)　例えば、「レンタル商法」なる形態の者とそれに対する法的課題につき、真島信英「改正出資法に関する一考察」亜大44巻1号（2009年）230頁以下参照。

な金利等の支払いを求める形態(5)であった。本件では、こうした形態をとる業者の行為が質屋営業法1条にいう質屋営業に該当するか否かが、特に争われた。

2　問題の所在

貸金業法2条1項は、「貸金業」を「金銭の貸付け又は金銭の貸借の媒介(……)で業として行うもの」と定義し、そのただし書において、「貸付けを業として行うにつき他の法律に特別の規定のある者が行うもの」を適用除外としている。この「他の法律」の一例が質屋営業法で、同法1条1項は、「この法律において『質屋営業』とは、物品(……)を質に取り、流質期限までに当該質物で担保される債権の弁済を受けないときは、当該質物をもつてその弁済に充てる約款を附して、金銭を貸し付ける営業をいう。」と規定し、この質屋営業の許可を受けた者を「質屋」という(6)。

質屋営業の限界については既に幾つかの裁判例が存在する。例えば、質屋が金銭を貸し付けるに当たり、不動産を担保とした事案(7)、「無担保又は無担保に等しい扱い」であった事案(8)、あるいは、質物無し又は借受人名義の約手の割引によった事案(9)では、いずれも当該貸付けが質屋営業法1条にいう質屋営業には該当しないことを理由として(旧)貸金業取締法が適用され、各事案の行為者は無登録営業罪で有罪となった(10)。しかし、これらは比較的単純な事案だったこともあり、質屋営業該当性判断の具体的基準や考慮要素、ある程度実質的な判断を要するとしてその必要性の根拠、といった事項は必ずしも明らかにされてこなかった。

偽装質屋という複雑・巧妙な営業形態の者に対する、原審・本判決の質屋

---

(5)　この形態の業者の実態については、例えば、国民生活センター「いわゆる『偽装質屋』からは絶対に借り入れしないで！」高齢者の消費生活トラブル注意報No. 9(2013年) http://www.kokusen.go.jp/pdf/n-20130603_1.pdf(2018年2月28日最終閲覧)を参照。

(6)　質屋営業法1条2項。

(7)　大阪高判昭和27年3月25日(高刑集5巻3号432頁)。

(8)　大阪高判昭和27年6月23日(判特23号100頁)。

(9)　最判昭和30年5月24日(刑集9巻6号1072頁)。

(10)　なお、これらの事案と表裏の関係に立つものとして、「貸金業者」が基本債権の担保目的で停止条件付売買契約を付して金銭を貸し付けた行為が質屋営業法の無許可営業罪に問われた、東京簡判昭和32年5月23日(公刊物未登載、小堀ほか・前掲注(2)21頁参照)が挙げられる。

営業該当性判断には、一方で事案固有の特殊性が一定程度存在する点を否定しえないが、他方でその特殊性ゆえに比較的広範かつ詳細な検討が加えられたことから、結果的に、質屋営業該当性（判断）に係る上述の事項に対する裁判所の立場が「実質的担保機能の有無」を軸として明らかにされたといえよう。もっとも、その判断基準や考慮要素と質屋営業法上の質屋営業の定義との関係等、幾分錯綜・混淆しているように思われる点もあり、原審・本判決の内容については若干の整理・検討が必要である。

以下では、質屋営業該当性に実質的判断を要する根拠につき検討を加えた後、その判断基準・考慮要素について検証する。

3　質屋営業該当性の実質的判断必要性

貸金業法は、「貸金業を営む者の業務の適正な運営の確保及び資金需要者等の利益の保護を図るとともに、国民経済の適切な運営に資すること」(11)を、質屋営業法は、物品を担保とする庶民・小口金融の健全・公正な運営と利用者の保護を(12)、それぞれ目的としており、前者は不正金融の防止に、後者は質物の取引・処理に規制の力点がある(13)とはいえ、両法の規制は一部共通の目的を有する一般法と特別法の関係に立つ。

また、出資法の立法趣旨は（少なくとも）「一般大衆の資産保護」(14)とされるが、その例外たる質屋営業法36条の立法理由(15)として、①1口平均貸付高が比較的低額であり、②防犯上の観点から多くの義務が課され、③利用者保護の観点からも多くの義務が課され、④盗品・遺失物について危険負担を有し、⑤月利計算を長年の慣習とすることが挙げられる（原審では⑥質物の取引・処理に「相応のコスト」がかかることも示された）。

---

(11)　貸金業法1条。

(12)　伊達秋雄「判解」最判解昭和30年度158頁、寺坂吉郎「判批」警研33巻7号（1962年）116頁、保安警察研究会・前掲注(2)5頁、参照。

(13)　伊達・前掲注(12)158頁、寺坂・前掲注(12)116頁、保安警察研究会・前掲注(2)5頁以下、参照。

(14)　齋藤正和編著『新出資法』（2012年）16頁〔齋藤正和〕。更に、社会の信用制度や経済秩序の維持をも含むものとして、神山敏雄「出資法上の犯罪」犯刑8号（1991年）29頁、野村稔「出資法上の罪」現刑2巻6号（2000年）113頁等、参照。

(15)　小堀ほか・前掲注(2)265頁以下、保安警察研究会・前掲注(2)76頁、参照。

さらに、営業質自体の特徴として、（ⅰ）目的物が動産（有価証券を含む）に限定され、（ⅱ）流質約款が付され、（ⅲ）被担保債権が金銭に限定され、（ⅳ）質置主の債務は物的有限責任である、という四つが挙げられる[16]。

これらの点も踏まえた本判決は、質権の設定契約による特別な権利義務関係の発生によって、質屋営業者と貸金業者とでは債権回収を含めた営業内容、清算の在り方に相当の差異が生じる点に着目し、この差異の存在が前提となって初めて質屋営業者を貸金業法・出資法の規制に服させる必要性・相当性が阻却されるとした。本判決によれば、この差異を生む質権設定契約の実質的存在こそが質屋営業の中核であるというから、この差異に関する検討は質屋営業該当性の検討ということにもなろう。

質契約と単なる金銭の貸借契約との間に存在する（営業内容等、実質的な）「差異」を対象とする以上、当然両者を比較する必要があるから、質屋営業法のみならず、貸金業法・出資法等の観点からも検討を加える必要がある。このことが、質屋営業該当性を、利用者保護や適切な経済運営、一般大衆の資産保護、質屋の商慣習等の複合的観点から（本判決によれば、行為者の動機等も含めて）実質的に判断すべき根拠となる。そして、本判決によれば、原審が軸とした「実質的担保機能の有無」がその判断基準として正当だという。それは質権設定契約の実質的存否、すなわち質屋営業該当性の存否を問うものに他ならないからだ。

4　判断基準と考慮要素

もっとも、「実質的担保機能の有無」については更なる検討を要する。

原審によれば、実質的担保機能の不存在は、①人的信用への依存と②物的信用への不依存から成り、①は（a）借主の収入への依拠性（b）債権実行と流質期限との無関係性を、②は（c）客観的経済価値を知る意思・能力の不存在（d）客観的経済価値の欠乏（e）客観的経済価値の事後的不回収（f）流質予定の不存在（g）主観的価値の不把握（h）主観的価値の欠乏（i）質屋営業偽装目的の存在を、それぞれ下位の考慮要素とするという[17]。本件Cらの行為はこれら全ての要素を満たすとされ、質物の実質的担保機能の不

(16)　小堀ほか・前掲注(2)18頁参照。

存在により質屋営業該当性も否定された。

質屋営業を定義する質屋営業法1条1項は、(1)「物品を質に取り」(2)「流質約款を付して」(3)「金銭を貸し付ける」の三部分から成る[18]とされるが、実質的担保機能不存在の場合に質屋営業該当性が否定されるというからには、(a) 乃至 (i) の各要素は、複合的観点に由来するとはいえ、(1)(2)(3) 各部分の一つ乃至複数を否定することにも繋がるはずである。そこで、最後に、各部分の意義を簡単に確認した後、各要素との対応関係を検証することで、本条とこの判断基準との関係を確かめたい。

(1) は「質権設定の契約により、担保の目的をもって物品を引き取ること」[19]を意味し、主に (a)・(c) が対応する。(d) は行為者の悪意を前提とすれば[20]対応しうる。(g)・(h) も、対応するとすればこの部分ということになろうが、対応の程度はあくまで限定的である。原審は、客観的価値のみでは不足する場合に主観的価値で上乗せしうるとし、本判決もこれを是認したが、質屋が把握した客観的価値を上限とし、その枠内で主観的価値の高低に応じて実際の貸付額を上下させるならともかく、その枠を超過してまで主観的価値に拠り貸し付ける行為は、流質による回収を断念した、人的信用に依存した貸付けとならざるをえず、質屋営業の枠をも超過する恐れがある[21]。これらは客観的価値の存在を前提とすべき要素であろう。(2) は「債務不履行時に所有権が移転し、債権者が優先弁済を受けること」[22]を意味し、主に (b)・(f) が対応する。(e) も、開業間もない通常の質屋で流質実績はまだない、という場合等もありえなくはないが、本件のように一定期間営業を続けている者に関する限りで対応しよう。(3) は金銭消費貸借契約を意味する[23]というが、明らかに金銭債権を対象とする本件では問題とな

---

(17)　①と②は当然表裏の関係に立ち、各要素間でも表裏の関係に立つものがある。物的・人的信用の両面に検討を加えて慎重を期したのかもしれないが、敢えて分ける意義は必ずしも明らかではない。

(18)　保安警察研究会・前掲注(2)9頁。

(19)　保安警察研究会・前掲注(2)9頁。

(20)　もっとも、原審でそのような前提は明示されていない。

(21)　民法質ならば当該物品への執着心等の主観的価値で債権を担保することも認められようが、流質や物的有限責任を特徴とする営業質に関して、流質による債権回収が当初から見込めない貸付けの余地を容認すべきではなかろう。

(22)　小堀ほか・前掲注(2)14頁以下参照。

らない。実際争点にもなっておらず、いずれの要素も対応しない。残る（i）は、行為者の動機等に関する要素であり、(1)（2）両方に対応しよう[(24)]。

各考慮要素には部分的重複や疑問点も残るが、むしろ重要なのは各要素が条文の構成部分に一応遺漏なく適合する、すなわち、質屋営業法上の質屋営業の定義と合致するという点である。この点ゆえにこそ、本判決は、被告人らの主張を退け、これら要素に基づく原審の判断基準・判断結果を是認し、質屋営業該当性に比較的広範な実質的判断を要する根拠を、質屋営業法と貸金業法等との「差異」を軸にして明示することで、原審の枠組みを補強すれば十分であるとしたのであろう。

---

(23) 小堀ほか・前掲注(2)15頁以下参照。

(24) もっとも、この要素独自の意義については若干疑問が残る。質屋営業を実質的に行う意図の欠缺ならば、既に他の要素で評価されていよう。

24　補助金等適正化法32条における「代理人」の意義

最二小決平成27年12月14日刑集69巻8号832頁、判タ1422号84頁

武藤眞朗

Ⅰ　事実の概要

(1)　被告人は、株式会社C等の代表取締役としてバイオマス事業に係るバイオガス製造設備の設計、販売や運営委託業務を行っていたが、株式会社Aを設立したBから依頼を受けて、バイオガス製造事業（以下、「本件事業」とする）を営むための設備の調達と、その事業に対する環境大臣官房廃棄物・リサイクル対策部所管の「平成20年度二酸化炭素排出抑制対策事業費等補助金」（以下、「本件補助金」とする）交付申請手続にかかる各種事務を行うこととした。被告人またはその指示を受けたC等の従業員は、平成20年4月以降、本件補助金交付申請手続に関して環境省に提出すべき書類をA名義で作成・提出し、また、C等の従業員がAの従業員と名乗って、環境省の担当者と折衝を行った。

平成21年5月頃、被告人から実績報告書の作成を指示されたC等の従業員は、本件現場に未設置であった設備について、インターネットから取得した写真や他の施設の写真を流用または加工して、本件現場の各設備に設置されたかのような外観を有する写真を本件実績報告書に添付し、また、ダミー壁を本件現場に設置して撮影した写真を本件実績報告書に添付して、本件事業が一部未了であったにもかかわらず完了したとする内容虚偽の実績報告書を作成し、同年6月16日、環境大臣に提出した。これにより、かねてから交付決定を受けていた補助金の金額1億1069万2000円を、補助金交付額確定の専決者である環境省大臣官房廃棄物・リサイクル対策部長をして確定させ、A名義の普通預金口座に振り込み入金させ、Aは補助金の交付を受けた。

(2) 被告人は、補助金等に係る予算の執行の適正化に関する法律（以下、「補助金等適正化法」とする）29条1項および同法32条1項に違反するとして起訴された。同法29条1項は、不正の手段により補助金等の交付を受けた者を処罰する規定（以下、「補助金等不正受交付罪」とする）であり、同法32条1項は、法人の代表者又は「法人若しくは人の代理人、使用人その他の従業者」が、その法人または人の業務に関し、29条1項違反行為等をした場合に、その行為者を罰するほか、当該法人または人に対して罰金刑を科す規定である。弁護人は、補助金の交付を受けたA社から対向的に委任を受けた被告人は、同法29条1項にいう「代理人、使用人その他の従業者」にはあたらないなどと主張したが、第一審（京都地判平成25年10月10日刑集69巻8号898頁参照）は、提出書類に押印するなど、Bが被告人に対して統制監督を及ぼす契機が存在したことから、被告人が補助金等適正化法32条1項にいう「代理人」にあたるとし、弁護人からのその他の主張も退けて、被告人を懲役1年6月の実刑に処した。控訴審（大阪高判平成26年9月3日刑集69巻8号910頁参照）は、被告人が同法32条1項の「代理人」にあたり、本条の両罰規定にいう「代理人」が私法上ないし公法上の権限等を適式に授与された本来の代理人に限られることはないとして、第一審判決を支持し、被告人の控訴を棄却した。控訴審は、「代理人」のみが起訴されている場合と事業主も併せて起訴されている場合とでは「代理人」の意義・範囲を区別すべきとする弁護人の主張を退け、また、32条1項の「従業者」にあたるためには事業主との雇用関係は不要であり、「代理人」に該当するためには具体的または直接的な統制監督関係は不要であると判示した。

弁護人は、訴追裁量権を逸脱した平等原則違反、適正手続条項違反、「代理人」の意義に関する判例違反などを理由として上告した。最高裁は、憲法違反、判例違反の主張を退け、職権で判断して、上告を棄却した。

Ⅱ 決定要旨――上告棄却

補助金等適正化法32条1項は、「『代理人』等が事業主の業務に関して所定の違反行為をした場合に、当該行為者と事業主の双方を処罰する法律上の根拠とされている。また、同条項は、『代理人』等がした違反行為について、事業主として行為者の選任、監督その他違反行為を防止するために必要な行為を尽くさなかった過失の存在を推定した規定と解される（……)。このように、行為者のした違反行為について過失が推定され、事業主が処罰されるのは、事業主と行為者の間に、事業主が行為者の違反行為を防止できるような統制監督関係があることが前提とされていると解されるから、事業主が行為者を現に統制監督しておらず、統制監督すべき関係にない場合には、同条項により事業主の過失を推定して事業主を処罰するという前提を欠き、同条項が適用されないこととなる」。補助金等適正化「法の目的および規定内容を踏まえると、前記の統制監督関係の有無については、事業主から行為者に与えられた権限の性質・内容、行為者の業務履行状況、事業主の関与状況その他の事情を総合して判断すべきである。」

「これを本件についてみると」、「(1) A社は……補助金等適正化法に定められた規定を遵守すべき義務を本来的に負う立場にあった。(2) 被告人は、A社の代表取締役Bから本件補助金の申請から交付に至る一連の手続におけるA社の業務である各種書類の作成・提出、環境省との折衝等を一括して委任されており、実績報告書の作成・提出もこれに含まれていた。(3) 被告人は、……前記委任を受けて、各種書類をA社名義で作成、提出し、A社の担当者として環境省担当者との折衝・連絡を行うとともに、これらの事務の遂行状況をBに報告し、提出書類には原則としてBの押印を受けていた。…… (4) Bは、……、被告人から事務の遂行状況の報告を受け、提出書類に押印することにより、本件補助金に関する手続の進捗状況を把握しており、かつ、本件事業に係るバイオガス製造設備のうち一部の設置が完了していないことも認識していた。」

「以上の事実関係によれば、被告人は本件補助金の交付を受けるための業務に関し、事業主であるA社の統制監督を現に受け、又は受けるべき関係の下でA社の業務を代理していたといえる。したがって、被告人が補助金等適正化法32条1項にいう『代理人』にあたるとした第一審判決を是認した原判断は相当である。」

Ⅲ 評釈

1 問題の所在

(1) 本件の争点

本件は、委任を受けて申請手続を行った被告人が、補助金等適正化法32条1項にいう「代理人」にあたるとして、同法29条1項による処罰が肯定された事例である。完成を装った写真を添付した実績報告書の作成・提出が「不正の手段により交付金等の交付を受けた」ことにあたるのか、「不正の手段」と「交付を受けたこと」について相当因果関係があるのか[1]、補助金の交付金を受けた事業者は起訴されずに、その委任を受けて申請手続を行った被告人のみが起訴されていることが妥当なのか等についても、弁護人から争点とされたが、本稿では、被告人の行為が両罰規定を介して補助金等不正受交付罪として処罰対象となることの問題点を指摘したうえで、補助金の交付を受けた事業者と公法上・私法上の代理関係もなく、また、雇用関係もなく、対向的に委任された被告人が同法32条1項の「代理人、使用人その他の従業者」に該当するかという論点に焦点を当てて検討する。

(2) 両罰規定の意義

補助金等適正化法29条1項は、「偽りその他不正の手段により補助金等の交付を受け、又は間接補助金等の交付若しくは融通を受けた者は、5年以下の懲役若しくは100万円以下の罰金に処し、又はこれを併科する」と規定し、同法32条1項は、「法人（法人でない団体で代表者又は管理人の定のあるものを含む。以下この項において同じ。）の代表者又は法人若しくは人の代理人、使用人その他の従業者が、その法人又は人の業務に関し、前三条の違反行為をしたときは、その行為者を罰するほか、当該法人又は人に対し各本条の罰金刑を科する」と規定する。

補助金等不正受交付罪の成立要件である「補助金等の交付を受け」て利得するのは事業主であり、本条によって処罰されるのは本来的には事業主であ

---

(1) 「不正の手段」と補助金受交付の相当因果関係に関する判例として最決平成21年9月15日（刑集63巻7号783頁＝**第1集・判例25**）がある。

るが、事業主が法人であれ自然人であれ、「不正の手段」を用いるは自然人である。この両者が一致する場合には、本条のみによって処罰することが可能であるが、両者が別人格である場合に、32条1項は、この自然人たる直接行為者を処罰するとともに、事業主に対しては罰金刑を科す規定である(2)。

本件では、被告人が完成を装った写真を添付した書類を作成・提出し、これによりAが補助金の交付を受けている。被告人が同法32条1項の「代理人」に該当することは、一方で直接行為者である被告人の可罰性を基礎づけ、他方、事業主であるAの可罰性をも基礎づける。本件ではAは起訴されていないが、実体法的には二重の意味をもつ。この点をふまえて、32条1項にいう「代理人」の概念について検討する。

2　補助金等適正化法29条1項と同法32条1項との関係

(1)　補助金等適正化法29条1項（補助金等不正受交付罪）の構成要件要素

補助金等適正化法29条1項は、「偽りその他不正の手段により」、「補助金等の交付を受け、又は間接補助金等の交付若しくは融通を受け」ることを構成要件要素としている。「交付を受ける」のは、現実の交付を受けることを意味する(3)。本罪の未遂は処罰されておらず、「不正の手段」に該当する行為を行っても、「補助金の交付を受け」ない限りは、処罰対象とはならない(4)。また、本罪を詐欺罪の特別規定であると考えたとしても(5)、詐欺罪と異なり、「交付させる」ことではなく、「交付を受ける」ことを構成要件的結果としており、さらに、詐欺罪を含む2項犯罪のように、「他人にこれを得させる」ことも構成要件的行為としていない。

---

(2)　多和田隆史「法人処罰と両罰規定」大塚仁＝佐藤文哉編『新実例刑法［総論］』(2001年) 36-37頁、大塚仁ほか編『大コンメンタール刑法〔第3版〕第1巻』(2015年) 145頁以下〔古田佑紀＝田寺さおり〕は、行政罰則について、行政上の義務違反を処罰する規定が名宛人を限定している場合と限定しない場合を問わず、事業主とは異なる直接行為者を処罰するためには、両罰規定を待つことになるとしている。また、小滝敏之『全訂新版　補助金等適正化法解説〔増補第2版〕』(2016年) 421頁は、事業者を処罰する根拠として、「形式的には違反行為者でなくとも、その従業者等を通じて規範違反の状態を惹起した」ことについて責任を問うとしている。

(3)　小滝・前掲注(2)393頁。

(4)　小滝・前掲注(2)394頁（注12）。

(5)　小滝・前掲注(2)398頁。

他方、同法32条1項は、「前三条の違反行為をしたときは、その行為者を罰する」と規定する。同法29条1項の「違反行為」の「行為者」が「法人若しくは人の代理人、使用人その他の従業者」であれば、当該法人または人に罰金刑が科されることになるはずである。すなわち、32条1項の両罰規定は、「代理人」等が、29条以下の実行行為者（構成要件該当行為者）であることが前提となり、本件では、被告人は29条1項の「違反行為」（＝補助金等不正受交付罪）の「行為者」でなければならない。

(2)　両罰規定によって「行為者」を可罰的とした判例

禁止規定・処罰規定の名宛人が、法人その他の事業主に限定されている場合、現実に違反行為を行ったのがこれら以外の者（従業員など）であるとすると、違反行為者自身を処罰するためには、当該処罰規定に加えて両罰規定を適用しなければならないとするのが判例である(6)。すなわち、両罰規定において「行為者を罰する（ほか）」と規定することによって、実行行為者が事業主と別の人格である場合に、事業主（当該行為による利益が帰属する主体）以外の直接行為者に処罰対象が拡張するとしているのである(7)。

両罰規定を介して直接行為者の可罰性を導いた判例では、各禁止規定およびそれに対応する処罰規定（古物営業法16条・29条、鉱山保安法7条1項・56条2号、地方税法122条1項・2項、廃棄物処理法14条1項・25条、建設業法3条1項・45条1項3号、いずれも行為当時の規定である。）においては、すべて主体が事業主等に限定されているが、具体的事案における主体が法人である場合はもちろん、自然人が主体であっても、事業主以外の自然人が現実にこれを行うことがあり得るので、両罰規定（古物営業法33条、鉱山保安法58条、地方税法122条4項、廃棄物処理法29条、建設業法48条。いずれも行為当時の規定である。）の「行為者を罰する（ほか）」という文言で、各処罰規定の構成要件要素である行為主体として、事業主に加えて行為者を含めるよう修正するという解釈であると理解されている(8)。

---

(6)　最決昭和30年10月18日（刑集9巻11号2253頁）（古物営業法違反被告事件）、最決昭和34年6月4日（刑集13巻6号851頁）（鉱山保安法違反被告事件）、最決昭和55年10月31日（刑集34巻5号367頁）（地方税法違反被告事件）、最決平成7年7月19日（刑集49巻7号813頁）（建設業法違反被告事件）。

(7)　多和田・前掲注(2)33頁以下。神例康博「判批」平成27年度重判181頁。

(3)　補助金等適正化法の両罰規定との比較

これに対して、補助金等適正化法29条1項は、規定上、行為主体は限定されていない。「偽りその他の不正の手段」を用いることは29条1項の行為ではあるが、「補助金の交付を受ける」という構成要件的結果は別個の要素であり、実際上、これを充足しうるのは、補助金対象の事業主（法人、自然人を含む）に限定される。本件被告人のように、補助金交付による利益が直接帰属しない「行為者」が29条1項で直接処罰対象とならないのは、主体要件欠如ではなく、構成要件的結果が欠如するためである。この欠如の部分を両罰規定（32条1項）の「行為者を罰する（ほか）」によって補足するためには、32条1項の「（前三条の）違反行為」は、29条1項に即していえば、「偽りその他の不正の手段」を用いたことで足り、「補助金の交付を受け……」たことは要件としないと解することになり、「行為者」も「偽りその他の不正の手段」を用いた行為者を指すことになる。

前述のように、構成要件要素の一部しか充足していない場合、未遂犯処罰規定がなければ可罰的ではなく、他人によって残りの要件が充足される場合には、共犯関係を前提として可罰的となるはずである。本罪は未遂処罰規定はなく、また、被告人とA（またはB）との共犯関係も認定されていない[9]。

3 「代理人」の意義

(1)　本件における各審級の判断

補助金等適正化法32条1項は、「法人（……）の代表者又は法人若しくは人の代理人、使用人その他の従業者」が、「その法人又は人の業務に関し」、「前三条の違反行為」をしたときに、行為者と事業主の両者を処罰するという両罰規定である。被告人は補助金の交付を受ける事業主の商業支配人でも従業員でもない外部者であり、事業主から対向的に委任を受けた代理人にすぎず、顕名も代理行為もしていないので、32条1項にいう「代理人」にはあたらないと主張している。

これに対して、第一審は、補助金交付の申請手続についての委任内容やそ

---

(8)　その意味において、「構成要件修正説」とよばれる（久禮博一「判解」最判解平成27年度308頁、神例・前掲注(7)181頁）。

(9)　松宮孝明「判批」新・判例解説Watch19号（2016年）205頁。

の重要性、この委託事務と補助金対象となる事業（バイオガス製造）について被告人が請け負った業務との関係、補助金交付申請手続についてＢが被告人を統制監督する契機が存在したことから、被告人が本条項の「代理人」にあたることを肯定した。

控訴審も、第一審の判断を是認し、「事業主たる本人から対向的に委任を受けた者でも、本人の業務を履行すべき地位にあって、本人のためにこれを行う中で法が定める罰則の違反行為を行うことは、十分想定される……にもかかわらず、補助金等適正化法が、……その委任が対向的なものであるという点を理由に処罰の対象から除外しているとは解しがたく、そのような解釈は文理上も無理がある」とした。

最高裁の本決定は、「代理人」の行為に対する事業主の処罰根拠として過失推定説を前提にして、事業主が行為者の違反行為を防止できるような統制監督関係にあったことを「代理人」該当性の基準とし、これが否定される場合には事業主の過失が推定されず、本条項は適用されないとする。そして、統制監督関係の有無は、「事業主から行為者に与えられた権限の性質・内容、行為者の業務履行状況、事業主の関与状況その他の事業を総合して判断すべきである」として、具体的事情を考慮して認定している。

(2)　両罰規定の法意、「代理人」および「（その他の）従業者」該当性に関する判例

事業主が処罰される根拠に言及したリーディングケースは、最大判昭和32年11月27日（刑集11巻12号3113頁）である。この判決は、同法の両罰規定である当時の入場税法17条の3について、「事業主たる、人の『代理人、使用人其ノ他ノ従業者』が入場税を逋脱し又は逋脱せんとした行為について右行為者らの選任、監督その他違反行為を防止するために必要な注意を尽くさなかった過失の存在を想定した規定と解すべく、したがって事業主において右に関する注意を尽くしたことの証明がなされない限り、事業主もまた刑責を免れ得ないとする法意と解するを相当とする」として、過失推定説による立場を明確にした。

両罰規定においては、委任者が処罰されるための「代理人、使用人その他の従業者」の範囲が問われるが、非事業者に対する「代理人」該当性を肯定した判例として最決平成9年10月7日（刑集51巻9号716頁）がある。被

告人は父親から相続した土地を夫に委任して売却したが、夫が譲渡収入の一部を秘匿し、情を知らない税理士に前記秘匿収入を除外した内容虚偽の確定申告書を作成・提出させて所得税の一部を免れた事例において、委任を受けた夫が、当時の所得税法244条1項（現243条1項）の「代理人」にあたるとして、「選任、監督等において違反行為を防止するために必要な注意を尽くさなかった過失がないことの証明ができない限り、……所得税ほ脱行為について、同法244条1項、238条に基づく刑責を負う」としている。ここでは、非事業者である「人」の「代理人」である要件が問われたが、事業者の「代理人」と同様に、両罰規定の根拠について過失推定説によることを確認し、依頼主が選任、監督等において違反行為を防止すべき対象を「代理人」とした。この平成9年決定では、「代理人」該当性は、依頼主の可罰性を確定するために問われていたのに対し、本平成27年決定では、委任を受けた行為者の可罰性が問題となる点で、方向性が反対であり、同様の判断基準が自動的に適用されるのかどうかが問われる。

また、「その他の従業者」に該当することを肯定した判例は、「従業者」を「被告人との特定の関係に基づいて事実上その業務に従事している者」（最判昭和26年9月4日刑集5巻10号1860頁、1862頁）としているが、これによって「従業者」と認められているのは、従業員（前掲最判昭和26年9月4日）、「実質的な経営者」（最決昭和58年3月11日刑集37巻2号54頁）、「集計、管理等の窓口事務の責任者」（最決平成9年7月9日刑集51巻6号453頁）、「実質的には経理担当の取締役に相当する権限が与えられ」た者（最決平成23年1月26日刑集65巻1号1頁＝**第2集・判例2**）、「現実に当該上場会社等の業務に従事している者」（最決平成27年4月8日刑集69巻3号523頁＝**本書・判例19**）であり、いずれも事業主（違反行為による利益の帰属主体）と内部的関係にある者である。

(3)　「代理人」該当性に関する学説

両罰規定における「代理人、使用人その他の従業者」の意義については、私法上・公法上の代理人と同様の意味で用いることを出発点とする[10]が、

---

(10)　ただし、法律行為のみならず事実行為についての代理も、両罰規定における「代理人」に含まれうる点で、私法上または公法上の「代理人」であることが必要条件になるとは限らない（松宮・前掲注(9)204頁）。

基本的には、本人たる事業主の処罰根拠が過失責任であることを前提として、行為者の違反行為を防止する立場にあることを要件とする点は共通理解である。いずれにしても、「従業者」は、「直接、間接に業務主の統制・監督を受けて業務に従事する者[11]」であり、必ずしも雇用関係の存在は必要としないのが通説である。ただし、選任・監督によって違反行為を防止すべき立場にあるかどうかについての基準が、雇用関係をはじめとする内部関係におけるような継続的な関係にある場合に限定されるのか、個別的な非継続的な関係[12]の場合も含むのかについては、争いがあるといえる。この点については、「対向的に委任を受けた代理人は含まず、商業支配人など、従業者たる身分をもっているもの」に限定されるとする見解が有力に主張されている[13]。

(4)　検討

本件においては、事業主の依頼を受けて補助金申請手続を行った行為者の可罰性が問われたが、最高裁は、従来の判例に従って、両罰規定が適用される「代理人」の範囲を、事業主の「統制監督を現に受け、又は受けるべき関係の下で」行為したかどうかにかからしめている。従来の判例が、業務を依頼した側の処罰を基礎づけるのに用いた基準を、「代理人」とされる側の処罰を基礎づける際にも適用している。

第1に検討すべきは、「代理人」と「従業者」の関係である。すなわち、「代理人、使用人その他の従業者」の文言上の解釈である。通常、「○、△その他の□」という文言は、○と△は□の一例であり、部分集合である。すなわち、□は外枠であり、○、△がこの範囲を超えることはない[14]。補助金等適正化法32条1項に即していえば、「代理人」は「従業者」の一例であり、「従業者」でない「代理人」には本条項は適用されないことになる。前述の「その他の従業者」該当性を認めた判例では、直接行為者が本人（事業者）

---

(11)　西田典之ほか編『注釈刑法　第1巻』（2010年）273頁〔佐伯仁志〕、古田＝田寺・前掲注(2)144頁。

(12)　「対向的」な委任の内容は必ずしも一義的ではないが、「個別的に特定事項について代理権を与えられた者」と理解されているものと思われる（木口信之「判解」最判解平成9年195頁）。

(13)　古田＝田寺・前掲注(2)144頁。

(14)　木口・前掲注(12)201頁、久禮・前掲注(8)309頁。

と内部関係にあるのに対し、本件では、対向的に委任された直接行為者について「代理人」該当性が問題とされている。「代理人」が「従業者」の部分集合であれば、内部関係にない者についても「従業者」該当性を認めたことになる。

第2に、事業主の処罰を基礎づけるために「代理人、使用人その他の従業者」を画定する場合と、行為者自身の可罰性を基礎づけるために画定する場合に、同一基準に拠るべきかが問われる。判例および通説は、「代理人、使用人その他の従業者」が行った違反行為に対して、個別的な共犯関係を前提とせずに事業主を処罰する両罰規定の根拠を、直接行為者の違反行為を防止すべき義務を想定した過失推定説に求め、「統制監督関係」の存否を「代理人」該当性の基準としている。これに対して、各処罰規定だけでは可罰性を基礎づけるのに不十分である直接行為者の行為について、両罰規定を介してその可罰性を導く際にも同様の基準による必然性があるかどうかは、議論の余地があるところである(15)。

第3に、判例が両罰規定において基準としている「統制監督関係」あるいは「選任・監督関係」(16)を観念的・抽象的に判断すべきか、それとも、具体的に違反行為を防止すべき関係にあったかを基準とすべきかが問われる。

本決定においては、事業主の統制監督を「現に受け、又は受けるべき関係」(圏丸は引用者による）にあったことを根拠にして「代理人」該当性を認めており、現に統制監督下に置かれていることは必要条件とはされていない。統制監督を及ぼすべきであったが、事業主がこれを怠った場合にも「代理人」該当性を認める趣旨であるという理解もある(17)が、統制監督を受けるべき関係にあったことを抽象的基準によって判断するとすれば、「統制監督関係」は、「代理人」の範囲限定機能をもたず(18)、両罰規定（とりわけ事業主）の処罰根拠を示すにとどまることになる。

---

(15)　久禮・前掲注(8)314頁は、その問題点を意識しつつも、文理解釈上、いずれの方向でも同一基準によらざるを得ないとしている。

(16)　神例・前掲注(7)は、本決定についても「統制監督関係」を「選任、監督関係」と表現を置き換えている。

(17)　久禮・前掲注(8)315頁。

(18)　伊東研祐「判批」平成9年度重判149頁。

4 本判決の意義と今後の課題

(1) 本決定の意義

本決定は、補助金交付手続において不正の手段を用いて申請に関与した行為者が、自らは補助金交付を受けていなくても、両罰規定における「代理人」にあたり、両罰規定を介して処罰されるとし、両罰規定が直接行為者処罰にも用いられることが再確認された。

そして、補助金等適正化法における「代理人」の範囲についても、私法上または公法上の「代理人」であることは必要条件でも十分条件でもなく、直接行為者が事業主の「統制監督下」にあるかどうかを基準とし、事業主と内部関係にあるのか対向的に委任された関係にあるのかを問わない共通基準として適用されるとした。前述の判例において、両罰規定を介して可罰的とされた直接行為者が、いずれも従業員等の内部者であったことと比較すると、本件では、対向的に委任された「代理人」にまでその適用範囲を拡張されたものと解される。

両罰規定の典型事例は、事業主と商業支配人など内部関係にある者(経済的利害が一致する者)であると考えられるが、前掲平成9年決定によって非事業者と内部関係にある者に拡張された。この決定については、非類型的であるが故に、統制監督関係についてより具体的な判断がされたと理解されている[19]。本決定では、事業主と対向的に委任された関係にある者についても「代理人」該当性を肯定し、典型的な事例から拡張されている。ここでも、非類型的である故に個別具体的事情が検討され、「統制監督関係」が判断されたとする理解は適切であると思われる[20]。

(2) 本決定の射程と検討課題

本決定は、両罰規定を経由して直接行為者を処罰対象とする際にも、本人(事業者)との「統制監督関係」の存否によることを確認したが、「統制監督関係」あるいは「選任・監督関係」が、雇用関係を典型とする継続的関係ではなく、個別的に(本件では補助金申請手続を)依頼している関係の場合にも適用される可能性があるとした。もっとも、本件においては、補助金申請手

---

(19) 木口・前掲注(12)201頁。

(20) 久禮・前掲注(8)316頁。

続において被告人の従業員が事業者の従業者（内部者）であるかのようにふるまい、申請先からもそのように理解されていたという実態に着目すれば、実際には個別的に対向的に委任された関係であっても、内部者であるかのような外観を備えていた場合に「代理人」該当性を肯定した事例であると理解することも可能であろう。

なお、「統制監督関係」の内容については、前述の最決平成27年4月8日（金融証券取引法違反被告事件）において、事業主である上場企業の大株主として同社の「重要な業務執行の決定に関与する」者を「その他の従業者」にあたるとしているが、「統制監督関係」が、事業主（法人）とこのような者の具体的・実質的な力関係を問わない抽象的判断を行っているためにその結論に至るのか、あるいは、「内部取引を規制する」という同条項の趣旨からその結論が導かれているのかは、本決定との整合性の観点からも検討すべきものと思われる[21]。

---

(21)　この点については、松宮・前掲注(9)206頁を参照。

第5章
医事・薬事

薬事制度の中心をなす薬事法は、「医薬品、医薬部外品、化粧品及び医療機器の品質、有効性及び安全性の確保のために必要な規制を行う」ことにより、「保健衛生の向上を図ること」を目的のひとつとし（改正前薬事法1条参照）、効能効果と副作用を併せもつ医薬品や医療機器等の研究・開発、承認・製造、流通・使用の各段階において規制を行っている。薬事法については、平成25年11月27日に薬事法等の一部を改正する法律（平成25年法律第84号）が公布され、大幅な改正がなされた。この改正では、過去に発生した薬害事件等を顧みて、医薬品等による健康被害の防止に資するよう、目的規定のなかで、これらの「使用による保健衛生上の危害の発生及び拡大の防止のために必要な規制を行う」（1条）ことが明示され、また、革新的な医薬品および医療機器の開発や、iPS細胞等を用いた再生医療等製品の実用化を進めるため、関係規定の整備がなされるなどした。なお、題名も「医薬品、医療機器等の品質、有効性及び安全性の確保等に関する法律」に改められ、薬機法という略称も用いられるようになった。

薬事法上の刑事規制においては、被告人が行った製造または販売等の目的物が法の規制対象である「医薬品」（改正前薬事法2条1項）に該当するかどうかが問題となることがある。これに関して、最判昭和57年9月28日（刑集36巻8号787頁）は、「現行薬事法の立法趣旨が、医薬品の使用によつてもたらされる国民の健康への積極・消極の種々の弊害を未然に防止しようとする点にあることなどに照らすと、同法2条1項2号にいう医薬品とは、その物の成分、名称、その物に表示された使用目的・効能効果・用法用量、販売方法、その際の演述・宣伝などを総合して、その物が通常人の理解において『人又は動物の疾病の診断、治療又は予防に使用されることが目的とされている』と認められる物をいい、これが客観的に薬理作用を有するものであるか否かを問わないと解するのが相当であ」るとの基準を示している。**第2集・判例25**では、ダイエットに効果があると標榜する健康食品を無許可で製造した行為が医薬品無許可製造罪で処罰されたが、**判例25**では、幻覚作用のあるジフェニジンを含有する商品を「お香」や「観賞用植物肥料」として販売した被告人の行為が、「医薬品」を無許可で販売したものとして、医薬品無許可販売罪（改正前薬事法24条1項、84条5号）にあたるかどうかが問われた。第一審は、商品や販売方法の外観等を総合的に見て、本件商品を「医薬品」と判断するには合理的な疑いが残るとしたが、名古屋高裁は、「本件植物片等がジフェニジンを含有していること自体、その濃度等の程度を問わず、これらが人体摂取目的で製造されたことを強く推認させる意味を持つということができる」ということをひとつの理由として、医薬品該当性を肯定し、有罪判決を言い渡した。また、改正前薬事法は医薬品等に関する広告を適正化するための規定を有していたが、**判例26**では、製薬会社従業員である被告人らが高血圧治療薬の臨床試験に際してデータを改ざんし、このデータをもとに研究者らに論文を執筆・公表させた行為が、医薬品に関する虚偽または誇大な記事を広告・記述・流布することを禁じた改正前薬事法66条1項の定める罪にあたるかどうかが問われた。東京地裁は、「社会通念上の『広告』の語から考えた場合、同項が規制する広告……は、顧客を誘引するための手段として広く世間に告げ知らせることをいうと解することが素直である」としたうえで、広告・記述・流布のいずれも、「顧客を誘引するための手段としてなされるものであることを要し、記事の対象が医薬品等であることに即していえば、その情報受領者の購入意欲（処方薬に関しては、医師の処方意欲を含む。以下同じ。）を喚起・昂進させる手段としてなされるものであることを要する」との基準を示し、「……学術論文を作成して学術雑誌に投稿し、掲載してもらうという行為は、それ自体が需要者の購入意欲ないし処方意欲を喚起・昂進させる手段としての性質を有するとはいい難い」として、被告人の行為は同項所定の「記事」を「記述」したことにあたらないと判示し、無罪を言い渡した。

薬物乱用に対する刑事規制を定める法律としては、大麻取締法、覚せい剤取締法、麻薬及び向精神薬取締法、およびあへん法等がある。平成２年には、組織的かつ大規模な薬物乱用事犯への対応やこれらの犯罪から生ずる巨額の利益のはく奪等を目的とした、麻薬及び向精神薬の不正取引の防止に関する国際連合条約（麻薬新条約）が発効し、日本でもこれを受けて、平成３年に、麻薬及び向精神薬取締法の一部を改正する法律、および国際的な協力の下に規制薬物に係る不正行為を助長する行為等の防止を図るための麻薬及び向精神薬取締法等の特例等に関する法律（麻薬特例法）が公布され、翌年施行された。麻薬特例法は、「規制薬物に係る不正行為が行われる主要な要因を……除去すること」、および「規制薬物に係る不正行為を助長する行為等の防止を図」ることを実質的な目的としていると解されるが（1条参照）、判例においてはこれまで、没収の対象となる「薬物犯罪収益」（2条3項）の意義と範囲（**第１集・判例30、31**）、あるいは、インターネット掲示板で行われた、薬物犯罪に対する「あおり」および「唆し」の処罰（9条参照）の是非（**第２集・判例26**）といった問題が取りあげられてきた。これらの判例で問題となった、犯罪収益のはく奪や薬物犯罪を助長する行為の処罰と並んで、麻薬特例法は、５条において、組織的継続的に行われる密売等に対処するため、業として行う不法輸入等に対し、無期または５年以上の懲役および１千万円以下の罰金という法定刑を定めている。

判例27では、携帯電話で注文を受け、宅配便で発送するなどの方法で、覚せい剤を多数人に対して有償で譲り渡すなどした被告人の行為が、麻薬特例法5条4号の罪にあたるかどうかが問われ、そのなかで、被告人が、覚せい剤を「営利の目的」で所持し、譲り渡す行為（覚せい剤取締法41条の2第2項参照）を「業とした」かどうかが争点となった。神戸地裁は、「1年7か月の長期間にわたり、覚せい剤取引以外に全く関係がない複数の人物に対し、多数回覚せい剤を譲渡していたこと自体が、これらの多数回反復継続した取引から利益を得る目的があり、実際に利益が上がっていたことを強く推認させる」としたうえで、「密売による利益を得る目的でチャック付きポリ袋入り覚せい剤17袋を所持していたことは明らかであり、財産上の利益を得る目的で覚せい剤を所持していたものと認められる」として、被告人の行為につき営利目的を肯定し、さらに、「被告人は、複数の他人名義の携帯電話を所持し、客からその携帯電話に注文を受け、手渡しで取引を行うほか、遠方の客とも宅配便を使い、代金振込みで取引ができるように、他人名義の預金口座を準備しており、捜査機関に摘発されずに取引を継続する仕組みを構築していた」ことなどを認定し、単独での譲渡であり、組織的な背景はないが、被告人は「覚せい剤及び覚せい剤様のものの譲渡を『業とした』ものと認められる」とした。

〔辻本淳史〕

25　危険ドラッグの「医薬品」該当性

名古屋高判平成28年10月17日高刑速（平28）号209頁

辻本淳史

Ⅰ　事実の概要

被告人は、自身が経営する店舗において、「AXX1」と書かれたチャック付ビニール袋に入った植物片10袋、「XTC WAVE NEXT13」等と表示されたパッケージに入った液体1袋、円錐形のケースに入った粉末1個、および「ICE ECTASY」等と表示されたパッケージに入った粉末1個を販売する目的で貯蔵したが、これらの植物片等はいずれも、1—（1、2—ジフェニルエチル）ピペリジン（通称、ジフェニジン）を含有するものであった。本件店舗のカウンターテーブル上方のコルクボード、およびカウンターテーブル裏側の壁面には、本件植物片等は「お香」や「観賞植物用肥料」として使用するものであり、人体摂取を目的とした者等への販売はできない旨の注意書きが掲示されていた。なお、ジフェニジンは、本件後、改正前薬事法2条14項の指定薬物（中枢神経系の興奮若しくは抑制又は幻覚の作用を有する蓋然性が高く、かつ、人の身体に使用された場合に保健衛生上の危害が発生するおそれがある物）に指定され、その所持等が禁止されることになった。

検察官は、これらの植物片等は改正前薬事法（以下、「法」とする）2条1項の「医薬品」に該当するとし、許可を受けずにこれらを販売した被告人の行為は医薬品無許可販売罪（法24条1項、84条5号）にあたるとして起訴した。第一審（名古屋地判平成27年10月28日LEX/DB 25545087）は、本件植物片等は、含有するジフェニジンの濃度等が明らかでなく、人がその薬理作用を得るために使用すべき量が認定できないこと、その形状や包装上の表示、商品名からみても、人体摂取目的を肯定すべき外観を備えているとは認められないこと、および、本件店舗における商品（ジフェニジンを含有するものに限らない）の販売方法や演述・宣伝からしても、当該植物片の具体的な販売方法やその際の説明、それにより購入者が受けた印象、実際の用途等が認定できないことを理由に、本件植物片等について医薬品該当性を否定し、無罪を言い渡した。これに対して、検察官が控訴した。

Ⅱ　判旨——破棄自判

名古屋高裁は、下記の事実（①から③）を認定し、本件植物片等の医薬品該当性を肯定して（④）、医薬品無許可販売罪の成立を認め、被告人に対して懲役2年（執行猶予3年）および罰金20万円を言い渡した。

①【本件植物片等が含有する成分について】　本件植物片等が含有するジフェニジンは、人の神経細胞に存在する受容体が正規に働くのを阻害する薬理作用を有し、本件直後の厚生労働省令によって法2条14項の指定薬物とされた物質である。そして、控訴審で取り調べた薬理学の専門家の証言によっても、それは、ごく少量で幻覚作用を来たすものであり、快楽を得る目的以外での用途がありえず、人が合成しない限り存在しえないが、医薬品その他の合法的な製品の製造過程で生じることは考え難いと認められる。それゆえ、「本件植物片等がジフェニジンを含有していること自体、その濃度等の程度を問わず、これらが人体摂取目的で製造されたことを強く推認させる意味を持つということができる。」

②【形状、および販売方法について】　本件植物片等を含め、本件店舗や商品パッケージには、商品に関する成分や効能効果等が十分に表示されておらず、お香や観賞用植物肥料として使用するとしても、これらの商品についてよく知らない者は、適切な使用方法を知ることができない。それにもかかわらず、これらの商品は、価格が1グラム1700円などと相当に高額である。このように、商品本来の用法等が必ずしもはっきりしない一方で、本件店舗内には、人体摂取を否定したり、購入後の使用についてはすべて顧客が責任を負うかのような掲示が殊更になされている。これらのことを考えると、「実際は、本件植物片等が人体に摂取するためのものであることを承知の上

＊事実の概要及び判旨については、LEX/DB 25545088 も参照した。

でそれを隠蔽するような形で販売しながら、摘発を免れるために店舗内にわざとらしい掲示を掲げるなどした疑いは濃厚であるといえ」、「本件店舗が、原判決のいう『合法ハーブなどと称して人体摂取目的でないかのように装い、実際には人体摂取目的の商品を販売する店』なのではないかと疑う余地は相当にあったといえよう。」

③【実際の用途等について】　控訴審で取り調べた顧客の証言によれば、当該顧客が、本件前まで1年半にわたり、本件店舗でお香として販売されていた植物片を購入し、店内に吸引を禁ずる旨の掲示がされていたものの、「吸引使用してふわっとした気分に浸っていた。他店でも同様の掲示がされており、吸引使用という形にすると法律的にまずいのかと思っていた。」という事実が認定できる。

④【医薬品該当性について】「……本件植物片等の成分、形状、販売方法等に関する事情を総合すると、本件植物片等は、人体摂取目的のものと推認され、これらが通常人の理解において『人又は動物の身体の構造又は機能に影響を及ぼすことが目的とされている』と認められるもの、すなわち医薬品に該当することは明らかである。」

Ⅲ　評釈

1　医薬品無許可販売罪の規定と本件における争点

本件では、被告人の行為が法24条1項、84条5号の定める医薬品無許可販売罪にあたるかどうかが問われ、そのなかで、いわゆる危険ドラッグとみられる本件植物片等が、改正前薬事法の規制対象である「医薬品」に該当するかどうかが争われた。

改正前薬事法は、「医薬品、医薬部外品、化粧品及び医療機器の品質、有効性及び安全性の確保のために必要な規制を行う」ことにより、「保健衛生の向上を図ること」を目的のひとつとし（法1条参照）、医薬品販売業を許可制として（24条1項[1]）、これに違反する者を3年以下の懲役もしくは300万円以下の罰金に処し、またはこれを併科するとしていた（84条5号）。行政解釈は、その規制理由を、生命や健康に直結する医薬品の特殊性に鑑みると、その販売、授与等を国民の自由に委ねることは保健衛生上不適当であると考えられることに求めていた[2]。

「医薬品」については、法2条1項[3]が定義している。第一審、本判決ともに、本件植物片等が同項3号にいう「人又は動物の身体の構造又は機能に影響を及ぼすことが目的とされている物」であるか否かを問題にした。両判決は結論を異にしているが、これは、第一審が本件商品の包装や表示、販売方法等の外観から受ける一般人の印象を重視し、本件植物片等を医薬品と断定するには「合理的な疑い」が残るとしたのに対し、本判決は、快楽を得る目的以外での用途がありえないジフェニジンの薬理作用と人体摂取目的との強い結び付きを決定的とみて医薬品該当性を肯定したことによると思われる。

2　医薬品該当性に関するこれまでの判例

医薬品無許可販売罪における「医薬品」該当性については、判例においてはこれまで、特定の疾患に対し特別の効能があるかのように宣伝して健康食品等を販売した事例を中心に争われてきた[4]。そのなかで、高血圧や糖尿病等の疾患を治すちからがあると言って、クエン酸またはクエン酸ナトリウムを主成分とする粉末または錠剤を医薬品類似の外観で販売した行為が、医薬品無許可販売罪に問われた事案につき、最判昭和57年9月28日（刑集36

---

(1)　改正前薬事法（昭和35年法律第145号）24条1項は、「薬局開設者又は医薬品の販売業の許可を受けた者でなければ、業として、医薬品を販売し、授与し、又は販売若しくは授与の目的で貯蔵し、若しくは陳列（配置することを含む。以下同じ。）してはならない。ただし、医薬品の製造販売業者がその製造等をし、又は輸入した医薬品を薬局開設者又は医薬品の製造販売業者、製造業者若しくは販売業者に、医薬品の製造業者がその製造した医薬品を医薬品の製造販売業者又は製造業者に、それぞれ販売し、授与し、又はその販売若しくは授与の目的で貯蔵し、若しくは陳列するときは、この限りでない。」と定めていた。医薬品、医療機器等の品質、有効性及び安全性の確保等に関する法律（昭和35年法律第145号、平成25年法律第84号改正）（以下、「薬機法」という。）24条1項も同じ文言でその旨を定めている。

(2)　薬事法規研究会編『逐条解説　薬事法〔5訂版〕』（2012年）597頁。

(3)　改正前薬事法2条1項は、「医薬品」を、1号において「日本薬局方に収められている物」、2号において「人又は動物の疾病の診断、治療又は予防に使用されることが目的とされている物であつて、機械器具、歯科材料、医療用品及び衛生用品（以下『機械器具等』という。）でないもの（医薬部外品を除く。）」、3号において「人又は動物の身体の構造又は機能に影響を及ぼすことが目的とされている物であつて、機械器具等でないもの（医薬部外品及び化粧品を除く。）」と定義していた。薬機法2条1項もほぼ同様の定義をしているが、同法が医療機器プログラムや再生医療等製品等を規制対象に取り入れたことにより、2号および3号における医薬品からの除外対象が複雑化している。

巻8号787頁）は、「現行薬事法の立法趣旨が、医薬品の使用によつてもたらされる国民の健康への積極・消極の種々の弊害を未然に防止しようとする点にあることなどに照らすと、同法二条一項二号にいう医薬品とは、その物の成分、名称、その物に表示された使用目的・効能効果・用法用量、販売方法、その際の演述・宣伝などを総合して、その物が通常人の理解において『人又は動物の疾病の診断、治療又は予防に使用されることが目的とされている』と認められる物をいい、これが客観的に薬理作用を有するものであるか否かを問わないと解するのが相当であ」るとして、有罪判決を言い渡した。この判決は、販売目的物の成分・形状、名称・表示、販売方法等を総合的に判断し、医薬品該当性を肯定したものであり、そのためには客観的な薬理作用により人体に対する副作用等の積極的弊害が生ずる可能性があることは必ずしも必要ないとする趣旨である。

このような判断は、医事法上の行政取締りの分野においても、他人に対して健康上の害を及ぼす虞があることを処罰の要件とした昭和35年最高裁大法廷判決(5)に反するのではないかということが問題となる。この点に関し、上記の昭和57年最高裁判決補足意見において、伊藤正己裁判官は、当該事

(4)　最高裁判例として、本文で取り上げたもののほか、最決昭和46年12月17日（刑集25巻9号1066頁（豚の胆のうの中身を取り出して煮つめたうえ、牛の胆のうの袋に詰め込んで乾燥させたもの等を販売した事例））、最決昭和57年2月12日（刑集36巻2号193頁（被告人が販売した「高麗人参濃縮液」は、標榜された効能・効果の点を除いても医薬品にあたるとされた事例））、最判昭和63年4月15日（刑集42巻4号758頁（海藻エキスを主成分とする健康食品を、高血圧等の疾患に対する薬理作用を示す「治験例集計紙」を添付するなどして販売した事例））等がある。下級審を含めた裁判例の概観を得るには、佐久間修「判批」『医事法判例百選』（2006年）66-7頁等を参照。なお、辻本淳史「判批」『医事法判例百選〔第2版〕』（2014年）36-7頁。

(5)　最大判昭和35年1月27日（刑集14巻1号33頁）。これは、「HS式無熱高周波療法」を業として行った被告人の行為が、当時のあん摩師、はり師、きゆう師及び柔道整復師法にいう医業類似行為として処罰されるか否かが問われた事案に関するものである。最高裁は、「……あん摩師、はり師、きゆう師及び柔道整復師法一二条が何人も同法一条に掲げるものを除く外、医業類似行為を業としてはならないと規定し、同条に違反した者を同一四条が処罰するのは、これらの医業類似行為を業とすることが公共の福祉に反するものと認めたが故にほかならない。ところで、医業類似行為を業とすることが公共の福祉に反するのは、かかる業務行為が人の健康に害を及ぼす虞があるからである。それ故前記法律が医業類似行為を業とすることを禁止処罰するのも人の健康に害を及ぼす虞のある業務行為に限局する趣旨と解しなければならない」として、原判決を破棄差戻しした。

件における処罰の理由として、「標榜された製品の薬効に対し国民の不当な過信を招くおそれ」を挙げていた。この意見は、昭和35年大法廷判決にいう「健康上の害」のなかには、標榜された健康食品等の効能等を国民が過大に評価するあまり、正しい医療を受ける機会を失うなどの消極的弊害も含まれるとするのであろう(6)。学説の多くも、薬事法が積極的弊害と並んで消極的弊害をも未然に防止する目的を有することを認め、このような処罰を是認する(7)。

---

(6) 本文のような理解に対して、山本輝之「判批」年報医事法学4号（1989年）127-8頁は、販売目的物の成分・形状、名称・表示、販売方法等を考慮して医薬品該当性を総合判断する判例の判断定式は、昭和46年6月1日の「無承認無許可医薬品の指導取締りについて」と題する厚生省薬務局長の通知（薬発476号）における「その物の成分本質、形状（剤型、容器、包装、意匠等をいう。）及びその物に表示された使用目的・効能効果・用法用量並びに販売方法、販売の際の演述等を総合的に判断して、通常人が〔法2条1項〕2号又は3号に掲げる目的を有するものであるという認識を得るかどうかによって判断すべきもの」という医薬品についての行政解釈に影響されたものであることを指摘し、昭和35年大法廷判決の趣旨からは、医薬品無許可販売罪の処罰根拠も積極的弊害に限定されるべきであることを主張する。これに対して、前田雅英「判批」昭和57年度重判177頁は、第1回国会衆議院厚生委員会会議録37号（昭和22年12月5日付）を参照し、「正しい医療を受ける機会を失うという弊害は、行政解釈として古くから考慮されてきた」だけでなく、「実は判例にも広く採用されてきた」とし、昭和35年大法廷判決における石坂裁判官の反対意見で用いられた後、あん摩師等法による広告制限についての最大判昭和36年2月15日（刑集15巻2号347頁）以降は多数意見でも採用されてきたことを指摘する。

(7) 早くも、井上正治＝田中久智「判批」判タ109号（1960年）992、993頁は、昭和35年大法廷判決を検討するなかで、「医師以外の者の医業が禁止処罰される理由」のなかには、「医師であれば決して行わないであろうような（無害ではあるが）効果のない無意味な行為」により「疾病、その程度、治療、恢復期等につき兎角安易なる希望を持ち易い患者の心理傾向に拍車をかけ、人体に直接危害を与えないまでも、正常なる医療を受ける機会、ひいては、医療の適機を失い、恢復を遅延させる危険」も含まれることを指摘し、「正常なる医療を受けて（ママ）機会を失わしめる虞」をひとつの理由として処罰を是認する石坂裁判官の反対意見に賛同していた。さらに、大谷實「判批」判評285号（1982年）225頁、前田・前掲注(6)177頁（ただし、「不当な過信」の概念は広すぎるとする［同178頁］）、川端博「判批」警研57巻3号（1986年）75頁。また、鈴木彰雄「判批」新報96巻5号（1990年）322-3頁は、消極的弊害を考慮することを認めるが、外観・形状、用法用量と効能効果、演述・宣伝からみて、ある程度特定した疾病の治療等に効果があると一般人を誤信させるおそれがある物のみが処罰の対象となると解すべきであり、誰が見ても「薬」だと思う物であっても、具体的効能が全く不明であるときは不可罰とすべきことを主張する。これに対して、山本・前掲注(6)129頁は、消極的弊害が薬事法における刑事規制の根拠となるかどうかを疑問視し、医薬品該当性の判断基準として、その物の販売の際の演述・宣伝という要素までをも考慮することは不当であるとする。

3　第一審および本判決の分析

第一審は、本件植物片等が改正前薬事法2条1項3号にいう「人又は動物の身体の構造又は機能に影響を及ぼすことが目的とされている物」にあたるか否かを認定するに際し、前述のように、販売目的物や販売行為の外観等から一般人が受ける印象を重視して、本件植物片等の医薬品該当性を否定したようにみえるが、これは健康食品等の医薬品該当性が争われた事件において形成されてきた上記判例法理に忠実な判断であるといえる。

しかし、他方で、第一審は、消極的弊害の有無が争われた事案のなかで形成された上記判例法理の趣旨を、ごく少量で幻覚作用を来たすものであり、快楽を得る目的以外での用途がありえないジフェニジンを含有する、「危険ドラッグ」を販売した本件被告人の行為に対してそのまま当てはめ、その結果、販売目的物や販売行為の外観を重視しすぎた嫌いがある。ジフェニジンを含有する本件植物片等がもたらしうる弊害は、幻覚作用という精神毒性であり、積極的弊害以外の何ものでもない。本件は、上記の判例法理が想定する健康食品の販売等とは事案を異にする。このことを考慮すると、用いた判断定式こそ第一審と同じであるが、ジフェニジンと人体摂取目的との強い結び付きを前提に医薬品該当性を肯定した控訴審の結論がより適切であるようにみえる。

また、かりに、上記判例法理の定式に忠実な判断をするとしても、そこに挙げられている考慮要素のひとつとして、「その物の成分」も示されており、本件においてこれにあたるのが強い精神毒性をもつジフェニジンであることも明白である。このことを併せ考えると、いかに「お香」や「観賞植物用肥料」の販売であると強調しようとも、本件植物片等の販売方法が「合法ハーブなどと称して人体摂取目的でないかのように装い、実際には人体摂取目的の商品を販売する」ものであると疑わざるをえなくなってくることは本判決が指摘する通りである。この点からしても、第一審判決が妥当であるかどうかについては疑問がわく。

4　犯罪行為の類型性からの考察

このように、本件植物片等の販売は、国民の健康に積極的弊害を及ぼす虞のある行為であり、法益侵害性の観点からは処罰の要件が満たされているようにみえる。ただし、犯罪行為の類型性の観点からは疑問がないわけではない。先に見たように、第一審、本判決ともに法２条１項３号にいう「人又は動物の身体の構造又は機能に影響を及ぼすことが目的とされている物」に関する判断をしたのみである。しかし、「医薬品」の概念には、身体の構造・機能への影響可能性という要素に加え、生命・健康の増進・維持に有用な「くすり」という意味も内在していると考えられる(8)。昭和57年最高裁判決における伊藤正己裁判官の補足意見も医薬品について、「一般に『くすり』的なものとしてうけとられるおそれがある」という特徴を挙げている。もし、本件処罰を肯定するなら、本件植物片等が「医薬品」の類型に収まる物であることを担保するため、少なくとも、これらが「『乱用薬物』であるとしか受け取れない物」にあたる可能性は否定する必要があるのではないかと思われる(9)(10)。

医薬品無許可販売罪が、類型的にみて「医薬品」と受けとられるおそれのある物を介した積極・消極の弊害の惹起を処罰するものであるなら(11)、「危険ドラッグの医薬品該当性」を肯定する本判決に対してはより詳細な理由づけを求める余地がある。

---

(8)　法律の規定を見ても、改正前薬事法２条１項３号本文に該当する物がすべて「医薬品」とされているわけではない（3号括弧書）。このことは、身体の構造・機能への影響可能性という要素だけでは医薬品該当性を満たすのに十分でないことを示唆している。

(9)　健康食品を販売する事例においても、「食品」であることが明らかな物については、医薬品該当性が否定されるべきことが主張されていた。前田・前掲注(6)178頁、鈴木・前掲注(7)323頁。

(10)　前述のように、ジフェニジンは、本件後、改正前薬事法２条14項の指定薬物に指定され、その所持等が禁止されることになった。この指定薬物制度における規制のためには、当該薬物が麻薬及び向精神薬取締法や覚せい剤取締法において要求される「作用」を現実にもっていることを要せず、乱用「目的」での使用が確認されれば足りるとされている（薬事法研究会・前掲注(2)264-5頁参照)。このことは、本件植物片等が法律上「乱用薬物」の類型に属するものとして取り扱われうることを示唆するようにみえる。

(11)　犯罪行為のもつ意義が法益侵害の因果的な惹起に尽きず、その社会学的類型性も重要であることを指摘するものとして、すでに、平野龍一「贓物罪の一考察」同著『刑法の基礎』(1966年）198頁以下がある。

26　改正前薬事法66条1項「記事の記述」該当性

東京地判平成29年3月16日裁判所HP

三重野雄太郎

Ⅰ　事実の概要

被告人Xは、医薬品等の製造・販売等を業とする被告会社Y社の従業員として、A大学大学院医学研究科循環器内科学に所属する医師らにより実施された臨床試験「AStudy」及びそのサブ解析について、臨床データの解析等の業務に従事していた。本臨床試験は、Y社が製造・販売する高血圧症治療薬B剤を投与された高血圧患者のグループと他の高血圧症治療薬を投与された患者のグループとに分けて、脳卒中等心血管系の症状の抑制効果を比較するものであった。

Xは、Y社の業務に関し、サブ解析の結果を被告会社の広告資材等に用いるため、サブ解析の結果についてのデータを改ざんしたうえで「AStudy」に関与する研究者らに提供し、研究者に、2度にわたり、改ざんされたデータに基づいた論文を公表させた[(1)]。

XとY社は、医薬品であるB剤の効能又は効果に関し、虚偽の記事を記述したとして、改正前薬事法[(2)]違反の罪（Xにつき66条1項・85条4号、Y社につき66条1項・85条4号・90条2号）で起訴され、Xに懲役2年6月、

---

(1)　本件について詳細に紹介した本として、河内敏康・八田浩輔『偽りの薬　バルサルタン臨床試験疑惑を追う』（2014年）、桑島巌『赤い罠　ディオバン臨床研究不正事件』（2016年）がある。

(2)　平成25年11月の改正で、薬事法は、「医薬品、医療機器等の品質、有効性及び安全性の確保等に関する法律」（略称：「医薬品医療機器等法」、「薬機法」）と改称されることになった。同法は、平成26年11月25日に施行されたが、本件に関連する条文の内容は、条文番号も変わらず、新法に引き継がれている。なお、この改正については、薬事医療法制研究会編『早わかり改正薬事法のポイント』（2014年）参照。

Ｙ社に罰金400万円の求刑がなされた。

Ｘと Ｙ社は、同法66条1項は、医薬品の虚偽または誇大な広告を禁止した規定であり、同項の「記事」と言えるためには、いわゆる「広告3要件」[(3)]を満たす必要があるが、本件論文はこれを満たさず、同項にいう「記事」に該当しないと主張した。

Ⅱ　判旨——無罪（控訴）

1　改正前薬事法66条1項の規制対象

改正前薬事法67条1項及び68条が、「いずれも『広告』のみを規制の対象として明示し、『記事』の『記述』や『流布』については触れていない」こと、「日常用語としての『広告』、『記述』及び『流布』がそれぞれ異なるものとして理解されていること」に鑑みると、同法66条1項は、「文理上、『記事』の『広告』に加えて、それとは区別される『記事』の『記述』及び『流布』を規制する趣旨と解される」。

また、改正前薬事法の「立法過程等を踏まえると、本法66条1項の規制対象は、医薬品等の名称、製造方法、効能、効果又は性能に関する虚偽又は誇大な広告（広義の広告）であって、同項にいう『記事』の『広告』、『記述』及び『流布』は、いずれも広義の広告に含まれる行為の一つの態様を表現したものであると解することが妥当である」。

---

(3)　平成10年9月29日医薬監第148号厚生省医薬安全局監視指導課長通知「薬事法における医薬品等の広告の該当性について」では、改正前薬事法における医薬品等の広告の該当性については、①顧客を誘引する（顧客の購入意欲を昂進させる）意図が明確であること、②特定医薬品等の商品名が明らかにされていること、③一般人が認知できる状態であることの3つの要件をいずれも満たすものが広告に該当する旨示されており、これらの要件が一般に「広告3要件」と呼ばれている。なお、イレッサ訴訟大阪地裁判決（大阪地判平成23年2月25日訟月58巻3号1132頁）では、改正前薬事法66条ないし68条の「広告」該当性の判断に際して、この「広告3要件」が基準として用いられ、控訴審（大阪高判平成24年5月25日訟月59巻3号740頁）でもその判断が支持されている。また、横浜地判平成25年5月10日（判タ1402号377頁）でも、改正前薬事法68条の「広告」該当性の判断に際して、「広告3要件」を基準としている。

2　広義の広告の意義

そうすると、広義の広告の意義が問題となるが、「社会通念上の『広告』の語から考えた場合、同項が規制する広告（『記事を広告し、記述し、流布する』という行為を包括する広義の広告）は、顧客を誘引するための手段として広く世間に告げ知らせることをいうと解することが素直である」ことと、旧厚生省の通知におけるいわゆる「広告3要件」を踏まえると、「本法66条1項の規制対象である広義の広告は、社会通念上の広告の範囲内にあるもののうち、顧客を誘引するための手段として広く世間に告げ知らせる行為であり、『記事』の『広告』、『記述』及び『流布』は、それを3つの態様に書き分けたものであると解され」、「いずれも、顧客を誘引するための手段としてなされるものであることを要し、記事の対象が医薬品等であることに即していえば、その情報受領者の購入意欲（処方薬に関しては、医師の処方意欲を含む。以下同じ。）を喚起・昂進させる手段としてなされるものであることを要すると解される」。

「そのような手段としてなされたものであるか否かについては、行為者の意図や目的を探求するというのではなく」、「特定性や認知性の有無・程度をも考慮しつつ、その行為の体裁、内容等を客観的にみて、情報受領者の購入意欲を喚起・昂進させる手段としての性質を有するか否かによって判断すべきものと考えられる」。

3　改正前薬事法66条1項の「広告」、「記述」及び「流布」の意義

「記事の『広告』」とは、「広義の広告に該当する行為の中でも、典型的な広告、すなわち、情報受領者の購入意欲を喚起・昂進させる手段としてなされるものであることが外形的にも明らかな体裁、形式で、新聞、雑誌、テレビ等のマスメディアや屋外広告物のような不特定かつ多数人による認知が可能な媒体を通じて、広く医薬品等についての情報を提供する行為がこれに当たる」。「また、記事の『記述』及び『流布』については、体裁や形式、情報伝達方法、情報の被提供者の特定性等の点から典型的な広告に当たるとはいい難い面があるものの、商品である医薬品等について情報受領者の購入意欲を喚起・昂進させる手段としての性質を有する情報提供行為が、これらに当たる」。「記事の『記述』と『流布』との区別については、そのいずれである

かによって同項の適用上何らの差異もないことから厳密な区別は必要ではないものの、字義に照らすと、そのような情報提供行為のうち、少なくとも新聞、雑誌、ウェブサイト等に記事を掲載する行為は、記事の『記述』に当たる」。

4　本件論文の作成、投稿等の「記事」の「記述」該当性

本件論文について、「広告３要件」のうち、特定性と認知性は認められるものの、誘引性について検討すると、まず、本件論文のような学術論文は、「一般に、医学、薬学等の専門家が、その専門的知識に基づき、臨床上重要であると考える医薬品の有効性、安全性等に関するテーマについて、試験に基づく客観的なデータを提示するとともに、それを評価・解釈し、医療水準の向上に資するような新たな知見をまとめたものであり、これを作成して学術雑誌に投稿し、掲載してもらうという行為は、研究成果の発表行為として理解されていると考えられる」ことに加えて、「社会通念上の広告においては、医療関係者向けの雑誌に掲載される記事体広告なども含めて、広告倫理やそれを踏まえた当該媒体の広告掲載基準に反しない限りは、情報提供者が、金銭的な費用を負担することによって、情報提供の具体的内容を決め得ることが一般的である」が、「少なくとも査読を必要とする学術雑誌においては、当該学問領域の専門家による論文の評価を経て、掲載に値すると判断されて初めて掲載されるのであって、金銭的な費用を負担することによって情報提供の具体的内容を決め得るという関係にあるものではない」ので、「このような学術論文を作成して学術雑誌に投稿し、掲載してもらうという行為は、それ自体が需用者の購入意欲ないし処方意欲を喚起・昂進させる手段としての性質を有するとはいい難い」。本件論文についてもその内容が「それらを閲読した医師らによる医薬品の処方等の判断に影響を与え得るものであったにせよ、その雑誌の性格や、査読を経て採択され、掲載に至ったという経緯、論文の体裁、内容等を客観的にみた場合には、上記の点で一般の学術論文の学術雑誌への掲載と異なるところはない」。

よって、「本件各論文を作成して学術雑誌に投稿し、掲載してもらった行為」は、改正前薬事法66条１項所定の「『記事を…記述』したことに当たらない」。

Ⅲ　評釈

1　問題の所在

本件は、Xが、研究者らに虚偽ないし誇大なデータに基づく論文を作成・投稿させたことについて改正前薬事法66条1項の誇大広告罪の成否が問題となった事案である。ここでは、本件学術論文を作成して学術雑誌に投稿し、掲載してもらう行為が同項にいう「『記事』を『記述』」したことになるか争われ、「記述」の意義が問題となった[(4)]。

2　改正前薬事法66条1項の規制対象

同項については、医薬品等に関する虚偽又は誇大な広告を禁止する規定であるという趣旨の説明が旧厚生省の関係者らによってなされていた[(5)]。また、同項にいう広告、記述、流布の例としては、「新聞、雑誌、看板、ラジオ、テレビ等での広告、いわゆるダイレクト・メール、チラシ、パンフレット等の配付、口頭での流布等が挙げられる。」[(6)]といった説明や、「『記述』は主として雑誌、書籍等に記事を掲載する場合を、また、『流布』は主としてパンフレット、ちらし等を用いて宣伝する場合を意味するが、本条の解釈上、これらを厳密に区別する実益はない。ポスター、パンフレット、ちらし、看板、プラカード、アドバルーン等によるもの、新聞、雑誌、書籍その他の刊行物によるもの、放送、映写、電光によるもの等、およそ一般の人に広く知らせるための手段は、すべて本条の規定の対象になると解する。」[(7)]といったような説明がなされていた。こうしてみると、従来より、改正前薬事法66条1項にいう広告、記述、流布のいずれについても広告としての意味合いを持つ行為であると理解されていたことが分かる。近時のコンメンタールでも、基本的にこうした理解に則った説明がなされている[(8)]。改正前薬事法は、医薬

(4)　改正前薬事法66条1項にいう「記述」の意義については、三重野雄太郎「旧薬事法66条1項にいう『記述』の意義」鳥羽商船高等専門学校紀要40号（2018年）1頁以下も参照。

(5)　高田浩運『薬剤師法・薬事法の解説』（1961年）274頁、牛丸義留『薬事法詳解』（1962年）318頁。

(6)　高田・前掲注(5)275頁。

(7)　牛丸・前掲注(5)320頁。

品等の「品質、有効性及び安全性の確保並びにこれらの使用による保健衛生上の危害の発生及び拡大の防止のために必要な規制を行う」法律であって（同法1条）、その立法趣旨は、「医薬品の使用によってもたらされる国民の健康への積極・消極の種々の弊害を未然に防止しようとする点にある」[9]。そうした法律の枠内で虚偽または誇大な広告等を規制する同法66条1項があり、そうした規制の存在理由が「一般国民のうちには医薬品等に関する知識に乏しく、その鑑別能力の十分でないものも少なくなく、虚偽誇大の広告でこれを惑わすときは適正な医療を阻害し、あるいは保健衛生上支障を生ずる恐れがある」[10]点にあることを踏まえると、同項は、医薬品の信頼それ自体を保護することを目的としているというよりも、国民の健康を保護することを最終的な目的としていると言える。そうすると、国民が虚偽または誇大な情報を信じて特定の医薬品に頼りきって病院で受診しない、あるいは副作用が強いにもかかわらずそれがないかのような広告等がなされた医薬品を用いることで副作用による健康上の害を被ることが問題なのであって、同項は、医薬品に関する虚偽または誇大な情報が広く国民に知れ渡る事態を防止するためのものであると言える。

このように考えると、本判決のように、改正前薬事法66条1項の規制対象を広義の広告と捉えるのは妥当であるし、これまでの一般的理解にも即している。

3 「広告3要件」適用の可否

前述のとおり、改正前薬事法66条1項にいう「広告」とは、いわゆる「広告3要件」を満たすものであるという行政解釈がある。この「広告3要件」は狭義の「広告」についてのみ適用され、「記述」・「流布」には適用されないのか、それとも、「記述」・「流布」も含む広義の広告に適用されうるのかについては明らかにされていない。果たして本判決の判示のように、

(8) 薬事法規研究会編『逐条解説　薬事法〔5訂版〕』（2012年）874頁、翁健ほか『医薬品医療機器等法・薬剤師法・毒劇法解説』（2015年）531頁〔鮲澤照夫〕、團野浩編著『詳説薬機法〔第4版〕』（2017年）713頁。

(9) 最判昭和57年9月28日（刑集36巻8号787頁）。

(10) 高田・前掲注(5)275頁。

「記述」・「流布」についても「広告3要件」を満たす必要があるのだろうか。

上述のとおり、改正前薬事法66条1項は、国民が虚偽または誇大な情報を信じて特定の医薬品に頼りきって病院で受診しない、あるいは副作用が強いにもかかわらずそれがないかのような広告等がなされた医薬品を用いることで副作用による健康上の害を被ることを防ぐもので、そうした危険が生ずるには当該医薬品が使用されるということが重要となろう。

こうしたことと、同項の規制対象が広義の広告であることからすると、改正前薬事法66条1項においては、実際には広告等で謳われているよりも効能が小さい、あるいは副作用が大きい医薬品が広く国民に使用され、国民に健康上の害が生じることが問題とされていると考えられる。そうすると、「記述」・「流布」についても「広告3要件」を満たす必要があるとする本判決の考え方は妥当である。とりわけ、顧客を誘引するというのは、広告の目的でもあり、決定的な要素であるので、誘引性の要件は外せないであろう。

また、改正前薬事法66条1項の「記述」を日常的に用いられる意味で解釈すると、例えば個人的な手紙のようなものもこれに該当しかねないが、それはあまりに広汎すぎるだろう。そうした手紙の記載内容は公衆に広まるようなものではなく、医薬品の不適切な使用やそれを発端とする保健衛生上の危害には到底つながりえないものであろう。こうしたものまで場合によっては処罰対象となりかねないのはあまりにも処罰範囲が広すぎよう。

さらに、例えばある特定の製薬会社に個人的に恨みのある者がその会社の医薬品について全く効果がないなど虚偽の情報を記述・流布するなどといった行為も単純な文言解釈によると改正前薬事法66条1項の規制対象となりかねないが、こうした行為は、刑法の信用毀損罪（刑法233条）や被害に遭った会社と競争関係にある者については不正競争防止法上の信用毀損の問題とすれば十分対応でき、また、実態に即している。改正前薬事法の立法趣旨や同法66条1項の趣旨からするとこうした行為まで同法で規制することは予定されていないであろう。そうした意味でも、改正前薬事法66条1項の「記述」については日常的に使われる意味よりも解釈を限定する必要があり、「記述」についても「広告3要件」が適用されるべきであろう。

4 「広告」・「記述」・「流布」の区別

前述のとおり、従来、改正前薬事法66条1項にいう「広告」・「記述」・「流布」については、それらの区別があまり意識されてこなかったが、67条1項や68条のように「広告」のみを対象とする条文もあること、66条1項でもあえて「広告」・「記述」・「流布」と書き分けられていることからすると、これらの区別について検討しておく必要があろう。

まず、「広告」と「記述」・「流布」の区別について、本判決は、「広告」とは、「情報受領者の購入意欲を喚起・昂進させる手段としてなされるものであることが外形的にも明らかな体裁、形式で、新聞、雑誌、テレビ等のマスメディアや屋外広告物のような不特定かつ多数人による認知が可能な媒体を通じて、広く医薬品等についての情報を提供する行為」すなわち、典型的な広告をいうものとしつつ、「記述」・「流布」は、「体裁や形式、情報伝達方法、情報の被提供者の特定性等の点から典型的な広告に当たるとはいい難い面があるものの、商品である医薬品等について情報受領者の購入意欲を喚起・昂進させる手段としての性質を有する情報提供行為」をいうものとしている。こうして見ると、本判決は、典型的な広告に当たるか否かで区別していると言えるが、この区別は妥当であろう。しかしながら、本判決は、「記述」と「流布」の区別について、典型的な広告に当たらないもののうち、「少なくとも新聞、雑誌、ウェブサイト等に記事を掲載する行為」が記事の「記述」に当たるとしている。しかし、こうした媒体に記事を掲載していながら典型的な広告とは言い難い場合というのは想定しにくいのではないだろうか。どのような媒体に掲載するかは、その情報提供行為の性質を決するうえで重要なものであろうから、この点は、「広告」と「記述」を区別するうえでも重要なメルクマールとなりえよう。新聞、雑誌、ウェブサイト等の記事の掲載は、基本的に「広告」に該当すると言えよう。

また、「記述」と「流布」との区別であるが、「流布」[11]とは、一般に世間に広く情報が知れ渡ることをいうのであるから、医薬品等に関する虚偽または誇大な情報を積極的に広めるような行為は「流布」、積極的に広めたとは

---

(11) なお、改正前薬事法66条1項にいう「流布」について、「不特定または多数人に伝えることである」という説明がある（安西溫『改訂特別刑法3』(1993年) 66頁)。

言い難いが何らかの媒体に記事を掲載したものが公衆の目に触れる場合は「記述」というような区別ができるのではなかろうか。具体的には、例えば医薬品のパッケージなどは「記述」にあたると思われる。

5　学術論文の作成・投稿等の「記事」の「記述」該当性

本判決は、「記述」や「流布」についても「広告３要件」を満たすことが必要であると解したうえで、本件学術論文は、「広告３要件」のうち、明示性と特定性は認められるものの、誘引性は認められないので、改正前薬事法66条１項にいう「記事」の「記述」にあたらないとした。この点について、裁判所は、Ｙ社が本件学術論文の公刊後、その別刷りやその内容を記載した各種プロモーション資材を作成し、多数の医師らに配布するなどしてプロモーションに利用したいという意向を有したことは認め、「本件各論文を作成して学術雑誌に投稿し、掲載してもらう行為は、医薬品の効能、効果に関する広告を行うための準備行為として、重要な役割を果たした」と判決文中で述べている。また、判決文中に、「本件各論文の内容がそれらを閲読した医師らによる医薬品の処方等の判断に影響を与え得るものであったにせよ」という言い回しが見られる。これらの点からすると、誘引性が認められるようにも思われる。

しかし、裁判所は、誘引性の有無の判断については、「その行為の体裁、内容等を客観的にみて、顧客誘引のための手段としての性質を有するものであるかという客観的側面を問題にするのが相当であって、送り手側の主観としてはその認識があれば足りるものと考えられる」と述べている。さらに、学術論文を作成して査読を必要とする学術雑誌に投稿し、掲載してもらうという行為は、それ自体が需用者の購入意欲ないし処方意欲を喚起・昂進させる手段としての性質を有するとは言い難いとしている。こうした点からすると、裁判所は、行為者の主観面や本件論文の内容はさておき、学術論文を作成し、投稿するという行為が一般的・類型的に購入意欲や処方意欲を喚起・昂進させるものかどうかを重視しているように思われる。

また、裁判所は、学術論文は、「一般に、医学、薬学等の専門家が、その専門的知識に基づき」、「医薬品の有効性、安全性等に関するテーマについて」、「医療水準の向上に資するような新たな知見をまとめたものであり」、これを学術雑誌に投稿し、掲載してもらうという行為は、研究成果の発表行為として理解されているとしたうえで、「社会通念上の広告においては」、「情報提供者が、金銭的な費用を負担することによって、情報提供の具体的内容を決め得ることが一般的である」が、「少なくとも査読を必要とする学術雑誌においては」、「金銭的な費用を負担することによって情報提供の具体的内容を決め得るという関係にあるのではない」としている。こうしてみると、やはり学術論文を投稿する行為が一般的に商業主義的な性格を持つ広告とは性質が異なると裁判所は考えているように思われる。このように学術論文が一般的に広告としての性質を持つかどうかという観点から判断した点は評価できよう。

6　おわりに

管見の限りでは、改正前薬事法66条1項にいう「記事」の「記述」の意義が問題となった裁判例は見受けられず、従来、ほとんど議論もなされてこなかった。そうした中で、本判決は、同項にいう「記述」、「流布」と言えるためには「広告3要件」を満たす必要があること、「商品である医薬品等について情報受領者の購入意欲を喚起・昂進させる手段としての性質を有する情報提供行為」が「記述」、「流布」にあたることを裁判所として初めて判示した点で意義があり、貴重な先例の1つとして今後の解釈の参考になろう。

27　麻薬取締法等における「営利の目的」と麻薬特例法における「業とした」の意義

神戸地判平成26年2月21日裁判所HP

永井紹裕

Ⅰ　事実の概要

本件公訴事実は、大要以下の通りである。被告人は、

1（1）営利の目的で、みだりに、①平成23年5月19日及び平成24年3月5日頃、2回にわたり、大阪府内にある駐車場に駐車中の軽四乗用自動車内ほか1か所において、A及びBほか1名に対し、覚せい剤であるフエニルメチルアミノプロパン塩酸塩を含有する結晶約1グラム及び同フエニルメチルアミノプロパンの塩類を含有する結晶約0.8グラム（以下、両者を合わせて「本件覚せい剤」という）を代金合計5万5000円で譲り渡し、②平成24年3月9日及び同月27日、2回にわたり、同府内にあるC株式会社において、Dほか1名に対し、本件覚せい剤約0.1グラム及び本件覚せい剤約0.8グラムを代金合計5万4000円で、ホテルFほか1か所を配達先とする宅配便により発送し、同月10日及び29日、情を知らない宅配便配達員をして、それぞれ同所に配達させて前記Eほか1名に受領させ、もって覚せい剤を譲り渡した。

（2）　薬物犯罪を犯す意思をもって、同年2月15日及び同年3月9日、2回にわたり、前記C株式会社において、Fほか1名に対し、覚せい剤様の結晶合計約1.4グラムを覚せい剤として代金合計6万円で、宅配便により千葉県ほか1か所に発送し、同年2月16日及び同年3月10日、情を知らない宅配便配達員をして、それぞれ同所に配達させて前記Fほか1名に受領させたほか、平成22年8月6日頃から平成24年3月28日頃までの間、多数回にわたり、大阪府内又はその周辺において、多数人に対し、覚せい剤様の

物を覚せい剤として有償で譲り渡し、もって覚せい剤を譲り渡す行為と薬物その他の物品を規制薬物として譲り渡す行為を併せて行うことを業とした。

2　平成24年3月28日（1）営利の目的で、みだりに同府内の当時の被告人方において、本件覚せい剤約32.985グラム及び本件覚せい剤約5.136グラムを、同G駐車場において、本件覚せい剤約0.175グラムを所持し、（2）みだりに、前記被告人方において、大麻である大麻草約19.574グラム、麻薬であるコカイン粉末約0.53グラム及び麻薬であるメチレンジオキシ・フェネチルアミンの錠剤1錠約0.347グラムを所持した。

3　法定の除外事由がないのに、平成24年3月28日頃、前記当時の被告人方において、コカインの塩類若干量を鼻孔から吸引し、もって麻薬を施用した。

本件では、上記1および2（1）の事実について、被告人が覚せい剤の譲渡等を業としたか否か、営利の目的で覚せい剤を所持したか否かが争点となった。

弁護人は、「被告人は自分で使用する覚せい剤を安く仕入れるため、他の者からの注文分と自分の分とをまとめて注文していただけであり、注文者に仕入値に交通費等の実費分を足した程度の代金で覚せい剤を譲渡していたにすぎないこと、安定的な覚せい剤の入手先も確保されていないこと、組織的な背景はなく、単独で譲渡をしていたにすぎないこと」を挙げ、被告人は覚せい剤の譲渡を業としていたとはいえず、覚せい剤を営利目的で所持していたとも言えないと主張した。

Ⅱ　判旨——有罪（懲役7年、罰金200万円）

1　営利目的の有無

（1）　自宅での所持について

平成24年3月28日、当時の被告人方の捜索により、チャック付きポリ袋入り覚せい剤17袋が発見されたが、そのうちの1袋について「自己使用のためにこれほど多量の覚せい剤を自宅で保管するとは考えにくく、密売用の覚せい剤であることがうかがわ」れ、「その他の覚せい剤も、16袋という個数やほぼ同じ量に分けられたものが複数個あることからすると、密売用に小分けされたもの、あるいは小分け作業中のものと考えられる。」
「その上、被告人は、現に、平成22年8月6日から平成24年3月27日にかけ、6名の者（うち個人的な関係がある者は1名のみ）に対し、78回にわたって覚せい剤を譲渡し、少なくとも223万8000円を売り上げている。これらの取引で被告人がどの程度の利益を得たかは証拠上明らかではないが、1年7か月の長期間にわたり、覚せい剤取引以外に全く関係がない複数の人物に対し、多数回覚せい剤を譲渡していたこと自体が、これらの多数回反復継続した取引から利益を得る目的があり、実際に利益が上がっていたことを強く推認させる。」
「こうしたことからすると、被告人は、密売による利益を得る目的でチャック付きポリ袋入り覚せい剤17袋を所持していたことは明らかであり、財産上の利益を得る目的で覚せい剤を所持していたものと認められる。」
(2)　駐車場での所持について
平成24年3月28日、当時の被告人方の駐車場付近で、チャック付きポリ袋入りの覚せい剤約0.175グラム、未使用の注射器を所持していたところ、前記（1）のとおり、被告人が自宅で密売用の覚せい剤を所持しており、その中には、ほぼ同量に小分けされた覚せい剤も含まれていたことに加え、被告人は覚せい剤を炙って使用しており、注射器は使わないというのであるから、前記覚せい剤約0.175グラムについても、密売用のものであることは明らかであり、被告人が営利目的でこれを所持していたものと認められる。

2　覚せい剤譲渡を「業とした」か否か

「被告人は、平成22年8月6日頃から平成24年3月27日頃までの間、少なくとも6名に対して、78回にわたって覚せい剤を譲渡しており、利益を得る目的で反復継続して覚せい剤取引を行っていた。」
「被告人は、複数の他人名義の携帯電話を所持し、客からその携帯電話に注文を受け、手渡しで取引を行うほか、遠方の客とも宅配便を使い、代金振込みで取引ができるように、他人名義の預金口座を準備しており、捜査機関に摘発されずに取引を継続する仕組みを構築していた。また、前記2のとおり、相当量の密売用の覚せい剤を手元に確保し、注文後迅速に覚せい剤を配達していた。覚せい剤の入手先は明らかではないが、少なくとも、注文に応じて速やかに覚せい剤を供給できる体制が整備されていたものと認められる。」

「被告人は、1人の男を覚せい剤の配達等に使ったことはあるが、主に1人で覚せい剤取引を行っていたと認められ、弁護人の指摘のとおり、大規模な密売組織といえる実体はなかった。しかしながら、被告人は、以上のとおり、覚せい剤取引により継続して利益を上げる目的の下、これを可能とする仕組みを構築し、現に反復継続して取引をしていたのであるから、覚せい剤及び覚せい剤様のものの譲渡を『業とした』ものと認められる。」

Ⅲ 評釈

1 麻薬取締法等における「営利の目的」

麻薬、覚せい剤、大麻等の各取締法は、法定の除外事由のない所持や譲渡し・譲受けを禁止し、当該違反行為に対して罰則を設けている。本件では、この所持および譲渡しの事実があったことは争われていないが、所持や譲渡しがそれぞれ「営利の目的」を持って行われたかが争われている。

麻薬取締法などの各薬物取締法では、「営利の目的」で譲渡し行為等を行った場合に刑を加重する旨規定している[(1)]。この「営利の目的」の態様に関して、最決昭和35年12月12日（刑集14巻13号1897頁）は、原審の「『営利の目的でというのは、単に財産上の利益を得る目的をもつてなされたことを意味し、一回限りのものでも差し支えなく必ずしも反覆継続的に利益を図るためになされることを要しない』とした解釈は、いずれも正当である」と判示している[(2)]。

本件で被告人は、「自分で使用する覚せい剤を安く仕入れるため、他の者からの注文分と自分の分とをまとめて注文していただけであり、注文者に仕入値に交通費等の実費分を足した程度の代金で覚せい剤を譲渡していたにすぎない」として、営利目的を否定している。これに対して、本判決は、営利目的の解釈に踏み込まず、事実認定の問題として被告人の主張を排斥してい

---

(1) 麻薬取締法64条2項、覚せい剤取締法41条の2第2項など。

(2) さらに、最決昭和57年6月28日（刑集36巻5号681頁）は、自利目的だけでなく、他利目的も含まれると判示している。

るが、本法の解釈問題として、そもそも被告人が述べるように、安く仕入れるためという目的が営利目的、財産上の利益を得る目的を構成するのかが問題となる。

「営利の目的」が刑の加重をもたらす理由は、経済的利益を目的として行われる場合には、行為が反復累行され、あるいは行為自体が大規模、大胆かつ積極的に行われる場合が多く、行為自体の持つ社会的危険性が、そのような目的なしに行われる場合に比べてはるかに大きいという点をとらえて、違法性の重大さが増すと解されている(3)。

「営利の目的」を持つことによって、より反復継続的ないしは大規模に取引が行われる可能性が生じ、通常よりも保健衛生上の危険が増大するとの根拠づけからすると、薬物を流通あるいは取引することを通じて得られる目的の追求が、各種取締法で加重処罰している類型であって、安く仕入れるためという目的は、営利の目的に該当しないと解される(4)。

２　麻薬特例法５条の「業とした」

麻薬特例法は、薬物不正取引から生ずる収益の剝奪といった、薬物不正取引の経済的側面からの防止策、薬物犯罪取締りに関する国際協力の強化、麻薬等の不正な製造に用いられる化学薬品の規制措置などを盛り込んだ「麻薬及び向精神薬の不正取引防止に関する国際連合条約」に対応するために制定された。とりわけ本件で問題となっている５条は、規制薬物等の輸出入、製造、栽培、製剤、小分け、譲渡し、譲受け、交付等の罪に当たる行為を業とした者を処罰している。

前述の条約(5)は、薬物犯罪が組織的に行われ、そこから生じた不法収益の

---

(3)　亀山継夫「他人に利得させる目的と刑法第65条」研修376号（1979年）65頁、土屋眞一「覚せい剤取締法四一条の二第二項等にいう営利の目的と刑法六五条」研修410号（1982年）39頁。

(4)　当該行為から直接利益が生じないが、そこから間接的に利益を得ることを目的とする場合は、その後の取引で利益を得ることを目的としている点に鑑み、当該薬物取引をすることを通じての効用と考えることができる。実際、将来の覚せい剤の販路を開拓、拡張する目的で、覚せい剤の見本、試供品を所持した事例である東京高判昭和51年５月10日（刑月８巻４=５号247頁）や仕入れ値と同一価格またはそれ以下で覚せい剤を譲渡した事例である大阪高判昭和56年９月１日（判時1035号150頁）では、営利の目的が肯定されている。

存在がさらに次の新たな薬物犯罪の大きな要因となっていることに着目し、薬物犯罪組織を壊滅することによって薬物濫用の防圧を図ることをひとつの柱とするもので、5条は、この条約の趣旨を我が国の薬物犯罪体系の中で実現しようとするものである[6]。

麻薬特例法5条における「業とした」の態様に関しては、規制薬物を輸入し、輸出し、譲り渡す等の行為を反復継続して行う意思の下に、そのような形態でこれらの行為を行うことと解されており、具体的には、営利性、継続性、組織性（犯罪の計画性）等をメルクマールとして判断するとされている[7]。

近時、「業とした」に該当しないと判示したものとして、東京地判平成26年3月18日（刑集70巻8号831頁参照）があり、そこでは、覚せい剤を輸入する行為と覚せい剤として取得した薬物その他の物品を輸入する行為を併せてすることを業としたとする起訴に対し、2回にわたる覚せい剤様のものの輸入は認められないことを前提に、1回の覚せい剤輸入は認定できるものの、覚せい剤輸入を実際に反復継続したとも、反復継続して行う意思の下に覚せい剤輸入を行ったとも認めることはできないとして、覚せい剤を輸入する行為を「業とした」とは認められないと判断しており、反復継続性が要件であると解されている[8]。

ただし、麻薬特例法5条の「……を業とした」とは、「業として……した」という場合と異なり、反復継続する意思の下に、業態的、営業的活動と認められる形態で行為を行う必要があり、一般的には、単に反復継続する意思を持ってするだけでは足りないと解されている[9]。これは、5条が、組織的に行われる薬物犯罪を、組織ごと壊滅させ、薬物濫用の防圧を図ることを目的

---

(5)　条約に関しては、押切謙徳「麻薬新条約について」判タ693号（1989年）38頁以下、登里輝男「麻薬取締りのための国連麻薬新条約『国連麻薬及び向精神薬の不正取引防止条約』（一）～（五）」警論42巻4号（1989年）40頁以下、同5号（1989年）142頁以下、同6号（1989年）91頁以下、同7号（1989年）110頁以下、同8号（1989年）122頁以下参照。

(6)　本田守弘「麻薬新法における犯罪規定」ジュリ992号（1991年）78頁。

(7)　古田佑紀「麻薬特例法」古田佑紀＝齊藤勲編『大コンメンタール薬物五法』（1994年）30頁、河原俊也「麻薬特例法の実体規定の解釈をめぐる諸問題」判タ1172号（2005年）47頁。

(8)　なお、控訴審である東京高判平成27年2月6日（刑集70巻8号852頁参照）、上告審である最判平成28年12月9日（刑集70巻8号806頁）においても、この点の判断は直接の争点とはなっていないが、否定されていない。

とした麻薬新条約の趣旨を汲んだ規定であるところからも妥当である。

専ら不正な利益の獲得を目的として反復継続して行われるこの種の薬物犯罪については、単一の薬物の不正取引ごとに罪を定めその営利目的犯の加重処罰規定を設ける従来の処罰体系の枠を超えたより悪質な行為類型として、その実態に即した加重処罰規定を設ける必要があるという立法趣旨(10)からすれば、反復継続性(11)は必須の要件であるように思われる。もっとも、一回限りの行為であっても、客観的に反復継続して行われる仕組みを構築していれば同様に肯定されると解される(12)。

客観的に反復継続し行われる仕組みの存在は、本判決も示唆しているように、入手先が不明であるもしくは安定的な入手先が確保されていない場合であっても、入手した後の供給体制が安定的に整えられているのであれば、肯定されると解すべきである。というのは、このような場合、麻薬特例法の立法趣旨である、不正利益がさらなる規制薬物の一層の拡散、濫用の拡大の恐れを生じさせる危険は十分認められ、反復継続する危険性が十分認められると解されるからである。したがって、本件のように組織性(13)が肯定できない場合であっても、反復継続性が肯定できる仕組みが構築できていれば十分であるように思われる(14)。

---

(9)　古田佑紀ほか「『国際的な協力の下に規制薬物に係る不正行為を助長する行為等の防止を図るための麻薬及び向精神薬取締法等の特例等に関する法律』及び『麻薬及び向精神薬取締法等の一部を改正する法律』の解説（一）」曹時44巻7号（1992年）48-9頁、さらに福岡地判平成9年1月22日（判時1605号154頁）は、「『業とした』と言えるか否かは、その行為が客観的に見て営業行為と評価できるものであるか否かが問題であって」と判示している。

(10)　立法趣旨に関しては、古田ほか・前掲注(9)15頁以下参照。最決平成17年10月12日（刑集59巻8号1425頁）も、本法5条の趣旨を「専ら不正な利益の獲得を目的として反復継続して行われるこの種の薬物犯罪の特質にかんがみ、一定期間内に業として行われた一連の行為を総体として重く処罰することにより、薬物犯罪を広く禁圧することを目的としたもの」と解している。

(11)　業務上過失致死傷罪における「業務」や、弁護士法72条の「業とする」、売春防止法11条2項及び12条の「業とする」においても、反復継続する意思が要求されている。ただし、麻薬特例法においては、客観的に反復継続性が必要とされている。

(12)　野村稔「判批」判評475号（1999年）257頁も「反復継続して行われる危険性が客観的に認められる必要がある」と述べる。

(13)　組織性を必須の要件とするものとして、永田憲史「麻薬特例法5条の『業とした』」法時85巻1号（2013年）53-4頁。

3 「営利性」と「業とした」との関係

麻薬特例法5条は、営利目的を持たない規制薬物の輸入等をも処罰している。しかし、前述の立法趣旨や、営利目的輸入罪等よりも法定刑が加重されている点に鑑み、営利性を必須の要件とすべきとの見解も主張されている[15]。

また、麻薬特例法5条が適用された裁判例[16]では、営利目的のない違反行為は見られない。これは、組織的あるいは反復継続的に行われる輸入等については、財産上の利益を目的としている場合が多いからであろう。

しかしながら、個々の取引行為との対応関係を不要とすることで、犯罪収益を余すことなく没収するという立法趣旨にも鑑みれば、必ずしも営利性は必要ないように思われる。また、大規模な組織による取引においては、営利性を必ずしも明確にできない場合も想定されうる。このような場合に、麻薬特例法が適用できないとしたのでは、本末転倒である。したがって、営利性は必ずしも本条に必須の要件ではないと考えられる。

本件では、営利性も反復継続性もともに肯定されているため問題が生じないが、仮に営利性が否定されたとしても、反復継続性が肯定される限りにおいて「業とした」に該当すると解される。

---

(14) もちろん、麻薬特例法が抑止しようとしている中心的な類型は、組織的に行われる取引であることは疑いがない。しかし、たとえ単独犯であっても、反復継続性がある取引の場合には、薬物の飛躍的広がりが肯定でき、これも麻薬特例法が防圧すべき事態であるように思われる。

(15) 猪瀬愼一郎「麻薬等特例法の新犯罪類型について」判タ812号(1993年)7-8頁、永田・前掲注(13)52頁

(16) 麻薬特例法5条(旧8条)の適用を認めた裁判例については、小川賢一「国際的な協力の下に規制薬物に係る不正行為を助長する行為等の防止を図るための麻薬及び向精神薬取締法等の特例等に関する法律(5)」研修633号(2001年)113頁、河原・前掲注(7)48頁以下参照、最近では大阪地判平成20年12月9日(裁判所HP)、松山地判平成20年7月30日(裁判所HP)等がある。

第6章
環　境

わが国の環境犯罪において中心的な地位を占めているのは、「廃棄物の処理及び清掃に関する法律（以下、「廃棄物処理法」とする）」に違反する罪である。平成29年版犯罪白書によれば、平成28年における特別法犯の検察庁新規受理人員の総数は402,200人であるが、そのうち、道路交通法違反310,819人（構成比77.3％）、覚せい剤取締法違反17,070人（構成比4.2％）、軽犯罪法違反8,318人（構成比2.1％）であり、これに次いで、廃棄物処理法違反は6,835人（構成比1.7％）となっており、特別法犯の中でも、比較的多くの割合を占める、重要な犯罪類型のひとつである。

廃棄物処理法違反の罪の中でも、とりわけ重要なのが、廃棄物の不法投棄罪（16条、25条1項14号）や、産業廃棄物の無許可処理業の罪（14条1項、同6項、25条1項1号）に関するものである。

このうち、前者に関しては、最決平成18年2月20日（刑集60巻2号182頁＝**第1集・判例32**）、最決平成18年2月28日（刑集60巻2号269頁＝**第1集・判例33**）、東京高判平成21年4月27日（東高刑時報60巻1〜12号44頁＝**第2集・判例27**）などがある（なお、廃棄物の不法焼却罪（16条の2、25条1項15号）が問題となったものとして、仙台高判平成22年6月1日（高刑速（平22）号267頁＝**第2集・判例28**）参照）。

本章で取り上げる**判例28**は、後者の産業廃棄物の無許可処理業の罪に関するものである。同判例は、被告人が、県民局から、再三にわたり、廃墓石は産業廃棄物に当たるから、無許可でその運搬等をするのを止めるよう指導を受けていたにもかかわらず、廃墓石を扱う石材業者が長年にわたって廃墓石を廃棄物として扱わないことを習慣としており、同様に県も廃墓石を廃棄物として扱って来ておらず、事業者である石材業者に管理指導も行っていなかったこと、被告人の受けていた指導が明確性を欠くものであったことなどから、「廃墓石は廃棄物に当たらない」として、なおも廃墓石の収集・運搬を無許可で続けていた、という事案につき、廃墓石の台石等は、廃棄物処理法施行令2条9号の「コンクリートの破片その他これに類する」「物」に当たるとして、産業廃棄物無許可収集運搬罪の成立が認められたものである。

判例29は、県知事から許可を受けて産業廃棄物の処理等に関する事業を営んでいた被告会社の業務に関し、同社の代表者である被告人が、廃棄物処理委託料の名目で金銭をだまし取ろうと考え、廃棄処分をしていない冷凍ビーフカツをその全量の廃棄処分をしたように装い、電子マニフェストシステムに虚偽の事実を入力したことにつき、虚偽報告罪（12条の5第2項、29条12号（平成29年改正前のもの））の成立が認められたものである。

個々の判例における論点および具体的解釈については、各判例の解説を参照されたい。

なお、各地方公共団体のリサイクル条例をめぐる判例も、近年、重要となっている。代表的なものとして、世田谷区清掃・リサイクル条例31条の2第1項にいう「一般廃棄物処理計画で定める所定の場所」の明確性が問題となった、「世田谷区清掃・リサイクル条例事件」（最決平成20年7月17日裁判集刑294号869頁）がある。同種事案として、最決平成20年7月23日（裁判所HP＝**第1集・判例35**）、東京高判平成24年2月1日（高刑速（平24）号49頁＝**第2集・判例29**）などがあるので、あわせて参照されたい。

〔岡部雅人〕

28　廃墓石の台石等の産業廃棄物該当性

広島高岡山支判平成28年6月1日裁判所HP

岡部雅人

Ⅰ　事実の概要

被告人Xは、平成23年8月頃から、石材業者から廃墓石を収集して運搬することを開始したが、県民局から、再三にわたり、廃墓石（本件では、廃墓石のうち、棹石を除く台石等についてのみ産業廃棄物無許可収集運搬罪の対象として起訴されているから、本件の対象物については、以下、「本件台石等」とする）は、廃棄物の処理及び清掃に関する法律施行令（以下、「施行令」とする）2条9号に規定する産業廃棄物に当たるから、無許可でその運搬等をするのを止めるよう指導を受けていた。それにもかかわらず、Xは、本件台石等を含む廃墓石を扱う石材業者が長年にわたって廃墓石を廃棄物として扱わないことを習慣としており、同様に県も廃墓石を廃棄物として扱って来ておらず、事業者である石材業者に管理指導も行っていなかったこと、Xの受けていた指導が明確性を欠くものであったことなどから、「廃墓石は廃棄物に当たらない」などと反論し、なおも廃墓石の収集・運搬を無許可で続けていたため、廃棄物の処理及び清掃に関する法律（以下、「廃棄物処理法」とする）25条1項1号に規定する、産業廃棄物無許可収集運搬罪で、逮捕・起訴された。

原審（岡山地倉敷支判平成28年1月27日公刊物未登載）は、Xを有罪としたが、Xは、①施行令2条9号は「コンクリートの破片」と例示しており、最決昭和60年2月22日（刑集39巻1号23頁）は、「コンクリートの破片その他これに類する」「物」につき「コンクリートの破片、これに類するレンガ片、鉄筋片等の不燃物」であると判示していることから、同号の「その他これに類する」「物」とは人工物を指すものであって、自然石は含まれないと解されるから、自然石である本件台石等は産業廃棄物に当たらない、②本件台石等は、専ら再生利用の目的となる物であるから、X は、廃棄物処理法 14 条 1 項ただし書の「専ら再生利用の目的となる産業廃棄物のみの収集又は運搬を業として行う者」に当たる、③本件収集運搬先での処理には危険な点がなく、可罰的違法性がない、④X は、廃墓石は廃棄物ではないと信じていたものであり、本件無許可収集運搬罪について違法性の意識を持つ可能性がなく故意がない、として、無罪を主張して控訴した。

Ⅱ　判旨――控訴棄却

本判決は、以下のように判示して、控訴を棄却した。

1　本件台石等の産業廃棄物該当性

「所論の掲げる……最高裁決定は、『木片』が施行令 2 条 9 号の『物』にあたるかについて、不燃物に限定されると判示した事案であり、『レンガ片、鉄筋片等』というのは不燃物の例示であって、人工物であることを要するとしたものではない。〔改行〕施行令 2 条 9 号のいう『工作物』の典型例は、家屋、ビル、橋などの建造物であるが、これらの組成物に自然石が含まれていることがあるのは周知の事実である。建造物の組成物ともなる自然石を同号の規定する『物』から除外する旨の規定は存在しない。かえって、同 6 条 3 号イ (5) は、同 2 条 9 号を『がれき類』と読み替えることにしているところ、通常、がれき類に自然石は含まれる。また、同 2 条 2 号は、工作物の新築、改築又は除去に伴って生じた木くずは産業廃棄物にあたると定め、工作物から生じる産業廃棄物は人工物に限らないことを示している。〔改行〕そして、施行令 2 条 9 号が『コンクリートの破片』しか例示していないことは、廃棄物処理法の趣旨からすれば、以下のように理解できる。〔改行〕すなわち、工作物の典型である建造物……の大半がコンクリートを用いているため、除去等の際には大量のコンクリート破片が生じる。これを無秩序に投棄することが環境に与える影響は大きい。コンクリート破片は、現代においては、工作物に関する廃棄物として最も一般的な物であって、このことから典型例として例示されているとみられ、このことは合理的かつ自然である。」

「上記のような廃棄物を規制する法の趣旨からすれば、施行令2条9号の『コンクリートの破片』の例示から、これに類する廃棄物が人工物に限られると解さなければならない理由を見出すことはできない。」「廃棄物処理法が保護法益とする『生活環境』は、直ちに住民の生活や健康に影響を及ぼさない場合でも、無法な投棄が『環境破壊』をもたらすことから広くその危険行為を処罰するという趣旨のものであることは明らかである。このような側面から見てコンクリートと自然石とを区別する理由はない。」「施行令2条9号の工作物の除去等から生じる『コンクリート破片その他これに類する』『物』には、自然石も含まれ、本件台石等もこれに該当する。」

2　本件台石等が「専ら再生利用の目的となる産業廃棄物」に当たるか

「廃棄物は不要物であるが故にぞんざいに扱われ不法投棄される危険が高く、規制の必要があるから、廃棄物処理法14条1項ただし書の『再生利用』というのも、このような危険のない状況すなわち産業廃棄物の再生利用が事業として確立されたものであり、かつ継続して行われている状況にあることが必要であると解すべきである。……本件では、記録を検討しても、本件台石等について、再生利用事業が確立されていたり、継続して行われたりしていることは窺われない。本件台石等が『専ら再生利用の目的となる産業廃棄物』に当たらないとした原判決の判断は正当である。」

3　可罰的違法性

「産業廃棄物の無許可処理を処罰する規定は、……いわゆる形式犯であるから、禁止命令に反する行為がある以上、当然に処罰の対象となるものであり、法益侵害やその危険の有無及び大小を理由に可罰的違法性の有無を論ずる余地はない」。

4　故意

「廃墓石は廃棄物処理法2条9号の『物』であり、廃棄物処理法が広く不法投棄を防止しようとしているものであることは明らかであるところ、……被告人は、石材業者の資材置場に山積みされたり、ぞんざいにも扱われたりしていた廃墓石を、料金を受け取って不要物として受け取り、これを山中に埋めるなど投棄をしたのであり、被告人自身も不法投棄に当たるのではないかと危惧したこともあることなどからすれば、被告人は自分がやっていることが、不法投棄であると認識し、あるいは未必的に認識しながら、これを行っていたことは明らかであり、廃墓石を『廃棄物』として扱っていたものと認められる。特に、台石や墓を構成する周辺の石材等については、棹石に比べれば、『宗教的感情の対象物』として取り扱われないのが一般的であると考えられ（被告人も棹石は供養する旨述べている。）、……通常廃棄物に当たると認めるのが相当であり、このような台石等について廃棄物性を認識できないような事情はみあたらない。〔改行〕その上で、被告人は、……廃墓石が産業廃棄物に当たるとの指摘や指導を受けていたのであるから、その時点で、廃墓石が産業廃棄物に当たることを具体的にも認識できたといえる。」「以上によれば、被告人は、少なくとも本件台石等が廃棄物に当たることを未必的に認識していたことは明らかであり、違法性を意識する可能性があったと認められる。」

Ⅲ　評釈

1　問題の所在

本件において問題となるのは、①本件台石等が「産業廃棄物」に当たるか、②本件台石等が「専ら再生利用の目的となる産業廃棄物」に当たるか、③Xの行為に可罰的違法性は認められるか、④Xに故意は認められるか、の4点である。以下、各論点につき検討する[(1)]。

2　本件台石等の産業廃棄物該当性

産業廃棄物該当性を検討する際には、まず、廃棄物処理法2条1項にいう「廃棄物」に当たるか否かが問題となり、その次に、「産業」廃棄物に当たるか否かが検討されなければならない[(2)]。本件台石等が「廃棄物」に当たるこ

---

(1)　本件評釈として、高橋信行「判批」法教437号（2017年）42頁以下、前田雅英「判批」捜研796号（2017年）13頁以下。今井康介「廃棄物処理法における無許可収集・運搬罪についての一考察」早大法研論集161号（2017年）1頁以下も参照。

(2)　高橋(信)・前掲注(1)45頁。

と自体は疑いないため[3]、ここでは、後者の点についてのみ検討する。

廃棄物処理法2条4項1号は、「事業活動に伴つて生じた廃棄物のうち、燃え殻、汚泥、廃油、廃酸、廃アルカリ、廃プラスチック類その他政令で定める廃棄物」を「産業廃棄物」としており、施行令2条は、「法第2条第4項第1号の政令で定める廃棄物は、次のとおりとする。」として、同9号で、「工作物の新築、改築又は除去に伴つて生じたコンクリートの破片その他これに類する不要物」を挙げている。なお、これは、同6条3号イ（5）において、「がれき類」と読み替えられている。

Xは、施行令2条9号の「その他これに類する」「物」とは人工物を指すものであって、自然石は含まれないと解されるから、自然石である本件台石等は産業廃棄物に当たらない、と主張する。

まず、Xが控訴趣意において引用する前掲最高裁昭和60年決定は、家屋等の除去に伴い不要となった廃木材等が当時の施行令1条9号に掲げる産業廃棄物に当たるか否かが争われた事案につき、「施行令1条9号に掲げる産業廃棄物は、工作物の除去に伴つて生じたコンクリートの破片その他これに類するレンガ片、鉄筋片等の不燃物をいうと解すべきであるから、家屋等の除去に伴い不要となつた木材（いわゆる廃木材）が右の産業廃棄物にあたらないとした原判断は正当である」としたものである[4]。本判決もいうように、同決定は、産業廃棄物は「不燃物」に限定されるということを示したに止まるものとみるべきであって[5]、これを人工物であることを要するとしたものとみるのは、同決定を深読みし過ぎているといえよう。

本判決は、「廃棄物処理法が保護法益とする『生活環境』は、直ちに住民の生活や健康に影響を及ぼさない場合でも、無法な投棄が『環境破壊』をもたらすことから広くその危険行為を処罰するという趣旨のものであ」って、「このような側面から見てコンクリートと自然石とを区別する理由はな」く、「施行令2条9号の工作物の除去等から生じる『コンクリート破片その他こ

---

(3)　廃棄物の意義については、廃棄物処理法編集委員会編著『廃棄物処理法の解説〔平成24年度版〕』（2012年）解23頁以下。なお、岡部雅人「判批」第1集300頁以下も参照。

(4)　本件評釈として、高橋省吾「判解」最判解昭和60年度19頁以下、古江賴隆「判批」警研62巻7号（1991年）44頁以下など。

(5)　高橋(省)・前掲注(4)26頁、古江・前掲注(4)48頁参照。

れに類する』『物』には、自然石も含まれ、本件台石等もこれに該当する」としている。

「その他これに類する」「物」は、既にその文言自体において類推を許容している、換言すれば、類推されるものを含むことを法自体が予定しているものであるが[6]、そのことを踏まえた上で、施行令2条9号の産業廃棄物の意義を解明するならば、これは、「コンクリート破片」と同様の処理が相当なもの、つまり、「コンクリート破片と同様に自然還元、処理等が困難な物」ということになろう[7]。

その上で、本件についてみるならば、廃墓石の不法投棄の増加などといった、近年における墓石の廃棄をめぐる問題状況に鑑みても[8]、本判決の判断を妥当なものと評価できよう。

3　本件台石等が「専ら再生利用の目的となる産業廃棄物」に当たるか

廃棄物処理法14条1項は、「産業廃棄物……の収集又は運搬を業として行おうとする者は、当該業を行おうとする区域……を管轄する都道府県知事の許可を受けなければならない。ただし、……専ら再生利用の目的となる産業廃棄物のみの収集又は運搬を業として行う者……については、この限りでない。」と規定している。それゆえ、本件台石等が「専ら再生利用の目的となる産業廃棄物」に当たるのであれば[9]、その収集・運搬につき、許可を受ける必要はないことになる。

本判決は、そのためには、「産業廃棄物の再生利用が事業として確立されたものであり、かつ継続して行われている状況にあることが必要である」が、「本件台石等について、再生利用事業が確立されていたり、継続して行われ

---

(6)　古江・前掲注(4)49頁参照。

(7)　古江・前掲注(4)50頁、伊藤榮樹ほか編『注釈特別刑法　第7巻』(1987年) 236頁〔古田佑紀〕。

(8)　高橋(信)・前掲注(1)43-4頁参照。

(9)　「専ら再生利用の目的となる産業廃棄物」とは、産業廃棄物のうち、その物の性質上、通常再生利用されるものという意味で、古紙、くず鉄(古銅を含む。)、あきびん類、古繊維が、これに該当する(廃棄物処理法編集委員会編著・前掲注(3)解258頁)。このことを示したものとして、最決昭和56年1月27日(刑集35巻1号1頁)。なお、最決平成11年3月10日(刑集53巻3号339頁)も参照。

たりしていることは窺われない」として、本件台石等は、「専ら再生利用の目的となる産業廃棄物」に当たらないとしている。

廃棄物処理法14条1項が「専ら再生利用の目的となる産業廃棄物」について許可を不要としているのは、社会において通常再生利用されているものは、業者の自主的運営に任せても環境汚染等を防止できるからである[(10)]。業界の自主性に任せられるか否かは、その物の性質及び技術水準に照らし再生利用されるのが通常であるか否かという客観的事情によって決まり、排出・収集・保管・管理ないし加工・利用の過程が社会において形成普及していることが必要である[(11)]。本判決が、「産業廃棄物の再生利用が事業として確立されたものであり、かつ継続して行われている状況にあることが必要である」とするのは、このことを指すものであって、適切な基準を示しているといえる。

この点、本件台石等を含む廃墓石については、その処理が社会問題となっていることからも、「再生利用が事業として確立されたものであり、かつ継続して行われている状況にある」とはいえず、これを「専ら再生利用の目的となる産業廃棄物」とみることはできない。よって、本判決の判断を妥当なものと評価することができよう。

4　本件行為の可罰的違法性

本判決は、「産業廃棄物の無許可処理を処罰する規定は、……いわゆる形式犯であるから、禁止命令に反する行為がある以上、当然に処罰の対象となる」として、「法益侵害やその危険の有無及び大小を理由に可罰的違法性の有無を論ずる余地はない」と断じている。

学説では、法益侵害・危険といった結果を構成要件要素とする犯罪を実質犯と呼び、法文に規定された行為の遂行だけで成立し、そうした実質的結果を欠く犯罪を形式犯と呼ぶことがあるが[(12)]、犯罪はすべて実質犯として理

---

(10)　多谷千香子『改訂　廃棄物・リサイクル・環境事犯をめぐる101問』(2006年) 18-9頁。

(11)　多谷・前掲注(10)19頁。

(12)　団藤重光『刑法綱要総論〔第3版〕』(1990年) 130頁、福田平『全訂刑法総論〔第5版〕』(2011年) 79頁、大塚仁『刑法概説(総論)〔第4版〕』(2008年) 130頁、大谷實『刑法講義総論〔新版第4版〕』(2012年) 112頁など。

解されなくてはならず、形式犯と呼ばれるものは軽微な法益侵害を結果とする結果犯か軽微な危険を結果とする抽象的危険犯であるにすぎないというべきである(13)。法益保護主義の見地からは、抽象的危険犯にも還元し得ないものは、非犯罪化されるべきである(14)。それゆえ、本件についても、可罰的違法性の有無を論じる余地が認められよう。

この点、本判決のように、廃棄物処理法が保護法益とする「生活環境」を保護するためには、直ちに住民の生活や健康に影響を及ぼさない場合でも、無法な投棄が「環境破壊」をもたらすことから、広くその危険行為を処罰することが必要である、と解すれば、本件においても、「生活環境」に対する抽象的危険を認めることができよう。よって、本件についても、本罪を実質犯と捉えた上で、Xの行為に可罰的違法性が認められるというべきである。

5 故意と違法性の意識の可能性

Xは、廃墓石は廃棄物ではないと信じていたのだから、本件無許可収集運搬罪について違法性の意識を持つ可能性がなく故意がない、と主張する。

これに対して、本判決は、被告人は「少なくとも本件台石等が廃棄物に当たることを未必的に認識していたことは明らかであり、違法性を意識する可能性があったと認められる」としている。

本判決の判断は、覚せい剤輸入罪及び同所持罪の故意の有無が争われた事案につき、「被告人は、本件物件を密輸入して所持した際、覚せい剤を含む身体に有害で違法な薬物類であるとの認識があったというのであるから、覚せい剤かもしれないし、その他の身体に有害で違法な薬物かもしれないとの認識はあったことに帰することになる。そうすると、覚せい剤輸入罪、同所持罪の故意に欠けるところはない」とする、最決平成2年2月9日（裁判集刑254号99頁）と類似の判断構造を有するものと思われる。なお、同決定が正当であるとするその原判決（東京高判平成元年7月31日判タ716号248頁）は、「覚せい剤輸入罪・所持罪が成立するためには、輸入・所持の対象物が覚せい剤であることを認識していることを要するが、この場合の対象物に対

---

(13) 山口厚『刑法総論〔第3版〕』(2016年) 48頁。
(14) 松原芳博『刑法総論〔第2版〕』(2017年) 55頁。

する認識は、その対象物が覚せい剤であることを確定的なものとして認識するまでの必要はなく、法規制の対象となっている違法有害な薬物として、覚せい剤を含む数種の薬物を認識予見したが、具体的には、その中のいずれの一種であるか不確定で、特定した薬物として認識することなく、確定すべきその対象物につき概括的認識予見を有するにとどまるものであっても足り、いわゆる概括的故意が成立する」としている(15)。

この判断基準に従えば、本件についても、「被告人自身も不法投棄に当たるのではないかと危惧したこともある」との認定がなされていることから、本件台石が施行令2条9号にいう「コンクリート破片その他これに類する」「物」であることを確定的なものとして認識するまでの必要はなく、法規制の対象となっているその無法な投棄が「環境破壊」をもたらすものとして、「コンクリート破片その他これに類する」「物」を含む数種の産業廃棄物を認識予見したが、具体的には、その中のいずれの一種であるか不確定で、特定した産業廃棄物として認識することなく、確定すべきその対象物につき概括的認識予見を有するにとどまるものであっても足り、産業廃棄物無許可収集運搬罪の故意が成立する、ということが可能であろう。

よって、この点についても、本判決の判断は妥当なものと評価できよう。

---

(15)　ここで用いられている「概括的故意」というのは、覚せい剤であるとの「種として」の認識がなくとも、覚せい剤を含む違法な薬物類であるとの「類として」の認識があれば足りるとするものであって（原田國男「時の判例」ジュリ958号（1990年）80-81頁）、「ヘルマンの概括的故意」と呼ばれるものである（内田文昭「判批」判タ726号（1990年）64頁以下、同「もう一つの『概括的故意』について（一）（二・完）」警研60巻12号（1989年）3頁以下、同61巻1号（1990年）3頁以下参照）。

29　電子マニフェスト虚偽報告罪の成否

名古屋地判平成28年12月16日D1-law 28250102

今井康介

Ⅰ　事実の概要

被告人 Y_1 株式会社（以下、「被告会社」とする）は、愛知県知事から許可を受けて産業廃棄物処理業を営み、かねてより株式会社Aとの間で、産業廃棄物処理委託契約を締結し、産業廃棄物の最終処分を終了した際には電子情報処理組織を使用して日本産業廃棄物処理振興センター[(1)]にその旨報告することが求められていた。また被告人 Y_2 は、被告会社の代表取締役として会社業務全般を統括する者である。本事件においては、次の3点が問題とされた。

第1　Y_2 は、被告会社の業務に関し、Aから廃棄物処理委託料の名目で金銭をだまし取ろうと考え、2015年8月27日、被告会社がAから廃棄処理の委託を受けた産業廃棄物である冷凍ビーフカツ約2万2988枚に関し、真実は、そのうち約2万2485枚の廃棄処分をしていないのに、その全量の廃棄処分をしたように装い、情を知らない被告会社従業員Bをして、パーソナルコンピュータを利用し、日本産業廃棄物処理振興センターが管理する電子マニフェストシステム[(2)]に、冷凍ビーフカツ全量の最終処分終了日が同日である旨の虚偽の事実を入力させた上、同月31日頃、Bをして、Aに対し、冷凍ビーフカツの廃棄処理委託料合計11万9258円を請求する内容の被告会社名義の請求書を送付させ、その頃、前記電子マニフェストシステムを

(1)　廃棄物処理法13条の2に基づき、「電子マニフェスト」の運用を行う公益財団法人である。

(2)　マニフェストシステムは、後述する管理票制度の通称である。廃棄物処理法は、12条の3以下の規定において、「管理票」という用語を用いているが、名古屋地裁の呼び方にあわせ、本稿では「マニフェスト」と呼ぶ。

閲覧したA社課長Cらに前記虚偽の事実を確認させるなどして冷凍ビーフカツ全量の廃棄処分がなされたものと誤信させ、よって同年10月20日、A名義口座から被告会社名義の口座に現金11万9258円を振り込みさせ、もって情報処理センターに虚偽の報告をするとともに人を欺いて財物の交付を受けた。

第2　Y_2は、被告会社の業務に関し、Aから廃棄物処理委託料の名目で金銭をだまし取ろうと考え、同月24日、被告会社がAから廃棄処理の委託を受けた産業廃棄物である冷凍ビーフカツ約4万609枚に関し、真実は、そのうち約3万6530枚の廃棄処分をしていないのに、その全量の廃棄処分をしたように装い、情を知らないBをして、前同様の方法で、冷凍ビーフカツ全量の最終処分終了日が同日である虚偽の事実を入力させた上、同月31日頃Bをして、Aに対し冷凍ビーフカツの廃棄処理委託料合計16万4722円を請求する内容の被告会社名義の請求書を送付させ、その頃、前記電子マニフェストシステムを閲覧した前記Cらに虚偽の事実を認識させて、冷凍ビーフカツ全量の廃棄処分がなされたものと誤信させ、よって、同年11月20日、Aの講座から被告会社名義口座に現金16万4722円を振り込み入金させ、もって情報処理センターに虚偽の報告をするとともに、人を欺いて財物の交付を受けた。

第3　Y_2は、同年8月下旬頃から2016年1月中旬頃までの間に、複数回にわたり、Kに対し食肉として冷凍ビーフカツ5万318枚（販売価格合計150万9540円）を販売し、もって許可なく公衆衛生に与える影響が著しい営業である食肉販売業を営んだ。

Ⅱ　判旨――有罪[(3)]（確定）

名古屋地裁は、第1及び第2の所為の点につき、被告会社Y_1及び被告人Y_2両名に、廃棄物処理法12条の5第2項、29条12号違反（電子マニフェスト虚偽報告罪）を認めた。なお被告会社Y_1については、同法32条1項2号

---

(3)　被告会社Y_1は、罰金50万円。被告人Y_2は、懲役3年及び罰金100万円、ただし執行猶予4年。

（両罰規定）が適用されている。また第1及び第2の所為の点につき被告人 Y_2 を刑法246条1項違反（詐欺罪）とした。さらに第3の所為の点につき、名古屋地裁は、Y_2 に食品衛生法52条1項、51条、72条1項、同法施行令35条12号違反を認めた。なお Y_2 の罪数につき、電子マニフェスト虚偽報告罪と詐欺罪を観念的競合（刑法54条1項前段）であるとして処断刑を詐欺罪とし、食品衛生法違反との併合罪（刑法45条）処理を行った。

Ⅲ　評釈

1　はじめに

本判決は、後述するように廃棄物処理法における電子マニフェスト虚偽報告罪の成立が認められたはじめての事例として先例的価値が存在するのみならず、新聞等で大きく報道されたという点で社会的関心度も高い重要事件[(4)]である。

2016年1月13日、全国展開する著名なカレーチェーン店が廃棄した冷凍ビーフカツが、名古屋県内のスーパーや弁当屋で売られていたことを発表した。この事件では、カレーチェーン店が異物混入の可能性があるとして回収し廃棄したはずの産業廃棄物が、本事件における被告会社によって流出させられ、さらに別の食料品会社を介して市場で再流通した。産業廃棄物が適切に処分されなかっただけでなく、再流通することで消費者の口に入り、我々の食の安全も脅かされる前代未聞の事件であったため[(5)]、現在の廃棄物処理制度（特に産業廃棄物のマニフェスト制度）に問題が提起され、多くの議論をよぶことになった[(6)]。

---

(4)　本事件の全貌や食品偽装の方法については、石渡正佳『産廃Gメンが見た食品廃棄の裏側』（2016年）16頁以下、33頁以下、54頁以下参照。産業廃棄物である冷凍ビーフカツを再流通させた会社の実質的経営者及び従業員も食品衛生法違反や詐欺罪で有罪とされている（名古屋地判平成28年12月20日D1-law 28250134及び名古屋地判平成29年1月27日D1-law 28250516）。

(5)　廃棄食材・食料の産業廃棄物該当性が問題とされた事件として、いわゆるおから決定（最決平成11年3月10日刑集53巻3号339頁）が存在する。同判決については、今井康介「廃棄物の不法投棄と廃棄物処理法16条の解釈について」早誌65巻1号（2014年）62頁以下参照。

本判決において、廃棄物処理料金を騙取した点が刑法の詐欺罪を構成し、また廃棄物であったビーフカツを冷凍食品として販売した点が食品衛生法上の無許可営業罪を構成することは明白であるため、以下、本評釈では廃棄物処理法違反の点を検討する。

2　本件冷凍ビーフカツの「産業廃棄物」該当性

廃棄物処理法は、一般廃棄物について6条以下に、産業廃棄物について11条以下にそれぞれ異なる規制を行っており、今回問題となった冷凍ビーフカツが、一般廃棄物と産業廃棄物のどちらに属するか問題となる。というのも、仮に本件冷凍ビーフカツが一般廃棄物であれば、原則としてマニフェストを運用する必要はなく、およそマニフェスト制度に関する罪は成立しないからである。

産業廃棄物の定義規定は、廃棄物処理法2条におかれている。まず「廃棄物」とは、「ごみ、粗大ごみ、燃え殻、汚泥、ふん尿、廃油、廃酸、廃アルカリ、動物の死体その他の汚物又は不要物であつて、固形状又は液状のもの(放射性物質及びこれによつて汚染された物を除く。)」である(同法2条1項)。

そして同法2条4項は「産業廃棄物」を、「事業活動に伴つて生じた廃棄

---

(6)　佐藤泉「廃棄物処理法違反への処分・罰則 最近の処罰事例及び今後の法改正の動向」紙パ技協誌70巻12号(2016年)54頁以下、石渡正佳＝佐藤泉「ダイコーは氷山の一角　排出業者は丸投げするな」日経エコロジー202号(2016年)66頁以下、杉本裕明「ダイコー事件はなぜ起きたのか」週刊金曜日1104号(2016年)46頁以下、水谷好洋＝谷貝雄三「食品廃棄物の不適正な転売事案の再発防止のために」INDUST 31巻6号(2016年)2頁以下、宮崎文雄「壱番屋の冷凍カツ横流し事件」INDUST 31巻6号(2016年)24頁以下、尾上雅典「廃物を横流しされないために排出業者ができること」会社法務A2Z 108号(2016年)8頁以下、芝田稔秋「食品廃棄物の転売事件についての一考察」月刊廃棄物542号(2016年)72頁以下、小林嬌一「消費者を欺く産廃食品不正転売」消費と生活328号(2016年)18頁以下、尾上雅典「食品廃棄物の不正転売事件　その1～4」月刊廃棄物541号(2016年)42頁以下、542号(2016年)42頁以下、543号(2016年)42頁以下、544号(2016年)44頁以下、田中勝「食品資源の有効利用と不正転売の防止を考える」月刊廃棄物542号(2016年)1頁以下、石川雅紀「ダイコー事件と排出者責任」月刊廃棄物543号(2016年)1頁以下、阿部鋼「食品廃棄物の不適正な転売事案」月刊廃棄物543号(2016年)48頁以下、石川雅紀「ダイコー事件と排出者責任」月刊廃棄物544号(2016年)30頁以下、佐藤健「廃掃法改正だけではない 現行法の取締強化にも注意！」環境管理53巻8号(2017年)56頁以下、加藤正樹「廃棄食品の不正転売防止に関する排出業者の取組」明日の食品産業475号(2017年)7頁以下、芝田麻里「ダイコー事件(食品廃棄物不正転売事件)」いんだすと32巻9号(2017年)48頁以下等参照。

物のうち、燃え殻、汚泥、廃油、廃酸、廃アルカリ、廃プラスチック類その他政令で定める廃棄物」と定めている。ここでいう「その他政令で定める廃棄物」とは、廃棄物処理法施行令2条4号が「食料品製造業、衣料品製造業又は香料製造業において原料として使用した動物又は植物に係る固形状の不要物」と規定している。それゆえ本件冷凍ビーフカツは、その他政令で定める廃棄物に該当する。

これを前提に「事業活動に伴つて生じた」廃棄物と評価できるか問題となる。現在の実務は、「ある廃棄物が事業活動から性質上必ず生じることまでは要しないが、事業活動と何らかの関連において生じたということだけでは足りず、当該廃棄物が排出される過程が事業者の事業の範囲に属する」場合、事業活動に伴って生じたと評価する(7)。この立場を前提とすると、本件冷凍ビーフカツは、カレーチェーン店のカレーのトッピングとして利用される予定であった食料品が廃棄されたものであるから、(廃棄物として)排出される過程が事業者の事業活動の範囲内にあり、冷凍ビーフカツは産業廃棄物である。

3　産業廃棄物のマニフェスト制度とは?

産業廃棄物につき、廃棄物処理法は、排出事業者の自らの責任において産業廃棄物を適正に処理することを要求しているが(3条)、一定の場合、産業廃棄物処理業者に処理を委託することも認めている(12条5項)。その際、排出事業者は、政令で定める基準に従って委託を行わなければならず(12条6項)、さらに排出事業者は、産業廃棄物の処理状況を確認し、当該産業廃棄物の発生から最終処分が完了するまでの一連の処理が適正に行われるよう、必要な措置を講ずるように努めなければならない(12条7項)。

それでは、排出事業者はどのようにして委託し、さらにどのようにして自らの排出した産業廃棄物が他の業者によって適正に処理されたかを確認するのであろうか。ここで登場するのが、今回の事件で問題となった「マニフェスト」と呼ばれる、廃棄物流通に関する独自の制度である(8)。マニフェスト

---

(7)　このことを明らかにしたのは、東京高判平成16年6月3日(高刑速(平16)号86頁)である。

には紙媒体のマニフェストと、電子媒体のマニフェストの2種類が存在する。ここでは、説明のために紙媒体のマニフェストで説明したい。

紙媒体のマニフェストとして、現在、複写式7枚綴りのものが利用されている。産業廃棄物の排出事業者は、マニフェスト（A、B_1、B_2、C_1、C_2、D、E票）に必要事項を記入し、産業廃棄物とともにマニフェスト（A、B_1、B_2、C_1、C_2、D、E票）を収集・運搬業者に引き渡す。収集運搬業者は、受領したマニフェストに、必要事項を記入し、産業廃棄物を受け取った証として排出事業者にA票を戻す。その後、産業廃棄物の処分業者は、収集・運搬業者から産業廃棄物とともにマニフェスト（B_1、B_2、C_1、C_2、D、E票）を受け取り、必要事項を記載して、収集・運搬業者にB_1、B_2票を戻す。収集・運搬業者は、受領したB_1、B_2票の内、B_1を手元に残し、B_2を運送終了後10日以内に排出事業者に返送する。処分業者は、中間処理終了後10日以内に、中間処理終了の証として、収集運搬業者にC_2票を、排出事業者にD票を返送する。さらに自社で最終処分まで行った場合にはE票も排出事業者に返送する。排出事業者は、A、B_2、D、E票が揃うことで、産業廃棄物の最終処分が完了したことを確認することができる。これに対し、マニフェスト交付日から90日以内にB_2、D票が、180日以内にE票が返送されない場合、排出事業者は委託した廃棄物の状況を把握するための適切な措置をとり、都道府県知事に報告する義務が存在する。

以上のように、マニフェストの一部を手元に、残りのマニフェストを次の（他の）業者に渡す仕組みを採用することで、産業廃棄物の追跡や現状把握を可能にし、それによって産業廃棄物が適正に処理されることを意図しているのがマニフェスト制度である。このマニフェスト制度をオンライン化した電子マニフェスト制度は、排出事業者、収集・運搬業者、処分業者の3者がネットワークを介して、紙媒体のマニフェストと同様の制度を実現したものである。2018年4月末の時点で、電子マニフェストの利用率は54%に達したので[(9)]、電子マニフェストもマニフェスト運用において、重要な意義を果たしているというべきである[(10)]。

---

(8)　マニフェスト制度は、1990年に厚生省（現在は厚生労働省）の指導により始まり、1997年の廃棄物処理法改正によりマニフェスト制度はすべての産業廃棄物に、法的に義務づけられることになった。

4　マニフェスト制度に関する罪の構造と本判決の意義

(1)　マニフェスト制度違反の罪の諸類型

マニフェスト制度を実効的なものとするため、廃棄物処理法29条は、マニフェスト制度に反する行為に罰則を設けており、具体的には以下の11の類型を処罰している（ここでの記述は本事件が問題となった当時の条文である。近時の法改正については、後述する。）。

①産業廃棄物の運搬又は処分を他人に委託する場合に、マニフェストを交付せず、又は定められた事項を記載せず、もしくは虚偽の記載をした産業廃棄物の排出事業者（29条3号）、②産業廃棄物の運搬を終了したときに、マニフェストの写しを定められた期間内に送付せず、又は定められた事項を記載せず、もしくは虚偽の記載をして送付した産業廃棄物の運搬受託者（29条4号）、③産業廃棄物の運搬を終了した時に、マニフェストの処分を委託された者に回付しなかった産業廃棄物の運搬受託者（29条5号）、④産業廃棄物の処分を終了した時に、マニフェストの写しを定められた期間内に送付せず、又は定められた事項を記載せず、もしくは虚偽の記載をした産業廃棄物の処分受託者（29条6号）、⑤マニフェストの写しを保存しなかったマニフェスト交付者（29条7号）、⑥虚偽のマニフェストの交付をした産業廃棄物収集運搬業者もしくは特別管理産業廃棄物収集・運搬業者又は産業廃棄物処分業者もしくは特別管理産業廃棄物処分業者（29条8号）、⑦マニフェスト不交付の産業廃棄物を受託した産業廃棄物収集・運搬業者もしくは特別管理産業廃棄物収集・運搬業者又は産業廃棄物処分業者もしくは特別管理産業廃棄物処分業者（29条9号）、⑧運搬受託者、処分受託者が運搬、処分が未了であるのに虚偽の報告をした者又は処分受託者が中間処理後の最終処分が未了又は処分終了未通知であるのに虚偽の報告をした者（29条10号）、⑨電子

---

(9)　詳しくは、公益財団法人日本産業廃棄物処理振興センター情報処理センターのホームページ〈http://www.jwnet.or.jp/jwnet/pdf/H30_4jwnet_toukei.pdf〉参照（最終確認日：2018年5月14日）。

(10)　大塚直『環境法BASIC〔第2版〕』（2016年）260頁以下は、電子マニフェストは、従来の紙媒体に比べ、①センターが管理するため紛失・破棄の恐れがない点、②登録後の情報改ざん、偽造がなされにくい、③迅速かつ正確な情報整理が可能である、④情報が一元化し、廃棄物移動の全体像を把握しやすい、⑤膨大になりやすい紙媒体に比べて情報管理を合理化可能であるとの利点を指摘している。

情報処理組織を使用して虚偽のマニフェストの交付をした産業廃棄物の排出事業者（29条11号）、⑩電子情報処理組織使用事業者に求められた報告をせず、又は虚偽の報告をした運搬受託者又は処分受託者（29条12号）、⑪マニフェストの規定を遵守せず、勧告、公表後にも従わず、勧告に係る命令に違反した者（29条13号）である。

以上を分類し直すと、①～⑧が紙媒体のマニフェスト制度に関する罪の類型であり、⑨～⑪が電子マニフェスト制度に関する罪の類型である。そして、各類型ともに排出事業者、運搬受託者、処分業者といった主体ごとに処罰規定が設けられていることが判明する。

(2)　マニフェスト制度違反の罪の先例？

このようにマニフェスト制度を維持し廃棄物の不適正処分を防止するため、多くの類型に罰則が予定されているが、実務上、積極的な活用がなされてきたとは言いがたい状況にある。

公刊物中、マニフェスト制度に関する罪にあたる行為を認定した事件は、1件のみである。この事件は、知事がある会社の産業廃棄物収集・運搬業の許可を取り消した処分につき、処分理由の不存在等を理由として取り消しを求めた訴訟の控訴審である（名古屋高金沢支判平成17年8月29日判自275号28頁[(11)]）。名古屋高金沢支部は、取消処分の相当性を検討する際に、再委託行為及び虚偽運搬マニフェスト送付行為における違法性は重大であるとして、取消処分に関して裁量を逸脱した違法があるとはいえないとした。この事件は、刑事事件ではなく業許可の取消処分を争った行政訴訟であり、裁量の適法性を検討する際にマニフェストの罪にあたる事実、具体的には虚偽マニフェストの写しの送付行為及び虚偽運搬マニフェスト送付行為を認定しているものであるから、厳密にはマニフェスト制度に関する罪の刑事先例と評価することはできない。

(3)　本判決の意義

そうするとマニフェスト制度に関する罪を認定した刑事事件は存在しないことになるが、なぜマニフェスト制度に関する罪が積極的に起訴され有罪判決が下されてこなかったのであろうか。理由として次の2つの点を指摘する

(11)　同事件については、渡井理佳子「判批」判自278号（2006年）111頁以下参照。

ことができる。

第1に、従来使用されていた紙媒体のマニフェストの場合、犯罪の証拠となるマニフェストが、排出事業者、収集・運搬業者、処分業者に分散している点である。例えばマニフェスト制度違反の嫌疑が高まったため、捜査を行おうとする場合、実際の捜査としては、各所に分散しているマニフェストを、各業者が保管している膨大なマニフェストの中から突き止めなければならないが、それは実際には容易ではないという点である。

第2に、マニフェスト制度に関する罪が成立するような事例においては、より重い他の廃棄物処理法違反が認められることが多いからである。具体的には、前掲名古屋高金沢支判平成17年8月29日は、虚偽のマニフェスト送付行為を認定するだけでなく、処分を委託されていた産業廃棄物を、処分業者に運搬することなく別の産業廃棄物収集・運搬業者に運搬し処分を委託した点について、再委託の禁止違反であるとして廃棄物処理法14条10項違反行為を認定している。

要するに、廃棄物処理法違反の事件においては、マニフェスト制度に関する罪を取り出してきて問題としなければ被告人を処罰できないという事例は多くないのである。電子マニフェスト虚偽報告罪（29条12号）の成立を肯定した本判決は、多くの類型を有するマニフェスト制度に関する罪の成立を肯定したはじめての公刊物掲載の刑事事件であり、この点に最大の意義が認められる。また前述したように廃棄物実務におけるマニフェストは、紙媒体から電子マニフェストへと移行しつつあるので、「電子」マニフェストの虚偽報告罪を認定した本判決の影響は、今後のマニフェスト実務にとって少なくないというべきであろう。

5　おわりに

(1)　刑罰によるマニフェスト制度保護への疑問？

本事件のように電子マニフェストに虚偽報告がなされると、排出事業者からは（及び第三者からも）、産業廃棄物が適切に処分されているように見えてしまう[12]。それゆえマニフェスト制度に意味があるのか、言い換えれば、産業廃棄物の適切な流通や処分に必ずしも効果的であるとは評価できないマニフェスト制度を、刑罰を使用してことさらに保護する必要があるのか、疑問の余地が生じることになる。

すでにマニフェスト制度への疑問を明示的に述べる判決が存在した。東京高判平成19年11月29日（LEX/DB 25463972）は、安定型産業廃棄物最終埋立処分場を建設して操業しようとしている業者に対し、本件処分場予定地が水源にあたり廃棄物から有害物質が水道水に混入するおそれがあるとして、本件処分場の差し止めが請求された事案である。東京高裁は、業者が行った「産業廃棄物にはマニフェスト制度が存在し、有害物質は搬入されない」という主張に関し、次のように述べている。

「マニフェスト制度は、安定型産業廃棄物とそれ以外の産業廃棄物とを厳格に分別する上では十分な実効性のある適切な方法であるとは認め難く、違反行為があった場合に事後的に速やかに当該違反行為を摘発して関係者を厳正に処罰することが行われるとすれば、そのことの積み重ねにより、爾後の産業廃棄物の適正な処分が徐々に実現されていくにとどまるものであって、そのことを期する以上の効果を望むのは困難というほかはない。」

また学説においても、マニフェスト制度は、排出事業者に情報を集約して、その後行政に報告するというものであるが、そもそも排出事業者が安上がりの廃棄物処理をしたいと思っている当事者のため、一番あてに出来ないところをあてにした制度となっているとの批判も存在する[13]。

たしかに現在のマニフェスト制度では、マニフェストの記載にない廃棄物が混入する事態や、本事件のように第三者からは適正に廃棄物が処理されたように見えてしまう事態が生じることがあり、また排出事業者への信頼の低

---

(12)　本件冷凍ビーフカツの排出事業者から見た場合、廃棄ビーフカツは堆肥化処理されたと報告され、電子マニフェスト上、適切に処分がなされたように見える。しかしこれを確認するだけでは、排出事業者責任の観点からは十分ではないとし、廃棄物の処分を現地で確認するよう義務づけなければならないという主張も存在した（月刊廃棄物・編集部レポート「食品廃棄物不正転売事案の再発防止へ合同会合を再開」月刊廃棄物42巻8号（2016年）36頁参照。）。

しかし廃棄物の処理は、遠く離れた遠隔地で行われることもあるため、排出事業者の現地確認は時間的・金銭的負担が大きく、こういった負担が増加するほど、マニフェストを無視した不適正処理への誘惑も高まってしまう弊害も発生する。さらに現地確認をしたところで、その廃棄物が本当に自社の委託した廃棄物かを必ずしも判断できるわけではないため、現実的には厳しすぎる主張である（渡辺靖明「廃棄物処理の委託禁止違反が処罰されるのは何故か？」環境管理53巻10号（2017年）70頁以下参照。）。

(13)　熊本一規『ごみ行政はどこが間違っているのか？』（1999年）45頁。

さも理解出来ないことではない[14]。しかしマニフェスト制度は、不法投棄やマニフェストの記載とは異なる不適正処理がなされていることが判明した場合であっても、事後的な捜査に際し、関与した業者の割り出し等に効果的である。さらに不適正処理や不法投棄がなされた場合には、排出事業者への責任追及に役立つことは明らかである。そうすると、マニフェスト制度は全体として見ると、不法投棄を代表とする廃棄物の不適正処分に対して一定の抑止力があることを否定できないと考えられる。このような観点から、刑罰によるマニフェスト制度の保護は、一定の意義が認められるといえるであろう。

(2) 廃棄物処理法 2017 年改正とマニフェスト

本事件を契機として、廃棄物処理法の改正が行われた(平成 29 年 6 月 16 日公布)。この改正において、マニフェストの虚偽記載等を抑止するため、罰則が強化された。すなわち新たに制定された 27 条の 2 は、マニフェスト違反の罪の法定刑を、従来の 6 月以下の懲役または 50 万円以下の罰金から、1 年以下の懲役または 100 万円以下の罰金へと改めた。それゆえ、本事件で肯定された電子マニフェスト虚偽報告の罪の法定刑は、本事件当時の法定刑より重くなっている点に注意が必要である[15]。

---

(14) 北村喜宣「廃棄物処理法 2010 年改正法の制定」水野武夫古稀祝賀『行政と国民の権利』(2011 年) 174 頁は、マニフェスト実務につき、①実務においては、紙マニフェストの交付よりも産業廃棄物を円滑に流すことに関心が払われている、②マニフェスト交付義務は排出事業者にあるが、排出事業者と収集運搬業者の契約上の力関係から、現実には収集運搬業者が代行記入する例が多いように思われる、との問題を指摘している。

(15) 廃棄物処理法の 2017 年改正については、大塚直「廃棄物処理法 2017 年改正」Law & Technology 78 号 (2018 年) 1 頁以下参照。

第7章
公安・危険物・軽犯罪

本章では公安・危険物・軽犯罪に関わる特別刑法判例を10件取り上げる。その内訳は、銃砲刀剣類所持等取締法違反2件、軽犯罪法違反4件、その他の法律違反4件（各1件）である。

人質による強要行為等の処罰に関する法律1条1項は、人を逮捕し、または「監禁」し、これを「人質にして」、第三者に対し、義務のない行為をすることまたは権利を行わないことを要求する行為を処罰する。**判例30**は、同居女性を巻き込んだ立てこもりの事案について、交際相手や家族への危害を仄めかされて畏怖・困惑した同女の心理状態や同女が人質の振りをするよう命じられた状況を踏まえて「監禁」を認定するとともに、「人質にして」を被逮捕・監禁者の「釈放、返還に対する代償として」という意味に解釈したうえで、被逮捕・監禁者の生命身体に現に危険が及ぶことを要するとの所論を排斥し、「人質にして」の該当性を肯定した。

盗犯等ノ防止及処分ニ関スル法律3条は、所定の要件を具備する「常習」累犯強盗・窃盗を加重処罰する。**判例31**は、空腹に耐えかねて食事代等の現金を得るために突発的に及んだ侵入窃盗について、前科に係る窃盗と本件窃盗の間には犯行の動機・態様に著しい相違や8年間もの隔たりがあることなどから、前科のような窃盗を反復累行する習癖の発現として本件犯行が行われたとみることはできないとし、「常習」性を否定した。

暴力行為等処罰ニ関スル法律1条ノ3は、「常習」的傷害・暴行・脅迫・器物損壊を加重処罰する。**判例32**は、①傷害、②強盗致傷等、③器物損壊・傷害の各前科を有する被告人の傷害・脅迫行為について、前科①③に関し、約9年前の前科であってもその動機・態様等に共通性があれば常習性の認定につながるなどとし、また、前科②に関し、それが粗暴犯的習癖とは異質な利欲目的の犯行であるとの所論を容れず、「暴力や脅迫によって目的を達するという暴力団的発想」への同調・加担の側面を認め、「常習」性を肯定した。

銃砲刀剣類所持等取締法（以下、「銃刀法」とする）3条1項は、猟銃を含む銃砲等の所持を禁止しつつ、その除外事由として、「武器等製造法の猟銃等販売事業者が……業務のために所持する場合」（8号）を定める。そして、銃刀法31条の11第1項1号は、これに違反して猟銃を所持する行為を処罰する。**判例33**は、猟銃等販売事業者としての実態がなかった被告人が、自宅から猟銃をむき出しのまま持ち出し、近隣の公園等で照準合わせや発砲をするなどしていた事案について、その所持が「猟銃等販売事業者としての業務のためのものではなく、それ以外の私的用途に供するためのものであった」と認定し、銃刀法3条1項8号の除外事由に当たることを否定した。また、銃刀法10条5項、35条2号は、銃砲所持の許可を受けた者が、法定の除外事由がないのに、当該銃砲に実包等を装てんしておくことを禁止・処罰する（不法装てん罪）。**判例34**は、被告人が狩猟を終えた後も実包が装てんされたままになっていたライフル銃の引き金を引いて実包を発射した時点をとらえて不法装てん罪で起訴された事案について、「法定の除外事由がないのに実包が装てんされている状態が開始された時点で、猟銃等の所持者がそのことを認識していれば、その状態が維持されている限り、その後同人がそのことを失念、忘却しても、故意が失われるものではない」と判示し、不法装てん罪の故意を肯定した。

組織的な犯罪の処罰及び犯罪収益の規制等に関する法律3条1項13号（旧9号）は、詐欺罪に当たる行為が、「団体の活動」として、「当該罪に当たる行為を実行するための組織により行われた」ときは、その罪を犯した者を加重処罰する。**判例35**は、会員制リゾートクラブを舞台とする施設利用預託金等の詐欺事件で、これらの要件を認定したが、詐欺「罪に当たる行為を実行するための組織」について、当該「組織が元々は詐欺罪に当たる行為を実行するための組織でなかった」こと、当該「組織の中に詐欺行為に加担している認識のない営業員や電話勧誘員がいた」ことは、その認定を妨げるものではないとした。

軽犯罪法1条2号は、「正当な理由」がなくて刃物、鉄棒その他人の生命を害し、または人の身体に重大な害を加えるのに使用されるような器具を「隠して」携帯する行為を処罰する。**判例36**は、ヌンチャク3本を自動車内の後部座席下等に置いていた行為について、「隠して」の主観的要件としての「隠す意思」を否定するとともに、「正当な理由」を肯定した。なお、催涙スプレーの隠匿携帯について同号の「正当な理由」が肯定された事例として、最判平成21年3月26日（刑集63巻3号265頁＝**第1集・判例44**）がある。また、軽犯罪法1条26号は、「街路」または公園その他「公衆の集合する場所」で、たんつばを吐き、または大小便をし、もしくはこれをさせる行為を処罰する。**判例37**は、立ち小便がなされた某ビル北側駐輪場について、「公衆の集合する場所」には当たらないが、「街路」には当たると判断した。さらに、軽犯罪法1条23号は、正当な理由がなくて人の住居、浴場、更衣場、便所その他人が通常衣服をつけないでいるような場所をひそかに「のぞき見」る行為を処罰する（窃視罪）。**判例38**は、脱衣所にあらかじめ動画撮影機能を起動させたスマートフォンを設置し、同僚が着替え中の同所を撮影録画した行為について、「のぞき見た」に当たるとした。ところで、刑法20条は、「拘留又は科料のみに当たる罪」について組成物件以外の没収を制限するため、この種の盗撮事案で窃視罪（拘留または科料）のみが成立する場合には、その供用物件を没収することはできない。**判例39**は、窃視罪に加えて建造物侵入（3年以下の懲役または10万円以下の罰金）も成立し、両罪が科刑上一罪（牽連犯）となる場合であっても、窃視罪の供用物件（デジタルカメラ等）を没収することはできないとした。

〔福山好典〕

30　人質強要罪における「人質」該当性

松山地判平成29年3月30日LEX/DB 25545577

藤井智也

Ⅰ　事実の概要

被告人Xは、元交際相手であるAとの同居を継続していたが、Aから、AがオンラインゲームTを通じて交際を始めたBと結婚する予定であることを聞き、Bの素性に疑問を持ち、「調べさせないんだったら全員やるぞ。」「Bをす巻きにして連れてくるぞ。」などと怒号し、Bの素性を調査する間はXとともに行動するするようAに求めた。Aも、Xが同女の家族やBに危害を加えるかも知れないと感じてこれに応じていた。Aの安否を心配したAの養父Cが愛媛県松山東警察署に行方不明者届を提出したことを受け、XとAの同居先に同署の私服警察官らが臨場した際、Xは同居人Aに対し、同女の面前で包丁を手に持ち、同女の腰部分を摑んで、「人質の振りせい。」と命じて人質として行動することを指示した。さらに、Xは、愛媛県警察本部司法警察員警部補Dらに対し、Aを解放する条件として、BからX宛てに電話を掛けさせること及びBの戸籍謄本を取り寄せることなどを要求した。

検察官はこれを、人を監禁し、これを人質として、第三者に対し、義務のない行為をすることを要求したものとして、人質による強要行為等の処罰に関する法律1条1項の罪（以下、「人質強要罪」とする）で起訴した。

弁護側は、本件立てこもり中、Aは本件居室から出られないような心理状態ではなかったからAに対する「監禁」は成立せず、また、人質強要罪における「人質にして」は、要求に際して逮捕・監禁されている者の生命身体の安全が交換条件とされ、生命身体の安全に現に危険が及んでいる場合を指し、人質の振りをしたAの身に危害が及んでいない本件では同構成要件の該当性が認められない、などと主張した。

Ⅱ　判旨――有罪

1　監禁の成否

「Aが、日頃から被告人の言動に対し、被告人の顔色をうかがいながら生活していたこと、被告人が実際にBについて調査する様子を見ていることからすれば、被告人の前記発言を聞いたAは、Bらへ危害が及びかねないことに畏怖すると同時に、当面は被告人と行動を共にし、同人の意に沿うよう振る舞うほかないなどと困惑したものと認められる。Aは、このような心理状態で、かつ、多数の警察官が臨場した状況において、半ばパニック状態で興奮し、包丁まで持ち出した被告人から『人質の振りせい。』と命じられたのであるから、Aが自由に本件居室から出ることは心理的にも状況的にも不可能であったといわざるを得ない。」

「畏怖に限らず、不安や困惑といった心理状態によっても移動の自由は制限されるのであり、事実、Aは前記のとおりの心理状態であった以上、自身の身の危険を感じていなかったとしても、結論は左右されない。」

2　「人質にして」の該当性

「同法律にいう『人質』は、その解放のための明示的又は黙示的な条件として第三者への要求がされるものであるから、逮捕又は監禁をして人の自由を拘束し、その者の生命身体等の安全を憂慮する第三者に対し、その者の釈放、返還に対する代償として、作為又は不作為を要求すれば、『人質にして』要求した場合に該当する。」

「犯人に逮捕・監禁した者の生命身体の安全を害する意図がなくても、現に移動の自由が侵害され、第三者にとって外形的に生命身体の侵害可能性を認識すべき状況が存する以上、そのような状況に直面した第三者がその者の生命身体の安全を憂慮して、犯人からの要求に応じざるを得ないことは十分あり得ることであって、これに乗じた犯人が第三者に対して義務のないことを要求するというのは、同法律1条1項が本来的に予定するところと解される。本罪の法定刑の下限が懲役6月であって逮捕監禁罪の懲役3月と比して各段に重いものではなく、上限の懲役10年も人質の生命身体への危険性が高い事案等が本罪に含まれることからすれば、処罰範囲の不当な拡張とはいえない。」

「被告人は、Aを訪ねて臨場した警察官らに対し、いきなり包丁を示し、Aに包丁が向いているような体勢で『引け。』『こいつ刺すぞ。』などと怒号し、本件居室をU字ロック等で施錠しつつ、自らの希望をD警部補らに伝えているのであるから、身柄の解放を含むAの安全を交換条件として、これを憂慮する第三者に対して義務のない作為を要求する態度を示したことは明らかであり、したがって、被告人は監禁したAを人質にしたものであると認められる。」

Ⅲ　評釈

1　人質強要罪について

人質による強要行為等の処罰に関する法律は、昭和53年に成立し、62年に第1条として人質強要罪が追加される形で改正された。この改正は、「人質をとる行為に関する国際条約（以下、「人質行為防止条約」とする）」の締結に伴う国内法整備の一環として行われた[(1)]。人質行為防止条約第1条は、人質の解放と引き換えに第三者を強要する目的で、人を逮捕し又は監禁し、人質の殺害等をもって第三者を脅迫する行為を人質をとる行為とし、その未遂及び加担行為を含めて締約国が犯罪とすべきである旨を規定している。この改正により、複数人が共同して凶器を用いた場合にしか適用のなかった旧第1条は繰り下げられ、現在の第2条にあたる加重人質強要罪となった。

人質強要罪は、「人を逮捕し、又は監禁し、これを人質にして、第三者に対し、義務のない行為をすること又は権利を行わないことを要求した者は、六月以上十年以下の懲役に処する」と規定している（人質による強要行為等の処罰に関する法律1条1項）。同罪は、人質により不法な要求を受ける第三者の意思決定の自由とともに、人質にされた者の自由をもその保護法益とするものとされる。また、その法定刑は逮捕監禁罪の当時の法定刑（3月以上

---

(1)　多谷千香子「人質を取る行為の処罰」商事1116号（1987年）27頁。

5年以下の懲役[2]）を基本としつつ、逮捕監禁罪と強要罪の一種の結合犯的なものとして規定された[3]ものである。

2　監禁の成否

人質強要罪における監禁は、刑法の監禁罪にいう監禁と同義[4]であると解されている。これは、本罪の法定刑が逮捕監禁罪の法定刑を基本として立法されていることからも正当な理解である。監禁が成立するためには、被害者を一定の場所から脱出することを不可能又は著しく困難にして、その行動の自由が侵害されなければならない。しかし、本件の事実関係で被害者の移動が不可能または著しく困難であったといえるだけの状況があったかには疑問が残る。本件においては、Aは本件居室内で身の危険を感じていなかった旨供述しているほか、Xも取り出した包丁をAに向けることはなかったことが認定されている。少なくとも本件居室内から出られないほどの畏怖をAが感じていたとは考えにくい。確かに、監禁の成否を判断するにあたっては、被害者の困惑や不安といった心理状態も考慮されなければならないというのは本判決が指摘するとおりである。同様の事例として、自身が受ける後難を畏れてその場に留まらざるを得なかった事例[5]や強姦後の恐怖や困惑から海上の船から脱出が出来なかった事例[6]が存在する。もっとも、これらの事例はいずれも被害者自身に対してすでに向けられた加害や将来の加害の蓋然性[7]を前提に、それに対する被害者の畏怖や困惑を認定したものである。これに対し本件のような、他者に対する加害の可能性という程度の不安は、これらの先例と同視出来るものではない。

---

(2)　この法定刑は平成17年改正以前のものであり、現在の逮捕監禁罪は3月以上7年以下の懲役を定めている。

(3)　多谷・前掲(1)28頁。

(4)　平野龍一ほか『注解特別刑法　第2巻』（1982年）416頁〔佐藤道夫〕。

(5)　最決昭和34年7月3日（刑集13巻7号1088頁）。

(6)　最判昭和24年12月20日（刑集3巻12号2036頁）。

(7)　前掲最決昭和34年7月3日の控訴審判決である高松高判昭和32年3月8日（刑集13巻7号1094頁参照）は「機会をねらって一時脱出したとしても、到底姿を隠しおうせるものではなくその後に来る更に強力な査問乃至は仕打のあることを覚悟しなければならず、その後難を畏れて脱出するということ自体及びもつかぬことであつた」という認定で監禁罪の成立を認めている。

もっとも、本判決は、監禁の認定ではもっぱら被害者の心理面に着目した判示をしつつも、「Aが自由に本件居室から出ることは心理的にも状況的にも不可能であった」（傍点筆者）としている。監禁の認定では触れられていないが、玄関の扉は内側からU字ロックで施錠されており、また被害者は常にXと行動を共にしていたという事情もある。したがって、Xに見られながら自ら施錠を外し、外に脱出することは状況的に困難であったという事情も、監禁の認定において考慮されているとみることはできるだろう。

3　人質該当性

人質強要罪における人質をとる行為とは、「逮捕され、若しくは監禁された者の生命、身体等の安全に関する第三者の憂慮に乗じ、人質の釈放、返還又は生命身体の安全に対する代償として第三者に作為又は不作為を要求する目的で被逮捕者の自由を拘束すること」[8]とされる。重要なのは、被逮捕・監禁者が置かれている危険と、第三者の憂慮が関連するものでなければならないという点である。例えば、「要求に応じなければ人質を殺す」、裏を返せば「要求に応じれば（少なくとも一時的には）人質を殺さない」というように、要求に応じるか否かで人質の安全が左右されるような状況になければ、第三者の憂慮に乗じた要求ということはできない。人質の安全が要求に対する代償であるという関係を要求しなければ、逮捕監禁と要求行為を結びつけるべき人質概念は内容を失い、逮捕監禁犯がその情を知る第三者になんらかの要求をするだけで本罪が成立することになってしまう。

この要求行為の前提となる代償（逮捕監禁の被害者に対する危険）という点をめぐっては二つの問題がある。一つは、本判決における主たる争点となっている、逮捕監禁の被害者に対する危険は現に存在するものでなければならないか、という点である。二つめは、その危険として、要求行為の代償となる人質に向けられた危険（あるいは第三者からみたその危険）が、生命身体に対する危険に限られるか、という点である。

本件において、弁護側は、人質に対する危険は現に存在する危険でなければならないとするほか、その危険は生命身体に対する危険に限られると解し

---

(8)　佐藤・前掲(4)417頁。

ており、現に生命身体に対する危険がない本件ではAは人質に該当しない、と主張している。一方、裁判所は、「第三者にとって外形的に生命身体の侵害可能性を認識すべき状況が存する」以上、これに乗じた犯人の要求行為は、人質強要罪が本来的に予定するところであるとして、危険は第三者が認識したもので足るとする。その危険が生命身体の危険でなければならないかについては立場を明確にしていないが、本件では第三者にとって認識すべき生命身体の侵害可能性が存在するため、裁判所の理解からは生命身体への危険の要否は結論を左右しないことになる。

まず、1点目につき検討を加える。本法には適用例が少なく、参考となる裁判例が少ないため、検討の補助線として、刑法225条の2第2項との類似性を指摘したい。同項、拐取者による身代金要求罪は、人を略取し又は誘拐した者が被略取者の安否を憂慮する者の憂慮に乗じて財物を要求する行為を処罰対象としている。自らの支配下にある被害者の憂慮を利用し、第三者に義務のない行為を行わせるという構造は、人質強要罪と類似性を持っている。拐取者による身代金要求罪に関する裁判例を見ると、誘拐した被害者を殺害したのち、被害者の親に電話をかけて身代金を要求した事例(9)や、わいせつ目的略取の被害者を殺害した後、身代金の要求を思い立った事例(10)などでも、同罪の成立が認められている。被拐取者がすでに死亡している場合も、それを知りえない第三者が拐取者の要求に従わざるを得ないという心理状態に置かれる、という点に違いはないから、同罪の成立を認めるこの結論は妥当であろう(11)。

このような理解からすれば、人質強要罪についても、本判決の「犯人に逮捕・監禁した者の生命身体の安全を害する意図がなくても、現に移動の自由が侵害され、第三者にとって外形的に生命身体の侵害可能性を認識すべき状況が存する以上、そのような状況に直面した第三者がその者の生命身体の安全を憂慮して、犯人からの要求に応じざるを得ないことは十分あり得ること

---

(9)　最判昭和62年7月9日（判時1242号131頁）。

(10)　東京高判平成16年10月29日（高刑速（平16）号105頁）。

(11)　萩原由美恵「我が国における略取・誘拐罪の一考察（一）」上法46巻4号（2003年）37頁は、改正刑法準備草案では「釈放の代償を要求する目的で」とされていた身代金要求罪が現行法で「財物を交付させる目的」に言い換えられたのは、非拐取者殺害後の身代金要求や釈放する意思もないのに身代金を取得する目的でなされた事例を捕捉するためであると指摘する。

であ」り、これに乗じて義務のないことを要求することが人質強要罪が本来的に予定するところであるという指摘は首肯できる(12)。

本件では、X が包丁を示し、「こいつ刺すぞ」などと怒号しており、要求を受ける警察官らにとって A の生命身体に危険がおよんでいると認識すべき事情は十分に認められることから、X が A を人質にしたという本判決の認定は妥当である(13)。

上記 2 点目の問題は本件の結論を左右するものではないが、弁護人の主張は生命身体の危険必要説を前提とするものであるため、この点についても検討を加える。旧第 1 条から続く人質の理解においては、生命身体の安全を条件としなければならないとする生命身体の危険必要説と、要求に応じなければ人質を「解放しない」という条件で要求を行う場合も人質に該当すると解する生命身体の危険不要説が存在する。

生命身体の危険必要説は、本罪における要求行為の本質を、被逮捕者等の生命身体を条件として第三者に不法な要求をすること(14)、と解する。この見解は、本法制定当時、本法が労働運動等の団体交渉の場に不当に適用されることになるのではないかという懸念が表明されていたことから(15)、そのような場面と本法が問題とする行為との区別を明確にする、との意図を持って主張されたものである。本法の立案担当者は、人質の本来の意味とは「約束履行の保障として相手方に任意あるいは半ば強制的に差し入れられる人

---

(12) ただし、人質強要罪においては逮捕監禁行為が強要行為の前提として規定されていることから、少なくとも要求行為の時点においては逮捕監禁の継続がなければならないと考えられる。これは、身代金要求罪において行為の主体が人を略取誘拐した者に限られることと同様である。逮捕監禁犯が被害者を殺害後にその情を知らない第三者に対して要求行為を行った場合には、他罪において捕捉されるべきである。

(13) なお、本罪の故意の内容としては、行為者が第三者のそのような憂慮を認識し、そのような相手に要求をする自己の行為の意味を認識している必要があるのは本判決が指摘する通りである。

(14) 佐藤道夫「所謂人質犯罪処罰法をめぐる若干の問題点について」鴨良弼古稀『刑事裁判の理論』(1979 年) 452 頁。

(15) 本法制定時、衆議院法務委員会において、「政府は、本法が一部過激分子による航空機の乗取り、在外公館の占拠等の不法事犯に対処する目的で制定せられた経緯にかんがみ、本法の適用に当たっては、憲法で保障された正当な労働、農民、市民運動等に対し、その本来の目的を逸脱してこれを乱用することのないよう万全の配慮をすべきである」との付帯決議が付され、参議院法務委員会でも同様の付帯決議が付されている。

間」をいい、「何事かを履行するための担保として人間の生命、身体の安全がかけられているその状態」を人質という言葉で表現している[16]とする。さらに、生命身体の安全を条件としない要求について、以下のように述べている。「このような類型はいかなる意味でも担保物件の保管者に約束不履行の場合は当該物件を適宜処分するという意図がないのであるから、その物件はいかなる意味でも『質』とはいい難い」ことになり、「第三者が要求に応じない場合に被拘束者の生命身体の安全は保障されないという状況が客観的に作出されて」いなければ人質には当たらない[17]。

これに対し、生命身体の危険不要説は、要求に応じなければ人質を解放しないという趣旨でその拘束を続けることも含む[18]と解する。ただし、これらの議論はいずれも人質強要罪が追加される以前、現在の加重人質強要罪の人質概念についての議論であることには注意が必要である。改正前の1条には「凶器を示して」という文言が含まれていたため、生命身体に対する危険が全くない場合がどこまで想定されていたかは疑問であるといえる。

一方、現行の人質強要罪には「凶器を示して」といった逮捕監禁の態様についての限定が付されていないことから、被害者に逮捕監禁状態を超える危険が向けられていることが要件となっていると考える理由に乏しい。さらに、本法改正のきっかけとなった人質行為防止条約は、人質を「殺害、傷害又は拘禁の継続をもって脅迫する行為」と定義している[19]。この定義からは、生命身体の危険がなくとも、拘禁の継続の危険があれば人質にあたることになる。そして、同条約が締約国に同条約が定める犯罪について適当な刑罰を科することができるようにすることを求めており[20]、本罪規定が同条約批

---

(16)　佐藤・前掲(14)452頁。

(17)　佐藤・前掲(14)452頁。

(18)　池田耕平「人質による強要行為の処罰に関する法律について(下)」曹時30巻7号（1978年）42頁。

(19)　人質行為防止条約1条1は「人を逮捕し又は拘禁し及び当該逮捕され又は拘禁された者（以下「人質」という。）の殺害、傷害又は拘禁の継続をもつて脅迫をする行為であつて、人質の解放のための明示的又は黙示的な条件として何らかの行為を行うこと又は行わないことを第三者（国、政府間国際機関、自然人若しくは法人又は人の集団）に対して強要する目的で行うものは、この条約にいう人質をとる行為とし、犯罪とする。」と規定する。

(20)　人質行為防止条約2条は「締約国は、前条に定める犯罪について、その重大性を考慮した適当な刑罰を科することができるようにする。」と規定する。

准をうけた国内法整備の一環として設けられたことから考えれば、生命身体の危険がなくとも、人質の解放を条件とした要求行為が行われれば、人質強要罪の成立を否定すべきではないものと考えられる。このような理解に立つならば、仮に本件において、要求行為を受けた第三者がＡの生命身体の危険まで認識しうる状況になかったとしても、ＸがＡの解放を条件に要求行為をしている以上、人質強要罪の成立は妨げられないことになる。ただし、（本件が実際そうであったように）生命身体の危険の外観が存在する場合には、両説の違いが結論の違いとして表面化する場面は多くないと考えられる。

31　常習累犯窃盗罪における常習性

東京高判平成24年12月3日判時2191号144頁

伊藤嘉亮

Ⅰ　事実の概要

被告人Xは、平成11年3月から平成13年1月までの2年弱の間に9回にわたって駐車場又は路上に駐車中の自動車（及び積載物）を窃取し、①平成13年6月12日窃盗罪により懲役1年6月に、②同日窃盗罪等により懲役1年に、③平成14年6月25日窃盗罪等により懲役1年2月にそれぞれ処せられ、平成13年6月から平成18年6月までの間、①及び②の各懲役刑、次いで①より前に判決が下された覚せい剤取締法違反罪による懲役刑、さらに③の懲役刑の執行を受けた。その後も、Xは、④平成19年8月から平成21年1月まで、⑤平成21年5月から平成23年5月まで、⑥平成23年12月以降（平成26年3月までの予定）の3回にわたり覚せい剤取締法違反罪による懲役刑の執行を受けた。本件は、④の刑執行終了の20日後（仮釈放の約3か月後）の平成21年1月22日、Xが、東京都江戸川区甲ビル2階の歯科医院において、同歯科院長所有の現金5万円在中の手提げ金庫（時価約4000円相当）を窃取したというものである。

原審（東京地判平成24年8月7日公刊物未登載）は、常習性はないとする弁護人の主張に対して、「窃盗の常習性は、機会があれば、抑制力を働かせることなく容易に窃盗を反復累行するという習癖があれば足り、手口の熟練性や同一性、類似性までをも必要とするものではな」く、「これまでの同種前科の内容や本件犯行の動機、態様等に鑑みれば、被告人には自身が置かれた状況に流されて安易に金目のものを盗むという習癖が容易に見て取れる」ため、「被告人は常習として本件犯行に及んだものである」として、常習累犯窃盗罪の成立を認めた。

Ⅱ　判旨——破棄自判・窃盗罪につき有罪（確定）

以上の原判決に対して、東京高裁は、本件の「経緯、動機について、……仮釈放後は風俗店で働いていたが、本件の約二週間前に店長と喧嘩して店を辞め、住んでいた寮も出て友人方を転々としていたところ、本件前日金もなく空腹であったため、何度か行ったことのある先輩の家で何か食べさせてもらおうと思い、同人方を訪ねたが、同人が留守で夜になっても帰宅せず、空腹になってどうしようもなくなったことから、同人方と同じビルにあった歯科医院に現金目当てで盗みに入った旨供述している。……本件は、被告人が、空腹に耐えかね、食事代等の現金を得るために、突発的に及んだ侵入窃盗の事案である。（原文改行）そこで、①ないし③の前科に係る各窃盗と本件の窃盗とを比べてみると、前者が、二年弱の間に主に共犯者とともに繰り返し行った乗り回し又は換金目的による自動車窃盗の事案であるのに対し、後者は、被告人が単独で食事代等の現金目当てに行った一回限りの侵入窃盗の事案であり、両者は犯行の動機のみならず、殊にその態様において著しく異なっているといえる。また、前者と後者の間には……八年間もの隔たりがある上、被告人が③の懲役刑につき仮釈放された平成一八年一月以降において、本件犯行以外に何らかの窃盗に及んだ形跡は全くうかがえない。（原文改行）こうしてみると、……窃盗を反復累行する習癖を、被告人がその後も保持し続け、その発現として本件犯行を行うに至ったと認めるには、無理があるというほかない。……本件犯行については、その動機、態様等からして、被告人の窃盗に対する規範意識の低さは認められても、それが習癖として発現しているとまでみることはできない」として、常習累犯窃盗罪の成立を否定した。

Ⅲ　評釈

1　裁判例の概観

盗犯等防止法（以下、「法」とする）３条は、「常習トシテ」法２条に掲げられた罪（窃盗罪、強盗罪、事後強盗罪、昏酔強盗罪）又はその未遂罪を犯した者が、その行為前の10年以内にこれらの罪又はこれらの罪と他の罪との併合罪につき3回以上6月の懲役刑以上の刑の執行を受け又はその執行の免除を得ていた場合につき、窃盗罪をもって論ずべきときは3年以上、強盗罪をもって論ずべきときは7年以上の有期懲役に処すると規定する。

判例によると、常習犯罪における常習性は反復して特定の行為を為す「習癖」を意味するのであって[(1)]、「行為者の属性」と解されている。ただし、「常習犯罪が成立するためには、主観的にその犯人が犯罪行為を行う習癖を有する者、すなわち常習者であることと、客観的にその犯行が右習癖の発現としてなされたことを要する」[(2)]。したがって、常習累犯窃盗罪が成立するには、被告人に反復して窃盗行為をする習癖があり、当該行為がその習癖の発現として行われたものでなければならないことになる[(3)]。

常習累犯窃盗罪の常習性を認定する際の資料に関しては、リーディング・ケースとされる判例によると、常習性の認定についてはその資料に何等の制限はなく、当該窃盗行為の態様のみによって常習性を肯定することも、行為態様と被告人の過去の経歴を綜合して常習性を肯定することも適法である[(4)]。したがって、起訴された行為と前科を併せて考慮することによって（具体的には非行歴、前科の回数、本件犯行の動機、手口、反復累行の期間、回数、出所後半年も経たずに20日のうちに10回の本件窃盗を敢行したこと、前科がいずれも窃盗罪であること等）常習累犯窃盗罪の成立を認めることも[(5)]、あるいは起訴された行為のみ（具体的には本件犯行が21回に上る窃盗罪であること、手口としては深夜の忍込窃盗、宵の時間の空巣窃盗、昼間の店舗内万引等諸種にわたり、その同種手口の犯行の間には共通したやり方が認められること、その犯行態度が極めて安易大胆であること、必ずしも経済的窮迫のみに起因した犯罪とは見られないこと等）を考慮して常習累犯窃盗罪の成立を認めることも可能である[(6)]。

---

(1)　常習賭博罪につき大判大正3年4月6日（刑録20輯465頁）、常習累犯窃盗罪につき大判昭和7年8月6日（刑集11巻1169頁）。
(2)　谷村允裕「常習犯罪における常習性の認定」判タ711号（1990年）55頁。城下裕二「判批」現刑13号（2000年）89頁も参照。
(3)　広島高判平成10年3月19日（判時1645号157頁）。
(4)　最判昭和33年7月11日（刑集12巻11号2553頁）。
(5)　仙台高秋田支判昭和34年9月23日（下刑集1巻9号1914頁）。

常習性の認定基準に関する最高裁判例は存在しない。この点をめぐっては、地裁レベルにおいて、起訴された犯行それ自体（当該犯行の手口、態様、犯行回数、期間、頻度等）から常習性を認定できない場合、累犯者、法所定の受刑者が常に常習者となるわけではなく、動機、方法、手口、規模、回数、時期、時間、期間、頻度、場所、目的物の品目、種類、性質、数量、価格、形態、技術の有無、巧拙、危険性の度合い、共犯者の有無、及び犯人の環境等について当該犯行と前科の犯行を比較して判断するとした上で、当該事案における類似性では常習性を認めるには不十分であると判断した裁判例がある(7)。いかなる具体的基準に基づいて上述の諸要素を検討し、常習性を否定したのかは明らかでないが、常習性の認定について厳格な態度を示した裁判例であるといえる。

他方で、高裁レベルにおいては、常習性の認定について、一般論として、本件犯行と前科犯行との間に「犯行の動機、態様、手段等に明白な相違がある場合には、前者について常習性を認定することができないものと制限的に解釈すべきではな」いと解した上で、当該事案について、本件犯行の手口、方法、反復累行の事実に加えて、これまで3回受刑した事実があるから、これらを総合すると、常習性を認めることができるとしたものがある(8)。この事案においては、「常習性」を制限的に解釈することが否定されており、比較的緩やかな認定基準が採用されているといえる(9)。高裁レベルでは、更に、常習性の認定の一般論として、反復して窃盗行為をする習癖は「あるかないかで判断されれば足りるものであり、右習癖が特に顕著なものに限られるという原判決の判断は、常習性の要件を限定的に狭くとらえるものであって、相当ではない」とする裁判例(10)、および、窃盗の常習性は、「機会があれば、抑制力を働かせることなく容易に窃盗を反復累行するという習癖があれば足りる」のであって、「手口の熟練性や同一性、類似性までをも必要とするも

---

(6) 東京高判昭和36年12月26日（東高刑時報12巻12号283頁）。

(7) 福岡地判昭和34年12月26日（下刑集1巻12号2709頁）。

(8) 東京高判昭和50年10月13日（東高刑時報26巻10号172頁）。

(9) 本件犯行と前科の犯行は動機・態様の点で著しく異にし、本件が窃盗の習癖の発現としてなされたもので常習性があるとはいえないとした裁判例として、東京高判平成5年11月30日（判時1495号141頁）。

(10) 前掲広島高判平成10年3月19日

のではない」とする裁判例がある(11)。

常習累犯窃盗罪が成立するには、上述のように、被告人が反復して窃盗行為をする習癖を有しており、その習癖として当該行為を行ったことが必要である。したがって、「常習性」が認定されるということは、上記要件が充足されていることを意味するものである。そして、このような意味における「常習性」は、高裁レベルの裁判例において採用されている基準によると、たとえ起訴された行為の間に、あるいは起訴された行為と前科の犯行の間に類似性が認められず、被告人に顕著な常習性を認めることができない場合であったとしても肯定されうるのである。常習性を比較的緩やかな基準により認定するのがこれまでの裁判例の傾向であるといえるだろう(12)。

2　常習性の意義について

常習累犯窃盗罪を規定する法3条は、その法的効果として、窃盗罪等の刑を加重している(13)。したがって、本罪の要件（の一つ）である常習性を検討するに先立って、本罪における刑の加重根拠について検討することが有益となろう。

この問題をめぐっては、以下の3つの見解が考えられる。まず、A説は、

---

(11)　東京高判平成10年10月12日（高刑集51巻3号479頁）。

(12)　このような傾向について、中島広樹「常習累犯窃盗罪における『常習性』」渡部保夫古稀『誤判救済と刑事司法の課題』（2000年）561頁以下は、「判例⑨〔広島高判平成10年3月19日（評者注）〕から同⑩〔東京高判平成10年10月12日（評者注）〕にかけて盗犯防止法三条の『常習性』の認定は厳格さを失う方向で推移しているように思われる。すなわち、『機会があれば、抑制力を働かせることなく安易に窃盗を反復累行する』習癖で足りるならば、ほとんど、同法三条の前科を有するような累犯者で、本条の常習性を否定される者はなくなることであろう。なぜなら、常習犯というのは、犯罪の反復累行により、犯行に対する反対動機形成力が減弱している、と解するのが従来の理解だったはずだから。（原文改行）また、習癖を特に顕著なものに限定する立場では、必然的に前科と当該犯行との態様・動機等の類似性を要求する、という形で常習性の制約原理を固有していたのであるが、本判例〔東京高判平成10年10月12日（評者注）〕のような習癖理解になると、論理必然的に内在する様な常習性の限定的視点は欠如するといわざるを得ない。判例⑧〔東京高判平成5年11月30日（評者注）〕のような常習性否定の事例は、今後の下級審に現れることはないであろう。」と評する。

(13)　窃盗罪が問題になる場合においては、単純窃盗罪の有期懲役の下限が1月であるのに対して常習累犯窃盗罪の有期懲役の下限は3年となるが、常習累犯窃盗罪が成立した場合においても実際には3年を下回る刑が言い渡されていることを指摘するものとして、田邉信好「常習累犯窃盗罪についての判決の実情と刑事政策的課題」ジュリ929号54頁以下。

刑を加重する根拠を常習性のみに求め、累犯性は刑を加重する根拠ではなく、常習者の中から一定の者を選び出す形式的根拠であり、直接には常習性の程度や有無を識別するものではないとする見解である[14]。B説は、累犯性を加重根拠としない点ではA説と同じであるが、その他の常習犯における常習よりも顕著な常習性に常習累犯窃盗罪の加重根拠を求める見解である[15]。これに対して、C説は、常習性だけでなく、累犯性（すなわち、警告理論によれば、前刑の警告機能が違法性の意識を強化した（はずである）にもかかわらず、そうした反対動機を乗り越えて犯行に及んだこと[16]）も常習累犯窃盗罪の重い刑罰を基礎づける根拠の一つであると解するものである[17]。

法3条の刑の加重根拠を考察するにあたっては、以下の点が肝要になるように思われる。法2条は、被害者の生命・身体に高度な危険を生じさせうるような、あるいは窃盗罪等の確実性を高めるような特定の方法を常習とする者が窃盗罪等を行った場合に、窃盗罪等の刑の加重を認める規定である。法2条が規定する重い刑は、単に窃盗罪等を行う習癖が存在するだけでは肯定されえず、手段の危険性およびそのような手段の常習性がそれに加わってはじめて説明されうる刑なのである。そして、法3条においては、法2条が規定するそのような刑と同じ法定刑が定められている。それゆえ、（その他の常習犯における常習性と同じレベルの）単なる常習性をもって法3条における刑の加重根拠を説明することはできないといわざるを得ない。かくして、A説は、法3条の加重根拠を説明するものとしては適当でないことになる。

他方で、C説は、確かに、常習性と累犯性の両者を要求する法3条の文言に合致するだけでなく、単純な常習窃盗罪を上回る重い法定刑を説明しうる点でも優れている。しかし、この見解は、常習累犯窃盗罪の成立を認めた上で、更に刑法56、57、59条に基づいて刑を加重すること（累犯加重）を認める判例[18]とは相容れないものである。というのも、常習累犯窃盗罪が成

---

(14) 富田仲次郎「盗犯等の防止及處分に關する法律に就て」司法研究報告書集14輯4（1931年）134頁以下。
(15) 泉二新熊「盗犯等の防止及處分に關する法律理由」法曹界雑誌8巻6号（1930年）179頁。
(16) 佐久間修「責任と刑罰（その3）」警論67巻5号（2014年）163頁。
(17) 岩崎二郎「累犯」佐伯千仭＝団藤重光編『総合判例研究叢書刑法(6)』（1957年）99頁。
(18) 大判昭和14年7月14日（刑集18巻411頁）、最決昭和44年6月5日（刑集23巻7号935頁）、最決平成9年4月4日（裁判集刑270号475頁）。

立した時点で累犯性に基づく刑の加重が既に考慮されていると解した上で、常習累犯窃盗罪と刑法56条以下の累犯加重の両立を認めるのであれば、それは、被告人の累犯性を二重に評価するものであるからである。したがって、判例の立場を前提とする限り、C説を支持することもできない。

したがって、常習累犯窃盗罪における常習性としては、その他の常習犯罪の場合に要求される常習性と同じレベルのものでは不十分であって、その重い法定刑を根拠づけうる程に「顕著な常習性」が要求されるべきである（B説）。こうした解釈は、法3条は3回以上刑を受けた者を常に常習者と解するわけではなく、法3条の常習者は常習性が頗る進んだ者に限られることになるであろうとする泉二新熊政府委員の見解(19)にも合致するものと思われる。そして、常習累犯窃盗罪における常習性をこのように解した場合、手口の熟練性や同一性、類似性、および、顕著な常習性は必要ではないとする従来の裁判例の傾向とは異なり、起訴された行為の間に、あるいは起訴された行為と前科の犯行の間に態様・動機の点で類似性等が認められなければならないことになる。

3　本件の検討

本件の原審は、「窃盗の常習性は、機会があれば、抑制力を働かせることなく容易に窃盗を反復累行するという習癖があれば足り、手口の熟練性や同一性、類似性までをも必要とするものではない」として、常習累犯窃盗罪の常習性を肯定した。これまでの裁判例の傾向に沿った判断であったといえよう。これに対して、東京高裁は、①本件が空腹に耐えかねてなされた突発的犯行であったのに対して、前科の犯行は計画的なものであったこと、②本件が現金目当てに行った一回限りの侵入窃盗の事案であったのに対して、前科の犯行は主に共犯者とともに繰り返し行った乗り回し又は換金目的による自動車窃盗であったのであり、犯行態様において著しく異なっていたこと、③本件と前科の犯行の間には8年もの隔たりがあったこと、④本件犯行以外に何らかの窃盗に及んだ形跡は窺えないことを理由に、常習累犯窃盗罪の成立を否定している。

---

(19)　泉二・前掲注(15)179頁。

本件は、東京高裁が、これまでの裁判例および原判決が採用する基準よりも厳格な基準に従って常習性を認定したかのように思われる点で注目される。ただし、本判決は、常習累犯窃盗罪の成立要件としての「常習性」を――上述のＢ説のように――「顕著な常習性」と解釈した上で、本件における被告人にはそのような顕著な常習性が認められないと判断したわけではない[20]。本判決については、一方で、常習性は、常習累犯窃盗罪の場合においても、窃盗行為を反復する習癖を被告人が有しており、その習癖の発現として当該行為が行われたことを意味すると解する従来の解釈を維持しつつ、他方で、その認定を厳格に行なったものである、と理解するべきであろう。

Ｂ説の立場からは、本件の上記①から④の各事実を勘案する限り、本件犯行が被告人の「著しい常習性」に基づいて行われたものとはいえず、常習累犯窃盗罪の成立は否定されることになる。したがって、本判決は、その結論においては是認できる。また、具体的な基準については必ずしも明らかではないが、従来の裁判例とは異なり、常習累犯窃盗罪の成立に対して厳格な態度を示した点でも妥当であろう。もっとも、常習累犯窃盗罪の常習性をめぐっては、認定論による解決ではなく、（実体法の）要件論の次元で解決することこそが望ましいものと思われる。

---

(20)　なお、中島広樹「判批」平成法政研究19巻１号（2014年）152頁以下は、本判決について、「当該犯行自体から常習性を認められない場合は、前科の態様・動機をも考慮して、とくに犯行態様に明白な相違があれば常習性を否定するというアプローチ」（制限説）に立つものであると評している。

32　暴力行為等処罰に関する法律1条の3の常習性の認定と前科の関係

東京高判平成26年10月17日高刑速(平26)号108頁

松本圭史

Ⅰ　事実の概要

兄の交際相手が実際には合意の上であったのに、V_1に強姦されたという話を信じ込んだ被告人が、平成25年10月14日の夜、V_1の弁明に耳を貸すことなく、同人に対し顔面を殴るなどの暴行を加えて傷害を負わせ、さらに、同伴者のV_2に対して包丁を示して「刺すぞ。」などと言い脅迫した。なお、被告人は、以下のような前科を有していた。すなわち、(1) 被害者が被告人の妻を食事に誘ったことなどについて話し合ったが、これが不調に終わったことから、平成15年12月、共犯者3名と共謀の上、被害者の顔面を殴るなどの暴行を加えて傷害を負わせた(傷害、罰金30万円)(以下、「前科①」とする)、(2) 平成16年3月、共犯者らと共謀の上、被害者を略取し、被害者に模造刀等で殴る、蹴る、ライターの火を押し付けるなどの暴行を加えて金品を強取するとともに被害者を負傷させた(営利略取・強盗致傷・窃盗、懲役7年)(以下、「前科②」とする)、(3) 平成16年5月、自動車乗車中に別の自動車の走行方法や同自動車に乗車していた被害者らの態度に立腹し、共犯者と共謀の上、同自動車をゴルフクラブで殴打して損壊し、被害者の顔面を殴打するなどの暴行を加えて傷害を負わせた(器物損壊・傷害、懲役2年)(以下、「前科③」とする)という粗暴犯前科3犯を有していた。

原判決は、V_1に対する傷害行為およびV_2に対する脅迫行為を包括して暴力行為等処罰に関する法律1条の3(以下、「本条」とする)前段の罪が成立するとしたが、これに対して、被告人は、事実誤認ないし法令適用の誤りがあるとして控訴した[1]。

Ⅱ　判旨――控訴棄却（上告）

「暴力行為等処罰に関する法律1条の3にいう『常習』とは反復して暴行、器物損壊等の粗暴行為を累行する性癖ないし習癖をいうところ、……（1）及び（3）の傷害等は、被告人に争いごとを暴力等で解決する習癖があったことを認めることができる事実であるし、（2）の行為は暴力団の上位者に指示された行為であるが、被告人自身暴力や脅迫によって目的を達するという暴力団的発想（なお、被告人は当時暴力団に所属していた。）に同調して加担したという面を否定できない。そして、本件暴行、脅迫は、被告人が、……粗暴な行為によって問題を解決しようとしたものということができる。そうすると、本件暴行、脅迫は被告人の粗暴行為を累行する習癖の発露としてなされたものということができるから、被告人は暴力行為等処罰に関する法律1条の3にいう、『常習として』本件暴行、脅迫をしたものというべきである。」

「所論は①上記（2）の行為は利欲目的の犯行であって、粗暴犯的習癖とは異質である、②（1）及び（3）の行為は、少なくとも約9年前、被告人が暴力団員であったころに共犯者とともに犯した犯罪であって、本件当時は暴力団員を辞め、まじめに働いていたが、実兄が交際していた女性が強姦されたと聞いて相手に謝罪させようとしたところ、開き直った態度を取られたことに立腹したものであり、前科の内容と異質であるという。しかし、約9年前の前科であっても、その動機や態様等に共通性があれば常習性の認定に繋がるものであるし、被告人は上記（2）及び（3）の行為により有罪判決を受け、長期間服役していたことも勘案すれば期間経過の点を捉えて常習性が消滅したということはできない。また上記（2）の行為が被告人の粗暴行為の常習性を基礎づけるものであること及び上記（1）ないし（3）の粗暴行為に照らせば、本件が被告人の粗暴行為を累行する習癖の発露と認められる」。

（1）　事案の詳細については、瓜生めぐみ「判批」研修800号（2015年）119頁以下も参照。

Ⅲ　評釈

1　問題の所在

本条は、「常習として」刑法上の傷害、暴行、脅迫、器物損壊行為を行った者が、人を傷害した場合には1年以上15年以下の懲役に、そのほかの場合、つまり人を傷害しなかった場合には3月以上5年以下の懲役に処すとして、通常よりも加重した刑を定めている。

「常習として」という文言は、刑法186条1項（常習賭博罪）などにおいても用いられているが、これらと同様に、本条にも同様の解釈が妥当するというのが通説・判例である(2)。すなわち、「常習」とは反復して当該犯罪を行う習癖であり、また、常習性は「行為の属性」ではなく、「行為者の属性」であると解されている。そして、常習性が認められるのは、行為者の性格、動機、行為態様、前科・前歴の数、前科との時間的間隔等の総合考慮から、行為者が犯罪を累行する習癖を有しており、かつ、当該犯行がその習癖の発露として行われたといえる場合であるとされている(3)。

常習性の有無を判断する際には、起訴された行為と前科・前歴の事実との比較がなされることが多く、本件でも前科事実との比較がなされた。この点につき、本判決は、「本条に挙げられていない犯罪の前科（前科②）」（以下、「論点①」とする）も本条の常習性を認定する際の資料となり得ることを前提として、本件犯行が粗暴行為を累行する習癖の発露としてなされたものであるとし、また、「本件行為から約9年前の古い前科」（以下、「論点②」とする）であっても常習性の認定資料となり得るとした。判例は、これらの種の前科から常習性を認定することに慎重な態度を示してきたところ、本判決はこれを肯定した。この点に本判決の特徴がある。以下、論点①および論点②につき検討を行う。

---

(2)　例えば、福田平ほか『行政刑法・特別刑法・労働刑法』（1959年）83頁〔大塚仁〕、伊藤榮樹ほか編『注釈特別刑法　第2巻』（1982年）241頁〔内田文昭〕。また、東京高判昭和40年6月25日（高刑集18巻3号244頁）、広島高判昭和41年11月29日（高検速報104号）。

(3)　安西溫『特別刑法7』（1988年）55頁、城祐一郎「刑法と暴力行為等処罰ニ関スル法律第4回(完)」警公70巻1号（2015年）41頁参照。また、谷村允裕「常習犯罪における常習性の認定」判タ711号（1990年）54頁以下も参照。

2 論点①について

(1) 本条の常習性の特殊性

例えば、常習賭博罪が単一の行為を常習として行うことを禁止しているのに対して、本条は複数の行為を常習として行うことを禁止しており、この点に本条の特殊性がある。これを受けて、本条の常習性が、それぞれの罪(傷害、暴行、脅迫、器物損壊の各罪)についての習癖をいうのか(同一罪名説[4])、それとも、それらの罪を包括した習癖(暴力行為を行う習癖)をいうのか(同種犯罪説[5])が争われている。

この点につき、判例は、本条の「常習トハ……刑法罰條ニ規定スル各個ノ犯罪行爲ノ常習性ノミヲ指スモノニ非ス是等ノ犯罪行爲ヲ包括シタル暴力行爲ヲ爲ス習癖ヲモ言フモノト解スルヲ相當トスル[6]」として、本条の常習性は個々の罪の常習性に限られないという意味で、同種犯罪説を採用している。

例えば、同一の犯罪のみが繰り返されている場合、同一罪名説からはもちろんのこと、同種犯罪説からも、包括的な常習性を問題とするまでもなく、問題となっている犯罪行為の常習性の有無を判断すれば足りる。実際に、大阪地判平成20年11月11日(裁判所HP)は、「短期間に立て続けに、複数の者に対して強烈な脅迫行為を繰り返していたことだけをとってみても、被告人に脅迫行為の常習性が認められる」として、脅迫に関する常習性を認定している。

これに対して、比較対象となる前科や起訴された行為が複数の罪名に係っている場合、同種犯罪説と同一罪名説では帰結が異なり得る。同種犯罪説によれば、起訴された行為とは罪名の異なる犯罪の前科・前歴からでも、広範に「暴力行為を行う習癖」を認めることができる。裁判例も、例えば、暴

---

(4) 池田克「暴力行爲等處罰法」末弘嚴太郎代表編集『現代法學全集第4巻』(1928年)44頁、長谷川瀏『暴力行爲処罰法令義解』(1935年)121-2頁、長島敦「暴力行爲等處罰に關する法律の罪」日本刑法學會編『刑事法講座 第7巻(補巻)』(1953年)1689頁、大塚・前掲注(2)84頁、西原春夫ほか編『判例刑法研究 第8巻』(1981年)305頁〔小西秀宣〕、内田・前掲注(2)242頁。

(5) 伊藤敬壽「暴力行爲等處罰ニ關スル法律(殊に同法第一條)について」自正3巻4号(1952年)18頁、安西・前掲注(3)54-5頁、野口元郎「暴力行為等処罰ニ関スル法律第1条の3の常習傷害罪における常習性の要件」研修591号(1997年)71頁。

(6) 大判昭和2年7月11日(刑集6巻260頁)参照。

行・脅迫・器物損壊行為を行った事案につき、傷害罪の前科２犯および暴力行為等処罰に関する法律違反の罪の前科から[(7)]、また、器物損壊行為を行った事案につき、器物損壊および傷害の罪の前科[(8)]、または暴行および傷害の罪等の前科から[(9)]本条の常習性を肯定している。これに対して、同一罪名説の立場を貫徹するのであれば、常習性を問題とする行為と同一の罪の前科・前歴のみが比較対象となるため、相対的に、常習性が認められる範囲が限定されることになる[(10)]。しかし、同一罪名説の論者も、常習性を問題とする行為とは罪名の異なる犯罪の前科・前歴（または習癖）を参照することを認めており[(11)]、また、処罰範囲の限定を明示的に主張しているわけでもない[(12)]。このように、同一罪名説は厳格な形では主張されておらず、同種犯罪説の考え方と実際上ほとんど異ならない。その意味では、同種犯罪説を採用する判例の立場も許容され得るものであるように思われる。もっとも、本条で挙げられている行為は、刑法上、同一罪名・同一罪質のものではないため[(13)]、起訴された行為とは異なる罪名の犯罪の前科を常習性を認定する際の資料とする場合には、動機や行為態様等の他の事情と併せて慎重に検討する必要がある[(14)]。

---

(7)　大阪高判昭和31年5月31日（刑集10巻10号1498頁参照）。

(8)　東京高判昭和47年9月25日（高刑集25巻3号408頁）。

(9)　東京地判昭和39年11月24日（判タ170号261頁）。

(10)　さらに、罪数の場面においても同種犯罪説と同一罪名説の帰結が理論的には異なり得る。起訴された行為が複数の罪名（例えば、傷害と恐喝）に係っている場合、同種犯罪説からは包括的な常習性が認定され本条前段の罪が成立するのに対し、同一罪名説からは、それぞれについて個別に常習性が認定され、本条前段と本条後段の罪が成立し、両者が併合罪となる。しかし、本文中で指摘するように、同一罪名説から常習性を問題とする行為とは異なる罪の前科を参照することを認めるのであれば、それはもはや同一罪名説を放棄しているように思われ、こうした帰結の差異も生じないだろう。

(11)　長谷川・前掲注(4)121頁、長島・前掲注(4)1689頁、小西・前掲注(4)305頁。

(12)　内田・前掲注(2)243頁も、判例は具体的には妥当な解決を導いているとする。

(13)　池田・前掲注(4)44頁。

(14)　複数の罪名（例えば、傷害と恐喝）の行為が繰り返されている場合、それぞれが特殊な方法を用いており、動機も異なっている等の理由から、理論上は、それぞれについて個別に常習性が認められることはあり得る。その場合、それぞれが異なる常習性の発露と理解される限りで、本条前段と本条後段の罪が成立し、併合罪となる。もっとも、こうした事例においても包括的な常習性があるということはできるため、おそらく、判例もそうした判断を採用するように思われる。

(2) 本条に挙げられていない罪の前科

では、さらに進んで、本条に挙げられていない罪の前科、例えば、殺人、強盗、恐喝、強姦、強要、逮捕監禁、略取、証人威迫、威力業務妨害、公務執行妨害等の前科を、本条の常習性を認定する資料として用いることは許されるであろうか。

この点につき、釧路地帯広支判昭和45年6月8日（判タ255号287頁）は、「暴行、脅迫、器物損壊等を手段とすることの多い恐喝、強要、公務執行妨害、威力業務妨害等の各罪の前科、前歴がある場合に、これをもって暴力的行為の常習性の認定資料とすることは、これら各罪が単なる暴力的行為とは異質、被害法益を異にすることを考慮すると、絶対に許されないものとまではいえないとしても、特別の慎重を必要とする」として、本条に挙げられている犯罪ではあるが起訴された行為とは異なる罪名の犯罪の前科・前歴を考慮する場合よりも慎重な姿勢を示している。裁判例においては、脅迫行為が行われた事案につき、恐喝と入札妨害および威力業務妨害の前科から(15)、あるいは、恐喝の前科から(16)、また、傷害行為が行われた事案につき、暴行・傷害・器物損壊・威力業務妨害・脅迫罪等の前科から(17)本条の常習性を認めたものがあるが、いずれもその他に特殊な事情があった事案ということができる。

前科の罪名について要件が定められている常習累犯強窃盗罪（盗犯等の防止及処分に関する法律3条）とは異なり、そうした定めのない本条については、本条に挙げられている犯罪の前科ではないことだけをもって、それが本条の常習性の認定資料となり得ないとすることはできない(18)。上述のように、本条に挙げられている犯罪ではあるが起訴された行為とは異なる罪名の犯罪

---

(15) 広島地判昭和41年1月25日（下刑集8巻1号183頁）。この事案では、被告人が性格的に短気で、日頃から些細なことに激昂して脅迫的言動に及ぶ習癖があり、また、前科事実においても脅迫的な言動をしていた。

(16) 広島地判昭和41年6月3日（下刑集8巻6号861頁）。この事案では、恐喝の前科がいわゆる「当り屋」行為であって、その回数が30数回に及んでいた。

(17) 東京高判昭和40年6月25日（高刑集18巻3号244頁）。この事案では、酒に酔って行われた行為について約9年間の間に10回にわたり処罰されており、威力業務妨害はその前科のうちの1つに係るものであった。

(18) 野口・前掲注(5)73-4頁。

の前科を常習性の認定資料とすることができるのであれば、本条に挙げられていない犯罪の前科も、起訴された行為との間に動機や行為態様等の共通性が認められる限りで、本条の常習性を認定する資料となり得る。ただし、前掲釧路地帯広支判昭和45年6月8日のいうように、本条に挙げられていない犯罪と本条に挙げられている犯罪との間での保護法益や罪質の相違は、本条に挙げられている犯罪の間での相違よりも大きく、また、それらの犯罪が行われる場面やその動機等も大きく異なってくるため、本条に挙げられていない犯罪の前科を本条の常習性の認定資料とすることができる場面は限られてくる(19)。

そこで、本件について検討すると、問題となっている前科②（営利略取・強盗致傷・窃盗の前科）の犯行は、その前科の各罪名にも表れているように、利欲目的で行われたものであって、前科①、前科③、および本件犯行のように「争いごとを暴力等で解決する習癖」の発露として行われた行為とはいえない。また、前科②が上位の者の指示により行われた犯行であることや裁判例で示されているような特殊な事情もないことを考慮すると、前科②を本件犯行の常習性の認定資料とすることはできないように思われる。もっとも、この点だけをもって本件犯行の常習性が否定されるとまでは言い難い。

3　論点②について

起訴された行為と前科との比較を行う場合、前科との時間的間隔も考慮される。そこで、常習性の認定資料となし得る前科の時間的限界が問題となる(20)。

この点につき、判例は、「十數年前ノ前科ト雖被告人ノ過去ニ於ケル性行ノ一端ヲ知ルノ資料タリ得ヘク從ツテ之ト他ノ證據トヲ綜合シテ暴行常習ノ事實ヲ認定スルハ毫モ妨ナキ」として、10年以上前の前科であっても、他の証拠と併せて常習性を認定することは可能であるとしている(21)。常習累

---

(19)　安西・前掲注(3)61頁、小西・前掲注(4)306頁、室井和弘「暴力行為等処罰に関する法律(6)」研修616号（1999年）102頁。

(20)　この点につき、谷村・前掲注(3)58-9頁参照。

(21)　大判昭和17年7月18日（判例総覧刑事編3巻391頁）。近時では、広島高判平成20年6月12日（高刑速（平20）号229頁）が、20年以上前の前科であっても常習性の認定資料となし得ることを認めている。

犯強窃盗罪のように「何年以内に何犯」という要件が定められていないとすれば、動機や行為態様等の共通性が認められる限りで、古い前科であっても認定資料の１つとすることは可能であろう。

もっとも、例えば、「10年前を起点として連続的に前科を有している者」と「最終前科が10年前である者」とでは、「10年前の前科」の意味が異なることに注意しなければならない。前者の場合には、10年前の前科であっても継続的に犯人が常習性を有していることを根拠づけるのに対して、後者の場合、最終前科が10年前という事情はその間犯行を行っていないことを表しており、むしろ常習性を否定する要素として考慮されることになる(22)。

本件は後者に属するが、興味深いのは、「長期間服役していたことも勘案すれば期間経過の点を捉えて常習性が消滅したということはできない」として、服役期間を考慮している点である。服役期間を指摘する裁判例として、仙台高秋田支判昭和31年8月21日（裁特3巻16号805頁）は、賭博の最終前科から起訴された賭博行為まで、4年半（服役期間1年6月を含む）を経過していた事案につき、服役中に賭博を行い得なかったとしても、そのことから直ちに常習性が否定されることはないとしている。賭博行為であっても暴力行為であっても、服役中はそれを全く行い得ないとまではいうことができないとしても、それを行うことが物理的または心理的に非常に困難であるということは否定できない。また、服役中に更生のための措置がとられているにもかかわらず、出所後に再び犯行を行っているという点では、行為者に拭い難い常習性があるということもできる。そうだとすれば、最終前科から相当期間が経過しているとしても、そこに服役期間が含まれている場合には、服役期間がない場合と比べると、その期間に応じて、常習性を否定する要素としての期間経過の意味合いが減殺されることになる。こうした理解によれば、最終前科から約9年経過して行われた犯行が問題となった本件においても、服役期間を考慮することではじめて、常習性を否定する要素としての期

---

(22)　大判昭和2年6月29日（刑集6巻238頁）は、賭博の最終前科から10年余り経過し、その間に賭博行為を行ったという事実がない場合には、賭博の習癖がなくなったと評価すべきであるとするが、期間経過の点だけをもって常習性を否定することは妥当でなく、大判昭和10年5月21日（刑集14巻545頁）が指摘するように、最終前科からの相当の期間の経過だけをもって常習性を否定することはできないであろう。

間経過の意味合いが減殺され得る。その意味で、古い前科と併せて長期間服役していたことを指摘した本判決は正当であるように思われる。

33 猟銃の所持と武器等製造法における猟銃等販売事業の許可

大阪地判平成28年8月5日LLI/DB L07150951

芥川正洋

Ⅰ　事実の概要

本件は、被告人が、自宅マンションに保管していた散弾銃1丁をむき出しのまま持ち出し、エントランスにおいて所持した事実、及び、同様の態様で持ち出したライフル銃1丁を自宅近くの公園に隣接した竹藪において政治家Aと思われる顔写真を標的に向けて発砲した際、同所で同ライフル銃1丁を所持した事実につき、猟銃等不法所持罪（銃砲刀剣類所持等取締法31条の11第1号、3条1項）に問われた事案である[1]。被告人は、大阪府知事より猟銃等販売事業の許可を受けているものの、ホームページ上に銃の写真を掲載するほかは、販売広告を行なっておらず、また、本件に至るまで猟銃等を販売したこともなければ、顧客から注文や問い合わせを受けたこともなかった。

Ⅱ　判旨――有罪

弁護人が、本件各所持は、散弾銃・ライフル銃の照準調整及び試射のための所持であり、銃刀法3条1項8号が定める適用除外事由に該当するとの主

(1)　なお、被告人は、このほかに被告人方において銃用雷管を所持していたことにつき、火薬類無許可所持罪（火薬類取締法59条2号、21条）、また、自宅内において猟銃等をガンロッカーに施錠して保管するなどせずに、床に無造作に放置するなどしたことにつき、経済産業省令で定めた保管規定に違反するとして、保管規定違反罪（武器等製造法34条1号の2、19条の2）に問われている

張に対し、大阪地裁は、大要次のように判示して、猟銃等不法所持罪の成立を認めた。

「上記の認定事実によれば、被告人は、『I』という名前のホームページを作成するなどしていたものの、本件に至るまで、〔1〕猟銃等の販売広告をしたことはなく、〔2〕販売等の実績もなかったばかりか、本件当時、〔3〕いずれの猟銃についても販売する意思がなかったと述べている上に、所持の態様やその後の行為をみても、被告人は、いずれの猟銃についてもむき出しのまま無造作に持ち出し、夜間とはいえ不特定又は多数人が利用できる付近の公園で銃を構えて照準を合わせたり、同公園に隣接する竹藪内で人物写真を標的として銃を発砲するなど、〔4〕およそ猟銃等販売事業者としての日常的な業務に伴うものとは考えられない行為に及んでいる。これらの事情に照らせば、本件各現場における被告人の所持形態は、いずれの猟銃についても、猟銃等販売事業者としての業務のためのものではなく、それ以外の私的用途に供するためのものであったというほかない。」〔亀甲数字は筆者による。〕

Ⅲ　評釈

1　猟銃の販売許可と銃刀法３条の所持罪

銃砲刀剣類所持等取締法（以下、「銃刀法」とする）は、３条１項で一般的に銃砲類の所持を禁止する。銃砲は同２条１項において「けん銃、小銃、機関銃、砲、猟銃その他金属性弾丸を発射する機能を有する装薬銃及び空気銃」と定義され、散弾銃、ライフル銃等の猟銃も所持の一般的禁止の対象となる。銃刀法３条１項各号では、所持の禁止の適用除外事由として、種々のものが規定されており、本件で問題となる猟銃販売事業者による猟銃の所持もここに含まれる。銃刀法３条１項８号は「武器等製造法の猟銃等販売事業者が……業務のため所持する場合」を所持の禁止の適用除外事由として規定する。

猟銃等販売事業者の許可は、武器等製造法（以下、「武器法」とする）に規定されている。武器法19条は「猟銃等の販売の事業を行おうとする者は、店舗ごとに、その販売する猟銃等の種類を定めて、都道府県知事の許可を受けなければならない。」と規定し、猟銃等[(2)]販売事業を許可制としている。

都道府県知事より猟銃等販売事業の許可を受けなければ、猟銃等販売事業者[3]として猟銃を所持することはできない。

猟銃を所持しようとする場合、通常は、都道府県公安委員会の許可（銃刀法4条）を受ける。銃刀法3条1項8号は、猟銃等販売事業者に猟銃等の所持を許容するが、この適用除外規定は、猟銃販売事業者は武器法19条の規定により都道府県知事の許可を受けているから、都道府県公安委員会の許可をあえて受ける必要はないという判断に基くものと理解できる[4]。

このように考えると、武器法19条の許可と銃刀法4条の許可は、同様の性質のものと理解することができるだろう。

銃刀法4条による所持の許可は、❶対人的許可と❷対物的許可と❸用途別許可の3つの側面がある[5]。すなわち、銃刀法4条は、銃砲刀剣類の所持の「許可を得ようとする者」は、「所持しようとする銃砲又は刀剣類ごとに」所持の許可を得なければならない旨を定めている（一物一許可制）。4条の許可は、❶人（所持を予定する者）に対してなされると同時に、❷物（銃砲）に対してもなされることになる。さらに、銃刀法4条は銃砲等を用いようとする用途を列挙して規定する。猟銃の場合、通常、「狩猟」「有害鳥獣駆除」「標的射撃」がその用途とされる（銃刀法4条1項1号）。個々の銃砲ごとに❸用いられるべき用途を指定した許可が与えられる。

被告人は猟銃等販売事業の許可を大阪府知事から受けた者であり、❶対人的許可からの逸脱はなく、また、猟銃等販売事業者として猟銃等を購入したのであるから[6]、❷対物的許可の範囲内であろう。本件では、❸用途別許可が問題となる。すなわち、武器法19条の許可による適用除外は、猟銃を「業務のため所持」することを許す規定であるが、本件所持は、「私的用途に供するため」であるとして、本罪の成立が認められたのである。とすれば、用途別許可と不法所持罪の関係が問題となろう。

---

(2) 猟銃等には、「猟銃」「捕鯨砲」「もり銃」「と殺銃」「空気銃」を含む（武器法2条2項各号）。

(3) 猟銃等製造事業者及び19条1項の許可を受けた者をいう（武器法19条の2第1項）。

(4) 田上穣治『警察法〔新版〕』（1983年）236-7頁、平野龍一ほか編『注解特別刑法6』（1986年）65-6頁〔米澤慶治〕。

(5) さらに、事前許可主義をとっていることも現行銃刀法の特色としてあげられる。

(6) 本判決の量刑事由による。

2　所持の許可を有する者の所持と不法所持罪の成否

(1)　従来の判例

これまでにも、銃刀法３条１項各号の適用除外事由の許可等を受けている者が、許可を受けた用途に用いるため以外の目的で銃砲を所持した場合につき、不法所持罪の成立を認めた事例はある。たとえば、①最判昭和23年10月21日（刑集２巻11号1360頁）は、派出所に勤務する警察官である被告人らが、強盗を企てる目的で、勤務時間中に派出所備え付けのけん銃を持ち出し、私服に着替えたものの、強盗の着手に及ばなかったという事案について、「勤務中ではあるが強盗をしようと企てて拳(ママ)銃を携行したというのであるから銃砲等所持禁止令第１条但書の職務のために所持する場合に該当しない」として、不法所持罪の成立を認める。また、②仙台高判昭和42年２月３日（下刑集９巻２号83頁）は、狩猟及びクレー射撃に供するために猟銃所持の許可を受けていた被告人が、共犯者の求めに応じて、護身に用いる目的で猟銃を共同所持したという事案につき、「被告人……が所持の許可を受けたことによる違法性阻却事由の阻却作用は、同被告人が自ら所持する場合に限つて及ぶのであつて、所持許可を有しない他の者と共謀して右猟銃を携帯所持する場合にまで及ぶものではないと解するのが相当である」として、猟銃等不法所持罪の成立を認める(7)。③千葉地判平成８年９月20日（判時1588号160頁②事件）は、交番に勤務する警察官であった被告人が、駐車苦情を受け臨場したもののその対応に苦慮する余りその場しのぎに携帯していたけん銃を数発発射し、その後、けん銃及び適合実包を携帯したまま職務を放棄して逃亡した事案であるが、罪となるべき事実中、「もはや法令に基づき職務のために所持する場合ではな」いと判示し、加重けん銃不法所持罪（31条の３第２項）を認めている。

これらの事案においては、各銃砲の所持につき❶対人的許可、❷対物的許可は及んでいるものの、❸用途別許可からの逸脱がある。すなわち、①では、職務のために所持を許されているのにもかかわらず、重大犯罪を行うために（強盗予備）所持を行ったものであり、②では、共犯者との共同所持（護身目

(7)　なお、同判決は、10条１項の所持態様制限違反の罪と猟銃等不法所持罪は、猟銃所持の許可の有無という身分によって犯罪の軽重が異なることを規定したものではなく、刑法65条２項の適用はないとしている。

的）した者の所持が問題とされているが、この事件でも、他者の犯罪（共犯者の不法所持罪）を行わせるために銃砲を所持（共同所持）しているのである。ともに所持により他の犯罪を実現している。許可を受けた本来の用途からの逸脱が明らかである。③では、その所持が犯罪目的とまではいえないが、職務のために所持を許されていたけん銃を、職務を放棄して逃走したのちも所持し続けており、事態は一般人がけん銃を所持している場合とかわらない。警察官としての職務のためという❸用途別許可からの明らかな逸脱があるといえる。

もっとも、本件では、①〜③の事案ほどには❸用途別許可からの逸脱が必ずしも明白ではない。弁護人は、本件各所持は、試射・照準調整のためであり、猟銃等販売事業者としての「業務のため」の所持であるとして、❸用途別許可からの逸脱はないと主張している。これに対し、本判決は、本件各所持形態は、業務のためではないとして、不法所持罪の成立を肯定する。ここで問題とされているのは、❸用途別許可の限界である。とすれば、まず問われるべきは❸用途別許可制度の趣旨である。

(2)　所持を正当化する許可の趣旨

銃砲は、危険物であり一般的に所持が禁止され、許可を受けることではじめて所持が許される。その根拠は、まずもって、この危険物が有する危険性が許可を受けることによりある程度抑制される、という点に求められよう。許可は、類型的に銃砲等の悪用の恐れがある者に対しては与えられない[8]し、また、種々の法的義務・許可主体の権限と結びつけられている[9]。類型的な悪用のリスクが認められない者が、許可に伴う負担を受け容れ、危険物に行政のコントロールが及ぶことで、その危険性が抑制されるのである。銃刀法は❶対人的許可と❷対物的許可を組み合わせることで、行政官庁が、どの銃砲が[10]、だれの手元にあるかを確知できるようにして、危険物である銃砲をコントロールするのである。これにより、銃砲が所持者・第三者に悪用さ

---

(8)　高石和夫「現代社会における銃砲刀剣類規制の法理」警論32巻3号（1979年）31頁以下参照。

(9)　たとえば、銃刀法10条の4〔銃砲等の保管〕、13条〔検査〕、23条の2〔事故届〕など。特に13条による検査は、通例、毎年4〜5月に全国一斉に行なわれる大規模な行政的コントロールである。

れるリスクが抑制される。

❸用途別許可にも、一面ではこれらと同様の機能がある。用途別許可の制度を採ることにより、特定の用途のために所持される銃砲等は、そうでない銃砲等に比して、これが悪用されるリスクは低いと考えられるし、所持が許された銃砲も、それが存在しうる範囲が事実上限定されることになる。「狩猟」が用途であれば、銃砲は、猟場及び保管場所（及びその経路）にしか存在しえない(11)。特定の用途に用いるための所持のみを許可することで、銃砲の危険性が抑制されるのである。

用途別許可には、さらに、銃砲刀剣類の所持が社会的必要性に基づいている場合にのみ、所持を許容するという趣旨も含まれている(12)。法が規定する一定の社会的な要請（銃刀法4条1項1号等参照）に基づいて所持されることに有用性が認められる場合でなければ、銃砲の所持が許されないのである。

銃刀法4条が規定する❸用途別許可は、行政によるコントロールにより銃砲の危険性が十分に抑制され、かつ、銃砲所持の社会的有用性がみとめられることにより、はじめて銃砲の所持が許される、ということを前提とした許可制度であると理解できる。

猟銃等販売事業の許可による猟銃等の所持の許可も、これに従って理解できる。猟銃等は人の殺傷に用いうる危険物であるから無秩序に社会に蔓延することは望ましくなく、その所在について行政的コントロールを及ぼし、危険性を抑制する必要がある(13)。そして、猟銃等は狩猟・射撃スポーツの道具として一定の需要に応える社会的必要性もまた認められるのである(14)。武器法19条における猟銃等販売事業の許可も、この両者の調整を行うための制度であるとすれば、本件の不法所持罪の成否についても、この行政的コ

---

(10)　銃刀法4条の3参照。4条許可を受けた者は、所持する銃砲刀剣類について都道府県公安委員会の確認を受ける（銃砲刀剣類の大きさや特徴、及び、製造番号（欠く場合には数字記号等の打刻をさせる）により特定する）。

(11)　銃刀法10条1項は、「正当な事由」による携帯・運搬を許容するが、この許容範囲も自ずから限定されよう（米澤・前掲注(4)234頁）。

(12)　伊藤榮樹ほか編『注釈特別刑法　第7巻』（1987年）458頁〔阿部純二＝北野通世〕。

(13)　通商産業省重工業局航空機課編『武器等製造法の解説』（1953年）56頁（猟銃の製造の禁止についてであるが、販売事業についても同様のことが妥当しよう）。

(14)　通商産業省重工業局航空機課・前掲注(13)59頁。

ントロールによる危険性の抑止という点と、社会的有用性との点を考慮しつつ、本件所持の許可からの逸脱が検討されるべきであろう。

3　本判決の検討

(1)「業務のため」の所持

猟銃等の所持が、社会的有用性を実現するものであるためには、所持が「業務のため」でなければならない。本判決は、〔1〕販売広告の不存在、〔2〕販売の実績の不存在、〔3〕販売の意図の不存在、〔4〕猟銃販売事業者としての日常業務に伴うものではなかったという事情を摘示するが、これらは、大まかに二分できる。〔1〕～〔3〕は、被告人が営んでいると主張する「猟銃等販売事業」がそもそも実態として存在せず、それゆえ、社会の猟銃の需要に応えるという有用性の実現がそもそもあり得ないことを示す事情である。もっとも、被告人は、(詳細は不明ながらも) ホームページを開設し、事業活動を行っているかのような外観を作出しようとしていたことが窺われる。それゆえ、本判決は、以上に加えて〔4〕日常業務随伴性の欠如についても摘示したと理解できる。〔4〕日常業務随伴性の欠如は、本件各所持が、業務関連性を有するものではなく、換言すれば、猟銃販売事業の遂行という社会的有用性の実現に向けられたものではなかったことを示す事情である。条文に則して言えば、前者〔1〕～〔3〕の事情が、「業務」の存在を消極に解することを基礎づけるものであり、後者〔4〕が、業務の「ため」(関連性) を消極に解するように作用する事情として摘示されていると理解できるだろう。❸用途別許可は、銃砲等の所持を許容することにより社会的有用性が実現されうることを前提としているから、そもそも猟銃販売事業の実態を有せず、かつ、(仮にこの点を置くとしても) 猟銃販売事業とは関連性を持たない所持は、社会的有用性の実現が期待できないのであれば、許可の前提を欠くのである。

(2)　猟銃等不法所持罪の成否と所持の社会的有用性

しかし、本件各所持が社会的有用性の実現に向けられたものでなく、許可の前提を欠くからといって、不法所持罪の成立を即座に肯定するべきかは検討を要する。販売事業者が、販売事業の廃止を決断すれば、その時点から将来に向かって猟銃の需要に応えるために当該猟銃を所持する社会的必要性は失われるが、即座に不法所持罪が成立するとすれば、不法所持罪の処罰範囲は過度に広いものとなってしまうだろう[15]。また、銃刀法4条による許可の場合、銃刀法10条1項が「当該許可に係る用途に供する場合その他正当な理由がある場合」以外の銃砲刀剣類の携帯・運搬を処罰するが、このような「許可に係る用途に供する」ため以外の所持は、不法所持罪よりも軽く処罰されている（所持態様制限違反の罪[16]（銃刀法31条の18：2年以下の懲役又は30万円以下の罰金））。所持態様制限違反の罪が処罰対象とする携帯・運搬は、許可用途外のものであるから、その所持（携帯・運搬）自体には、社会的有用性は認め難い[17]。銃刀法がこのような所持について軽い処罰にとどめていることに照らせば、当該所持が単に社会的有用性に結びつかないことをもって不法所持罪の成立を肯定すべきかは、疑問を付す余地もあるだろう。武器法においても、事業の休止や廃止といった所持が社会的有用性を失うことが予定される事態については、より軽い他罪[18]による規律を受けている場

(15)　銃刀法8条6項は、銃刀法4条の許可が効力を失った日から起算して、50日以内に所持する銃砲等を適法に処分することを求める。反面として、その間については不法所持罪が成立しない（平野ほか・前掲注(4)184頁〔米澤〕）。所持を正当化する根拠が失われても当分の間については、不法所持罪は成立しないと理解すべきであろう。

(16)　所持態様制限違反の罪は、最判昭和32年10月4日（刑集11巻10号2474頁）が文化財としての登録を受けた刀剣を犯罪目的で所持した場合の本罪の成立を否定した（同判決以前の実務は、違法目的の銃砲刀剣類の所持は不法所持罪を構成するとしていた）ので、処罰の間隙（登録を受けた刀剣の犯罪目的での所持など）を埋めるために設けられた規定である（以上について、西川清次「銃砲刀剣類等所持取締法について(3)」警研29巻7号（1958年）62-3頁）。同判決が登録された刀剣について刀剣所持罪の成立を否定したのは、登録制度（許可）の対物的性格（文化財たる刀剣が文化的価値を有することにより所持が許可される）によるところである（栗田正「判解」最判解昭和32年度504頁、平野龍一「判批」判例研究2巻2号（1949年）146頁）から、同判決の射程は、対物的許可のみならず、❶対人的許可、❸用途別許可を予定する銃刀法4条の許可の場合には及ばないと理解するべきであろう。著しい逸脱の場合には、各不法所持罪の成立の余地が残されていると理解されるべきである。なお、前掲・②判例も参照。もっとも、実務では、著しい逸脱の事案にあっても、所持携帯規制違反の罪で訴追するのが通常のようである（横浜地判平成27年3月4日LEX/DB 25505952（実父を殺害目的で猟銃を携帯した事案であることが窺われる事案）など参照）。

(17)　銃刀法10条1項を理由とした猟銃所持の許可の取消の可否が争われた事案として、札幌地判昭和51年8月25日（訟月23巻2号355頁）（猟銃を所持する被告人が、夫婦げんかをしたことから保管している猟銃を妻に破壊されることをおそれて、猟銃を自動車トランクに移して運搬した事案につき、10条1項に違反するとして、銃刀法11条1項（1号：銃刀法に違反した場合の許可の裁量的取消）による許可の取消を適法とした事例）。

(18)　本件被告人のような場合には、販売事業を営んでいないから、事業廃止の届出をしていないとして、武器法34条1号、20条（13条）違反の罪が検討に値しよう。

合や、行政処分（許可の取消[19]など）も設けられていることからすれば、社会的有用性を実現しないことから❸用途別許可の範囲からの逸脱を認め、これのみをもって不法所持罪の成立を基礎づけるべきではないだろう[20]。銃砲等所持の許可制度が、銃砲等が無秩序に存在する危険性を抑制することをも目的とするところからは、単に社会的有用性を実現しなかったことを超えて、この危険性の抑制という許可制度の趣旨を損なうような銃砲等の所持のみに不法所持罪の成立が認められるとすべきである。これまで❸用途別許可から逸脱したことを理由に不法所持罪の成立を認めた判例は、その所持が犯罪目的である場合（判例①）、許可を受けていない者に所持させた場合（判例②）であり、もはや所持者の所在が不明になった場合（判例③）である。許可に伴う種々の負担の履行を実質的に放棄し、銃砲の危険性を抑制しなかった（あるいは、その危険性を積極的に発現させようとした）場合であったことは、このような理解を裏付けるものである。

本判決も、本件所持が社会的有用性を実現しないことから直ちに不法所持罪の成立を認めたものではないだろう。本判決は、〔4〕所持が日常業務に随伴するものではなかったことを摘示する。猟銃をむき出しのまま無造作に持ち出したこと、不特定多数が利用できる公園で照準合わせの作業をしたこと、公園に隣接する人物写真を標的とした発砲を行ったことなど、所持の態様やその後に行った銃砲の取り扱い方が通常の猟銃等販売事業者のそれからは大きく乖離していることから、本件所持が業務のための所持ではなく、「私的用途に供するため」の所持であったとしている。

許可官庁としては、猟銃等販売事業の許可を与えることで、猟銃販売事業者が通常の業務過程内において猟銃等を所持することを包括的に許可し、反面では、業務過程外で猟銃等を所持しないという負担を課すことで、猟銃に対するコントロールを及ぼしている。私的用途に供するための所持を禁止することで、危険物である猟銃に対するコントロールが担保されているのであるから、本件のように通常の業務過程から逸脱し、私的用途に用いるための

---

(19)　武器法20条（6条）は、許可を受けて1年以内に事業を開始せず、又は、1年以上引き続き事業を休止した場合に許可が取消（撤回）しうることを定めている。

(20)　伊藤ほか・前掲注(12)568頁〔阿部＝北野〕参照。所持態様制限に違反することが、不法所持罪を直ちに基礎づけるものではないことを指摘する。

所持は、許可官庁が❸用途別許可により実現しようとする行政コントロールからの逸脱が認められよう。許可制の下に置くことで、危険物である猟銃の危険性を抑制するという銃刀法・武器法の目的が、損なわれている。本件所持は、単に社会的必要性に基づかず、有用性が認められないだけではなく、危険物に対するコントロールからの逸脱をも実現しているのであり[21]、猟銃等販売事業者の許可を受けている被告人の行為について、本判決が不法所持罪の成立を認めたことも、このような点から是認できよう。

4　おわりに

本判決は、猟銃等販売事業者として猟銃等の所持が許された者の所持について、猟銃等不法所持罪の成立を認めたものであるが、猟銃等販売事業の許可という制度の趣旨に照らしてみれば、本件各所持について、不法所持罪の成立を認めたことは正当である。現行法の銃砲所持の規制は、特定の用途に用いることを前提とする（用途別許可）のであり、本件では、この許可の趣旨に照らして著しい逸脱が認められるからこそ、不法所持罪の成立が認められたと理解できよう。特殊な事案に関する事例判断ながらも、用途別許可の限界・不法所持罪の成立範囲について重要な意義を有するものと思われる。

---

(21)　さらに本件では、長期間にわたり違法に猟銃を所持しており、この点に行政コントロールからの逸脱を肯定する余地もあり得よう。

34 実包が装てんされていることを失念・忘却した場合の不法装てん罪の故意

東京高判平成27年8月12日判時2317号136頁

小池直希

Ⅰ 事案の概要

被告人は、猟銃等所持の許可を受けてライフル銃を所持しており、本件当時、実包が自動的に薬室に装てんされるライフル銃に4発の実包を込めた弾倉を装着させ、猟場で一発目の実包を発射し、二発目を発射することなく狩猟を終えたが、二発目の実包は自動的に薬室に装てんされており、装てん状態が継続していた。その後、被告人は立ち寄ったガソリンスタンドに駐車中の自動車内において、引き金を引いて実包を発射させた。

検察官は、二発目の発射の時点を捉えて、銃砲刀剣類所持等取締法（以下、「銃刀法」とする）の不法装てん罪（同法10条5項、35条2号）で起訴した。

弁護人は、被告人が本件ライフル銃の引き金を引いた事実からすれば、被告人には本件ライフル銃に実包が装てんされていたことの認識はなかったと主張した。

原判決（中之条簡判平成27年3月11日公刊物未登載）は、実包の発射は誤射であると認定したうえで、被告人がガソリンスタンドにおいて実包が装てんされていることを認識していたとして、不法装てん罪の故意を認めた[(1)]。

これに対して、被告人側が控訴した。

---

(1) 原判決の閲覧がかなわなかったことから、事案および原判決の認定内容については、内藤惣一郎「判批」研修828号（2017年）20頁に拠った。

Ⅱ　判旨——控訴棄却（確定）

「不法装てん罪は、鉄砲の暴発、誤発射等の事故を未然に防止するために、猟銃等所持の許可を受けた者に対し、法定の除外事由がある場合を除き、実包等が装てんされていない状態に置くことを要求し、これに違反した行為を処罰するものである。このような不法装てん罪の趣旨、そして、法一〇条五項の『装てんしておいてはならない』との規定ぶりからして、法定の除外事由がないのに実包が装てんされている状態が開始された時点で、猟銃等の所持者がそのことを認識していれば、その状態が維持されている限り、その後同人がそのことを失念、忘却しても、故意が失われるものではないと解される。

結局、本件において被告人に不法装てん罪の故意が認められるか否かは、被告人が狩猟を終えた時点で、本件ライフル銃に実包が装てんされたままになっていることを認識していたかどうかに尽きるところ、①本件ライフル銃は、発砲すると弾倉内の次の実包が自動的に薬室内に装てんされる仕組みになっており、被告人はその仕組みを認識していたこと、②被告人は猟場で一発目の実包を発射し、二発目の実包が本件ライフル銃の薬室に装てんされ、被告人もそのことを認識していたこと、③被告人は、二発目を発射することなく、狩猟を終えたこと、④××に駐車中の自動車内で実包が発射されるまで、その実包は本件ライフル銃の薬室に装てんされたままの状態であったという原判決が正当に認定している事実に照らせば、被告人は、狩猟を終えた時点で、本件ライフル銃に実包が装てんされたままになっていることを認識していたと推認することができる。」

「被告人が本件ライフル銃の引き金を引いたのが意図的なものであったとしても、それはその時点で被告人が本件ライフル銃に実包が装てんされていることを失念していたことを意味しているに過ぎないと認められる。そうすると、被告人が引き金を引いた時点において、被告人に不法装てん罪の故意があったものと認められ、原判決は結論において正当として是認することができる。」(2)

Ⅲ　評釈

1　問題の所在

本件は、狩猟終了後の自動車内における実包の発射を捉えて起訴されたものであるが、銃刀法10条2項の定める不法発射罪ではなく、法定の除外事由がないのに、狩猟終了後から継続して実包を装てんしていたことに着目し、不法装てん罪を問題としたものである。

本件では、弁護人が、被告人には実包が装てんされている認識が欠けると主張したことから、不法装てん罪の故意が争点となった。そして、原判決が端的に発射時における装てん状態の認識を肯定したのに対し、本判決は、発射時には実包の装てんを失念・忘却していたとしても、不法装てん罪の故意が認められるとした点で特徴的であり、犯罪事実を失念・忘却した場合に故意を認める論理が問われることとなる。

2　不法装てん罪について

銃刀法10条は、同法4条又は6条の規定による許可によって所持を認められている銃砲刀剣類による犯罪又は事故を防止するため、所持の態様についての制限を定めている[(3)]。同条5項[(4)]に定められている不法装てん罪は、こうした規制の一態様であり、具体的には、銃砲の暴発・誤射などの事故防止のために、法定の除外事由がある場合を除いて、実包等の装てんを禁止している。これに違反した者は、同法35条2号により、20万円以下の罰金に処せられる。

銃刀法10条5項にいう「装てんしておいてはならない」とは、単に装てんする行為があっただけでは足りず、不法装てん状態が一定程度継続して初めて本罪が成立するとの趣旨であると解されている[(5)]。そのため、主観面に

---

(2)　本判決の評釈として、内藤・前掲注(1)19頁のほか、南由介「判批」刑ジャ54号（2017年）171頁、松原久利「判批」平成29年度重版171頁。

(3)　大塚尚（辻義之監修）『注釈銃砲刀剣類所持等取締法〔第2版〕』（2015年）340頁。

(4)　銃刀法10条5項は、「第四条又は第六条の規定による許可を受けた者は、第二項各号のいずれかに該当する場合を除き、当該銃砲に実包、空包又は金属性弾丸（以下『実包等』という。）を装てんしておいてはならない。」と規定する。

おいてもそれに対応する継続性の認識が要求されることになるものと思われる。

不法装てん罪は、銃砲の暴発・誤射の危険を内容とする抽象的危険犯であって、こうした危険の内容に着目すれば、不法装てん開始行為だけでなく、既遂に至った後も犯罪が継続的に成立すると理解できることから、継続犯(6)であると解される。

3　犯罪事実の失念・忘却と同時存在原則

本件で問題となっている犯罪事実の失念・忘却は、故意の成否にどのような影響を及ぼすのであろうか。

たとえば、毒ワインの郵送による殺人の事例で、被害者が毒ワインを飲む時点で行為者が毒ワインのことを失念していた場合を考えてみよう。この場合、毒ワインの発送時点で行為者が殺人の故意を有していたなら、結果発生時に毒ワインのことを失念していたとしても、故意の成否には影響しない。なぜなら、いわゆる同時存在の原則(7)は、「行為」と責任が同時存在することを要求する原則であって、結果発生時に責任が同時存在する必要はないからである。

それゆえ、故意の成否を考えるにあたって、犯罪事実の失念・忘却が実際上問題となるのは、継続犯の場合であるように思われる。通説によれば、継続犯とは実行行為が継続する犯罪であり（行為継続説(8)）、行為が終了するまで犯罪も終了しない。そうすると、即成犯や状態犯とは異なり、既遂に至った後も実行行為は継続しており、その最中に犯罪事実を失念・忘却した場合には、行為と責任の同時存在の原則が問題となる。本件においても、不法装

---

(5)　大塚・前掲注(3)347頁、伊藤榮樹ほか編『注釈特別刑法　第７巻』（1987年）575頁以下〔阿部純二＝北野通世〕など参照。類似の規制方式としては、ほかに、海賊多発海域における日本船舶の警備に関する特別措置法15条８項（「装てんしておいてはならない」）や危険物船舶運送及び貯蔵規則330条１項（「開放したままにしておいてはならない」）がある。

(6)　継続犯の定義については、①犯罪成立に一定の時間的継続を要する犯罪とする理解と、②既遂に至った後も犯罪が継続的に成立する犯罪とする理解とがあるが、不法装てん罪は、いずれの定義にも当てはまる。なお、本稿にいう継続犯とは、②の理解によるものである。

(7)　同時存在原則については、高橋則夫『刑法総論〔第３版〕』（2016年）66頁以下参照。

(8)　西田典之『刑法総論〔第２版〕』（2010年）86頁など。

てん状態を失念・忘却していた際にも実行行為が継続していたと解されるからこそ、その時点での故意の有無が問題となるのである。

これまで、覚せい剤事犯の所持罪を中心として、所持などをしていることを失念・忘却した場合の故意について一定の判例の蓄積がある。そこで、本件被告人の故意を検討するに際して、まず、所持罪に代表される継続犯に関する議論を参照することとする。

4 継続犯における故意の存在時期

継続犯における判例の故意理解を定式化すれば、「所持の意義や継続犯の性質を理由として、犯罪行為開始時にそのことを認識していたならば、その後失念・忘却したとしても故意は失われない」というようにまとめることができよう。

たとえば、最大判昭和24年5月18日（刑集3巻6号796頁）が、占領軍物資不法所持につき「一旦所持が開始されれば爾後所持が存続するためには、その所持人が常にその物を所持しているということを意識している必要はない」と判示したのをはじめとして、覚せい剤所持に関する東京高判昭和50年9月23日（刑月7巻9=10号842頁）や、火薬類所持に関する東京高判平成2年11月15日（刑集46巻6号599頁参照[9]）などでも、同様の判示がみられる[10]。

判例は、失念・忘却時に故意を認める明確な根拠を提示しているわけではない。しかし、その背景に、継続犯の場合には通常の故意犯とは異なる理解が許されるという各論的理解を読み取ることができないだろうか。たとえば、文書にわいせつな記載をした後、そのことを失念・忘却して頒布したとして

---

(9) なお、本件の上告審（最決平成4年9月25日刑集46巻6号570頁）は、原判断を正当であるとし、上告を棄却している。

(10) なお、最判平成15年11月21日（刑集57巻10号1043頁）は、自動車を自宅前の路上に駐車したままにしていることを失念したまま翌朝まで放置してしまった事案につき、「本罪の故意が成立するためには、行為者が、駐車開始時又はその後において、法定の制限時間を超えて駐車状態を続けることを、少なくとも未必的に認識することが必要であるというべきである」として、路上駐車を失念していた被告人に対し、路上継続駐車罪（自動車保管場所法11条2項2号、同法17条2項2号）の故意を否定し、無罪とした。路上継続駐車罪は8時間以上の駐車を要件とすることから、要求される継続性の認識が不法装てん罪よりも長期にわたるため、本件とは事案を異にするように思われる。

も、刑法175条の故意犯とはなりえないだろう。これに対し、継続犯の場合には、同質の実行行為が継続していることから、開始時に認識があれば意思も引き続いているものとして、その後犯罪事実を失念・忘却しても故意があるものとするという理解があるのではないか。このような理解は、前掲の東京高判平成2年11月15日が「その所持を失念していたとしても、いわゆる継続犯である不法所持罪の性質上、所持の認識を欠くことにはならない」というように継続犯の性質を強調していることからも読み取れる。また、「認識を欠くことにはならない」(前掲東京高判平成2年11月15日)、「故意が失われるものではない」(本判決)という消極的な表現は、失念・忘却時の行為者の心理状態だけを切り取って観察しているのではなく、犯罪全体を観察したうえで、開始時点の認識が引き続いているという理解のあらわれであろう(11)。

学説においても、特段理由は明記されていないが、継続犯については表象が常時存在している必要はないという判例の理解が支持されている(12)。なお、こうした理解は、失念・忘却の場合のみならず、犯罪継続中に睡眠や意識喪失などをはさんだ場合(13)にも及ぶものと思われる。

本判決には「法一〇条五項の『装てんしておいてはならない』との規定ぶりからして」との言及があるが、この規定ぶりからだけでは直ちに失念・忘却時の故意を肯定することまでは窺えないはずである。上記言及の背景には、当該規定の文言から不法装てん罪は継続犯であると理解でき、そうであるなら不法装てん開始時点の認識が決定的であるという思考過程が存在するので

---

(11)　東京高判平成6年7月12日(判時1518号148頁)が、覚せい剤所持の継続中に被告人が心神喪失ないし心神耗弱に陥った場合でも、所持罪が継続犯であることから、責任能力につき所持の全体にわたって考えなければならないとしたのも、同様の発想であろう。

(12)　団藤重光編『注釈刑法(2) Ⅱ』(1969年) 315頁〔福田平〕、大塚仁『注解刑法〔増補第2版〕』(1977年) 235頁、大塚仁ほか編『大コンメンタール刑法　第3巻〔第3版〕』(2015年) 125頁〔佐久間修〕など。

(13)　銃刀法の前身である銃砲等所持禁止令における不法所持罪につき、被告人が途中から心神耗弱となった事例において、大阪高判昭和25年4月5日(判特9号41頁)は、「銃砲等所持禁止令にいわゆる所持は物を保管する意味においての実力的支配関係の存在であって、一旦かような関係が成立した上は所持人が常にその物の所持を意識している必要はなく実力的支配関係の継続する限り病気その他の理由によって一時的若しくは相当久しい時間に亘って物に対する意識を全然喪失した場合であっても尚その所持を喪失したことにはならない」と判示している。

はないだろうか。

5　本判決の射程

仮に継続犯においては途中で犯罪事実を失念・忘却しても故意は否定されないとして、その論理は行為者が違法状態を解消したと積極的に誤認した場合にも及ぶのであろうか。たとえば、いったん不法装てんを行ったものの、その後弾倉から別の実包を取り出した際に薬室からも取り出したと誤認したような場合、誤認後についても不法装てん罪が成立することになるのか。本判決の評釈の中にも、こうした事例を検討するものがある[14]。

これまで見てきた判例は、開始時に犯罪事実を認識しつつ行為すればその後常に意識している必要はないとしているのであって、前述のような誤認の場合に故意を否定する論理を直接見出すことはできない。それだけでなく、最判昭和25年10月26日（刑集4巻10号2194頁）では、占領軍物資の不法所持につき、「仮りにその間被告人において既にミルクが消費されたものと信じていたものとしても、この一事により一旦成立した不法所持罪の存続を否定し得るものではない」と判示しており、違法状態解消の誤認は故意の成否に影響を及ぼさないようにも思われる。

しかしながら、継続犯の性質から失念・忘却の場合にも故意を認めるという論理を、違法状態を解消したと誤認した場合にも適用できるかについては疑わしい[15]。なぜなら、当該論理は犯罪行為開始時の認識を要件とするものであるが、いったん当初の事実が変更されたと誤認したならば、もはやその後の行為者は開始時とは異なる事実を認識していることになると思われるからである。この点に関して、監禁罪の故意について、「監禁罪は、被害者の行動の自由の拘束が継続する間、犯罪が成立するいわゆる継続犯であり、客観的に監禁行為が継続しているにも関わらず、故意が途中でなくなる」のは、「あえていえば、犯人が監禁状態が解消したと誤信したというような場合であろう」と指摘する、東京高判平成25年12月3日（高刑速（平25）号

---

(14)　内藤・前掲注(1)26頁以下。なお、この評釈は、誤信につき相当な理由が認められる場合には故意責任を否定する旨主張しているが、事実の認識の判断基準としては妥当ではないように思われる。

(15)　同旨、南・前掲注(2)176頁。

132頁）が参考となろう。これに対し、失念・忘却の場合には、当初の事実と異なる事実を認識しているわけではないのであって、上記誤認の場合とは事情を異にするのではないだろうか。

なお、本判決は、失念・忘却の場合に限って判示しているのであって、違法状態の解消を誤認した場合には故意を否定する余地も残されているように思われる。

6　行為継続説と結果継続説

以上のような継続犯の性質から失念・忘却時の故意を認める手法に対しては、理論上の根拠を欠くのではないかという疑義もあろう。失念・忘却時の行為者の心理状態だけを切り取ってみれば犯罪事実の認識は欠けており、なにゆえ開始時の認識がその欠落を補塡するのかは明らかではない(16)。

この点を意識してか、失念・忘却していた場合に故意を認めるために、原因において自由な行為の法理を援用する見解(17)や、刑法38条1項ただし書を適用する見解(18)も主張されている。しかし、継続犯における失念・忘却は、原因において自由な行為とは場面を異にするし、刑法38条1項ただし書によって明文なき特別の故意犯類型を創出するという解釈は罪刑法定主義に抵触するように思われる。

そこで、こうした理論的障害を回避しつつ、失念・忘却事例においても故意を認めるためには、継続犯とは、当初の法益状態の悪化に加えてその後の継続する法益侵害をも構成要件的結果とする犯罪であって（結果継続説(19)）、行為が継続している犯罪ではないと捉える方途もある。この結果継続説からは、本件における実行行為は不法装てん開始行為（＝狩猟終了時の不作為）

---

(16)　南・前掲注(2)176頁は、「そもそもが犯罪である行為を開始した後に失念した場合では、違法な事実の認識の下において失念していることから、通常は、その後の結果は、違法な事実を行った際の故意に取り込まれている」とするが、そのようにいえる根拠こそが問題なのである。そのほか、当初の実行行為と失念・忘却時の結果行為とが一体のものとみることができる場合には、結果行為は当初の意思決定・故意に基づく行為といえると説明するものとして、松原(久)・前掲注(2)172頁。

(17)　平野龍一ほか編『注解特別刑法　第5巻(2)〔第2版〕』(1992年）159頁以下〔香城敏麿〕。

(18)　内藤・前掲注(1)25頁以下。

(19)　松原芳博『刑法総論〔第2版〕』(2017年）57頁参照。

であり、故意の基点は狩猟終了時となるため、その後失念・忘却した時点の故意を問題とする必要はなくなる。換言すれば、本件では、行為継続説を前提としてはじめて、行為と責任の同時存在が争点化するのである。ただし、失念・忘却時に故意の基点を見出さない結果継続説は、「被告人が引き金を引いた時点において、被告人に不法装てん罪の故意があったものと認められ」という本判決の文言とはなじまないようにも思われる。また、本件では、検察官が本件ライフル銃から実包が発射された時点を捉えて起訴していることも、行為継続説に親和的な事情である。

とはいえ、本判決は、形式的には失念・忘却時点で故意を認めるような書きぶりであるものの、「本件において被告人に不法装てん罪の故意が認められるか否かは、被告人が狩猟を終えた時点で、本件ライフル銃に実包が装てんされたままになっていることを認識していたかどうかに尽きる」としているように、本判決の論理からしても、実際上は故意にとって不法装てん開始時における認識の有無が決定的なのであって、故意の存在時期という観点からは、判例も実質的には結果継続説と同様であると評価する余地もあろう。

なお、こうした継続犯の性質についての理解の相違は、故意のみならず、処罰規定の新設および刑の変更の場合の新法適用の可否や、公訴時効の起算点などにも影響を及ぼしうる[20]ことに注意を要する。

---

(20) 松原芳博「継続犯と状態犯」西田典之ほか編『刑法の争点』(2007年) 29頁参照。

35　悪質商法事案における組織的詐欺罪の「団体」及び「組織」

最三小決平成27年9月15日刑集69巻6号721頁、判時2278号144頁、判タ1418号101頁

芥川正洋

Ⅰ　事実の概要

被告人Xは、A社の全株式を実質的に保有する同社の実質オーナであり、業務の全般を統括していた。A社は、会員制リゾートクラブBの会員権販売等を行っているが、平成21年9月ごろには、大幅な債務超過に陥った。被告人X及び当社の営業部門を統括するYらは、これを認識したにもかかわらず、共謀の上、真実は施設利用預託金の返還や宿泊ポイントの未利用分の払い戻しに応じる意思も能力もないにもかかわらず、A社の営業員や電話勧誘員をして、Bの施設利用預託金及び施設利用料の名目で、「預託金は5年後に必ず戻る」「使い切れなかったポイントは現金に換金することができる」などと嘘を言い、この旨を誤信させ、現金の交付又は振込入金を受け、また、すでにリゾートクラブBの会員である者に対しては、同様にA社の営業員らをして、上級コースへの「グレードアップ」を勧め、その際に「銀行よりお得で、損することはない」など嘘を言い、宿泊ポイントの未利用分の払い戻し期限を延期させ、また、グレードアップに伴う費用として現金の交付又は入金を受けた。

第一審（東京地判平成25年5月30日刑集69巻6号731頁参照）は組織的詐欺罪の成立を認め、控訴審（東京高判平成26年12月17日刑集69巻6号762頁参照）もこれを是認した。これに対し、弁護人は、組織的詐欺罪における「団体」は、外形からみて詐欺団体であると認識できる団体であることを要し、合法組織が組織的犯罪処罰法にいう「団体」に変容するためには、団体メンバーの全員が団体の活動に参加する意思を形成し、その意思が結合していなければならないが、本件では、一般の営業員、電話勧誘員は詐欺行為に加担している認識を欠くから、A社は本罪にいう団体性を欠き、組織的詐欺罪は成立しないと主張し、上告した。

Ⅱ　決定要旨――上告棄却

弁護人の上告趣意は、刑訴法405条の上告理由には当たらないとした上で、職権で、次のように判示した。

「組織的犯罪処罰法3条1項は、犯罪に当たる行為が、団体の活動として、当該行為を実行するための組織により行われる場合は、継続性や計画性が高度であり、多数人が統一された意思の下に、指揮命令に基づき、あらかじめ定められた任務分担に従って一体として犯罪を実行するという点で、その目的実現の可能性が著しく高く、また、重大な結果を生じやすいなど、特に違法性が高いところ、詐欺を含む刑法の一部の罪については、このような形態で犯されることが多いにもかかわらず、その場合の法定刑として十分ではないと考えられたことから、このような犯罪を行った行為者を適正に処罰できるようにするため、刑法各条の加重類型を設けたものである。」と本罪の趣旨を示した上で、「ア　組織的犯罪処罰法において「団体」とは、共同の目的を有する多数人の継続的結合体であって、その目的又は意思を実現する行為の全部又は一部が組織により反復して行われるものをいう（同法2条1項）。リゾート会員権の販売等を目的とする会社であって、Yを始めとする役員及び従業員（営業員、電話勧誘員ら）によって構成される組織により営業活動を行うAが「団体」に当たることについては疑問の余地がない。

イ　そして、B倶楽部の施設利用預託金及び施設利用料を集める行為が、A社という団体の活動に当たること（A社の意思決定に基づく行為であって、その効果又はこれによる利益がAに帰属するものであること）は明らかである。

ウ　そうすると、問題は、上記行為が、『詐欺罪に当たる行為を実行するための組織により行われた』ものかどうか、すなわち、詐欺罪に当たる行為を実行することを目的として成り立っている組織により行われたといえるかどうかに尽きることになる。原判決の認定によれば、被告人はもとより、Yを始めとするA社の主要な構成員にあっては、遅くとも平成21年9月上旬の時点で、A社が実質的な破綻状態にあり、集めた預託金等を返還する能力がないことを認識したにもかかわらず、それ以降も、上記ア記載の組織による営業活動として、B倶楽部の施設利用預託金及び施設利用料の名目で金銭を集める行為を継続したというのである。上記時点以降、上記営業活動は、客観的にはすべて『人を欺いて財物を交付』させる行為に当たることとなるから、そのような行為を実行することを目的として成り立っている上記組織は、『詐欺罪に当たる行為を実行するための組織』に当たることになったというべきである。上記組織が、元々は詐欺罪に当たる行為を実行するための組織でなかったからといって、また、上記組織の中に詐欺行為に加担している認識のない営業員や電話勧誘員がいたからといって、別異に解すべき理由はない。」

Ⅲ　評釈

1　はじめに

組織的な犯罪の処罰及び犯罪収益の規制等に関する法律（以下、「本法」とする）3条1項は、一定の犯罪について、「団体の活動」として「当該罪に当たる行為を実行するための組織により行われたとき」は、通常より重い処罰を規定する。詐欺罪もこれに含まれ、団体の活動として詐欺罪に当たる行為を実行するための組織により行われたときは、1年以上の有期懲役に処す旨が規定される（13号（平成23年法律74号による改正後[(1)]））。本法における「団体」とは、「共同の目的を有する多数人の継続的結合体であって、その目的又は意思を実現する行為の全部又は一部が組織（指揮命令に基づき、あらかじめ定められた任務の分担に従って構成員が一体として行動する人の結合体をいう。以下同じ。）により反復して行われるものをいう」と定義されている（2条1項）。

本決定は、本件被告人Xの行為につき、同罪の成立を認めたものである[(2)]。本件では、預託金及び施設利用料を受取り、会員制リゾートクラブを

(1)　本判決は、同改正前（組織的詐欺罪は3条1項9号に定められていた）の行為についてのものであるが、改正前後で構成要件・法定刑は同一である。

運営する会社であるA社が、その営業活動として行なった預託金・施設利用料の受取りなどが、本法3条にいう団体の活動として、詐欺罪に当たる行為を実行するための組織によって行なわれたかが問題となる。

2 悪徳商法と組織的詐欺罪

本件のように会社組織による悪質商法[(3)]の実践につき、会社の代表者等の役員や従業員が組織的詐欺罪に問われた例は少なくない。若干の例をあげると、資産形成詐欺（証券取引所に上場する具体的予定のない未公開株の売買代金名目で金員を詐取した事案[(4)]、実現する意思も能力もない高配当を約束し事業への出資等を募り、金員を詐取した事案[(5)]など[(6)]）、霊感商法[(7)]（神霊鑑定士と称する被告人が、その能力がないのに、顧客の悩み事を特定・解決すると称して、祈願料等の名目で金員を詐取した事案[(8)]）など[(9)]について、組織的詐欺罪の成立

---

(2) 本決定の解説として、伊藤雅人「判解」最判解平成27年度239頁以下。評釈として、浅井弘章「判批」銀法793号（2015年）64頁、神例康博「判批」新・判例解説Watch 18号（2016年）167頁以下、大山徹「判批」刑ジャ48号（2016年）134頁以下、小池忠太「判批」捜研748号（2016年）40頁以下、杉原隆之「判批」警公71巻1号（2016年）85頁以下、前田雅英「判批」捜研780号（2016年）36頁以下、熊谷智大「判批」法時89巻2号（2017年）128頁以下、佐久間修「判批」重判平成27年度159-60頁、足立友子「判批」論ジュリ20号（2017年）204頁以下。

(3) 「一般消費者を対象に、組織的・反復的に敢行される商取引であって、その商法自体に違法又は不当な手段・方法が組み込まれたもの」をいう（『平成21年警察白書』21頁）。近年の悪質商法については、畑田善博「警察における悪質商法取締りの現況」警論61巻12号（2008年）21頁以下。捜査段階において最終的には詐欺罪の適用が目指されることが指摘される（42頁）。

(4) 千葉地判平成24年9月4日（LEX/DB 25482766）、福島地判平成26年7月28日（LEX/DB 25504569）。

(5) 東京地判平成19年7月2日（LEX/DB 28145210（いわゆるジー・オーグループ事件。評釈として、橋爪隆「判批」『消費者法判例百選』（2010年）124-5頁））、東京高判平成23年2月23日（LEX/DB 25472518（物品販売事業に関する「協力金」名目）弁護人の上告後、最決平成24年1月10日（LLI/DB L06710243）により上告棄却））、東京地判平成21年5月28日（LLI/DB L06430180（エビの養殖事業への出資名目））、東京地判平成22年1月27日（LLI/DB L06530005（牛の肥育事業に関する預託契約金名目））。

(6) 福岡地判平成26年3月3日（LEX/DB 25503196（金融商品が極めて利益を出すのが困難であるにもかかわらず、これを秘し確実に利益が得られるかのように装い、顧客から取引の預託金名目で金員を詐取））。

(7) 宗教活動と称して金員を募る行為と組織的詐欺罪については、木村光江「判批」『消費者法判例百選』（2010年）249頁。

が認められている。

これらの裁判例にあっては、会社（ないしは複数の会社からなる会社グループ）が本法にいう「団体」にあたるとされ、その際、団体の要件である「共同の目的」は、これらの会社において「金員（金銭）を詐取すること」にあったものと認定されている。本法における「団体」とは、その定義上、「その目的……実現する行為の全部又は一部が組織……により反復して行われる」（法2条）をいうから、「金員（金銭）の詐取」を「共同の目的」とする団体は、その共同の目的である金員（金銭）の詐取を組織により反復して行うことになる。それゆえ、このような犯罪の実行を共同の目的とする会社は、法2条にいう「団体」に当たると同時に、法3条の要件（組織的詐欺罪の要件）である「当該罪に当たる行為を実行するための組織」該当性も認められる。上掲の裁判例において、会社は、詐欺を行うことを目的とする団体であり、組織である。

本件においても、詐欺罪を犯すことが団体（本件会社）の「共同の目的」と認定できるのであれば、同時に、そのような詐欺的な行為を会社組織により実行していることになるから、組織実行性を肯定することができよう。本決定の原審・原々審は、このような論理を示したものと理解できる。原々審は「A社は……金銭を詐取することなど」が共同の目的とするとし、原審も、A社は被告人やA社の主要な構成員が、A社が破綻状態にあることを認識した時点で、「A社が詐欺行為の実行を目的とする団体に転化した」とし、詐欺行為の実行が団体である会社の共同の目的であったと認める一方で、組織実行性に関しては、積極的な検討を行っていない。

これに対し、最高裁は、A社の「共同の目的」は、「リゾート会員権販売等」であるとしている。この点、従来の下級審の動向とは一線を画するものであり、本決定の1つの意義があろう。本法の「団体」は、必ずしも違法な

---

(8)　横浜地判平成24年4月16日（LLI/DB　L06750218）、横浜地判平成24年5月1日（LEX/DB　25481289）（ともに、顧客の悩みごとを解消するとして祈願料名目で金員を詐取した事案）。

(9)　このほか、奈良地判平成28年3月23日（LLI/DB　L07150555（高値で売却できる見込みのない土地であるにもかかわらず、高値で売却できると称して、そのための土地調査費用名目で金員を詐取した事案））などがある。本罪の適用事案については、さらに、長井長信「組織的詐欺について」長井圓古稀『刑事法学の未来』（2017年）513-4頁、528-9頁を参照。

目的を追求するものである必要はない、ということである。

3　適法な「共同の目的」を有する団体

団体の「共同の目的」は、構成員が団体として継続的組織体をなす根拠となるものである(10)から、その構成員全体に共通するものとして設定された目的(11)である必要がある。本件では、団体たるA社(12)の構成員のうち、詐欺行為を行う認識を有していない者もいた。それゆえ、団体の構成員全体の共同の目的を「金員の詐取」に求めることができず、A社のそもそもの目的である事業活動が構成員結合の根拠たる「共同の目的」とされたと思われる(13)。

もっとも、会社が適法な営業活動を行っていたものの、その一部ないし全部が犯罪を行う組織となる場合については、本法の立法過程においても、組織的詐欺罪の成立を肯定されるべき場合と考えられていた(14)。現行法においても、本法の立案担当者の解説によれば、その典型例として、暴力団と並んで、会社が挙げられており、団体性の要件としての「共同の目的」について、違法なものに限られないとされ(15)、本件のA社のように事業により利益を得ることを共同の目的とする場合も、団体性が認められるとされる(16)。本決定は、このような立法経緯・立案担当者の理解に沿うものである(17)。

---

(10)　三浦守ほか『組織的犯罪対策関連三法の解説』(2001年) 68頁。

(11)　伊藤・前掲注(2)242頁。

(12)　団体＝A社とすることについて、足立・前掲注(2)209頁は、「団体」に形式的明確性が必要とする上告趣意に単に応えたものとの理解が示されるが疑問である。本件のように会社組織による悪質商法の事案においては、詐取した金員等は第一次的には、会社に帰属する。3条1項柱書は、「団体の活動」を「団体の意思決定に基づく行為であって、その効果又はこれによる利益が当該団体に帰属するものをいう」と定義するところからは、「団体の活動」性を肯定するためには、利益の帰属先こそが第一次的には「団体」であるから、会社がまずは団体として考慮されよう (もっとも、利益分配の実情に応じて会社以外に「団体」が肯定される余地もある。この点については、横浜地判平成16年9月30日判タ1170号139頁参照)。

(13)　伊藤・前掲注(2)242-3頁。

(14)　「組織的な犯罪に対処するための刑事法整備に関する法制審議会への諮問及び事務局参考試案」ジュリ1103号 (1996年) 173頁。

(15)　三浦ほか・前掲注(10)67-8頁。

(16)　三浦ほか・前掲注(10)68頁。

4 「詐欺罪に当たる行為を実行するための組織」

(1) 組織的詐欺罪の加重処罰の根拠

A社が適法な目的を共同のものとするのであれば、A社の団体性とは別個に、A社の役員・従業員からなる組織が「詐欺罪に当たる行為を実行するための組織」といえるかが問題となろう。この組織は、A社の共同の目的であるA社の事業活動を行うための組織であるともいいうるからである。

組織的詐欺罪が、組織によらず詐欺が行われた場合よりも、重く処罰する根拠は、組織により実行される犯罪行為は、まずは、指揮命令に基づいてあらかじめ定められた任務分担として犯罪を実行する点で、目的実現性が著しく高く、重大な結果が生じやすいことに求められるのが一般である[18]。役割分担に基づいた犯罪の実行は、単独で犯罪を実行する場合よりも、目的が達成する可能性は高まろう。しかし、このような役割分担は、通常の共犯現象（とくに共同正犯）でも認められることであり、加重処罰を基礎づけるために十分であるかは一考を要する[19]。それゆえ、組織的詐欺罪の加重処罰の根拠としては、このような役割分担によって重大な法益侵害の蓋然性が高まるという点のみならず、組織により実行される行為は、反復継続的に行なわれる傾向が高まるという点も考慮されていると理解すべきであろう[20]。組織による犯罪の実行は、その組織が継続的に存在することが予定されるから、犯罪の継続的な実行の蓋然性が認められるのである。本決定が、組織的詐欺罪の加重処罰根拠として、「計画性」のみならず「継続性」という点を併せて摘示しているのも、同じ趣旨であろう[21]。

---

(17) これに対し、神例・前掲注(2)170頁は、会社の事業実態がある場合は、本法にいう「団体」該当性を否定すべきとする。

(18) 立案担当者の立場である（三浦ほか・前掲注(10)82頁)。同様の指摘をするものとして、田中伸一＝水落桃子「組織的犯罪処罰法（組織的詐欺)」判タ1421号（2016年）41頁、阪井博「判批」研修650号（2002年）160頁、杉山徳明「判批」研修652号（2002年）20頁。

(19) 佐伯仁志「組織犯罪への実体法的対応」『現代の法6』（1998年）249頁参照（指摘は、組織的犯罪処罰法の法案審議段階でのものであるが、現行法にも妥当しよう)。さらに、神例・前掲注(2)168頁。

(20) 大山徹「組織的詐欺罪について」慶応法学37号（2017年）223-4頁も同旨か。これに対し批判を加えるものに、長井・前掲注(9)516頁以下（もっとも、長井・516頁も、本罪の処罰根拠として、欺罔行為が執拗に繰り返される刑事学的実態を重視する)。

(21) 継続性は、団体の活動の要件であるが、本件では、団体は適法行為を共通の目的とするため、組織実行性要件においても検討される必要がある。

(2) 組織の構成員の一部が詐欺に加担する認識を欠くこと

組織的詐欺罪加重処罰の根拠が、①役割分担に起因して法益侵害の実現の高い蓋然性が認められ、②同種の犯行が継続して行われる傾向が高まるという点に求められるとすれば、組織的詐欺罪の成立範囲は、この両者を満たす実態を有する組織により実行された場合に限定されるべきである(22)。この観点からすれば、複数人の連携により1回的な犯罪の実行を行った場合、役割分担が明確になされていても、組織実行性を否定すべきであろう。犯行が繰り返されたとしても、個々の犯行ごとに、一から実行の合意が形成されていたような場合も、組織実行性が否定されることになろう。組織実行性によって犯罪行為が継続的に実行される傾向が生じる根拠は、組織が継続的に活動することで、その構成員が個々の犯罪ごとに実行の合意形成を行い、役割分担を調整するというプロセスを省略できるという点に認められるからである(23)。

本判決は、組織の中に詐欺行為に加担しているとの認識がない者がいたとしても、本罪成立の妨げにはならないと判示している。このような本罪の理解は、1つには、組織が大規模になればなるほど、本罪による加重処罰を認める必要が高くなるにもかかわらず、その組織内にこのような認識を欠く者が存在する可能性も高くなることから、組織に含まれる者すべてに犯罪に加担する認識を要求することは本法の趣旨に反する(24)という実践的要請に基づくものとみる余地もあろう。もっとも、組織的詐欺罪の加重処罰根拠からも同様の理解に至りうる。複数人の連携により計画的に犯罪を実行する場合に合意を形成しなければならないのは、人がそのままでは規範に直面しその犯罪を実行しないのが通常であるから、合意によって犯罪実行に向けた決意を固めさせ、これを維持させなければならないからである。そうだとすれば、この合意のプロセスを「省略する」ためには、事前に包括的な犯罪実行の合意を形成する場合だけではなく、そもそも合意が必要となるような状況を生

---

(22) 組織的殺人罪(3条1項7号)等、他の3条違反の罪についても同様かは疑問を留保したい。

(23) 松尾浩也ほか「〔座談会〕整備要綱骨子の総括的検討(上)」ジュリ1122号(1997年)11頁〔岡田薫発言〕参照。

(24) 足立・前掲注(2)207-8頁。

じさせないことでも十分である。組織を構成する個々人が、自らが行っている適法行為であると認識し、規範に直面しなければ十分と理解できる(25)。

(3)　詐欺罪に当たる行為の実行の継続性と「詐欺に加担する認識」

もっとも、本件においては、詐欺行為に加担している認識のない関与者は、営業員や電話勧誘員など末端の関与者であり、反面、「主要な構成員」にあっては、詐欺行為を行っていることの認識があったことが判示されている点は、注目されるべきである。

組織的詐欺罪の加重処罰の根拠を②同種犯行の反復継続性にも求めるところからは、その組織の構成員は、その者が自らの行為が犯罪に当たるものとは認識せず規範に直面しないため犯罪に当たる行為を継続して実行する場合か、自らの行為が犯罪に当たることを認識するもののすでに継続して犯罪を行うことを認識・認容（組織実行性の故意(26)）しているため、事前的・包括的に規範的障害を乗り越えている場合のいずれかである必要がある。それゆえ、組織全体は、❶前者だけからなる組織、❷後者だけからなる組織、❸両者が混在する組織の3つのタイプが考えられることになる。❷のタイプは、暴力団や特殊詐欺集団(27)、金銭の詐取を目的とする会社（上述2）など、犯罪実行を共同の目的とした集団である。本件の組織は❸タイプと理解できる。

❶のタイプの組織が、犯罪に当たる行為を継続して実行する傾向を有するのは、構成員が「自らの行為が適法行為である」という認識を有していることによって基礎づけられている。これらの構成員が、自らの行為が犯罪に当たる行為であるということを認識するならば、自らの行為を繰り返し行わないことへ動機づけられる可能性が高い。とりわけ、本件のように、当初は適法な事業活動のみを行ってきた団体にあっては、その構成員に自らの行為が犯罪に当たるとの認識がいったん生じたならば、同種行為の実行にブレーキがかかる可能性が高い。そうだとすると、このような❶のタイプの組織による犯罪に当たる行為の継続性は、むしろ低いと解する余地があるようにも思

---

(25)　同旨に、前田・前掲注(2)46頁。小池・前掲注(2)50頁。また、松尾ほか・前掲注(23)9頁〔渡邉一弘発言〕も参照。

(26)　伊藤・前掲注(2)244頁（注3）参照。

(27)　組織的詐欺罪を特殊詐欺事案に適用したものとして、東京高判平成22年6月16日（LLI/DB L06520712）など。また、橋爪・前掲注(5)125頁参照。

われる。このことは、❸タイプの組織にも妥当する。組織の中に犯罪行為の認識を欠く者がいる場合、犯罪実行の継続性に疑問が生じうるのである。

それゆえ、このような場合、構成員に犯罪に当たる行為を継続して実行させるためには、構成員に自らの行為が犯罪に当たる行為であることを認識させないように、組織を統制することが必要となるだろう。この観点からすれば、本決定が、組織の主要な構成員が詐欺行為に加担する認識を有していたことを判示したのには重要な意味がある。これらの組織を統制する主要な構成員は、自らの行為が詐欺罪にあたる行為であることを知っているからこそ、末端の構成員には「自らの行為が犯罪に当たる行為である」ということを認識させないように組織を統制できるのである。

情を知らない者を利用することは、（単純詐欺罪の）間接正犯でも見られる現象である。組織の構成員が同種行為の実行を継続して行うことを支える組織統制が行われることではじめて[28]、間接正犯を超えた加重処罰を正当化する可罰性が見いだされる。このような組織統制により、犯罪に加担する認識を欠く者がいる組織であっても「犯罪に当たる行為を実行するための組織」と評価できるのである。

(4)　本判決の射程

本件では、顧客等に電話をかけ預託金等の支払いを勧誘し、金員の交付を受ける行為が詐欺行為に当たるかは、A 社が預託金の返還を行う資力の有するか否かと結びついている。このような事案にあっては、A 社の資力が不十分であることを末端の構成員に認識させないことが、組織が営業活動を継続し、客観的には詐欺行為に当たる行為を継続的に反復させることになる。組織の統制を行う者（Y ら組織の主要な構成員）が、A 社の資力が乏しいという情報を十分に秘匿してコントロールしていたかが問われるべきであろう。そして、組織の主要な構成員である Y らが、このような情報のコントロールを行う前提として、A 社の財務状況（実質的な破綻状態）について認識していたことが必要となろう。それゆえ、本件で、Y らにおいても、会社の財務状況を知らず、自らの行為が詐欺罪に当たる行為であることを認識して

---

(28)　犯罪に当たる行為の継続性を生じさせる統制のあり方は、組織のあり方に左右される。本件では、組織の構成員に情を知られないための統制が問題となるが、構成員が宗教的に主導者に帰依していることや、威圧的な統制が行われていることなどが根拠となる場合もあるだろう。

いないとすれば、組織的詐欺罪の成立を肯定することは困難であったと思われる(29)。

もっとも、Ｙらが容易に会社の財務状況について認識を獲得しうる立場にあるからこそ、このような限定が妥当すると理解すべきである。オーナー経営者のみが会社の財務内容を知りうる立場にあるような会社では、組織の統制を行う者に詐欺罪を行うことの認識がなかったとしても、本罪の成立を妨げないだろう(30)。組織の構成員が犯罪に当たる行為を思いとどまる契機をあらかじめ排除している以上、その組織には、十分に犯罪に当たる行為を継続して実行する傾向があるといえる。反対に、組織に属するすべての者が、当該行為が犯罪に当たる行為であることを容易に気づきうるきっかけを与えられているような場合には、構成員すべてについて、犯罪に加担する認識を要求すべき（または、犯罪に加担する認識を有している者だけで組織性を肯定できるかを検討すべき）事案もありえよう。

以上のように、本決定は、あくまでも本件事案に関する限り、組織の末端に位置する者に犯罪に加担する認識がなくとも、主要な構成員においてこの認識が認められれば、組織実行性を肯定できるとしたものであり、その射程は、限定的に理解されるべきように思われる。

---

(29)　同旨の指摘として、佐久間・前掲注(2)160頁。これに対し、杉原・前掲注(2)94頁。

(30)　本件で被告人Ｘが組織の構成員とされていないことについては、足立・前掲注(2)209頁。団体に属するも組織に属しない者についても、本罪の成立に妨げはない。

36　軽犯罪法1条2号にいう「隠して」と「正当な理由」の解釈

広島高岡山支判平成29年3月8日判時2354号109頁

菊地一樹

Ⅰ　事実の概要

被告人は、正当な理由がないのに、平成27年11月24日午後8時25分頃、岡山県備前市所在のコンビニエンスストアの駐車場において、人に身体に重大な害を加えるのに使用されるような器具であるヌンチャク3組を、自動車内に隠して携帯していたとして、軽犯罪法1条2号違反の罪（凶器携帯の罪）で起訴された。被告人の供述によれば、本件ヌンチャク3組を自動車内に積載していたのは、趣味として仕事の空き時間に練習するためであり、また、整体師という職業上、手首等を鍛える必要があったとされている。

原審（玉島簡判平成28年11月8日判時2354号112頁）は、被告人は本件ヌンチャク3組を「隠して携帯し」た、被告人には本号の「正当な理由」は認められないとして、本号を適用して、被告人を有罪とした。まず、原審は、本号の「隠して携帯して」を、他人の視野に入ってこないような状態におくこととし、本件ヌンチャク3組は、普通乗用自動車の後部座席下及び後部座席上に積載された布団の下に置かれていたことから、客観的に「隠して携帯して」に該当するとした。さらに、「隠して」の要件の充足が認められるためには、被告人に「隠す意思」が存在することが必要であるが、その存否については、「被告人において、本件ヌンチャクが、他人が通常の方法で観察した場合にその視野に入ってこないような状態におかれていることを認識していたかどうかによって判断す」れば足りるとして、被告人に「隠す意思」があったことを認定している。

また、「正当な理由」について、原審は、本件ヌンチャクがその形状および性能からして「攻撃的加害使用が十分に可能な器具」であることから、「催涙スプレー」のような防犯用品と比較して、「なおのことその取り締まりをする必要性、合理性がある」とした。そのうえで、ヌンチャクの隠匿携帯に「正当な理由」があるというためには、「特にヌンチャクを携帯しなければならない事情」が必要であり、被告人が供述する、本件ヌンチャクの用途や使用目的がこれにあたるとすることは困難であるとされた。

そこで被告人は、原判決に法令適用の誤りがあるとして控訴した。

Ⅱ　判旨——破棄自判・無罪（確定）

原判決には、本号の「隠して」及び「正当な理由」につきいずれも法令適用の誤りがあり、これらの点はいずれも判決に影響を及ぼすことが明らかであるとし、原判決を破棄したうえで、被告人に無罪を言い渡した。

1 「隠して」について

「本号は、凶器携帯犯人がその凶器を『隠して』いる場合を処罰する趣旨の規定であって、犯人に隠す意思を要するところ、隠す意思があるというためには、隠れた状態を認識するだけでは足りず、携帯の態様や目的等から『隠す』ことについての何らかの積極的な意思を認定する必要があると解すべきである。

そうすると、本号の『隠して』につき、『隠す意思』は他人から見えない状態におかれていることを認識しているだけで足りるとし、このような状態におかれているというだけで『隠して携帯し』にあたるとする原判決には法令の解釈適用に誤りがある。そうして、本件における携帯の態様が『隠す』ことに対する強固な意思を推認させるものではなく、携帯の目的も……『隠す』必要性を高めるようなものであるとは認定できないという具体的な事実関係を前提とすると、その誤りは、判決に影響を及ぼすことが明らかである。」

2 「正当な理由」について

「本号では、隠して携帯することが違法となる器具が、一義的に定められておらず、本号の器具には、一方で、犯罪に用いられれば危険性の高いとみられる器具であっても、他方で、職業上又は日常生活上必要ともいえる器具も多く含まれうるのであって、本号の凶器につき、携帯凶器の危険性の高さを理由に、直ちに、『正当な理由』は特別の事情がある場合に限られるなどと、限定的に解してよいことにはならない。本号の『正当な理由』については、客観面と主観面の諸事情を総合して判断することが必要である。

そして、原判決は、本件ヌンチャクの危険性を催涙スプレー以上とみているようであるが、催涙スプレーは、器具自体が攻撃以外の使用目的や用途がないものであるのに対し、ヌンチャクは、現代では、武道や趣味などとして適法な用途に利用されうるものであり、同目的で使用されることの方が一般的であるから、社会通念上、携帯が相当な場合が十分にある。このような器具を携帯している場合は、特に上記のような総合判断を行う必要性が高い。」

「本件の具体的事実関係をみると、被告人が供述する、本件ヌンチャクの用途や使用目的、携帯の動機経緯等には相応の合理性が認められ、これを排斥できるような事情は窺われない。ヌンチャクが3組あったことや被告人が午後8時過ぎころにコンビニエンスストアの駐車場に駐車させた自動車内にいたことについても、合理的説明がなされている。その他、被告人の職業、日常生活、周囲の状況も多数の者がいたともいえないことも考慮すると、被告人の本件ヌンチャク3組の携帯が、職務上又は日常生活上の必要性から、社会通念上、相当と認められる場合に当たらないとするには合理的疑いがあり、『正当な理由』がないとはいえない。」

Ⅲ　評釈

1　問題の所在

軽犯罪法1条2号は凶器携帯の罪を規定しており、「正当な理由がなくて刃物、鉄棒その他人の生命を害し、又は人の身体に重大な害を加えるのに使用されるような器具を隠して携帯していた者」が処罰の対象とされている。本件で主に問題となるのは、以下の2点である。第1は、本号の「隠して」という要件の主観面（隠す意思）として、単に他人から隠れている状態を認識しているだけでは足りず、「隠す」ことについての何らかの積極的な意思が必要か否かである。第2の問題点は、「正当な理由」の判断方法である。この点に関しては、近時、「催涙スプレー」を路上で隠匿携帯した行為について「正当な理由」を認め、無罪判決を言い渡した最判平成21年3月26日（刑集63巻3号265頁）との関係も念頭に置きながら検討を加える必要があろう。

2 「隠す意思」について

(1) 「隠して」要件の意義

第1の問題点について検討を加える前提として、本号がなぜ「隠して」携帯した場合のみを禁止の対象とし、公然と携帯する行為を処罰していないのかという点について検討を加える必要がある(1)。学説の中には、その根拠を、公然携帯している場合には、一般人に警戒心を起こさせるため危険性が少ないことに求めるものがある(2)。このような理解を前提とする場合、客観的に他人から見えない状態におかれていることこそが、本号の違法性との関係で決定的な意味を持つと解される。したがって、行為者の主観面としては、単にこのような状態を認識していれば、少なくとも「故意」の内容としては十分であるといえ、原判決の立場に合理性が認められることになる。

しかしながら、そもそも、公然携帯している場合の方が、隠匿携帯の場合と比して常に危険性が低いと考えることはできない(3)。確かに、凶器によっては、隠匿携帯をした場合の方が、「不意打ち」的な使用が可能になることで人の生命・身体に対する危険性が大幅に高まるということも想定できる。しかし、そのような危険性については、本号の器具該当性を実質的に判断する中で考慮すれば足りるように思われる。いずれにせよ、以上のような理解が「隠して」という要件の固有の意義を十分に説明できているかは疑わしいといえよう。

「隠して」という要件が有する意義の検討に際しては、本号と同じく「隠

---

(1)　なお、銃砲刀剣類所持等取締法22条は、刃体の長さが6センチメートルを超える刃物の携帯を、公然と携帯する場合も含めて禁止している。

(2)　野木新一ほか『註釈軽犯罪法』（1949年）33頁、大塚仁『特別刑法』（1959年）103頁。

(3)　植松正『軽犯罪法講義』（1948年）46頁は、公然携帯している方が危険でないとはいえないとしたうえで、この要件を蛇足であるとし、「隠して」をできるだけ拡張して解釈すべきであるとする。

して」携帯した場合のみを処罰の対象としている、特殊開錠用具の所持の禁止等に関する法律（以下、「ピッキング防止法」とする）4条から手がかりを得ることが考えられる[4]。同条は「指定侵入工具」、すなわち、「ドライバー、バールその他の工具（特殊開錠用具に該当するものを除く。）であって、建物錠を破壊するため又は建物の出入り口若しくは窓の戸を破るために用いられるもののうち、建物への侵入の用に供されるおそれが大きいものとして政令で定めるもの」（同法2条3号）の隠匿携帯を禁止する規定であるが、この規定における「隠して」の意義は、軽犯罪法1条2号にいう「隠して」と同様であると理解されている[5]。もっとも、ここで問題となる「指定侵入工具」については、人の生命・身体に対する「不意打ち」的な危険が問題とならないため、前述のような意味での「警戒心」を問題とする余地がないことに注意を要する。両規定の「隠して」の意義を統一的に理解すべきであるとすれば、やはり、「警戒心」を起こさせないこととは別の点にその意義を見出す必要があろう。

ピッキング防止法4条における「隠して」の意義を明らかにするためには、同法3条との関係に着目することが有用である。同法4条が「指定侵入工具」につき、隠匿携帯のみを禁止しているのに対して、同法3条は、「特殊開錠用具」、すなわち、ピッキング用具その他の専ら特殊開錠を行うための器具について、広く「所持」一般を禁止している。こうした区別の合理性については、次のような説明がなされている。すなわち、「指定侵入工具」は、一般の国民が日常生活に用いるために広く普及しているものであり、ドライバーなどの、法益侵害との結び付きがかなり弱い物が含まれるため、「携帯の中でも特に結果発生との結び付きが相対的に強い隠匿携帯に限って禁止がされている」[6]というのである。ここでいう「結果発生との結び付き」というのは、「隠して」携帯している場合、違法な目的で当該工具を使用する可能性が高いという意味で持ち出されているものと理解できる[7]。このような

---

(4)　なお、我が国の法律において、「隠して携帯」する行為を禁止する規定は、軽犯罪法1条2号、ピッキング防止法4条のほかに、軽犯罪法1条3号（侵入用器具携帯罪）のみである。

(5)　田中伸一「特殊開錠用具の所持の禁止等に関する法律について」研修681号（2005年）62頁。

(6)　坂口拓也「特殊開錠用具の所持の禁止等に関する法律の概要」警論56巻12号（2003年）43-4頁。

説明によれば、他人から見えない状態にあったという客観的な事実よりも、携帯者が積極的に「隠す意思」を有していたという主観面に関わる事実の方がより決定的な意味を持つと考えられる。

以上のような理解は、軽犯罪法１条２号の解釈においても同様に参照することが可能である。なぜなら、本号にいう「器具」も、日常生活に広く普及しているものが含まれる点で同様であり、処罰範囲を特に人の生命・身体に対する具体的危険の発生と結びつきやすい隠匿携帯に限ることが必要であると考えられるためである(8)。こうした見地からは、「隠す意思」の内容として、単に他人から隠れている状態の認識だけではなく、「隠す」ことについての積極的な意思を要求する本判決の立場を支持できる(9)。

(2)　「積極的な意思」の内実

「隠す」ことについての「積極的な意思」があるといえるのは、本号の器具を他人の目に触れないような状態に置く際に、まさに「他人の目に触れない状態に置くこと」がその行為に出ることの積極的な動機となっている場合である。反対に、「他人の目に触れない状態に置くこと」が動機となっておらず、例えば、「仕舞う場所がその場所しかなかった」といった他の合理的な理由が存在する場合には、「積極的な意思」があるとは認められないであろう。さらに、「積極的な意思」の内実を明確にするためには、ここでいう「隠す意思」が、誰から「隠す」意思を問題としているのかという点についても検討を加えておく必要がある。

まず考えられるのは、①凶器使用の（潜在的な）対象者から、という理解

(7)　重久真毅「『特殊開錠用具の所持の禁止等に関する法律』について」捜研624号（2003年）16頁も、「侵入犯罪を企図している者であれば、指定侵入工具を携帯するなら『隠して』携帯するのが通常であ」るとして、「隠して」の要件を、侵入犯罪の企図と結びつけて説明している。

(8)　伊藤榮樹（勝丸充啓改訂）『軽犯罪法〔新装第２版〕』（2013年）62-3頁も、隠す意思を要求する根拠として、本号が、「危険な器具を『隠して』携帯することが人の生命、身体に対する具体的危険と結びつきやすいことに着目して、犯罪としたものと解される」とし、「隠して」の要件は「正当な理由がないことの象徴的な事実としての意味を有するものと考えられる」としている。同様の説明として、法務省刑事局軽犯罪法研究会編著『軽犯罪法101問』（1995年）50頁、大場史朗「判批」久留米68号（2013年）100頁も参照。

(9)　本判決以前の下級審裁判例で、積極的な「隠す意思」を要求したものとして、京都簡判昭和48年２月19日（判タ302号313頁）。

である。「隠して」という要件の意義を、人に警戒心を起こさせないことにより生じる高い危険に求めるような立場からは、このような理解を支持し得るであろう。もっとも、前述のとおり、こうした立場が、「隠して」という要件の意義を的確に把握しているかどうかについては疑問が残る。

これに対して、本号の器具を積極的に「隠して」携帯する者は、人の生命・身体に危害を加える違法な行為に出る危険性が高いという発想を採る場合、携帯者の謂わば「やましさ」の有無こそが重要であり、②主として警察官等からの隠匿が問題となろう。例えば、東京簡判昭和49年4月9日（刑月6巻4号384頁）は、被告人らが、前方の警察官に近づかれ凶器が発見されることを危惧してその場から逃走したという事実を、「被告人らにそれらの器具を『隠さず』に公然携帯する意思のなかつたことを示唆する証左である」としており、このような理解と馴染むように思われる。

こうした捉え方の対立は、「隠して」という要件の客観面を問題とする限りでは、①凶器使用の対象者からの隠匿があれば、同時に②警察官等からの隠匿も実現されるため、顕在化しない。しかし、「隠す意思」という主観面では、両者の間でズレが生じうるため、この「誰から」という論点が正面から問題になる場合がありうる。例えば、前掲最判平成21年3月26日で問題となった「催涙スプレー」は、防衛効果を上げるために、①使用の対象者からは隠す意思があることが通常であると考えられるが、②警察官等から隠す意思が常にあるとは限らない。むしろ、防犯目的での携帯が適法であると考えていた場合、警察官等から隠す意思は認められないということも十分ありうるであろう。このような場合、②警察官等からの隠匿を問題とする立場からは、「隠す意思」の存在が否定されることで、本罪が不成立となりうるのである(10)。

もっとも、こうした立場によれば、凶器の携帯ないし使用の違法性の意識がない場合に、広く「隠す意思」が否定され、本罪の成立範囲が著しく狭ま

---

(10)　この点で、前掲最判平成21年3月26日の事案において、弁護人が、被告人は催涙スプレーを「隠して」携帯していたとはいえないと主張していた点は注目に値する。この主張は、原審（東京高判平成20年7月9日刑集63巻3号288頁参照）で斥けられているが、被告人が警察官に対する本件催涙スプレーの提出に直ちに応じていたとすれば、「隠す意思」が否定されると解する余地があろう（大場・前掲注(8)100頁参照）。

るのではないか、との懸念もあり得る。このような帰結の妥当性も含めて、「積極的な意思」の具体的な内実については、今後の裁判例の動向等も踏まえてさらに検討がなされる必要がある。

3 「正当な理由」について

(1) 「特に携帯しなければならない事情」の要否

原判決が、本件ヌンチャクが「攻撃的加害使用が十分に可能な器具」であることに照らして、「正当な理由」を認めるためには「特に携帯しなければならない事情」が必要であると解したのに対して、本判決は、そのような限定的な理解を採らなかった。

上述した「隠して」、さらには、「器具」や「携帯」(11)といった本号の要件を、本号の違法性を十分に根拠づけられるように実質的に解釈する場合には、これらの要件の充足が確認されることで、処罰に値するだけの危険性を十分に担保することがある程度可能となる。このように考えれば、「正当な理由」の有無の判断では、凶器の隠匿携帯が例外的に正当化されるか否かが問題となるため、原判決のような、「特に携帯しなければならない事情」を要求する立場にも一定の合理性を認めることができるように思われる。

他方で、上記3要件だけで処罰に値する危険を担保することは困難であるという立場(12)からは、これと異なる理解もありうる。この立場によれば、「正当な理由」要件において、危険の実質的判断を行うことが期待されるとともに、「職務上又は日常生活上の必要性」がこれを上回るかどうかという点について、より慎重な判断が要請されることになる。

(2) 「催涙スプレー」との比較

この点で注目に値するのは、前掲最判平成21年3月26日における「正当な理由」の判断である。最高裁は、被告人が、健康上の理由で行う深夜路上でのサイクリングに際し、護身用に製造された小型の催涙スプレー1本をズボンのポケット内に入れて隠匿携帯したという事案で、同携帯は「正当な理

---

(11) なお、「携帯」は、「所持」よりも狭く、かつ、より事実的な概念であると解されているが、握持までは必ずしも必要なく、乗用車のトランク内に収納したりして運転していくような場合も含まれると考えられている（伊藤・前掲注(8)63頁）。

(12) 遠藤聡太「判批」ジュリ1407号（2010年）168頁参照。

由」によるとして無罪を言い渡した。ここでは、器具の隠匿携帯の危険性と「職務上又は日常生活上の必要性」の程度が具体的に評価され、両者の比較を軸として、「正当な理由」の存否が判断されたものと評されている(13)。今回の事案において、本判決が「正当な理由」の有無につき、「客観面と主観面の諸事情を総合して判断することが必要である」としたのも、これと同様の判断枠組みを維持したものと考えられる。

もっとも、「催涙スプレー」が専ら護身用に製造されたものであったのとは異なり、本件ヌンチャクは「攻撃的使用が十分に可能な器具」であり、上述の判断枠組みを前提としても、「正当な理由」が認められる範囲は事実上狭まるであろう。それにもかかわらず、本判決が結論として「正当な理由」を肯定したことはいかに説明できるだろうか。

まず考えられるのは、本判決が、武道や趣味などの用法での利用にも相当の価値を認め、上記のような危険性を上回るだけの大きな対抗利益の存在を認めたという理解である。しかし、このような理解に対しては、そもそも「人の生命・身体」という利益に、「武道や趣味」の利益が勝るとは評価し難いとの批判を向けうるであろう(14)。

むしろ、本判決の結論を正当化するとすれば、武道や趣味などの用法での利用を目的としている場合、器具の携帯行為が対人殺傷犯罪に発展する可能性が低く、人の生命・身体に対する危険が相当に小さいことに求めるべきである。本判決が、本件ヌンチャクの用途や使用目的、携帯の動機経緯等に加えて、被告人の職業、日常生活、周囲の状況も多数の者がいたともいえないことを考慮しているのも、このような「対人殺傷犯罪に発展する可能性」を問題にしていると理解することができる。

さらに、こうした観点を突き詰めれば、本件では、そもそも本号の処罰に値する程度の実質的な危険が存在しないのであり、「正当な理由」の有無以前の問題として、「可罰的違法性」が否定されるとの理解もあり得る。例えば、前掲京都簡判昭和48年2月19日は、被告人が自動車内に木刀を携帯していた事案で、被告人が木刀を約9か月間にわたり平穏無事に自動車内に置

---

(13) 遠藤・前掲注(12)165頁。
(14) 田川靖紘「判批」第1集378頁も参照。

き続けており、木刀を使用して喧嘩等をしたこともないという事実から、「本罪が所期する可罰的違法性に値しないものと解するのが相当である」との判断を示しており、参考となるであろう。もっとも、適用の限界が不明確な「可罰的違法性」論を多用することには問題も少なくない。まずは、本号の処罰に値する危険の存在を、「器具」・「隠して」・「携帯」という３要件を通じてなるべく担保していく方向を目指す必要がある。本判決は、その中でも「隠して」の要件について実質的に限定する解釈を示したものであり、その意義は高く評価することができる。

〈付記〉校正段階で、松原和彦「判批」刑ジャ 57 号（2018 年）115 頁以下に接した。

37　軽犯罪法1条26号における「街路」の範囲

大阪高判平成29年2月7日LEX/DB 25545228

谷岡拓樹

Ⅰ　事実の概要

被告人は、平成27年12月8日午前5時57分頃、Aビル北側駐輪場（以下、「本件駐輪場」とする）において、立ち小便をした。

Aビルは、市街地にある、東西に通じる幅員約6mの道路と南北に通じる道路が交わる交差点の南東角に位置する9階建てのテナントビルである。本件駐輪場は、Aビル本体の北西側に位置する、南北約2m、東西最大約6.6mの、北西部分に隅切りがある、台形のスペースである。本件駐輪場は、北側が歩車道の区別のない道路に、西側が歩車道の区別のある上記南北に通じる道路の歩道部分にそれぞれ接しており、間に柵等はない。本件駐輪場は、北側道路よりわずかに高くなっているが、同道路と接する部分が若干斜めになっているため、同道路との間にほとんど段差はない。本件駐輪場と北側道路との境には側溝があり、側溝の上には格子蓋が置かれている。本件駐輪場部分と西側歩道とは直接接している。本件駐輪場の東端には、南北に、Aビルの非常階段に通じる幅約82cmの扉と幅約108cmの遮蔽壁とがある。本件駐輪場の南側は、西側部分が、東西約5m、南北約2.5mの東西にやや長い長方形のポーチに接しており、東側部分は、Aビル北側壁と接している。

本件駐輪場は、タイル張りのスペースであり、屋根はない。本件駐輪場の床面には、前記遮蔽壁等から約103cmのところに、それらと平行に白線が引かれ、その付近のAビル北側壁面に、「自転車は白線の右側に。白線より左側に駐輪されますと非常階段の扉が開けにくくなります。」などと記載した貼り紙が、その西隣に「関係者以外駐輪禁止」などと記載した貼り紙がそれぞれ貼ってある。本件駐輪場は、テナントビル内の会社の従業員が使用する自転車や、上記会社を訪れる客が使用する自転車等が駐輪されることが予定されており、最大約15台の自転車を駐輪することができる。

本件ポーチは、そのほとんどがタイル貼りのスペースとなっており、真上にあるAビルの3階以上が屋根替わりになっている。本件ポーチは、西側が歩道に接しており、これらの間にほとんど段差はない。一方、本件駐輪場との間には段差があり、本件ポーチが本件駐輪場より約11 cm高くなっている。本件ポーチの東側にはAビルの正面入口があり、本件ポーチは、Aビルに入るためのエントランスとして用いられている。

被告人が立ち小便をしたのは、本件駐輪場の南東角であり、放尿自体はAビルの壁面に対して行われている。

被告人は、「街路」で立ち小便をした旨の公訴事実（軽犯罪法1条26号[(1)]違反）で略式起訴され、その後、正式裁判に移行し、犯行場所を「公衆の集合する場所」とする訴因に、交換的に訴因変更された。

原審（大阪簡判平成28年8月10日LEX/DB 25545227）は、以下のように判示し、被告人を無罪とした。

「まず、『公衆』とは、不特定かつ多数の人のほか、特定かつ多数の人をも含むが、不特定かつ少数人では、まだ公衆とは言い得ないものと解する。

次に、『公衆の集合する場所』とは、平素多数の人が集合する場所であれば足り、現に集合していなくてもよく、そこに集合する人たちが一定の共通の目的を持っている必要はない。要するに、性質上、多数の人が集合する場所であればよいが、26号が『公園その他の公衆の集合する場所』ではなく、『公園その他公衆の集合する場所』と規定しており、その例示が公園であることからすると、同号にいう『公衆の集合する場所』とは、性質上、公園と並列的に考えられるような場所、すなわち、小規模であっても公園と呼ばれる程度の広さを有する場所、例えば、寺社の境内、駅、競技場、町の広場、駅の構内、劇場等をいい、ごみの集積場など、極めて狭い場所まで含めることは罪刑法定主義により禁止されている類推解釈に当たり許されない。

---

(1)「街路又は公園その他公衆の集合する場所で、たんつばを吐き、又は大小便をし、若しくはこれをさせた者」と規定する。

そして、本来駐輪場はその性質上、自転車を駐輪、あるいは駐輪してある自転車を出すため一時的に利用するに過ぎず、それ以外の目的で通常多数の人が集まることを目的とした場所とは言えないし、本件駐輪場は、……自転車を約15台駐輪するといっぱいになり、物理的に多数の人が集合することができるような広さを有しない、公園等に比べると極めて狭い場所であり、本件駐輪場の東側の非常階段の扉の前付近も駐輪が禁止されており、非常時の非常階段からの通路として使用することしか予定されていない。

これらの事実によると、非常階段の扉の前付近を含む本件駐輪場は、平素多数の人が集合する場所とは言えず、26号の規定する『公衆の集合する場所』に該当しない」。

検察官は、これを不服として控訴し、犯行場所に「街路」を含む予備的訴因を追加請求した。

Ⅱ　判旨――破棄自判・有罪（科料9900円・上告棄却により確定）

1 「公衆の集合する場所」に当たるかについて

「一般に『公衆』とは不特定又は多数の者を指すと解されるが、軽犯罪法1条26号がその適用場所を、『公衆が利用する』場所等とせず、『公衆の集合する』場所としていることから見て、同号にいう『公衆の集合する場所』とは、性質上多数の人が集合するような場所をいうものと解されるところ、……本件駐輪場は、Aビル付属の駐輪場であって、同ビルを利用する多数の者が『利用する』可能性のある場所ではあるけれども、性質上多数の者が『集合する』ような場所とはいえないから、原判決が、『公衆の集合する場所』というためには小規模であっても公園と呼ばれる程度の広さを要するという点はともかく、本件駐輪場は『公衆の集合する場所』に当たらないと認定判断したこと自体は、正当というべきである」。

2 「街路」に当たるかについて

「本件駐輪場は、その北側が歩車道の区別のない道路に、西側が歩車道の区別のある道路の歩道部分にそれぞれ接しており、北側道路との間に格子蓋付き側溝はあるものの、明らかな段差や柵等はなく、また、西側歩道とは直接接していてほとんど段差がなく、北側道路、西側道路からの出入りは自由であり、駐輪場という性質自体からも、自転車でＡビルを訪れる人が北側道路、西側道路から自転車で乗り入れることが予定されており、また、Ａビルのエントランスとなっている本件ポーチと僅か約11 cmの段差で接続していることや、その東端に同ビルの非常階段に通じる扉が設置されていることから見て、北側道路、西側道路からＡビルに入る人が通行することも予定されていると考えられる。上記のような北側道路、西側道路との接続状況、通常予想されるその利用形態から考えると、本件駐輪場は、北側道路、西側道路と一体をなすものとして、上記『街路』に該当するものと見るのが相当である。

弁護人は、本件駐輪場のような私有地の駐輪場が『街路』に当たると解することは、通常の判断能力を有する一般人の理解を超えるものであって許されないと主張するが、上記のような周辺道路との接続状況やその利用形態から見て、本件駐輪場を『街路』に当たると解することが、通常の判断能力を有する一般人の理解を超えるものとは思われず、むしろ、一般人の理解としては、上記のような街中にある周辺道路と一体性の認められる自転車や人の通行の用に供される部分における放尿が、街路における小便に該当しないとして不可罰となると解するほうが不可解なのではないかと思われる」。

Ⅲ　評釈

1　はじめに

軽犯罪法１条26号は、風俗及び公衆衛生の維持、向上の観点から、街路又は公衆の集合する場所での排せつ行為等を禁止しようとするものである[(2)]。

同号では、行為の場所として、①街路又は②公園その他公衆の集合する場所が定められており、前身である警察犯処罰令３条３号[(3)]と比較すると、「公園その他公衆の集合する場所」が追加されている。この「街路」及び「公衆の集合する場所」の解釈については、同一の文言が用いられている６

(2)　伊藤榮樹ほか編『注釈特別刑法　第２巻』（1982年）121頁〔伊藤榮樹〕等。

(3)　「街路ニ於テ屎尿ヲ為シ又ハ為サシメタル者」と規定する。

号[4]の場合と同様に解するのが一般的な理解であり[5]、行為と結果とのいずれかがそれらの場所にあれば足りると解されている[6]。

本件では、本件駐輪場が、「公衆の集合する場所」または「街路」に当たるかが問題となった。

2 「公衆の集合する場所」に当たるか

(1) 「公衆」の意義について

本号にいう「公衆」の意義について、学説は、①不特定又は多数人と解するもの[7]、②不特定かつ多数人と解するもの[8]、③多数人であれば特定・不特定は問わないと解するもの[9]に分かれている。この点について、原判決が、端的に「公衆」を多数人と解したのに対し、本判決は、「一般に『公衆』とは不特定又は多数の者を指す」としながらも、「『公衆の集合する場所』とは、性質上多数の人が集合するような場所をいう」と解しており、結局のところ、原判決同様、多数人性が要求されているように読める[10]。

「公衆」の文言は、不特定又は多数人の意味で用いられるのが一般的である[11]。しかし、「公衆」を不特定かつ多数人と解する例もあり[12]、その意味内容は、結局は本号の趣旨・目的等から決すべき問題である。本号の趣旨・

---

(4) 「正当な理由がなくて他人の標灯又は街路その他公衆の通行し、若しくは集合する場所に設けられた灯火を消した者」と規定する。

(5) 伊藤・前掲注(2)121頁等。

(6) 伊藤・前掲注(2)121頁等。

(7) 法務省刑事局軽犯罪法研究会『軽犯罪法101問』(1995年) 75頁、橋本裕藏『軽犯罪法の解説〔五訂版〕』(2005年) 70頁、伊藤榮樹(勝丸充啓改訂)『軽犯罪法〔新装第2版〕』(2013年) 90頁。

(8) 福原忠雄＝柏木博『軽犯罪法解説』(1948年) 87頁、増永義一『軽犯罪法解説』(1948年) 119頁。

(9) 植松正『軽犯罪法講義』(1948年) 63-4頁、野木新一ほか『註釈軽犯罪法』(1949年) 42頁、乗本正名ほか「軽犯罪法第1条逐号解説」警論15巻1号(1962年) 63頁、伊藤・前掲注(2)40頁、井上宜裕「判批」新・判例解説Watch 21号(2017年) 195頁、井阪博『実務のための軽犯罪法解説』(2018年) 172頁(ただし、後掲注(13)参照。)。

(10) 井上・前掲注(9)195頁は、本判決を、多数人であることを要求したものと理解している。

(11) 例えば、刑法143条(水道汚染罪)における「公衆」の意義について、西田典之ほか編『注釈刑法　第2巻』(2016年) 340-1頁〔深町晋也〕。

(12) 例えば、公害犯罪処罰法について、前田宏ほか「『人の健康に係る公害犯罪の処罰に関する法律』について」曹時23巻2号(1971年) 26頁。

目的は、前述のとおり、風俗及び公衆衛生の維持、向上にあるが、風俗という観点からは、少数であっても不特定人が集まるような場所であれば、そこでの排せつ行為等は禁止されるべきであろうし、公衆衛生という観点からも、不特定人であれば、同時に多数人が集まることはなくとも、(潜在的な) 多数人に影響を及ぼし得るのであるから、不特定人であることに加え、多数人であることまで要求する必要はないように思われる。また、「集合する」という文言からも、複数人が同時に居合わせるような場所であることは要求されても、それが多数人であることまでは必ずしも要求されないのではないかと思われる[13]。確かに、「公衆の集合する場所」は、本判決と同様に、「性質上多数の人が集合するような場所」と解するのが一般的である[14]。しかし、「多数の人」には「現実的 (同時的) 多数人」(＝多数人) だけでなく「潜在的多数人」(＝不特定人) も考えられるのであるから、そのことから、多数人が同時に居合わせるような場所であることが要求されると解さなければならない必然性は、ないように思われる。

以上のように考えれば、「公衆の集合する場所」を、「性質上多数の人が集合するような場所」と解する本判決について、多数人の同時存在性までを要求するものではないと理解することも、十分に可能であるように思われる。

(2)　「公衆の集合する場所」の意義について

本判決は、「公衆の集合する場所」を「性質上多数の人が集合するような場所をいう」と解した上で、本件駐輪場が、「多数の者が『利用する』可能性のある場所ではあるけれども、性質上多数の者が『集合する』ような場所とはいえない」ことを理由に、「公衆の集合する場所」には当たらないと判断した。

問題は、「多数の者が『利用する』可能性のある場所」と「多数の者が『集合する』ような場所」とで何が違うかである。本判決を、「公衆の集合する場所」の解釈として、多数人の同時存在性を要求したものと理解するので

---

(13)　これに対して、「公衆」が、「集合する」と結びついていることを理由に、多数人であることを要求するものとして、植松・前掲注(9)63頁、野木ほか・前掲注(9)42頁、井上・前掲注(9)195頁、井阪・前掲注(9)172頁。

(14)　平野龍一ほか編『注解特別刑法　第7巻〔第2版〕』(1988年) 51頁〔稲田輝明＝木谷明〕等。

あれば、両者は、多数人の同時存在性の要否によって区別されることになるであろう。しかし、先程の検討どおり、本判決を、多数人の同時存在性を要求するものではないと理解するのであれば、そのような説明はできない。もっとも、その場合でも、両者の違いを、別の観点から説明することは、十分に可能である。すなわち、「『利用する』可能性のある場所」が、一時的な利用を想定するものであるのに対して、「『集合する』ような場所」は、一定時間その場に滞留することを想定するものである、との説明も、十分に成り立つように思われるのである(15)。

そして、いずれの理解に立ったとしても、本件駐輪場は、駐輪場という性質や、その規模からして、同時に多数の人が集まるような場所でもなければ、一定時間その場に滞留することが想定されるような場所でもないであろうから、「公衆の集合する場所」には当たらないとした本判決の判断は、支持できる。

なお、本判決は、「原判決が、『公衆の集合する場所』というためには小規模であっても公園と呼ばれる程度の広さを要するという点はともかく」としており、原判決のように、「公園と呼ばれる程度の広さ」を要求してはいない。原判決の述べるように、例示されている公園との並列性が要求されるとしても、必ずしもそれを広さという点に求めなければならない理由はないし、風俗・公衆衛生という観点からも、広さを要求する意義は見出し難いと思われる。したがって、本判決が、「公衆の集合する場所」に「公園と呼ばれる程度の広さ」を要求しなかった点も、支持できる。

3 「街路」に当たるか

本件駐輪場が、「街路」に当たるかを判断する際、まず問題となるのは、私有地の駐輪場を「街路」と解釈することが許されるかである(16)。一般的

---

(15) 橋本・前掲注(7)27頁は、6号において、「集合」が「通行」と対をなしていることからしても、「集合」とは、わずかな時間でも人がその場に滞留することが予定されているとする。なお、原判決は、「本来駐輪場はその性質上、自転車を駐輪、あるいは駐輪してある自転車を出すため一時的に利用するに過ぎず、それ以外の目的で通常多数の人が集まることを目的とした場所とは言えない」(圏点筆者)としている。

(16) 井上・前掲注(9)196頁は、私有地の駐輪場である本件駐輪場を「街路」と解するのは、「言葉の可能な意味の範囲」を超えた類推解釈というべきであるとする。

な理解によれば、「街路」とは、市街地の道路をいうが、必ずしも表通りに限られず、橋、トンネル、道端の下水溝等の道路の附属物をも含む概念である[17]。そのため、「街路」は、必ずしも狭義の「道路」のみを指すものではない。したがって、形式的な文言のみから、直ちに「街路」該当性を否定すべきではなく、より実質的に検討すべきである。

本号の趣旨・目的が、風俗及び公衆衛生の維持、向上にあることからすると、本号は、市街地の道路上で排せつ行為等をすることだけを問題としたものではなく、市街地の道路の交通量の多さに着目し、そのように特に交通量の多い人目につく場所での排せつ行為等を禁止するために、「街路」という文言を用いているものと解される。このような観点からすれば、例えば、道端の溝等の道路の附属物上での排せつ行為等も道路での排せつ行為等と同視でき、本号にいう「街路」における行為に含まれるものと解される。以上のように解することができるならば、罪刑法定主義との関係から「街路」たる道路との一体性が認められることはその前提として必要とされようが、それが認められる限り、そこでの排せつ行為等が、風俗・公衆衛生の観点から、「街路」たる道路での排せつ行為等と同視できるような場合には、「街路」における行為に含めることも一定の限度で許されるというべきである[18]。具体的には、「街路」たる道路との間に、柵や段差等がない等、外観からして「街路」たる道路からの独立性が乏しいことに加え、行為の（あるいは結果の）場所が、「街路」たる道路と近接しているような場合には、「街路」に含めて解することができるように思われる。

本判決は、①北側道路、西側道路との接続状況、②通常予想されるその利用形態を考慮して、本件駐輪場と「街路」である北側道路、西側道路との一体性を肯定し、それを理由に「街路」該当性を認めた。もっとも、本判決も、これら二つの事情のみをもって、「街路」に当たると判断したわけではないであろう。というのも、例えば、①、②について、本件と同様の事情があったとしても、極めて小規模であった本件駐輪場と異なり、大規模な駐輪場であったような場合には、そのことのみで、その駐輪場全体を「街路」と解す

---

(17)　伊藤・前掲注(2)40、121頁等。
(18)　大門雅弘「判批」捜研811号（2018年）22頁も参照。

るのは、やはり妥当でないと思われるからである。その意味では、本判決が、弁護人の主張に応える形で、「通常の判断能力を有する一般人の理解」にも触れていることを見落とすべきではない。すなわち、本判決も、明示的に言及してはいないものの、本件駐輪場が極めて小規模で、犯行場所が北側道路と近接していたこと等は、当然に考慮しているものと思われるのである。そのような理解を前提とするならば、本件駐輪場について、「街路」該当性を認めた本判決の判断は、妥当なものと評価できる。

4 おわりに

本判決は、事例判断ではあるものの、私有地の駐輪場である本件駐輪場について、「公衆の集合する場所」には当たらないが、「街路」には当たると判断したものであり、注目に値する。また、そのような判断を前提として、①同一法条内の訴因構成の誤りが有罪無罪を分けること、②検察官の訴追意思が明らかであることを理由に、裁判所には、検察官に対し、訴因変更を促し又は命じる義務があるとした。このように、本判決は、軽犯罪法違反という「事案の重大性」が認められない事案について、訴因変更を促し又は命じる義務を認めた点でも注目される(19)。

---

(19) この点については、石田倫識「判批」法セ752号（2017年）110頁、隈良行「判批」研修834号（2017年）13頁以下、大門・前掲注(18)22頁以下を参照。

38　軽犯罪法1条23号にいう「のぞき見た」の意義

福岡高判平成27年4月15日高刑速(平27)号276頁

天田　悠

Ⅰ　事実の概要

被告人Xは、福岡県内の当時の稼働先脱衣所において、あらかじめ動画撮影機能を起動させたスマートフォンを紙箱に仕込んで設置しておき、同僚が着替え中の同脱衣所内を撮影録画したものである。軽犯罪法1条23号は、「正当な理由がなくて人の住居、浴場、更衣場、便所その他人が通常衣服をつけないでいるような場所をひそかにのぞき見た者」は、「これを拘留又は科料に処する」と規定するところ、Xは、スマートフォンを使用し撮影録画する行為が、同号にいう「のぞき見た」に該当しない旨主張したが、原審（福岡地久留米支判平成26年11月28日公刊物未登載）は、本件行為が「のぞき見た」に該当するとして、Xの主張を排斥した。

これに対して、Xは、軽犯罪法1条23号にいう「『のぞき見た』に該当するためには、直接的に視認することが必要であり、本件のように、『後に再生して見るため、撮影機を設置して、その場を離れて撮影録画する行為』は含まれず、原判決の解釈は、『のぞき見た』という用語の通常の意義を超えた許されない類推解釈である」などとして、法令適用の誤りおよび量刑不当を理由に控訴した。

Ⅱ　判旨――控訴棄却・有罪（確定）

軽犯罪法1条23号の「趣旨は、人の住居や人が通常衣服をつけないでいるような場所をひそかにのぞき見ることを処罰の対象とすることにより、プライバシーないし私生活の平穏を視覚的な侵害から保護することにあると解される。そして、プライバシー等を視覚的に侵害する行為としては、肉眼で直接見る行為のほか、本件のように撮影機能を備えた機器を用いて肉眼で見たのと同様の視覚的な情報を得るような行為等が想定されるところ、現在では、視覚的な情報を得る機能を備えたカメラ等の機器が広く普及しており、プライバシー等を視覚的な侵害から保護するという趣旨を全うするためには、本件の撮影行為のように、本条号所定の場所を視認し得る場所に撮影機能のある機器をひそかに置いて当該場所の視覚的な情報を得る行為を規制する必要性は高いものと考えられる。」

「そこで、『のぞき見た』という用語の意味について見ると、ひそかに設置したカメラ等で撮影録画したものを後日再生して見ることが『のぞき見た』に含まれることに疑問の余地はなく、この行為が『のぞき見た』と称したとしても格別の違和感はないものと思われるところ、プライバシーの侵害の本質は、そのような方法で獲得された画像が、当人の知らない間に、他人の支配内に取り込まれることにあり、その後、当該画像を実際に見たかどうかは、行為の当罰性を分かつほどの大きな意味を持つものではない。そうすると、本条号所定の場所を視認し得る場所に撮影機能のある機器をひそかに置いて当該場所を撮影録画する行為は、『のぞき見行為』の中核的部分を既に実現しているものということができるから、そのような行為を行ったこと自体が『のぞき見た』に当たると解しても、成文の言葉の可能な意味の範囲内にあるということができるし、一般人の予測可能性を奪うものではない。」

Ⅲ　評釈

1　問題の所在

本件は、Xの当時の稼働先脱衣所にあらかじめ動画撮影機能を起動させたスマートフォンを設置し、同僚が着替え中の同所を撮影録画した行為が、軽犯罪法1条23号違反の罪（以下、「窃視罪」とする）にいう「のぞき見た」にあたるか否かが争われた事案である[1]。後述のように、撮影録画行為それ自体が「のぞき見た」にあたるとした裁判例はそれ以前から存在したが、

(1)　本件紹介として、渡邉雅則「判批」研修806号（2015年）79頁以下がある。

「のぞき見た」という言葉の意味に検討を加えた高裁レベルの裁判例はこれまでなかった。この点に本判決の意義がある。

本件で実質的に問題となっている点は、(1) 窃視罪の法益としての「プライバシー」の意味内容は何か、(2) 本件行為が「のぞき見た」という「言葉の可能な意味の範囲内」にあるか否か、そして、(3) 窃視罪のほかに、各都道府県のいわゆる迷惑防止条例違反の罪が成立する余地はあるか、である[(2)]。

2　窃視罪の法益としての「プライバシー」の意味内容

(1)　関連裁判例の概観

まず、(1) 窃視罪の法益としての「プライバシー」の意味内容から検討する。

本件のように、行為者が被写体を直接視認していないのみならず、その場に居合わせなかった場合につき、窃視罪にいう「のぞき見」該当性を直接判断した判例・裁判例は見当たらない。しかし、被写体を視認していなかった事案に関する裁判例として、気仙沼簡判平成3年11月5日（判タ773号271頁）がある。この判決は、被告人がスーパーマーケットの来客用女子便所内に入り込み、隣の便所との間の仕切板下側の隙間から便所内の女性の排泄行為を撮影するために、8ミリビデオカメラをセットして床に置き、その様子を撮影録画したという事案に関するものである[(3)]。気仙沼簡裁は、「ビデオカメラによる撮影録画によるプライバシー侵害の程度は、肉眼によるのぞきこみ行為よりも著しい」こと、「単に、のぞきこみ行為が存在し、それによって被害者のプライバシー侵害の結果が発生すれば、犯罪として既遂に達する」ことを理由に、「隣の便所内の様子の録画行為それ自体」に窃視罪の成立を認めた。この判決の意義は、撮影録画行為それ自体が「のぞき見た」にあたるとした点、および、その際の既遂時期は撮影行為時であり、行為者が

---

(2)　そのため、Xが本件脱衣所に立ち入った行為に建造物侵入罪が成立するか否か、および、本件で使用されたスマートフォンを没収することは可能か否かについては、本評釈の検討対象から除外する。これらの点につき、名古屋高金沢支判平成25年10月3日（判タ1410号190頁＝**本書・判例39**）参照。

(3)　本件評釈として、「判批」平成4年版警察実務重要裁判例（警公47巻8号付録）132-3頁、毛利晴光「判批」研修535号（1993年）27頁以下、八木宏幸「判批」研修579号（1996年）75-6頁がある。

録画内容を実際に再生したか否かは本罪の成否と無関係であるとした点にある。たしかに、撮影録画中に行為者がその場に居合わせていた点で、気仙沼簡判の事案は本件と異なる。しかし、両判決は、「プライバシー」の保護という観点から処罰の必要性を論じている点で共通する。問題は、そこにいう「プライバシー」の具体的内容である。

(2) 窃視罪の法益理解

これまで学説は、窃視罪の法益を、プライバシー(4)、私生活の平穏(5)、あるいは、性欲に関する風俗(6)、と理解してきた(7)。本判決も、本罪の趣旨を「プライバシーないし私生活の平穏を視覚的な侵害から保護すること」に求め、プライバシー情報が視覚的侵害によって獲得され、「他人の支配内に取り込まれ」た時点で本罪が成立するという。そうすると本判決の立場からは、窃視罪の趣旨・目的は、視覚的侵害によって被害者のかかる情報を、当人の知らないうちにその支配領域内に取り込む行為を禁止することにある、と理解される。本罪に「人が通常衣服をつけないでいるような場所」という場所的限定要件が付されているのも、こうした法益理解の反映といえる(8)。このような理解によれば、たとえば、行為者が本号所定の場所を肉眼で視認した場合は、当該情報を視覚によって支配することで、「見られたくないという

---

(4) 時武英男「刑法におけるプライバシーの保護」中山研一ほか編『現代刑法講座　第4巻』(1982年) 127頁以下、136頁等。伊藤榮樹(勝丸充啓改訂)『軽犯罪法〔新装第2版〕』(2013年) 167頁は、「人の個人的秘密を侵害する抽象的危険性のある行為を禁止し、ひいては、国民の性的風紀を維持しようとするもの」とする。

(5) 野木新一ほか『註釋軽犯罪法』(1949年) 78頁〔中野次雄〕等。水越壮夫「私事性的画像記録の提供等による被害の防止に関する法律について」警論68巻3号 (2015年) 83頁以下、86-7頁、平沢勝栄ほか『よくわかるリベンジポルノ防止法』(2016年) 41頁は、2014年のいわゆる性的画像提供等防止法(リベンジポルノ防止法) 1条にいう「私生活の平穏」を、「性的プライバシー」、すなわち、個人の「性に関する私生活上の事柄をみだりに公開されない権利」と解する。本法につき、渡邊卓也「盗撮画像に対する刑事規制」『山中敬一先生古稀祝賀論文集　下巻』(2017年) 131頁以下、142-3頁、同「判批」本書426-7頁参照。

(6) 小野清一郎『新訂　刑法講義各論』(1949年) 305頁等。

(7) 以上のほか、乗本正名ほか「軽犯罪法第一条逐号解説」警論15巻1号 (1962年) 48頁以下、93頁、伊藤卓蔵『軽犯罪法』(1972年) 70頁は、付随的に盗犯防止等の機能を果たす、とする。窃視罪の罪質については、龍岡資晃「判解」最判解昭和57年度90頁以下、100頁、渡邊・前掲注(5)山中古稀139頁も参照。

(8) 迷惑防止条例や児童ポルノ法7条5項のいわゆる盗撮製造罪との関係については、仲道祐樹「児童ポルノ製造罪の理論構造」刑ジャ43号 (2015年) 63頁以下、71-2頁参照。

人間の自然的感情」[9]を侵害する。記録媒体に当該情報を撮影録画し、後にこれを再生・閲覧した場合も、同様の支配性を肯定できる。本判決が、支配内への取込み「後、当該画像を実際に見たかどうかは、行為の当罰性を分かつほどの大きな意味を持つものではない」とするのも、以上のような意味で理解できる。

(3)「支配性」要件の内実

そこで問題となるのは、「支配性」要件の内実をどのように理解するか、である。

たとえば、行為者が本号指定の場所を直視する場合は、当該情報を視覚により脳内に移転させ、もって自己の支配領域下に取り込むことで、被害者の「肉體を人に見られないという權利」[10]を侵害する。一方、行為者が機器等を用いて撮影録画する場合も、記録媒体に当該情報を化体し、自己の掌中に収めることで、同様の権利侵害性を肯定できる。このように、行為者が当該場所を直視しようと撮影録画しようと、いずれも視覚的干渉を受けないことへの権利侵害を要件とし、かかる要件の充足によってプライバシー侵害が認められる。したがって、①撮影録画のためにカメラを設置し、本号所定の場所にレンズを向けただけで撮影録画のスタートボタンを押していない段階では、窃視罪が予定する「見られたくないという権利」を侵害したとまではいえないだろう[11]。

では、②あらかじめ設置したカメラで当該情報を撮影録画したが、その様子を記録したカメラをまだ現場から回収できていない段階はどうか。なるほど、この段階では、記録媒体は被害者の物理的支配が及びうる空間になおとどまっているため、プライバシーの対象たる視覚的情報を自己の支配下に移したというのは難しい、と考えることもできる。しかし、盗撮事案の多くが

(9)　平野龍一ほか編『注解特別刑法　第7巻〔第2版〕』(1988年) 109頁〔稲田輝明＝木谷明〕。原田保『刑法における超個人的法益の保護』(1991年) 249頁注(33)は、窃視罪の「趣旨は専ら『見るな』という行為規範のみにある」とする。

(10)　第2回國会参議院司法委員会会議録第6号 (1948年3月25日) 5頁〔國宗榮政府委員発言〕。

(11)　もっとも、①の行為は、「写真機等を設置し、又は他人の身体に向けること」を規制対象とする、平成26年改正後の福岡県迷惑防止条例6条2項2号、同3項2号によって捕捉される可能性がある。

そうであるように、被害者が容易に発見できない場所にカメラを設置し、撮影録画を開始する行為は、それだけで被害者が当該情報にアクセスできない状態を一方的に作出し、行為者による当該情報の事実上の掌握を基礎づける行為と理解できる。そうすると、たとえ行為者が当該情報の化体した記録媒体の回収を完遂していないとしても、そのことが、本罪の成否に決定的な影響を及ぼすわけではない。すなわち、被害者の「見られたくないという権利」を実現困難にすることこそが、窃視罪の法益侵害性を基礎づけるのであり、本罪の成否は、被害者側のかかる事情を基礎として判断すべきである。以上のように考えると、②の段階はもとより、ここからさらに進んで、③記録媒体の回収を完遂した段階や、④その後に当該媒体を自宅に持ち帰るなどした段階でも、行為者は、被害者の情報を一方的に自己の掌中に収めることで、上記権利を侵害したといえる。

かくして、窃視罪の法益としての「プライバシー」の支配性は、①にとどまるならば否定的に、（公刊物に掲載された事実関係だけからは明らかでないが、おそらく本件も含まれるであろう）②ないし④であれば肯定的に評価できる。本罪の成立を認めた本判決の結論は妥当である。

3 「のぞき見た」という「言葉の可能な意味の範囲」

つぎに、(2) 本件行為が「のぞき見た」という「言葉の可能な意味の範囲内」にあるか否かを検討する。

本判決は、本件行為が「のぞき見た」にあたるか否かにつき、「一般人の予測可能性」と「言葉の可能な意味の範囲」という観点から分析を加えている。「のぞき見た」の日常用語的な意味は、（本来見るべきでないものを）こっそり見ること(12)であり、軽犯罪法の解説書や立法担当者も、この言葉を、「物かげやすき間などからこっそり見ること」(13)、「覗き見られる方の本人に知られないように物の間から窺い見るというようなこと」(14)と定義する。かかる定義を出発点として、本判決も、本件行為を「のぞき見た」に含めることが「成文の言葉の可能な意味の範囲内にある」し、「一般人の予測可能性

(12) 新村出編『広辞苑〔第7版〕』（2018年）2286頁等。
(13) 伊藤榮樹ほか編『注釈特別刑法　第2巻』（1982年）114頁〔伊藤榮樹〕。
(14) 國宗・前掲注(10)5頁。

を奪うものではない」として、本罪の成立を認めている。

本判決は、「肉眼で直接見る行為のほか、本件のように撮影機能を備えた機器を用いて肉眼で見たのと同様の視覚的な情報を得るような行為」が、現代におけるのぞき見行為の典型例と解している。しかし、これらの行為が「のぞき見」の手段方法として現在「想定される」というだけでは、十分な理由づけにはならないだろう。

問題は、本件行為が「のぞき見た」という「言葉の可能な意味の範囲」を超える行為でないか、である。たしかに、「のぞき見た」という言葉の日常用語的な意味からすれば、撮影録画行為はこれに含まれないようにも思われる。しかし、刑罰法規の解釈といえども文理解釈のみが許されるわけではなく、それぞれの刑罰規定の趣旨・沿革に応じた目的論的解釈が求められる(15)。この点、本件で問題となっているのは、窃視罪の文脈における「のぞき見」行為である。前述のように、窃視罪の趣旨・目的がプライバシーの視覚的侵害からの保護であるとすると、本件行為を「のぞき見た」という「言葉の可能な意味」に含めることは不可能とまではいえないだろう(16)。

4　迷惑防止条例違反罪の成否

最後に、(3) 窃視罪のほかに、各都道府県のいわゆる迷惑防止条例違反の罪が成立する余地はあるか否かを検討する。もとよりこの点は、原審でも本判決でも特段の判断が示されていない。

各都道府県のいわゆる迷惑防止条例は、人を著しく羞恥させまたは人に不安を覚えさせるような「卑わいな言動」を処罰の対象とする。本件当時の福岡県迷惑防止条例（昭和39年条例第68号。以下、「条例」とする）旧6条1項も、「何人も、公共の場所又は公共の乗物において、正当な理由がないのに、人を著しくしゅう恥させ、又は人に不安を覚えさせるような方法で次に掲げる行為をしてはならない。」とし、同2号で「他人が着用している下着又は衣服の中の身体をのぞき見し、又は撮影すること」と規定していた（法定刑

(15)　たとえば、鳥獣保護法1条の4第3項に関する最判平成8年2月8日（刑集50巻2号221頁）の小野幹雄裁判官補足意見を参照。

(16)　これに対して、渡邊・前掲注(5)山中古稀132頁注(6)は、「『のぞき見た』の文理からは疑問である」とする。

は、6月以下の懲役または50万円以下の罰金である)。本件では、Xの当時の稼働先脱衣所での行為が問題とされたところ、この場所が条例旧6条1項にいう「公共の場所」にあたるか否かが問題となる。

この点につき、条例旧2条2項は、「公共の場所」を、「道路、公園、広場、駅、空港、ふ頭、興行場、飲食店その他の」場所とし、学説もこれを、「不特定かつ多数が自由に利用し、又は出入りすることができる場所」(17)と定義する。このような定義によれば、本件脱衣所は、社員など特定の者だけの出入りを想定している場所であるため、条例旧6条1項にいう「公共の場所」にあたらない(18)。したがって、本件行為に条例旧6条1項違反罪は成立しない。このような事情を背景として、検察官は、「人が通常衣服をつけないでいるような場所」を要件とする軽犯罪法上の窃視罪でXを起訴したと考えられる。

なお、平成26年条例第56号による改正後の条例6条は、「その他の公衆の目に触れるような場所」(2項)と「その他の公衆が通常衣服の全部又は一部を着けない状態でいるような場所」(3項1号)で、「のぞき見し、又は写真機等を用いて撮影すること」(3項1号。2項1号も同旨)と、「前号に掲げる行為をする目的で写真機等を設置し、又は他人の身体に向けること」(2項2号、3項2号)を処罰の対象とする。このように、現在の条例6条では、写真機等を用いて「撮影すること」が規制対象とされたため、軽犯罪法における「のぞき見た」の文理解釈の問題は解消されたといえる。それでも、窃視罪との罪数関係はなお問題となる。この点、窃視罪と条例6条違反罪の法益を同質のものと解し、両罪の成立要件がともに満たされる場合は、重い条例6条違反罪のみが成立すると解する余地もあろう。

---

(17) 安冨潔「迷惑防止条例」捜研610号(2002年)54頁以下、56頁。
(18) 藤永幸治編『シリーズ捜査実務全書9〔第2版〕』(2003年)359頁、365頁〔會田正和〕参照。

39　軽犯罪法1条23号違反の用に供したデジタルカメラ等の没収の可否

名古屋高金沢支判平成25年10月3日判タ1410号190頁

福山好典

Ⅰ　事実の概要

被告人は、3回にわたり、同僚Aの姿態等を撮影してのぞき見る目的で、勤務先小学校2階の印刷室に侵入したうえ、女子更衣室で水着を着替え中のAの姿態を隣接する男子更衣室の間仕切りの上方からデジタルカメラで隠し撮りをして録画し、もって更衣場をひそかにのぞき見したとして、建造物侵入罪および軽犯罪法違反（1条23号）に問われた。

原審（金沢地判平成25年4月23日LLI/DB L06850243）は、各建造物侵入罪と各軽犯罪法違反の成立を肯定して各両罪を牽連犯とするなどしたうえで、デジタルカメラ1台とSDHCカード1枚を「各軽犯罪法違反の用に供した物」として没収し、その際、括弧書きで、「罪刑均衡の見地から、軽微な犯罪には没収を科さないという同法〔＝刑法〕20条の趣旨に照らせば、軽犯罪法違反罪と建造物侵入罪とが牽連犯として科刑上の一罪とされる場合には、処断刑に懲役刑が含まれているので、同条本文による没収の制限を受けないと解する」と判示した。

これに対し、被告人側が没収に関する法令適用の誤りなどを主張して控訴したのが本件である[1]。

---

(1)　本件の評釈として、辻昌文「判批」研修789号（2014年）79頁以下、今村暢好「判批」刑ジャ46号（2015年）121頁以下、本田稔「判批」法セミ728号（2015年）129頁、永田憲史「判批」平成27年度重判151-2頁がある。

Ⅱ　判旨——破棄自判（確定）

「科刑上一罪は、数個成立する罪について社会的事実としての一体性があることから、その最も重い罪の刑により処断するものにすぎないところ、刑法20条の適用については、同法19条により犯罪行為ごとに没収事由の有無が検討された上で、その罪について同法20条が適用されると解するのが条文の文言上も素直な解釈であり、その適用を受ける罪については、同条が適用されない罪と科刑上一罪の関係にある場合にも同条が適用されると解するのが相当である。本件に即してみれば、デジタルカメラ1台及びSDHCカード1枚については、軽犯罪法違反の罪との関係で刑法19条1項2号所定の没収事由が存在するところ、同罪には刑法20条が適用され、没収を科することはできないのであるから、同罪が建造物侵入罪と科刑上一罪の関係にある場合であっても、やはり没収を科することは刑法20条に反し許されないというべきである。」

Ⅲ　評釈

1　問題の所在

刑法20条は、「拘留又は科料のみに当たる罪」について、組成物件以外の没収を制限する。そして、軽犯罪法は、更衣場等をひそかにのぞき見る行為（以下、「窃視罪」とする）を「拘留又は科料」に処する。それゆえ、窃視罪のみが成立する場合にその供用物件を没収しえないことは、明らかである[(2)]。

これに対し、本件のように、建造物侵入罪（3年以下の懲役または10万円以下の罰金）の成立が肯定され[(3)]、しかも、同罪と窃視罪[(4)]が牽連犯[(5)]とされ

---

(2)　この種の事案として、気仙沼簡判平成3年11月5日（判タ773号271頁）、福岡高判平成27年4月15日（高刑速（平27）号276頁＝**本書・判例38**）がある。

(3)　最決平成19年7月2日（刑集61巻5号379頁）は「一般に客等の立入りが許容されているような場所への平穏公然な立入りについても建造物侵入罪が成立することを……認めた」（山口裕之「判解」最判解平成19年度225頁）。本件現場は小学校更衣室であり、「一般に客等の立入りが許容されているような場所」ではないが、本判決は、最高裁の論理に準じて、建造物侵入罪の成立を肯定した。

る場合、その処断刑に懲役刑・罰金刑が含まれる。問題は、この場合に、刑法20条の適用を排除して、窃視罪の供用物件[6]を没収することができるかである。これについて最高裁判例はなく、原判決がこれを肯定したのに対し、本判決はこれを否定した。以下ではまず、両判決の解釈を比較分析し、検討の視座を獲得する。

2　刑法20条の「拘留又は科料のみに当たる罪」の意義：科刑上一罪の場合

(1)　両判決の解釈の比較分析

原判決は、①科刑上一罪の場合、刑法19条1項各号の「犯罪行為」は科刑上一罪を構成する個別の罪を指す、と解釈する。これは、原判決が、「各軽犯罪法違反の用に供した物」として本件デジカメ等を没収していることから、明らかである。しかし、原判決は、②刑法20条の「拘留又は科料のみに当たる罪」に該当するか否かは、科刑上一罪を構成する罪全体について判断され、その際、処断刑が基準となる、と解釈するものと考えられる。もっとも、刑法19条と刑法20条を連動させないこの解釈には、文理上の観点からやや違和感がある。そこで原判決は、罪刑均衡という刑法20条の趣旨に遡ることで、これを克服しようとしたのであろう。すなわち、科刑上一罪であって、処断刑に懲役刑（または罰金刑）が含まれる場合には、科刑上一罪

---

(4)　本件でデジカメによる撮影録画が「のぞき見」に当たるかは争われていないが、更衣室を、肉眼でまたはデジカメの液晶画面を通じて網膜に焼き付けたわけではないのであるから、これが「のぞき見」に当たるとする解釈には文理上の疑問を提起しうるが（渡邊卓也「盗撮画像に対する刑事規制」『山中敬一先生古稀祝賀論文集　下巻』（2017年）132頁注6、永田・前掲注(1)152頁）、前掲気仙沼簡判平成3年11月5日、前掲福岡高判平成27年4月15日はこれを肯定する。

(5)　最判昭和57年3月16日（刑集36巻3号260頁）は牽連犯とする。

(6)　この点、匿名解説・判タ773号272頁は、「ビデオカメラによる撮影行為だけで窃視罪が既遂に達するとすれば、盗み撮りの結果を記録したビデオテープは、いわば目ないし記憶の代用物として刑法20条ただし書により没収可能な犯罪組成物件に該当すると解すべき余地が全くあり得ないわけではない」と指摘する。しかし、このように身体の代用物を組成物件と解するなら、例えば、殺人行為に用いたナイフも、腕の代用物として組成物件に該当することになりかねず、組成物件を「法律上犯罪行為ノ構成要件ト為レル物件」（大判明治44年2月16日（刑録17輯83頁））とする判例からも逸脱するだろう。しかも、2(2)で述べるように、組成物件の没収に罪刑均衡の要請が働かないのだとすれば、その概念を拡張することには慎重でなければならないであろう。

を構成する個別の軽微な犯罪――「拘留又は科料のみに当たる罪」――の供用物件を没収しても、刑法20条の趣旨である罪刑の均衡を失することにはならない、というわけである。

これに対し、本判決は、❶刑法19条については原判決と同様の解釈を採用しながら、❷これに連動させて、刑法20条の「拘留又は科料のみに当たる罪」に該当するか否かは、科刑上一罪を構成する個別の罪ごとに判断され、その際、法定刑が基準となる、と解釈する。本判決は、この解釈を科刑上一罪の法的性格や条文の文理から根拠づける。

では、これらの解釈をどのように評価すべきか。以上の分析から、この点については、刑法20条の趣旨と科刑上一罪の法的性格の両面から考察する必要があることが示唆される。

(2)　刑法20条の趣旨

そこでまず、刑法20条の趣旨をその沿革の分析を通じて解明する。刑法20条の没収制限は、旧刑法にはなく、現行刑法ではじめて設けられた規定である。その萌芽的な規定は、第1回帝国議会に提出された明治23年草案に見られる。同草案は、必要的没収の対象である禁制物件、供用物件、取得物件のうち、供用物件の没収を制限する規定を設けたが（37条）[(7)]、その理由を直接示す資料は見当たらない。

そこでさらに遡ると、明治18年ボアソナード草案[(8)]に対する法律取調委員会による修正作業の結果作成された草案は、必要的没収の対象から供用物件を削除し、それを没収する場合には特別の規定を置くことにした[(9)]。その理由は、人を殺傷した刀剣等の没収は「手數ヲ煩」す反面「充分豫防ノ効ヲ奏スル」ことができず、また、規則に違背し火薬等を運搬した車馬等の没収は「其主刑ハ違警罪ノ刑タルニ過キサルモノナルニ附加刑トシテ右等ノ物件ヲ没収スルニ至ルハ甚タ苛酷ニ失スル」ことに求められた[(10)]。

そうすると、明治23年草案で供用物件についてのみ没収制限規定が設けられた根拠も、手数と予防効果の不均衡の回避、罪刑の均衡に求められそう

---

(7)　内田文昭ほか編著『刑法〔明治40年〕(1)-Ⅲ』（2009年）163頁上段。
(8)　内田文昭ほか編著『刑法〔明治40年〕(1)-Ⅱ』（2009年）64頁下段。
(9)　内田ほか・前掲注(8)172頁上段。
(10)　内田ほか・前掲注(8)220頁。

である。しかし、同草案は、供用物件の没収制限を「無意ノ輕罪若クハ違警罪」に限定しており、その結果、人を殺傷した刀剣等は必要的に没収されることになるから、その趣旨はもっぱら罪刑の均衡に求められることになろう(11)。

その後の司法省刑法改正審査委員会による明治28年草案、同30年草案は、裁量的没収の対象である組成物件、供用物件、取得物件の区別なく「輕罪」について没収制限を設け（26条）、制限の範囲を拡大した(12)。さらに、法典調査会第三部による明治33年草案は、必要的没収の対象である禁制物件、裁量的没収の対象である供用物件、生成・取得物件の区別なく「輕罪」について没収制限を設け（29条）、没収制限を拡大する態度を維持した(13)。

これに対し、第15回帝国議会に提出された明治34年草案は、同33年草案を受け継ぎつつも、禁制物件の没収制限を撤回した（26条）(14)。ここに至って没収対象物件の相違は残るが、現行刑法20条に相当する規定が形成された。この明治34年草案の理由書は、没収制限について、「輕罪ハ輕微ナル犯罪ナルヲ以テ常ニ沒収例ヲ適用スルノ必要ナキ」と説明し、さらに、禁制物件に対する没収制限の撤回については、禁制物件「ノ沒収ハ犯罪ト直接ノ關係ヲ有スルモノニアラサルヲ以テ例外トシテ常ニ沒収スルモノトセリ」と説明する(15)。前者の説明は、明治23年草案を基本的に受け継ぎ、主として罪刑の均衡を意図するものであろう。これに対し、後者の説明はやや理解しにくいが、明治34年草案を受け継ぎ、第16回帝国議会に提出された明治35年草案(16)の理由書は、これについて、禁制物件の没収は「其性質上寧ロ行政處分ニ屬ス可キモノニシテ罪ノ輕重ト何等直接ノ關係ヲ有セス」と敷衍する(17)。つまり、禁制物件の没収は罪刑均衡の要請が及ばないがゆえに没

(11)　もう一方の趣旨は、没収を裁量的なものとする規定に受け継がれることになったといえる。例えば、後述の明治40年草案の理由書は、これについて、「沒收ノ價値ナキ物ヲ沒收シ無用ノ手續ヲ爲サシムル煩累ヲ避ケントシタ」（内田文昭ほか編著『刑法〔明治40年〕(6)』（1995年）295頁上段）と説明する。同旨の指摘として、山口厚「わが国における没収・追徴制度の現状」町野朔＝林幹人編『現代社会における没収・追徴』（1996年）32頁注8）がある。

(12)　内田文昭ほか編著『刑法〔明治40年〕(2)』（1993年）134頁。

(13)　内田ほか・前掲注(12)471頁上段。

(14)　内田文昭ほか編著『刑法〔明治40年〕(3)-Ⅰ』（1994年）37頁上段。

(15)　内田ほか・前掲注(14)79頁上段。

(16)　内田文昭ほか編著『刑法〔明治40年〕(4)』（1995年）35頁。

収制限の対象外となることが明らかにされた。この反面として、その他の物件（供用物件、生成・取得物件）の没収は、犯罪の軽重、その意味で罪刑均衡の要請と関係を持つことが示唆される。

もっとも、その後の法律取調委員会起草委員会による明治39年草案（21条、22条）、そして第23回帝国議会提出の明治40年草案（19条、20条）は、没収対象物件を禁制物件から再び組成物件に改め、その結果、裁量的没収の対象である組成物件、供用物件、生成・取得物件のうち、組成物件が没収制限の例外となった(18)。そこで、明治40年草案の理由書を見てみると、没収制限については従前同様の説明が加えられているが、組成物件を没収制限の例外としたことについて、「犯罪行爲ヲ組成シタル物ノ沒収ニ付キテノミ例外ヲ認ムルコトトセリ」と記載されているだけで、実質的には口を閉ざしてしまっている(19)。

かくして、刑法20条の没収制限の趣旨は、原判決の指摘するとおり、主として罪刑の均衡にあったと解される(20)。もっとも、それが科刑上一罪の場合にどのように適用されるかまでは、同条の立法過程からは明らかでない。

(3)　刑法19条と20条の連動的解釈の当否

そこで次に、科刑上一罪の法的性格を踏まえ、刑法20条の「拘留又は科料のみに当たる罪」の意義を考察するが、その前提として、両判決の解釈①❶をいかに評価すべきか。

---

(17)　内田ほか・前掲注(16)74頁下段。第17回帝国議会に提出された明治35年草案も同様である（内田文昭ほか編著『刑法〔明治40年〕(5)』(1995年) 325頁上段、365頁上段)。

(18)　内田ほか・前掲注(11)127頁、261頁上段。

(19)　内田ほか・前掲注(11)295頁下段。組成物件が没収制限の例外とされた理由について、川端博ほか編『裁判例コンメンタール刑法　第1巻』(2006年) 89頁〔西田時弘〕は「保安処分的側面を重視した」と説明し、西田典之ほか編『注釈刑法　第1巻』(2010年) 125-6頁〔鈴木左斗志〕は「所有・所持自体が違法であることにある」と説明するが、いずれも条文からかい離する結果となるように思われる。

(20)　刑法20条の趣旨として、罪刑の均衡を挙げるのは、団藤重光編『注釈刑法(1)』(1964年) 161頁〔藤木英雄〕、鈴木・前掲注(19)150頁であり、これに加えて、不必要な場合が少なくないことを挙げるのは、小野清一郎ほか『刑法〔第3版〕』(1980年) 99頁〔中野次雄〕、大塚仁『注解刑法〔増補第2版〕』(1977年) 84頁、大塚仁ほか編『大コンメンタール刑法〔第3版〕第1巻』(2015年) 468頁〔出田孝一〕、大塚仁＝川端博編『新・判例コンメンタール刑法　第1巻』(1996年) 128頁〔川端博〕、前田雅英ほか編『条解刑法〔第3版〕』(2013年) 44-5頁である。後者の要請は、裁量的没収により実現可能であろう。

この点、本判決は、解釈❶を科刑上一罪の法的性格を踏まえて根拠づける。そこで、従来の判例を概観すると、最判昭和23年5月29日（刑集2巻5号521頁）は、「輕い罪が重い罪に吸収されて獨立性を失うという意味でない」として、科刑上一罪の数罪性を肯定する。そして、牽連犯における没収については、すでに大判大正2年10月8日（刑録19輯949頁）が、「數罪ヲ包括シ一罪トシテ處分スルモノナルカ故ニ其間主従ノ如キ關係ヲ生スルコトナシ」という理由から「必スシモ重キ罪トノ關係ニ於テ沒收スルヲ要セサル」としていたが、最決昭和32年7月19日（刑集11巻7号1996頁）も、観念的競合について、同様の結論を採った。また、大判明治44年10月19日（刑録17輯1726頁）は、偽造手形について、手形偽造罪の生成物件と偽造手形行使罪の組成物件のいずれの事由で没収しても違法ではないとしていた[21]。没収に関するこれらの判例は、科刑上一罪を構成する個別の罪ごとに没収事由の有無を検討することを当然の前提とするものであろう。そしてその基礎には、本判決も説くような科刑上一罪の法的性格の理解があると受け取れる[22]。そのかぎりで、両判決の解釈①❶は、従来の判例と整合的である。

しかし、仮にそうだとしても、そのことから直ちに、本判決❷の説くように、刑法20条の「拘留又は科料のみに当たる罪」に当たるか否かも科刑上一罪を構成する個別の罪ごとに判断すべきである、ということにはならない[23]。なぜなら、判例によれば、科刑上一罪では、累犯加重、法律上の減軽、法令適用の基準時のように、実体法が統一的に適用される場合と、没収・追徴事由、刑の免除のように、実体法が個別的に適用される場合とがあり[24]、そのいずれが妥当であるかは、それぞれの問題領域ごとに関連規定

(21)　同旨の判例として、大判昭和10年3月1日（刑集14巻173頁）がある。

(22)　永田・前掲注(1)152頁は、科刑上一罪における「個々の罪の独立性」を理由に「没収の対象となる物件も個々の罪ごとに判断されなければならない」とする。なお、包括一罪についても、安田拓人「判批」平成23年度重判152頁、樋口亮介「没収・追徴」法教402号（2014年）129-130頁は、包括的に評価される罪との関係での没収は可能であるとする。

(23)　これに対し、永田・前掲注(1)152頁は、前掲注(22)の引用部分に続けて、「そして……刑法20条も没収対象となる物件をもたらす犯罪に着目するものであるから、同条の適用に当たっても、……個々の罪ごとに判断しなければならない」と述べ、刑法19条と20条の解釈を連動させる。

の趣旨を踏まえて検討するべきだからである。

この点、たしかに、刑法19条1項各号の没収事由に該当するか否かと、刑法20条の没収制限を受けるか否かは、いずれも「没収」に関わる点で同一の問題であるように見える。しかし、前者は、一説によると、「犯罪によりけがされた物の除去あるいは利得の剝奪」や「当該物件、利益から再び犯罪が発生するのを防止」することに関わる問題であり(25)、こうした必要性は、科刑上一罪の場合でも、それを構成する個別の罪ごとに基礎づけられる。その意味で、両判決の解釈①❶は、本判決の説くように科刑上一罪の法的性格から直ちに導かれるわけではなく、刑法19条の趣旨をあわせ考慮することにより根拠づけられるのである。

刑法20条の「拘留又は科料のみに当たる罪」の意義についても、同条の趣旨を踏まえて解釈する必要がある。まず、刑法19条1項各号の没収事由に該当する物件であっても、罪刑の均衡に照らしてその没収を相当と判断すべきかは、改めて検討されなければならない別個の問題である。そしてこのことは刑法20条にも同様に妥当するのであって、ただ、同条は罪刑の均衡に照らして没収が相当でない場合を画一的に示す点に特徴があるにすぎないのである。その意味で、本判決❷が、「条文の文言上も素直」であるという理由で、刑法19条1項各号の「犯罪行為」と刑法20条の「拘留又は科料のみに当たる罪」が当然に連動するかのような解釈を示したことも、首肯することができない。

むしろ、「最も重い刑により処断」される科刑上一罪においては、その枠内で、軽い罪を含めた各罪全体の犯情を考慮して量刑判断を行うのであり、それが罪刑の均衡に照らして相当であるか否かも、あくまで科刑上一罪全体との関係で判断される。そしてそのことは付加刑である没収にも当てはまると考えられる（これは、例えば、住居侵入窃盗の事案で、住居侵入罪の供用物件を没収することが罪刑の均衡に照らして相当であるかを判断するにあたっては、住居侵入単独の重さではなく、住居侵入窃盗全体の重さに照らして判断する、ということである）。そうだとすれば、罪刑の均衡に照らして没収が相当でない

---

(24) 判例の概観として、大塚仁ほか編『大コンメンタール刑法〔第3版〕第4巻』（2013年）303-4頁〔中谷雄二郎〕がある。

(25) 藤木英雄『刑法講義総論』（1975年）327頁。

場合を画一的に示すにすぎない刑法20条についても、同様に解すべきである。かくして、刑法20条の「拘留又は科料のみに当たる罪」に該当するか否かは、科刑上一罪全体との関係で、その処断刑を基準として判断すべきことになる[26]。原判決が窃視罪の供用物件として本件ビデオカメラ等を没収した基礎にこのような理解があるのだとすれば、それは是認することができる[27]。

3　その後の動向

本件は石川県で平成24年に発生した事案である。すでに指摘されているように[28]、当時の石川県迷惑防止条例の下では、「公共の場所」という要件に阻まれて、本件のような盗撮事案を取り締まることができなかったが、平成26年の改正により、「住居、浴場、更衣室、便所その他人が通常衣服等の全部又は一部を着けない状態でいるような場所」における「のぞき見」「撮影」も禁止され（3条3項）、その違反者は所定の懲役または罰金に処されることになった[29]。その結果、本判決の解釈に従う場合でも、また、そもそも建造物侵入罪を不問に付しても、本件のような場所における盗撮事案は、刑法20条の没収制限に服さず、その供用物件であるデジカメ等を没収できることになった。しかし、現在、類似の条例を定める都道府県は少なくないが、それが全国的に整備されているわけではなく[30]、本件のような問題は今後も生じうる。

没収に関わる問題を度外視しても、本件のような盗撮行為は、「日常生活における卑近な道徳律に違反する軽い罪を拾うことを主眼と[31]」する軽犯罪法で対処すべき範疇を超える侵害性を有するように思われる。その意味で、

---

(26)　本田・前掲注(1)129頁は、「牽連犯の社会的事実としての一体性だけではなく、法的概念としての科刑上の一体性にも着目するならば、原審のような判断もありえた」とするが、基本的に同旨か。

(27)　匿名解説・判タ1410号190頁は、「全体的な罪刑均衡を考慮して科刑上一罪では没収が可能であるとすると、併合罪よりも軽く処罰するという科刑上一罪の趣旨にも反しよう」と指摘する。しかし、併合罪でも、全体的な罪刑均衡を考慮して没収が可能であると解釈するなら、この指摘は当たらない。

(28)　辻・前掲注(1)82頁、今村・前掲注(1)125頁。

(29)　さらに、同条例3条4項、14条1項は、「集会場、事務所、教室その他の特定かつ多数の者が利用するような場所」における盗撮を禁止・処罰する。

特別法の制定ないし新たな犯罪類型の創設を求める主張[32]は理解できる。迷惑防止条例による対応の当否を含め、さらに検討が必要であろう。

(30)　各都道府県の例規集・法規集をインターネットを通じて確認すると（最終閲覧：2018年2月27日）、盗撮等の規制場所を「公共の場所」「公共の乗物」に限定するのは、青森、岩手、福島、茨城、埼玉、長野、広島、山口である（合田悦三「いわゆる迷惑防止条例について」『小林充先生・佐藤文哉先生古稀祝賀刑事裁判論集　上巻』（2006年）518頁、520頁によれば、当時、すべての都道府県迷惑防止条例が、卑わい行為の禁止場所を「公共の場所」「公共の乗物」に限定していた）。もっとも、その他の都道府県がすべて、石川県のように軽犯罪法1条23号類似の場所要件を定めているわけではない。

(31)　第2回国会衆議院司法委員会議録第2号2頁〔鈴木国務大臣〕。

(32)　今村・前掲注(1)125頁、永田・前掲注(1)152頁。

第8章
風俗・労働・福祉

「風俗営業等の規制及び業務の適正化等に関する法律」(平成27年改正前のもの。)は、「善良の風俗と清浄な風俗環境を保持し、及び少年の健全な育成に障害を及ぼす行為を防止する」ことを目的とし(1条)、風俗営業の無許可営業(49条1項、3条1項)を処罰の対象としている。**判例40**では、許可を要する2条1項3号の風俗営業の意義が争われた。大阪地判平成26年4月25日(裁判所HP＝**第2集・判例35**)は、「性風俗秩序の乱れにつながるおそれが実質的に認められる」風俗営業に当たるかを営業時の事情から総合判断するのに対し、大阪高裁は基準の事前判断性と明確性を強調し、身体の接触を伴う「ダンス」を重視する風俗営業概念を示したものの、両審とも無罪判断を下した。最高裁も無罪の結論を維持した。なお、平成27年改正で3号営業は、その一部が許可申請の対象から外されたほか、「低照度飲食店営業」(現行2条1項2号)、「特別遊興飲食店営業」(同2条11項)、「飲食店営業」(食品衛生法)に分化された。

「児童買春、児童ポルノに係る行為等の処罰及び児童の保護等に関する法律」(平成26年改正前のもの。)は、「児童に対する性的搾取及び性的虐待」から「児童の権利を擁護すること」を目的とする(1条)。**判例41**は、実在する児童の写真を素材として作成されたコンピュータグラフィックス画像(以下、「CG画像」とする)データを含むファイルを自己のコンピュータ内に蔵置させ、通販サイト運営会社のサーバに同一ファイルを送信・蔵置し顧客にダウンロードさせて販売したが、児童ポルノ作成時に被写体女性が18歳以上であった可能性がある事案である。東京高裁は、素材となる画像撮影時における被写体児童の「実在性」ひいては「児童性」を要求する一方、同法の法益が「児童一般の保護という社会法益」であることを強調し、「児童を性欲の対象としてとらえる社会的風潮」の防止による将来に亘る「児童に対する性的搾取ないし性的虐待」の防止を前提に、当該画像等が児童ポルノとしていったん成立した以上、児童を間接描写したCG画像の作成・提供時における「児童性」は不要とし、「拡散」規制としての児童ポルノ提供目的製造罪（7条5項）及び児童ポルノ記録送信提供罪（7条4項後段）の成立を認めた。

「インターネット異性紹介事業を利用して児童を誘引する行為の規制等に関する法律」は、「インターネット異性紹介事業の利用に起因する児童買春その他の犯罪から児童を保護し、もって児童の健全な育成に資すること」を目的とし（1条）、インターネット異性紹介事業を行おうとする者は事務所の所在地を管轄する都道府県公安委員会に所定の事項を届け出なければならない旨を定め（7条1項）、届出なく同事業を行った者を処罰の対象としている（32条1号）。**判例42**では、本件届出制度が、表現の自由や集会結社の自由を不当に制約し憲法21条1項に反するかが争われた。最高裁は、1条所定の立法目的に照らし、「本件届出制度は、上記の正当な立法目的を達成するための手段として必要かつ合理的」であり、憲法21条1項に反しないとした。

「私事性的画像記録の提供等による被害の防止に関する法律」は、「私事性的画像記録の提供等により私生活の平穏を侵害する行為を処罰する」ことを目的とする（1条）。**判例43**は、インターネット上の短文投稿サイトに元交際相手の裸の画像等を投稿した事案である。札幌地裁は、個人情報を添えて当該投稿を行った判示第1の事実について（「私生活上の平穏」の侵害により）私事性的記録物公然陳列罪（3条2項）の成立を認めるにとどめる一方、判示第1の場合と同種の個人情報を添えて当該投稿を行った判示第4の事実については、私事性的記録物公然陳列罪のほか、特段の理由を付すこと無く、名誉毀損罪（刑法230条1項）の成立も認めた上で、両罪を観念的競合とし、一罪として犯情の重い、前者の刑で処断した。

「労働者派遣事業の適正な運営の確保及び派遣労働者の保護等に関する法

律」は、「労働者派遣事業の適正な運営の確保」や、「派遣労働者の保護等」を図り、「派遣労働者の雇用の安定その他福祉の増進に資すること」を目的とし（1条）、労働者派遣事業を「労働者派遣を業として行うこと」と定義したうえ（2条3項）、建設業務の労働者派遣事業を禁止している（4条1項2号）。**判例44**は、労働者派遣業等を営む被告会社の代表取締役と、業務全般を実質的に統括していた同社取締役が、同社従業員と共謀して、業として労働者20名を建築現場作業員として派遣業務を行った事案である。罪数につき、原審が労働者ごとに犯罪が成立することを理由に併合罪としたのに対し、東京高裁は、「労働者派遣を『業として』行ってはならないという規定の形式からみて、業として犯罪の反復継続が行われる場合が想定されたいわゆる業態犯（職業犯、営業犯）である」ことを理由に包括一罪とした。

「青少年の健全な育成のため、必要な環境の整備を図り、あわせて青少年の健全な育成を阻害するおそれのある行為を防止すること」を目的とする「千葉県青少年健全育成条例」は、「何人も、青少年に対し、威迫し、欺き、又は困惑させる等青少年の心身の未成熟に乗じた不当な手段によるほか単に自己の性的欲望を満足させるための対象として扱つているとしか認められない性行為又はわいせつな行為をしてはならない。」（20条1項）と規定し、その違反を処罰の対象としている（28条1項）一方で、「この条例に違反した者が青少年であるときは、この条例の罰則は、青少年に対しては適用しない。」としている（30条本文）。**判例45**では、「青少年」である少年が、被害女性が18歳に満たないものであることを知りながら、同人と単に自己の性的欲望を満足させる対象として扱っているとしか認められない性行為をしたという事案で、東京高裁は、30条本文の法的性格を処罰阻却事由と解した上で、20条1項違反の非行事実を認定して、当該少年を保護処分に付した原決定を維持した。

児童の福祉を図ることを目的とする「児童福祉法」は、「児童に淫行をさせる行為」を処罰の対象としている（34条1項6号、60条1項）。**判例46**では、高等学校の常勤講師である被告人が、同校に通う被害児童と性交を行ったことにつき、34条1項6号の「淫行させる行為」の意義が争われた。最高裁は、①「淫行」とは、「児童の心身の健全な育成を阻害するおそれがあると認められる性交又はこれに準ずる性交類似行為」であり、「児童を単に自己の性的欲望を満足させるための対象として扱っているとしか認められないような者を相手とする性交又はこれに準ずる性交類似行為」がこれに含まれるとし、②「させる行為」とは、「児童に対して事実上の影響力を及ぼして児童が淫行をなすことを助長し促進する行為」であり、これに当たるかは、「行為者と児童の関係、助長・促進行為の内容及び児童の意思決定に対する影響の程度、淫行の内容及び淫行に至る動機・経緯、児童の年齢、その他当該児童の置かれていた具体的状況を総合考慮して判断するのが相当」とした。

「未成年者喫煙禁止法」は、「満20年ニ至ラサル者ニ其ノ自用ニ供スルモノナルコトヲ知リテ煙草又ハ器具ヲ販売シタル者ハ50万円以下ノ罰金ニ処ス」(5条) と規定し、また両罰規定 (6条) を設けている。**判例47**は、被害児童が未成年者であることの未成年者の認識、及び、同人自ら喫煙するものであるかもしれないことの未成年者自用の認識を有しながら、あえて同人にたばこ2箱を販売したとして、コンビニエンスストアの従業員が5条違反に、同店舗を経営する有限会社が6条違反に問われた事案である。高松高裁は、同従業員には未成年者の認識を認めることはできないとし、これを認めた原判決を破棄して無罪を言い渡し、これに伴い、両罰規定の趣旨から同有限会社も無罪となると判示した。

〔小野上真也〕

40　風営法（旧）２条１項３号における「風俗営業」概念

最三小決平成28年6月7日LEX/DB 25543348

小野上真也

Ⅰ　事実の概要

本件公訴事実によれば、被告人は、大阪市北区ａ丁目ｂ番ｃ号において、設備を設けて客にダンスをさせ、かつ、客に飲食をさせるクラブ「A」を経営する者であるが、B、C 等と共謀の上、大阪府公安委員会から風俗営業（第３号営業）の許可を受けないで、平成 24 年４月４日午後９時 43 分頃、同店内において、ダンスフロア等の設備を設け、不特定の来店客であるＤらにダンスをさせ、かつ、酒類等を提供して飲食させ、もって許可を受けない風俗営業を営んだ、というものである。

第一審（大阪地判平成 26 年４月 25 日裁判所 HP＝**第２集・判例 35**）は、「許可の対象とされる３号営業とは、形式的に『ナイトクラブその他設備を設けて客にダンスをさせ、かつ、客に飲食をさせる営業』との文言に該当することはもちろん、その具体的な営業態様から、歓楽的、享楽的な雰囲気を過度に醸成し、わいせつな行為の発生を招くなどの性風俗秩序の乱れにつながるおそれが、単に抽象的なものにとどまらず、現実的に起こりうるものとして実質的に認められる営業を指すものと解するのが相当である。」と限定解釈をした上で、「このようなおそれが実質的に認められるかどうかは、客が行っているダンスの態様、演出の内容、客の密集度、照明の暗さ、音量を含む音楽等から生じる雰囲気などの営業所内の様子、ダンスをさせる場所の広さなどの営業所内の構造設備の状況、酒類提供の有無、その他性風俗秩序の乱れにつながるような状況の有無等の諸般の事情を総合して判断するのが相当である。」とした。そして、客同士の密着性はないため、客の行なっていたダンス自体が性風俗秩序の乱れにつながるようなものでなく、わいせつな行為をあおる演出もなされていなかった等の理由から、「本件当日、本件店舗において、歓楽的、享楽的な雰囲気を過度に醸成し、わいせつな行為の発生を招くなど、性風俗秩序の乱れにつながるおそれが実質的に認められる営業が行なわれていたとは、証拠上認めることができない。」として、無罪を言い渡した[1]。これに対し、検察側が控訴した。

控訴審（大阪高判平成27年1月21日LEX/DB 25505605）は、「許可制による営業の規制は、一定の類型に該当する営業につき、営業開始前の許可申請を求め、審査するものである」から、「営業開始後の実態をも含む諸般の事情を考慮して規制の対象となる営業に当たるか否かを判断すべきとする原判決の3号営業に関する前記解釈は、判断の基準時という観点からして、事前許可制と矛盾する」。「事前規制としての3号営業の許可制を運用するためには、営業開始前である申請時及び審査時において、当該営業が3号営業に該当するか否かを判断できる基準でなければならないが、客の密集度など、実際に営業を開始した後でなければ明らかになり得ない事情、さらに、演出や照明、音量などの営業内容によって容易にかつ様々に変化し得る事情を考慮要素に含めて、諸般の事情を総合して決するという原判決の挙げる判断基準は、実際に行われた営業に対する事後の総合判断には適するとしても、営業開始前の時点における該当性審査になじまないことが明らかであり、事前規制である許可制の運用を著しく困難にする」との理解を前提に、「風営法2条1項3号にいう『ダンス』とは、男女が組になり、かつ、身体を接触して踊るのが通常の形態とされているダンスを指し、風営法が3号営業として規制する営業は、設備を設け、このようなダンスを客にさせ、かつ、客に飲食をさせる営業であると解するのが相当である。」と、第一審とは異なる限定解釈をした上で、「しかし、平成24年4月4日午後9時43分頃、警察官が本件店舗での営業を確認した際には、男女合計約20人の客が音楽に合わせて踊っていたが、客同士で身体を接触して踊る様子は見られず、平成23年3月26日及び平成24年3月30日に警察官が本件店舗の営業を確認した際にも、そのようなダンスが行われている様子は見られなかったのであり……、

(1) 第一審判決に関する評釈・論文等として、小野上真也「判批」**第2集**343頁以下に引用の諸文献を参照。

その他の機会においても、同様であったと認めてよい……。そうすると、本件の証拠関係からは、被告人が本件店舗において、男女が組になり、かつ、身体を接触して踊るのが通常の形態とされているダンスを客にさせる営業を行っていた事実を認定することはできない」。一方、「原判決は、3号営業に対する規制目的を性風俗秩序の維持と少年の健全育成に限定し、他の規制目的を考慮していないと解される点で、相当でなく、また、3号営業の解釈自体においても、3号営業に対する事前許可制と両立し難い不適当な基準を定めた点で、法令の解釈適用を誤ったものではあるが、ダンスをさせる営業をその態様を問わず一律に規制対象とすることは合理性を欠くと解釈したことは相当であり、本件公訴事実について3号営業を営んだことに当たらないため犯罪の証明がないとして被告人に無罪を言い渡した原判決の結論は正当であるから、上記法令適用の誤りは判決に影響を及ぼすものではない。」として、無罪の結論を維持した(2)。これに対し、検察側が上告した。

Ⅱ　決定要旨——上告棄却（無罪）

「検察官の上告趣意のうち、憲法の解釈の誤りをいう点は、原判決が所論のような憲法の解釈を示したものとはいえないから、前提を欠き、最高裁昭和43年（行ツ）第120号同50年4月30日大法廷判決・民集29巻4号572頁を引用して判例違反をいう点は、同判例は事案を異にし、本件に適切でなく、福岡高裁宮崎支部昭和54年（う）第21号同年7月17日判決を引用して判例違反をいう点は、同判例が所論のような趣旨の法律判断まで示したものではないから、前提を欠き、その余は、単なる法令違反の主張であって、刑訴法405条の上告理由に当たらない。」(3)

---

(2)　控訴審判決に関する評釈等として、平地秀哉「判批」平成26年度重判22-3頁、新井誠「判批」広法39巻1号（2015年）67頁以下、井上亜紀「判批」セレクト2015［Ⅰ］11頁、岡田順太「判批」白鷗22巻2号（2016年）251頁以下、大塚尚『風俗営業法判例集〔改訂版〕』（2016年）5頁以下。

(3)　最高裁決定に関する評釈・論文等として、髙山佳奈子「風営法裁判と法益保護の原則」『浅田和茂先生古稀祝賀論文集　上巻』（2016年）839頁以下、西川研一「NOONダンス営業規制違憲訴訟」法セ746号（2017年）47頁以下。

Ⅲ　評釈

1　問題の所在

風俗営業の規制及び業務の適正化等に関する法律（平成27年改正前のもの。以下、「風営法」あるいは単に「法」とする）3条1項は、「風俗営業」を営むにあたり、風俗営業の種別に応じて、当該営業所の所在地を管轄する都道府県公安委員会の営業許可を必要とする旨規定している（事前許可制）。そして、法49条1項が、法3条1項の規定に違反して同項に予定する許可なく営む風俗営業を、2年以下の懲役若しくは200万円以下の罰金又はその併科で、処罰の対象としている（無許可営業罪。以下、「本罪」とする）。

他方、法2条1項1号ないし8号は、設備を設け、客に対する接待、遊興・飲食等提供、ダンスをさせる等の行為をなす営業を「風俗営業」として列挙する。しかし、何をもって「風俗営業」とするかの一般的定義はない。そこで、法2条1項所定の行為に形式的に該当する場面がすべて風俗営業と判断され、その許可を得ない営業が法49条1項により無許可営業罪として広範に処罰の対象となる可能性が残る。そのため、「風俗営業」自体に限定解釈をする必要が生じ得る。

本件では、問題のクラブ営業が、法2条1項3号に規定される「ナイトクラブその他の設備を設けて客にダンスをさせ、かつ、客に飲食をさせる営業（第一号に該当する営業を除く。）」（以下、「3号営業」とする）に当たり、その無許可営業が「風俗営業」の無許可営業となるか否かが争点となった。本件第一審および控訴審は、いずれも限定解釈の手法により、無罪の結論を採った。しかし、それぞれの論理は異なる。これに対し最高裁は、3号営業該当性判断につき、特段の解釈方法を述べていない。そこで、最高裁が、本件第一審および控訴審の各基準をいかに評価するものであるか、検討の余地がある。

本稿では、刑法学において問題となる争点を中心に、とくに第一審と控訴審の各基準を比較することで3号営業の「風俗営業」概念を分析し、これを基にする最高裁判断の意義を検討する。

2 「風俗営業」概念の考慮範囲と判断時期

本法が（売春防止法制定以前の）昭和23（1948）年に「風俗営業取締法」として制定された当初、その規制目的からは、「風俗営業」とは、「売春」や「賭博」への発展可能性のある営業と解されていた(4)。しかし本法はその後、昭和34（1959）年改正で「売春」への発展可能性があるとは言い難い営業をも規制対象とした。

第一審は、風俗営業を「性風俗秩序の乱れにつながるおそれが、単に抽象的なものにとどまらず、現実に起り得るものとして実質的に認められる営業」と解するが、「売春」への発展可能性を要求しない。控訴審も、「3号営業は、客として訪れた不特定の男女がダンスをし、飲食を共にすることで親密な関係になり、男女間の歓楽的、享楽的雰囲気が醸成されることに着目した営業類型であり、営業態様によっては、男女間の享楽的雰囲気が過度にわたるおそれがあることから、種々の規制が設けられた」とし、「男女間の歓楽的・享楽的雰囲気」を重視する点では、第一審と共通である(5)。

むしろ、控訴審が強調する第一審との違いは、3号営業該当性の判断時の理解の仕方にある。第一審は、「性風俗秩序の乱れにつながるおそれが、単に抽象的なものにとどまらず、現実に起り得るものとして実質的に認められる営業」に該当するかを、具体的営業態様から総合判断する。「酒類提供」と「暗い室内状況」は肯定する一方、「密着性」と「わいせつ行為をあおる演出」を否定し無罪判断を下したが、これは男女間の歓楽的・享楽的雰囲気の醸成を強調した第一審が、相対的に「酒類提供」「暗い室内状況」には低い意義を認めるにとどめ、「密着性」「わいせつ行為をあおる演出」の有無に重点を置くものと考えられる(6)。

これに対し控訴審は、具体的営業態様を考慮する第一審の判断方法は事後

(4)　飛田清弘＝柏原伸行『条解風俗営業等の規制及び業務の適正化等に関する法律』（1986年）4頁以下、蔭山信『注解風営法Ⅰ』（2008年）53頁以下参照。立法当初の規制目的を重視して、本罪の成立に「売春」への発展可能性を要求する見解として、髙山佳奈子「風営法『ダンス』規制の問題性」生田勝義古稀『自由と安全の刑事法学』（2014年）160頁、同・前掲注(3)854-5頁。

(5)　控訴審は副次的に、規制薬物の蔓延や粗暴事案の発生防止、騒音や振動による周辺環境の悪化の防止も、風俗環境の保持の一要素として考慮するべきとする。

(6)　小野上・前掲注(1)350-1頁。

判断であり、「判断の基準時という観点からして、事前許可制と矛盾」し、「営業開始前の時点における該当性審査になじまないことが明らかであり、事前規制である許可制の運用を著しく困難にする」、事前許可制としての3号営業の許可制を運用するためには、「営業開始前である申請時及び審査時において、当該営業が3号営業に該当するか否かを判断できる基準でなければならない」として事前判断が必要だとする。控訴審は進んで、第一審の判断基準は「営業の開始前における判断の基準としては、その内容が明確とは言い難」く、「諸般の事情を総合して判断するという原判決の示した判断手法をも考慮すると、このような基準による判断は、許可申請の要否を決めなければならない一般人にとって困難である」と批判し[7]、これを受け、種々のダンスのうち男女が組となって行う「身体の接触」を伴うダンスをさせることを通常の営業形態とし、かつ、客に飲食をさせる営業に限って3号営業とする。以上の論旨に鑑みると、控訴審が「身体の接触」を強調するのは、事前判断基準としての明確性を担保するためでもあったといえる。

3　控訴審の限定解釈の検討

しかしまず、控訴審のいう「事前判断」の意味は不分明である。控訴審も、営業時の事情（「身体の接触」の有無）に依拠して3号営業該当性を判断する点で、第一審の手法と異ならない。基準の事前判断性を徹底するなら、実際に「身体の接触」があったか否かは考慮の外に置くべきであろう。開業時に「身体の接触」を伴わないことが予定された営業であれば、以降の営業時に客が偶発的にないし勝手に身体を接触した場合や、上記予定が事後に形骸化し「身体の接触」が容認されるようになった場合さえ、3号営業該当性を否定するのが、事前判断を重視する場合の本来のあり方と考えられる。しかし、控訴審がこれらの場合にも常に3号営業該当性を否定する意図を有するかは、明らかでない。そうすると、控訴審と第一審の各基準間の差異は結局、判断時期に関する点よりも、むしろその明確性をいかなる要素でもって担保すべきかの理解の違いに収れんする。すなわち、「身体の接触」・「密着性」を、3

---

(7)　第一審基準の不明確性を指摘するものとして、髙山・前掲注(4)174頁、井上・前掲注(2)11頁、新井・前掲注(2)72頁。

号営業該当性判断の中核に据えるか（控訴審）、考慮要素のひとつにとどめるか（第一審）、という違いの当否が争点となる。

この点、たしかに控訴審基準は、第一審基準に比べ「解釈結果の明確性」をより良く担保し得るが[8]、果たして妥当な帰結を導くかは疑わしい[9]。実際に「身体の接触」を伴わない本件事案では、この基準が端的に無罪の結論を導く。これに対し、ペアダンスの一種である「社交ダンス」をさせる営業のように身体の接触を伴うダンスをさせることを通常の営業態様とし、かつ、飲食提供も行う場合、控訴審基準を単純にあてはめれば、形式上は3号営業に当たる[10]。控訴審が実際にこの場合をいかに判断するかは明らかでないが[11]、仮に、実質判断で補足的に限定する方策を採るならば、明確性の担保という控訴審基準の意義を放棄せざるを得ない。控訴審の形式基準の貫徹は、却って、実質判断による限定の可能性を阻むおそれがある。他方、控訴審基準には、「身体の接触」を伴うダンスをさせる営業は常に許可申請の対象となることを明示する意義もあるといえる。しかし、本罪はあくまでダンスさせ営業に限定されない「風俗営業」の無許可営業罪であり、当該「ダンス」概念に該当するか否かだけが許可申請対象の有無を決するのではない。「ダンス」を強調する風俗営業概念解釈には、疑問がある。

そこで検討すると、3号営業の外延を一定程度示し得る基準であるならば、事後に判明した事情でその該当性を判断する「事後判断」の手法が、解釈上の予測可能性を奪うとはいえないであろう。「身体の接触」を伴う場合も含め実質的な限定基準を提供し得るであろうことにも照らすと、むしろ事後判

---

(8)　第一審判決でも引用された「札幌税関検査違憲訴訟事件」最高裁判決（最大判昭和59年12月12日民集38巻12号1308頁）によれば、表現の自由を規制する法律の規定について限定解釈が許されるのは、「その解釈により、規制の対象となるものとそうでないものとが明確に区別され、かつ、合憲的に規制し得るもののみが規制の対象となることが明らかにされる場合でなければならず」（解釈結果の明確性）、また、「一般国民の理解において、具体的場合に当該表現物が規制の対象となるかどうかの判断を可能ならしめるような基準をその規定から読み取ることができるものでなければならない」（解釈方法・過程の容易性）。

(9)　控訴審基準では、一般国民がそのような解釈に容易に到達し得るか（解釈方法・過程の容易性）に疑問が生じることを指摘するものとして、平地・前掲注(2)23頁、新井・前掲注(2)73頁、井上・前掲注(2)11頁参照。

(10)　新井・前掲注(2)74頁。なお、髙山・前掲注(3)855-6頁は、「身体の接触」を伴うダンスが直ちに規制対象とはならないとする。

(11)　新井・前掲注(2)76頁は、控訴審がペアダンスを対象としていないとする。

断としての実質的基準に一定の意義が認められるように思われる。その内容の具体化には、第一審基準も、参考となり得るのではないだろうか。

4 本決定の意義

本件のように、身体の接触が無く、わいせつな演出がなされる等によって歓楽的・享楽的雰囲気が醸成されたのでもない、また、身体の接触を伴わないダンスをさせることが通常の営業態様である、という具体的事案の下では、第一審・控訴審いずれの基準に依っても、無罪の結論が導かれ得る。本決定は、形式的に上告棄却し、「結論において相当」と述べるのでもなく、控訴審基準に特段の異論を述べるのでもない。しかしそれは、具体的事案の下で、最高裁は無罪の結論に異論を述べる必要がなかったためだと考えられる。そのため、最高裁も、控訴審基準を第一審基準に換えて是認したものではないと解される。そして本決定の射程も、以上の場合に限られると解することが可能ではないだろうか。そのため、その射程を超え、「身体の接触」を伴うダンスをさせ、飲食をさせる営業が、いかに扱われるかは明らかでない。仮に、この場合に常に3号営業に該当することを認めるのであれば、上述のように、疑問がある。

5 現行風営法への影響

平成27（2015）年の風営法改正により、3号営業は分化され、①照度10ルクス以下の営業の場合、「低照度飲食店営業」（現行法2条1項2号）として「風俗営業」に当たるが、②照度10ルクス超の営業中、ⓐ（改正前には営業不可能であった）深夜営業で、ナイトクラブその他設備を設けて客に遊興をさせ、かつ、酒類提供を伴う営業を「特定遊興飲食店営業」（現行法2条11項。以下、「11項営業」とする）とし「風俗営業」とは別個の事前許可制の営業態様とする一方、ⓑ深夜営業を行うが酒類提供を伴わない営業と、ⓒ深夜営業は行わない営業が、「飲食店営業」として「風俗営業」から除外されることとなった。さらに、③一部のダンス営業が「風俗営業」として事前許可制に服していた4号営業も全面解禁された。

改正により、「ダンス」という文言は風営法から消えた。しかし、（旧）3号営業の「ダンス」は、現行法上、11項営業における「遊興」に該当し得る[12]。しかも、(旧) 3号営業と、清浄な風俗環境等の維持に向けられた11項営業とでは、規制目的が異なる[13]。(旧) 3号営業について現行法では、11項営業概念がその規制範囲を決するため、歓楽的・享楽的雰囲気の醸成という標準で限定し得なくなる可能性がある。たしかに、本件限定解釈は、(旧) 3号営業に限定して立論された関係上、11項営業概念の解釈運用に直結しない[14]。しかし、歓楽的・享楽的雰囲気の醸成を伴わない (旧) 3号営業まで11項営業に当たるとするなら、その解釈の下で、本件の限定解釈を事実上無に帰せしめることになる。かくして、(「解釈運用基準」の精緻化を含め) 11項営業概念を明確化すると共に[15]、(旧) 3号営業解釈が11項営業該当性判断に一定の影響を及ぼす可能性も考慮し、議論する必要があるのではないだろうか。

---

(12)　須藤陽子「風営法の一部改正とダンス」法教426号 (2016年) 61頁参照。

(13)　土屋暁胤＝中野崇嗣「風俗営業等の規制及び業務の適正化等に関する法律の一部を改正する法律について」警論68巻10号 (2015年) 82頁。

(14)　大塚・前掲注(2)7頁。

(15)　辻義之「平成27年風営適正化法改正について」警論68巻10号 (2015年) 9頁参照。

41 実在児童の写真を素材にしたCG画像と児童ポルノ規制の根拠

東京高判平成29年1月24日高刑集70巻1号1頁、判時2363号110頁、判タ1446号185頁

渡邊卓也

I 事実の概要

被告人は、不特定又は多数の者に提供する目的で、衣服を着けない実在する児童の姿態が撮影された写真の画像データを素材とし画像編集ソフト等を使用して描写したコンピュータグラフィックス（以下、「CG」とする）画像データ3点を作成し、これらを含むCG集のファイルを自己のコンピュータのハードディスク内に蔵置させた。また、インターネット通販サイトを運営する会社のサーバに同一のファイルを送信して蔵置し、同サイトを閲覧した顧客に当該ファイルをダウンロードさせて販売した。

以上のような事実関係の下で、被告人は、2014年改正前の児童買春、児童ポルノに係る行為等の処罰及び児童の保護等に関する法律（以下、「児童ポルノ法」とする）違反の罪に問われた。弁護人は、素材写真の被写体児童とCG画像との「同一性」に基づく被写体の「実在性」や「児童」性（年齢が18歳未満であること）を争ったほか、児童ポルノ等に被写体児童を直接描写したことが必要であり、また、その製造時ないし提供時、同法の施行日において、撮影対象が18歳未満であった必要があるなどと主張した。

原審（東京地判平成28年3月15日判時2335号105頁）は[(1)]、被写体の「実在性」が必要であることを前提に、間接描写によるCG画像でも、写真の被

---

(1) 原判決の評釈として、上田正基「判批」立命367号（2016年）208頁以下、佐藤淳「判批」研修818号（2016年）13頁以下、渡部直希「判批」警論69巻8号（2016年）166頁以下、髙良幸哉「判批」新報123巻8号（2017年）389頁以下、鈴木一永「判批」刑ジャ55号（2018年）117頁以下。

写体児童との「同一性」が認められる限度で規制し得るとした上で、当該児童が18歳以上になれば規制されなくなるとすれば、「被写体となった児童の権利の擁護に反することになる上、児童を性欲の対象としてとらえる風潮を助長し、身体的及び精神的に未熟である児童一般の心身の成長に重大な影響を与える」として、児童ポルノ提供目的製造罪（2014年改正前の同法7条5項）及び児童ポルノ記録送信提供罪（同条4項後段）の成立を認めた。これに対して弁護人は、上記と同様の点を主張して控訴した。

Ⅱ　判旨――破棄自判・一部有罪、一部無罪（上告）

「描写の方法いかんによって児童ポルノの製造に当たるか否かを区別する合理的な理由はないというべき」であり、CG画像であっても「実在する児童を描写したといえる程度に同一性の認められる画像や絵画が製造された場合には、その児童の権利侵害が生じ得る」から、「児童ポルノ法による処罰対象となることは、同法の趣旨に照らして明らかである。」このように、「同法が保護法益とする児童の権利は、児童の実在性が認められることを要するという意味で具体性を備えている必要はあるものの、個別の児童の具体的な権利にとどまるものではなく、およそ児童一般の保護という社会的法益と排斥し合うものとは解されない。」「同法の目的を達成するためには、現に児童の権利を侵害する行為のみならず、児童を性欲の対象としてとらえる社会的風潮が広がるのを防ぐことにより、将来にわたって児童に対する性的搾取ないし性的虐待を防ぐことが要請される」のであり、同法を「純然たる児童の権利保護のみを目的とするものとみるのは相当でない」。

それゆえ、①「実在する児童の姿態を描いた画像等が、児童ポルノとしていったん成立した以上、その製造の時点で被写体等となった者が18歳以上になっていたとしても、児童の権利侵害が行われた記録として、児童ポルノとしての性質が失われることはない」し、「18歳以上となってから、上記のような画像等を製造する行為も、児童を性欲の対象とする風潮を助長し、児童の性的搾取及び性的虐待につながる危険性を有する行為といえるから、この点に関する限り、現に18歳未満である者を被写体等として製造する場合と変わりはない」。②「児童ポルノ法施行以前に実在した児童を描いた場合には、児童ポルノとして児童の権利が侵害されたことはないものの、児童を性欲の対象とする風潮を助長し、児童の性的搾取及び性的虐待につながる危険性を有するという点では、①の場合と同様であるから、やはり、児童ポルノとして処罰の対象となり得る」。

Ⅲ　評釈

1　問題の所在

本件は、実在する児童の写真を素材として作成されたCG画像データを含むファイルを自己のコンピュータ内に蔵置させ、また、通販サイト運営会社のサーバに同一のファイルを送信して蔵置し顧客にダウンロードさせて販売した事実につき(2)、児童ポルノ提供目的製造罪及び児童ポルノ記録送信提供罪の成否が争われた事案である(3)。

罪数関係の点を含めて(4)、弁護人が主張した論点は多岐にわたるが(5)、そのうち、被写体の「実在性」や「同一性」の存否は(6)、事実認定の問題に帰着する(7)。むしろ、児童ポルノ規制の根拠との関係で、それらの要否が問題となろう。また、「実在性」が必要としても、本件では、製造時に被写体児

---

(2)　このような販売方法につき、最決平成26年11月25日（刑集68巻9号1053頁）は、わいせつ物頒布等罪にいう「頒布」と認めている。この問題については、児童ポルノ記録送信提供罪にいう「提供」と併せて、渡邊卓也「わいせつ情報とわいせつ罪の行為態様・再論」筑波ロー22号（2017年）181頁以下参照。なお、本判決は、児童ポルノ性が認められない画像の提供行為は「別個の犯意に基づく、社会通念上別個の行為とみるべき」として、当該行為につき無罪を言い渡した。

(3)　評釈として、上田正基「判批」立命372号（2017年）157頁以下、渡邊卓也「判批」平成29年度重判169-70頁、岡田好史「判批」刑ジャ56号（2018年）149頁以下、髙良幸哉「判批」新報125巻1=2号（2018年）173頁以下。

(4)　弁護人は、両罪を牽連犯（刑法54条1項後段）とすべきと主張したが、本判決は、「製造行為の違法性を、提供罪に包摂して評価するのは相当でなく、両者は社会的に別個の行為」として、これを退けた。しかし、牽連犯は、必ずしも、一方の罪の「違法性」を他方の罪に「包摂」する趣旨ではなく、「社会的に別個の行為」を科刑上一罪として評価するに過ぎない。なお、上田・前掲注(3)176頁は、後述のⓒ説のみにより違法評価されるならば、両罪を一罪評価すべきと指摘する。

(5)　本評釈で扱った論点のほか、CG画像が「性欲を興奮させ又は刺戟する」といえるか、被告人が通販サイト運営会社を通じてファイルを販売したことを間接正犯と評価し得るか、そして、被告人に故意があったかなどが争われたが、いずれも肯定されている。

童を直接描写することは不可能であるところ、画像編集ソフト等を使用して間接描写したCG画像も規制し得るかが問題となる。

さらに、CG画像の素材となった写真を収めた写真集の出版年から、当該写真の撮影時は「児童」であった被写体が、本件の客体たる児童ポルノや電磁的記録の製造時ないし提供時、児童ポルノ法の施行日においては、既に18歳以上になっていたと考えられる点が重要である。そこで、これらの時点において撮影対象が「児童」であった必要があるか、すなわち、児童ポルノ等の拡散段階における被写体の「児童」性の要否が問題となる。

2　児童ポルノ規制の根拠

児童ポルノ法は、児童に性的な「姿態をとらせ」て写真等に描写することによる児童ポルノの「製造」（2014年改正前の7条3項）のほか、児童ポルノ等の（不特定又は多数の者に対する）「提供」や「陳列」（同条1項、4項）を規制しており、同法は、児童ポルノ等の製造に関する規制と拡散に関する規制とを併置している[8]。「提供」等の目的での「製造」や「所持」（同条2項、5項）も、拡散を目的とする点で拡散に関する規制に位置付けられるから、本判決の射程は、その範囲に留まることとなろう。

これらの規制の根拠は必ずしも明らかではないが[9]、同法は「性的搾取及び性的虐待」から「児童の権利を擁護すること」を目的に掲げているところ（1条）、性的搾取・虐待が「児童の権利を著しく侵害することの重大性」を問題としていることに鑑みれば、児童ポルノの製造段階における性的搾取・虐待からの、ⓐ被写体とされた個々具体的な児童の保護を問題とするのが自然である。もっとも、ⓐ説からは、製造に関する規制の説明は容易だが、拡

(6)　なお、原審は、「一般人からみて、架空の児童の姿態ではなく、実在の児童の姿態を忠実に描写したものであると認識できる場合」には「同一性」を肯定できるとした。これは、被写体の「実在性」について「一般人」が主観的に認識すれば足りるという趣旨ではなく、本判決のいうように、一般人の判断能力に照らして写真の被写体児童とCG画像との「同一性」を判断すべき旨が述べられたに過ぎないと解すべきであろう。鈴木・前掲注(1)120頁参照。

(7)　いわゆる「タナー法」による「児童」性判断について、吉井匡「児童ポルノ事件における児童性の認定方法に関する考察」『浅田和茂先生古稀祝賀論文集　下巻』（2016年）347頁以下参照。

(8)　渡邊卓也「児童ポルノの刑事規制」刑ジャ43号（2015年）35頁以下参照。

(9)　嘉門優「児童ポルノ規制法改正と法益論」刑ジャ43号（2015年）76頁以下参照。

散に関する規制の説明は困難である。

そこで、児童ポルノ等の拡散によって誘発される新たな性的搾取・虐待の危険に着目し、ⓑ将来被写体となり得る児童一般の保護や、その前提として、ⓒ児童の健全成長のために良好な社会環境の維持を問題とする見解もある。立案担当者の解説においても、ⓐ説の観点に加えて、児童ポルノ等が「児童を性欲の対象としてとらえる風潮を助長することになるとともに、児童一般の心身の成長に重大な影響を与える」ことが規制根拠に含められており(10)、これに同調する見解も少なくない。

ⓑ説やⓒ説の観点を加味することで、拡散に関する規制の説明が容易となる一方で、将来の危険を問題にする点で、ⓐ説と比べて、処罰の早期化を認めることは否めない。しかし、拡散に関する規制を中心としつつ製造に関する規制をも取り入れている同法の複合的な規制構造からすれば、規制根拠の併用も、やむを得ないのかも知れない。本判決も同様の立場といえるが(11)、その場合には、規制根拠と規制方法との対応関係を明確にすべきである。

3　児童の「実在性」と直接描写の要否

児童ポルノ法については、例えば、CGを用いて作成された架空の「児童」の性的描写を規制客体に含み得るか、すなわち、創作物規制の議論が続けられてきた。しかし、「児童の権利を擁護する」目的との間に齟齬があるなどと指摘され、創作物規制の導入が先送りされて来た経緯がある。もっとも、立案担当者は、完全な創作物はともかく、実在する児童を「描写した」のであれば、絵でも児童ポルノにあたり得るとする(12)。手段が異なっても、描写の際に児童が性的搾取・虐待を受けたといえることが、その理由であろう。これを敷衍すれば、本件のように、架空ではなく実在する児童の写真を素材としてCG画像が作成された場合には、当該児童を「描写した」として、児童ポルノ等にあたり得ることとなる。被写体児童の保護を問題とするⓐ説

(10)　森山眞弓＝野田聖子『よくわかる改正児童買春・児童ポルノ禁止法』(2005年) 93頁。

(11)　なお、本判決は、ⓑ説ないしⓒ説の観点を加味すべきことを説明する際に、2014年改正による新たな所持罪（改正後の7条1項）導入の際に議論された、「児童ポルノの市場が形成され、そこで児童ポルノが流通することを防止するなどの趣旨」を援用している。

(12)　森山＝野田・前掲注(10)78頁。この点は、原審や本判決も指摘している。

からは、児童の「実在性」は、当然の前提となるところ(13)、ここでも、同説が念頭に置かれているといえよう(14)。

これに対して弁護人は、実在する児童でも直接描写しない限り、これを規制し得ないと主張した。しかし、本判決は、本件で問題となる「製造」罪には「姿態をとらせ」のような文理上の制限がないことを指摘した上で、製造に関する規制がⓐ説の観点から立法されたことを認めつつ、これと拡散に関する規制とを「同一に解する必然性はない」とした。ここでは、拡散に関する規制の根拠としては、ⓑ説やⓒ説の観点のみを考慮すべきことが示唆されているともいえる。しかし、性的搾取・虐待が誘発される危険は、描写された「児童」に「本物らしさ」があれば認め得るから、これらの説からは、直接描写どころか、そもそも、「実在性」が不要となるはずである(15)。

もっとも、ⓐ説からも、児童ポルノ等を、その製造段階における被写体児童の「性的搾取・性的虐待の半永久的な記録」と捉えることで(16)、拡散に関する規制を説明可能である。すなわち、当該記録が他人の目に晒されるのは精神的に苦痛といえるから、記録の拡散段階において、いわば「精神的虐待」が行われると評価し得るといえよう。それゆえ、ⓐ説からは、「実在性」を前提とした上で、間接描写したCG画像の拡散が、(「児童」であった) 被写体に苦痛をもたらし得る程度に、被写体児童との「同一性」が認められるかが問題となろう(17)。これに対して、ⓑ説やⓒ説からは、もとより「同一性」は不要である。本判決が、ⓐ説の観点に言及したことは、その限度で意義があるが、「同一性」が認められる場合に、如何なる意味で「児童の権利

---

(13) 大阪高判平成12年10月24日（高刑速（平12）号146頁）。ただし、同判決は、ⓑ説の観点にも言及した上で、「その児童が具体的に特定することができる者であることまでの必要はない」とした。

(14) 渡部・前掲注(1)171頁、岡田・前掲注(3)152頁。

(15) 髙良・前掲注(3)181頁。そこで、上田・前掲注(3)170頁は、「被写体が実在する方が、より一層児童を性欲の対象とする風潮を助長しやすい」との理解の可能性を示唆する。

(16) 園田寿『解説児童買春・児童ポルノ処罰法』(1999年) 93頁。

(17) 渡部・前掲注(1)172-3頁は、写真等と同様に「実在の児童に被害をもたらす」とするが、「被害」の具体的内容は明らかではない。他方で、上田・前掲注(1)218頁以下は、「自己の性的表象をどの範囲で処分するか否かの決定」という意味での「自己決定を侵害・危殆化する行為」として児童ポルノの拡散を捉えることで、これらの点を基礎付けている。同・前掲注(3)172頁参照。なお、岡田・前掲注(3)153頁。

侵害」が生じるのかは具体的に明らかにされておらず、規制方法との対応関係は、なお不明確である(18)。

4　拡散段階における「児童」性の要否

本判決は、児童ポルノ規制の根拠にⓑ説やⓒ説の観点を加味することで、拡散段階における「児童」性を不要とした。確かに、児童ポルノ等の被写体が製造時等において18歳以上になっていたとしても、(撮影時における)「児童」が描写されている以上、性的搾取・虐待が誘発される危険を指摘し得る。それゆえ、これらの説から、拡散に関する規制としての「製造」ないし「提供」の処罰を正当化し得る。

もっとも、性的搾取・虐待の記録が晒されることによる苦痛は、当該「児童」が18歳以上となった後に記録を拡散された場合にも生じ得る(19)。それゆえ、ⓐ説からも、「児童」性を不要と解す余地があろう。確かに、製造に関する規制については、製造時において、被写体が性的搾取・虐待の対象たる「児童」であった必要があるが、拡散に関する規制について、これと同一に解する必然性はない。この点、本判決は、「児童ポルノとしていったん成立した以上」は、「児童の権利侵害が行われた記録として、児童ポルノとしての性質が失われることはない」としたが、その趣旨は必ずしも明らかではない(20)。

なお、このように考えた場合、(「児童」であった)被写体の同意により、拡散行為が正当化される余地もあろう。学説の中には、「児童の姿態」については「児童」にしか処分権限が帰属しないとして、「いわば過去の自己(児童であった被写体)に帰属していた当該処分権限がパターナリスティックに制約される結果として、現在の自己(18歳以上の被写体)の意思によっても、児童であった当時の自己の性的表象は処分できない」とする見解もある(21)。しかし、パターナリスティックな制約は、児童の判断能力の未熟さ

---

(18)　上田・前掲注(3)169頁以下参照。量刑理由をも併せ考えれば(後注(23)参照)、とりわけⓒ説の観点のみから「違法性を基礎づけているように読める」と指摘する。鈴木・前掲注(1)122頁も、「従来の裁判例の傾向から一歩踏み出した」とも評価し得るとする。

(19)　この点、鈴木・前掲注(1)121頁は、本件における「製造」が「被写体の性的自己決定権、人格権を侵害するのは確か」としつつ、「これは本法の保護対象ではないというべき」とする。

(20)　上田・前掲注(3)174頁。

に由来するから、既に充分な判断能力があるはずの「現在の自己」による処分権限が一切否定されるかは疑問である。それゆえ、ⓐ説からは、当該自己決定を尊重せざるを得ないであろう。

いずれにしても、本件において、これらの規制根拠は、素材写真の撮影時ではなく、客体たる児童ポルノ等の製造時等において問題となる。本件では、それは児童ポルノ法施行後であるから、たとえ、法施行前における素材写真の製造には同法の適用が許されないとしても、本件は、遡及処罰とはいえない。それゆえ、同法の施行日における「児童」性も、不要である。この点、本判決は、本件では、「児童ポルノとして児童の権利が侵害されたことはない」として(22)、ⓑ説ないしⓒ説の観点のみから結論を導いているようである。しかし、撮影時において児童の権利が侵害されなかったのではなく、法施行前であるために同法の適用が許されないに過ぎないから、ⓐ説からも、同様の結論を導くことは可能である。

5　結語

本判決は、画像編集ソフト等を使用して作成された「児童」のCG画像につき、その規制可能性を認めた事例として、創作物規制の導入に否定的な論者を中心に、高い関心が寄せられた。もっとも、実在する児童を「描写した」CG画像が作成された場合には、典型的な写真撮影による児童ポルノの製造事例と同じく、描写の際に児童が性的搾取・虐待を受けたといえ、これを敷衍すれば、ⓐ説からも、本件の規制を正当化し得る。

しかし、本判決は、むしろ、ⓑ説ないしⓒ説の観点を強調することで(23)、具体的な結論を導いている。拡散に関する規制については、ⓑ説ないしⓒ説の観点からの説明もあり得るが、これと、被写体の「実在性」を前提にする

---

(21)　上田・前掲注(1)224-5頁。永井善之「児童ポルノの刑事規制根拠に関する一考察」金沢60巻1号（2017年）143頁も、ポルノの被写体になるという「事態の重大性」ゆえに、「児童の自己決定」は「法益主体が存在しなくなってもなお保護に値する」とした上で、「18歳に達した被写体自身を含め非法益主体がこの決定を覆すことはできない」とするが、「事態の重大性」が根拠となり得るかは疑問である。

(22)　上田・前掲注(1)225-6頁も、「過去の自己」に帰属していた「処分権限」が「一度もパターナリスティックに制約されなかった場合」であり、「実質的には遡及処罰に近いという批判もあり得る」とする。

こととの整合性は、なお明らかではない。本判決の結論自体は妥当であるとしても、規制根拠と規制方法との対応関係について、より明確な説明をすべきであったように思われる。

(23) なお、原審の量刑理由においては、「写真集のモデルとは何の接点もなく、居住地も遠く離れた三名に販売、提供された」ことにつき、ⓒ説の観点から「法益侵害の程度は軽視できない」とされた。他方で、本判決は、過去の写真を素材としたことからⓐ説の観点による「具体的な権利侵害は想定されず」、ⓒ説ないしⓑ説の観点において「違法と評価されるにとどまる」ことから、「違法性の高い悪質な行為とみることはでき」ないとして、被告人を罰金刑に留めている。

42　インターネット異性紹介事業の届出制度と表現の自由

最一小判平成26年1月16日刑集68巻1号1頁、判時2225号144頁、判タ1402号54頁

内山良雄

I　事実の概要

被告人は、平成21年1月9日から同年5月25日までの間、同人方において、同所設置のサーバコンピューターに掲示板を蔵置して、同掲示板を含むウェブサイト（以下、「本件サイト」とする）を運営した。被告人は、警視庁所属の警察官から、メール等により複数回にわたり、本件サイト運営がインターネット異性紹介事業を利用して児童を誘引する行為の規制等に関する法律（以下、「本法」とし、条文のみを示すときは本法の条文である）2条2号にいう「インターネット異性紹介事業（以下、「本事業」とする）」[1]に該当するとして、7条1項が定める都道府県公安委員会への届出（以下、「届出」とする）をするよう指導や警告を受けたが、届出をせずに運営を継続した。被告人は、「異性交際希望者の求めに応じ、その者がインターネットを利用して同掲示板上に入力することによって、その異性交際に関する情報をインターネットを利用して公衆が閲覧できる状態に置いてこれに伝達したうえ、同掲示板に設定された機能を用いて、当該情報の伝達を受けた異性交際希望者が電子メール等を利用して当該情報にかかる異性交際希望者と相互に連絡することができるようにする役務」を提供する事業を行い、もって届出をしないで本事

(1)　同号は、「異性交際（面識のない異性との交際をいう。以下同じ。）を希望する者（以下、「異性交際希望者」という。）の求めに応じ、その異性交際に関する情報をインターネットを利用して公衆が閲覧することができる状態に置いてこれを伝達し、かつ、当該情報の伝達を受けた異性交際希望者が電子メールその他の電気通信（電気通信事業法……2条1号に規定する電気通信をいう。）を利用して当該情報に係る異性交際希望者と相互に連絡することができるようにする役務を提供する事業」と定義する。

業を行ったとして、本法違反の罪で起訴された。

被告人側は、①本件サイト運営は本事業に該当しない、②「インターネット異性紹介事業」「異性交際」の概念は不明確であり、本事業に届出義務を課す7条1項、その違反に刑罰を科す32条1号は憲法31条違反、③届出制度は被告人・サイト利用者のインターネットを利用した表現の自由を過度に侵害するもので憲法21条1項違反、④被告人以外のSNS運営事業者等には、いわゆる出会い系サイトと同様の書き込みがあるウェブページの削除を求めたのに対し、被告人には本件サイトの削除を求めずに起訴したのは不平等な法適用であり適用違憲と主張した。原原審（東京地判平成22年12月16日刑集68巻1号59頁参照）は、いずれの主張も排斥し、被告人を罰金50万円に処した。

被告人側は、本件サイト運営が本事業に該当するとの判断は事実誤認、被告人の行為に上記両条を適用したのは法令適用の誤りであるとする上記各主張を繰り返し、⑤原原審の量刑の当否に関する職権判断を求めて控訴した。原審（東京高判平成23年6月14日刑集68巻1号71頁参照）は、上記各主張を排斥し、原原審の量刑は相当だとして、控訴を棄却した。

被告人側は、上記各主張に加え（④につき、憲法14条1項、31条違反の主張を補充）、③を補充して、Ⓐ本件サイトは、一定の体型ゆえにいじめの対象とされたりする女性（児童を含む）の「駆け込み寺」という意義を有し、その体型の女性に好意・美性を感じる者の集うバーチャルな「結社集会活動」であり、これに届出義務を課すことは集会結社の自由を不当に制約する、Ⓑ本件サイトのコミュニティを切実に求める一定の女子の書き込みが禁止誘引行為（6条：児童を性交等の相手方となるように誘引する行為）である場合、同行為に係る情報の公衆による閲覧を防止する措置等をとる義務を本事業を行う者（以下、「事業者」とする）に課す12条1項は、被告人に当該書き込みの削除を強いるが、削除も表現活動であり、削除義務は被告人が自己の表現を自律的に決定する権利を侵害する、Ⓒ事業者に児童の健全な育成に障害を及ぼす行為を防止するための措置を講ずるよう努める義務を課す12条2項は、被告人に、禁止誘引行為に該当する書き込みの禁止や違反した書き込みの削除に関する「被告人が望まない表現」を本件サイト上に表示することを強いるもので、「消極的な表現の自由」を侵害する、さらに⑥特定の書き込みの削除等を強制することは「書き込みが犯罪でないかぎり削除したくない」という被告人の良心に反し、届出を行うと11条により義務づけられる「児童でないことの確認」を行って児童を本件サイトから排除することも被告人の良心に反するが、良心に反する行為の強制は良心の自由の間接的侵害であって憲法19条違反、⑦6条各号の禁止誘引行為を児童が行っても処罰する33条は、保護客体である児童を処罰対象とする点で児童の権利に関する条約に違反し、憲法98条2項違反等と主張して、上告した。

II　判旨——上告棄却

1　上告人側③Ⓐの主張について

「本法は、インターネット異性紹介事業の利用に起因する児童買春その他の犯罪から児童（18歳に満たない者）を保護し、もって児童の健全な育成に資することを目的としているところ（1条、2条1号）、思慮分別が一般に未熟である児童をこのような犯罪から保護し、その健全な育成を図ることは、社会にとって重要な利益であり、本法の目的は、もとより正当である。そして、同事業の利用に起因する児童買春その他の犯罪が多発している状況を踏まえると、それら犯罪から児童を保護するために、同事業について規制を必要とする程度は高いといえる。」。

「本件届出制度は、同事業を行おうとする者に対し、氏名、住所、広告又は宣伝に使用する呼称、本拠となる事務所の所在地、連絡先等の事項（7条1項1ないし5号）や、事業を利用する異性交際希望者が児童でないことの確認の実施方法その他の業務の実施方法に関する事項（同項6号）を都道府県公安委員会に届け出ることを義務付けるものであるところ、このような事項を事業者自身からの届出により事業開始段階で把握することは、上記各規定〔13条、14条1項・2項、16条－引用者〕に基づく監督等を適切かつ実効的に行い、ひいては本法の上記目的を達成することに資するものである。（原文改段）他方、本件届出制度は、インターネットを利用してなされる表現に関し、そこに含まれる情報の性質に着目して事業者に届出義務を課すものではあるが、その届出事項の内容は限定されたものである。また、届出自体により、事業者によるウェブサイトへの説明文言の記載や同事業利用者による書き込みの内容が制約されるものではない上、他の義務規定を併せみても、事業者が、児童による利用防止のための措置等をとりつつ、インターネット異性紹介事業を運営することは制約されず、児童以外の者が、同事業を利用し、児童との性交等や異性交際の誘引に関わらない書き込みをすることも制約されない。また、本法が、無届けで同事業を行うことについて罰則を定めていることも、届出義務の履行を担保する上で合理的なことであり、罰則の内容も相当なものである。（原文改段）以上を踏まえると、本件届出制度は、上記の正当な立法目的を達成するための手段として必要かつ合理的なものというべきであって、憲法21条1項に違反するものでないといえる。このように解すべきことは、当裁判所の判例[(2)]……の趣旨に徴して明らかである。」。

2　上告人側②⑥⑦の主張について

「その定義が所論のように不明確であるとはいえず、本法6条、11条、12条、33条の各規程の違憲をいう点は、原判決の是認する第一審判決はこれらの規定を適用していないのであるから、いずれも前提を欠くものである。」。

3　上告人側③Ⓑⓒの主張について

「本件は、インターネット異性紹介事業を行おうとする者の届出義務に違反して同事業を行った行為を処罰するものであって、所論のような編集や記事の削除を強要するものではないから、前提を欠くものである。」。

Ⅲ　評釈

1　インターネット上の表現と表現の自由

本法は、本事業を利用した児童が児童買春、青少年保護育成条例違反等の

---

(2)　最大判昭和35年7月20日（刑集14巻9号1243頁）、最大判昭和58年6月22日（民集37巻5号793頁〔よど号事件新聞記事抹消事件〕）、最大判昭和59年12月12日（民集38巻12号1308頁）、最大判昭和60年10月23日（刑集39巻6号413頁〔福岡県青少年保護育成条例事件〕）、最大判平成4年7月1日（民集46巻5号437頁〔成田新法事件〕）が列挙されている。

各種犯罪の被害に遭う事案が急増した状況を背景に、平成15年に制定された（目的は、Ⅱ1参照）[(3)]。そして、平成20年法律第52号[(4)]により、事業者に対する規制強化等を内容とする改正がなされ、事業者の届出義務（7条）、届出をしないで本事業を行った者を6月以下の懲役または100万円以下の罰金に処する旨の罰則（32条1号）が新設された[(5)]。本件では、上記両条所定の「罰則を伴う届出制度」の憲法21条適合性が主たる争点となっている[(6)]。なお、本判決は、上告人側の上記Ⓐの主張については個別の検討を行わず、一括して憲法21条1項違反の有無を検討している[(7)(8)]。

インターネット上の表現については、「掲示板の利用や電子会議室の利用、ホームページを開いたりほかのホームページにアクセスしたりすることは表現として表現の自由の保護が認められなければなるまい」とし、これに放送法上の規制等は及ばず「新聞など印刷メディアに妥当する表現の自由の法理がそのまま妥当する」うえ、「新聞と比べてはるかにアクセスが容易であり、しかも反論が容易であるという特性があ」り、「参加者は討論のためにアクセスしているのであり、ここでは言論に対しては言論で対抗すべきだという表現の自由の基本原則が比較的作動しやすい」から、「状況によっては、新

---

(3)　鈴木達也「インターネット異性紹介事業を利用して児童を誘引する行為の規制等に関する法律」ジュリ1251号（2003年）6頁、福田正信ほか『逐条出会い系サイト規制法』（2009年）1-2頁等参照。

(4)　同改正の解説として、福田正信「インターネット異性紹介事業を利用して児童を誘引する行為の規制等に関する法律の一部を改正する法律について」警論61巻9号（2008年）87頁以下、前田雅英「ユビキタス社会における犯罪の現状と青少年の保護」ジュリ1361号（2008年）42頁以下等参照。

(5)　届出を受ける側の都道府県公安委員会については、指示（13条）、事業の停止命令（14条1項）、事業の廃止命令（14条2項）、事業に関する報告・資料提出の徴求（16条）を行う権限に関する規定が新設・改正された。

(6)　本判決の解説、評釈として、辻川靖夫「判解」最判解平成26年度1頁以下、斎藤一久「判批」法セ712号（2014年）128頁、塚田哲之「判批」新・判例解説Watch15号（2014年）23頁以下、曽我部真裕「判批」平成26年度重判18-9頁、同「判批」憲法判例研究会編『判例プラクティス憲法〔増補版〕』（2014年）462頁、尾形健「判批」セレクト2014［Ⅰ］9頁、岡田好史「判批」判評677号（2015年）31頁以下等。

(7)　辻川・前掲注(6)12頁は、集会・結社の自由と表現の自由が同じ条文に属すること、前者は広義の表現の自由の一類型と捉えることができること、インターネット上のウェブサイトを用いた活動は文字・画像等を用いた表現行為として行われるため表現の自由と別に前者の問題として独自に考慮すべき事柄は見当たらないことを指摘する。曽我部・前掲注(6)19頁、尾形・前掲注(6)9頁も参照。

聞の場合よりも強い保護が与えられることさえ認める余地もある」としたうえ、その保護の必要性・程度については「インターネット上の表現を一括して議論するのではなく、その表現が行われた個々の文脈を重視する必要があろう」との指摘がある(9)。同表現が憲法21条の保障を受けること自体について、特段の異論は見当たらない(10)。

本件届出制度との関連においても、本判決の調査官解説は、本事業の「ウェブサイト上の説明文言や同サイト全体の構成等は、『表現行為』という性質を持つと考えられるから、これにつき届出義務を課すことには、表現の自由の制約という面があるといってよいと思われ」、「同サイト開設者が、ある書き込みは削除し、ある書き込みは残すといったような編集活動をしている場合には、その編集活動の内容にもよろうが、サイト開設者自身の表現行為と評価できる場合もあると思われる」と述べている(11)。

2　本件届出制度の憲法適合性

最高裁は、従来、表現の自由等の制約を伴う規制立法の憲法適合性を判断する際に、いわゆる利益較量の手法に依拠してきた。すなわち、当該自由に対する制限が必要かつ合理的なものとして是認されるか否かは、①一定の利益を確保しようとする目的のために制限が必要とされる程度、②制限される

---

(8)　曽我部・前掲注(6)「平成26年度重判」18頁は、上告人「側の違憲主張は基本的に、本件サイトが出会い系サイトでないことを前提としており、また、届出制度そのものというよりは出会い系サイト事業に伴う義務の合憲性を争っており、本判決の論点とは食い違っている。こうした状況で（届出制度自体の：引用者）憲法判断を行うことには違和感がないではない」と述べつつも、同19頁は、「本件届出制度の合憲性は、それによって実効性が担保される義務（児童利用禁止の明示〔本法10条〕、サイト利用者が児童でないことの確認〔同11条〕、禁止誘引行為を知った場合の削除〔同12条〕）の合憲性に依存することになる」とする。塚田・前掲注(6)24頁は、「この種の事業者規制（風営法上の無店舗型電話異性紹介事業についての届出制〔31条の17・52条4号〕など参照）の22条1項・29条（営業の自由）適合性ではなく、21条1項適合性について判断したことはいささか奇異の印象を与える」としつつも、「最高裁が憲法21条適合性を判断した背後には、本件届出制が表現の自由に関わる規制の仕組みの一部であるとの認識があったように思われる」と述べる。さらに、辻川・前掲注(6)10頁参照。

(9)　松井茂記『インターネットの憲法学〔新版〕』(2014年) 103頁、108頁。

(10)　辻川・前掲注(6)10頁。

(11)　辻川・前掲注(6)10頁。曽我部・前掲注(6)「平成26年度重判」19頁は、サイト開設者が「利用者に表現の場を提供する行為も表現の自由によって保障されるとする趣旨」が本判決から読み取れるとする。

自由の内容および性質、③当該自由に加えられる具体的な制限の態様および程度等を較量して判断するというものである[12]。Ⅱ1にみたように、本判決は、本件届出制度は、「正当な立法目的を達成するための手段として必要かつ合理的なものというべきであって、憲法21条1項に違反するものではないといえる」と結論づけたが、①②③の点について、要約すると次のように述べている。

①本事業利用に起因する犯罪からの児童保護、その健全育成は「社会にとって重要な利益」、その目的は「もとより正当」[13]、その種の犯罪が多発している状況において本事業について規制を必要とする程度は「高い」。②届出制度は、「表現」に含まれる「情報の内容に着目して」事業者に義務を課すもの[14]。③届出義務を課すという方法[15]は、都道府県公安委員会が本法所定の監督等を適切かつ実効的に行い、本法の上記目的を達成することに「資する」。そして、㋐届出事項の内容は「限定されたもの」、㋑届出自体により表現の「内容が制約されるものではない」[16]、㋒他の義務規定[17]を併せみても事業者が必要な措置をとりつつ本事業を運営すること、児童以外の者が禁止誘引行為に該当しない書き込みをすることは「制約されない」、本事

(12)　本判決も引用する前掲注(2)・最大判昭和58年6月22日および最大判平成4年7月1日のほか、最判平成24年12月7日（刑集66巻12号1337頁、1722頁〔国公法2事件＝**第2集・判例1**〕）等。

(13)　辻川・前掲注(6)17-8頁は、前掲注(2)・最大判昭和60年10月23日が「青少年を対象としてなされる性行為等のうち、その育成を阻害するおそれのあるものとして社会通念上非難を受けるべき性質のものを禁止することが憲法上許容されるという趣旨を含」み、「同判例は性的自由の制約に関するものであるが、そのような性的行為を働きかける表現行為についても、その趣旨は妥当するものと考えられる」とし、最判平成元年9月19日（刑集43巻8号785頁）が「青少年保護という目的が、表現の自由を規制する上で、正当な目的となることを示したものといえる」と述べる。

(14)　辻川・前掲注(6)23頁は、届出制度が「異性交際に関する情報」を含む「表現行為の場の設営・提供に関わる規制」といえ、同情報を内容とする表現は「一般に表現の自由の優越的地位を支えるとされる二つの価値……のうち、自己統治には関わらないものの、自己実現に関わるものといえると思われる」と分析する。

(15)　福田・前掲注(4)90頁は、平成17年の個人情報保護法施行により、インターネットサービスプロバイダやレンタルサーバ業者等から事業者情報が入手困難となったことが、届出制度新設の契機となったと指摘する。辻川・前掲注(6)22-3頁は、本法所定事項の「届出が履行されることにより、当該規制がない場合と比較して、いわゆる出会い系サイトの利用に起因する児童の犯罪被害を防止する効果があると期待できる」と述べ、「許可制のような一般的禁止を前提とするものではな」いことを重視する。

業の無届運営に罰則を定めたことも届出義務の履行を担保するうえで「合理的」で罰則の内容も「相当」[18]。

インターネット上の表現に対して、上記目的のために「何らかの」規制を行うこと自体は、その必要性が高く、憲法21条に違反しないという点に異論はないようである[19]。問題は、事業者に届出義務を課すという方法による規制の必要性・合理性である。まず、規制目的は児童の保護であるのに対し、義務を課す対象事業は、必ずしも児童による利用を前提としないタイプをも含む「インターネット異性紹介事業」すべてである点が問題となろう。この点は、児童に本事業を利用させないことが、本事業に起因する犯罪から児童を保護するために必要ともいえる。しかし、「婚活を支援する結婚紹介事業のように、何ら法的に問題のないサイトも『インターネット異性紹介事業』に含まれる以上、届出義務が課されている事業者の範囲が広すぎ、必要最小限度の制約とはいえないのではなかろうか」との疑問も提起されている[20]。「一般の電子掲示板やSNSは、本法の規制を受けないためには、利用規約で出会い目的の利用を禁止したり、実質的に出会い系サイトとして用い

(16)　「届出によって」ではなく、「本事業の運営によって」事業者や利用者の表現行為に制約が生じるという趣旨か。しかし、本事業を行おうとする者に届出義務が課されているのであり、届出が公安委員会による監督を受ける契機となるのであるから、両者は密接不可分に結びついている。辻川・前掲注(6)24頁は、最高裁は、この点を意識して、さらに「本法の他の義務規定を併せみた上での事業者や利用者に対する制約の程度・態様も考慮したものと思われる」と分析する。

(17)　辻川・前掲注(6)24頁は、児童による利用禁止の明示・伝達義務は事業者の説明文言等の制約、利用者が児童でないことの確認義務は事業者による表現行為の受け手の制約、禁止誘引行為に当たる書き込みがあった場合の公衆閲覧防止措置の義務は事業者に一定の編集作業を強いる（消極的表現の自由の制約）、誘引行為禁止規定は利用者の表現活動の制約となることを指摘する。

(18)　辻川・前掲注(6)25頁は、「事業の規模、内容（児童の利用に無頓着であるなど）、無届けでの事業期間等から、その利用によって多くの児童が被害に遭うなど、影響が大きく、悪質な事案もあり得る」ことを、罰則内容の相当性の判断資料とする。

(19)　高橋和之ほか編『インターネットと法〔第4版〕』(2010年) 41頁〔松井茂記〕。ただし、「サーバー管理者に対する青少年有害情報を発信したり閲覧させないようにする措置の努力義務については、もしそれが法的な義務とされ、違反行為に対し制裁が課された場合には重大な問題を生じさせるであろう」とも述べている。

(20)　斎藤・前掲注(6)128頁。「過度に広汎な規制であり、萎縮効果がある」「違憲の疑いを払拭できず、……当該事業の中でも『児童買春その他の犯罪』との関係で適用範囲を限定するといった合憲限定解釈を模索すべき」とも述べている。

られないために最低限の管理をしなければならないことになる。その意味では、本法は出会い系サイトだけを規制するものではない」(21)との指摘も、重要である。本判決の調査官解説は、届出制度の「具体的な規制の態様・程度が、児童を保護し、その健全な育成に資するという目的に必要な範囲を超えて、成人同士の間で異性交際に関する情報を含む表現をし、これを受ける自由までが実質的に制約されることになっていないかということに留意する必要があ」るとしつつ、許可制でないこと（注(15)参照）、上記㋐㋑の事情を挙げ、本判決が「本件届出制度による具体的な規制の態様や程度を検討し、届出自体によって事業者や利用者の表現行為が制約されることはないことを指摘し」ていると述べる(22)。義務が課される対象に、課す必要のない事業者が含まれているとしても、「表現の自由の制約」という観点からは特段の問題は生じないという趣旨であろうか。しかし、仮に、届出義務を課す必要のない（児童による利用可能性が完全に排除された）事業実態を備えた事業者が存在したとして、その事業者が無届けで本事業を営んだ場合も処罰対象になるのだとしたら、規制目的との関連性がない処罰となりはしないだろうか。届出制度による規制から生じる具体的影響（たとえば、「児童買春その他の犯罪」に直結しない事業への萎縮効果）、および真に規制対象とすべき事業について、さらに検討する余地が残されているのではなかろうか(23)。

また、本判決は、本法の他の義務規定を併せみた場合を検討した上記㋒について、「他の義務規定の合憲性」に言及しないまま、これらに従った表現活動（各義務に従った本事業運営行為、成人による禁止誘引行為に該当しない書き込み）は制約されないとも判示している。そこから、本判決は他の義務規定の合憲性をも言外に前提としているのではないかとも考えられ、そのような理解を示す評釈も存在する(24)。他方、本判決は、上告人らによる他の義務規定の違憲をいう主張については、Ⅱ2のとおり「いずれも前提を欠く」として門前払いをしている。本判決の射程は、これら「他の義務規定の合憲

(21)　曽我部・前掲注(6)「平成26年度重判」19頁。
(22)　辻川・前掲注(6)23頁。
(23)　辻川・前掲注(6)25-6頁は、届出制度以外の規制方法について、その難点を指摘し、届出制度による規制の優位性を説いている。
(24)　曽我部・前掲注(6)「平成26年度重判」19頁。

性」に及んでいるとまではいえず、あくまでも届出制度に限定した合憲判断を示した判例として理解すべきであろう[25]。

なお、判例は、憲法適合性判断のために利益較量を行う際に、一定の「厳格な基準」ないしその精神を併せ考慮することがあるが、本判決には、これらを考慮したことをうかがわせるような形跡がない。この点については、上記目的達成のために制限が必要とされる程度が高く、本件届出制度がそれに資するものであるのに対し、これによる制限は、事業者に届出義務を課すというものであって、表現行為そのものを制約するものではないことなどから、利益較量の結論は明らかであって、その判断のために厳格な基準を用いるまでもないとの前提に立っているとの理解が示されている[26]。

---

(25) 辻川・前掲注(6)24-5頁参照。さらに、前掲注(16)を参照。
(26) 辻川・前掲注(6)27-8頁。

43　短文投稿サイトへの画像投稿と私事性的画像記録提供等罪の成否

札幌地判平成27年7月15日D1-Law 28233132

渡邊卓也

Ⅰ　事実の概要

被告人Ｘは、Ａ（当時22歳）の交際相手であるＢになりすまして、短文投稿サイト「C」にページを開設していたが、スマートフォンを使用し、インターネットを介して、「札幌・OL・D」などの文言とともに、Ａの顔及び胸部等が撮影された画像データ３点を、Ｃ社が管理するサーバコンピュータに送信して記憶・蔵置させた（第１の事実）。

Ｘは、スマートフォンを使用し、株式会社Ｅが管理する不特定多数の者が閲覧可能な「前略プロフィール」と題するウェブサイト内に前記Ａになりすまして作成した「Ｆのつぶやき」と題するリアルタイムブログに、前記Ｂを撮影した画像１点を掲載した上、「そういえばね最近ストーカー的なのされてて困ってるの」「Ｂっていう人」「友達の紹介であったきりしつこくて」「しかも他に女の子いるのにやってきてて」「誰かどうにかしてくれなーい」などと掲載した（第２の事実）。

Ｘは、短文投稿サイト「C」にページを開設していたが、スマートフォンを使用し、男性の性器が露骨に撮影されたわいせつ画像データ１点を、Ｃ社が管理するサーバコンピュータに送信して記憶・蔵置させた（第３の事実）。

Ｘは、前記Ｂになりすまして短文投稿サイト「C」にページを開設していたが、スマートフォンを使用し、「A、22歳、札幌市ｆ区、ｇ中→h）高→i」などの文言とともに、前記Ａの顔及び胸部が撮影された画像データ１点を、Ｃ社が管理するサーバコンピュータに送信して記憶・蔵置させた（第４の事実）。

以上のような事実関係の下で、Xは、判示第1の事実につき、私事性的画像記録物公然陳列罪（私事性的画像記録の提供等による被害の防止に関する法律3条2項。以下、「本罪」、「本法」とする）に、第2の事実につき、名誉毀損罪（刑法230条1項）に、第3の事実につき、わいせつ記録媒体公然陳列罪（刑法175条1項前段）に、第4の事実につき、名誉毀損罪及び本罪に問われた。

Ⅱ　判旨――有罪

被告人の所為は、上記犯罪に「それぞれ該当するところ、判示第4は1個の行為が2個の罪名に触れる場合であるから、刑法54条1項前段、10条により1罪として犯情の重い私事性的画像記録物公然陳列罪の刑で処断」する。

Ⅲ　評釈

1　問題の所在

本件は、インターネット上の短文投稿サイトに元交際相手の裸の画像等を投稿した行為について、本罪に加えて、名誉毀損罪等の成立が認められた事案である[(1)]。後述のように、本罪は、新しく立法された規定であるところ、その意義や問題点、他罪との関係等について、充分に論じられているとはいえない。

そこで以下では、まず、本法の立法経緯を確認した上で、本罪の保護法益を論じ、これを踏まえて、本罪と名誉毀損罪等との関係を明らかにする。次に、本罪の具体的要件を確認した上で、本件に対する当て嵌めの是非を論じる。以上を通じて、本罪に関係する判示第1及び第4の事実を中心に、本判決の妥当性を検討することとする。

2　立法経緯と保護法益

本法は、いわゆる「リベンジポルノ」による被害が社会問題化する中で、

---

(1)　評釈として、渡邊卓也「判批」法時88巻13号（2016年）252頁以下。

新しく立法された[2]。リベンジポルノとは、別れた恋人の裸の写真等をインターネット上に流出させ拡散させる行為をいうが、当該行為は、その内容によっては、名誉毀損罪にもあたり得る[3]。しかし、後述のように、同罪の立法目的は、必ずしも、当該行為固有の権利侵害に向けられているとはいえないところ、拡散した画像がインターネット上に存在し続けることによる被害の重大性が指摘され[4]、立法が求められていた。

以上の立法経緯から、本法は、「リベンジポルノ防止法」などと略されることもある。しかし、例えば、「特定の者に対する恋愛感情その他の好意の感情」が「満たされなかったことに対する怨恨の感情を充足する目的」（ストーカー行為等の規制等に関する法律2条1項柱書）を要件としないため、リベンジポルノに止まらず、性的な「姿態」が撮影された画像の拡散行為を規制し得る。すなわち、本法は、「性交」等に係る「人の姿態が撮影された画像」の「記録」ないし「記録物」の（2条）、撮影対象者の承諾を得ない不特定又は多数の者に対する「提供」等を処罰の対象とするところ（3条）[5]、撮影対象者の承諾を得ないという点で異ならないから、一部の盗撮画像にも、本法が適用される余地がある[6]。拡散された画像の存在自体が被害の重大性を基礎付けるとすれば、このような行為者の目的を要件としない立法態度は

---

(2)　本法は、2014年11月19日に成立し、同月27日に公布され即日施行（罰則規定は12月17日に施行）された。解説として、白石豊「私事性的画像記録の提供等による被害の防止に関する法律」自正66巻6号（2015年）109頁以下、園田寿「リベンジポルノ防止法について」刑ジャ44号（2015年）47頁以下、水越壮夫「私事性的画像記録の提供等による被害の防止に関する法律について」警論68巻3号（2015年）83頁以下、皆川治之「リベンジポルノ対策」時法1974号（2015年）17頁以下、平沢勝栄ほか編著『よくわかるリベンジポルノ防止法』（2016年）等。さらに、渡邊卓也「盗撮画像に対する刑事規制」『山中敬一先生古稀祝賀論文集　下巻』（2017年）141頁以下参照。

(3)　その他、わいせつ物頒布等罪（刑法175条）、児童買春、児童ポルノに係る行為等の規制及び処罰並びに児童の保護等に関する法律違反の罪、ストーカー行為等の規制に関する法律違反の罪にあたり得る。

(4)　被害の実態については、渡辺真由子『リベンジポルノ』（2015年）参照。

(5)　「電気通信回線を通じて」記録を「提供」する行為（1項）及び記録物を「提供」ないし「陳列」する行為（2項）に加えて、これらの行為をさせる目的で記録又は記録物を「提供」する行為（3項）が処罰の対象となる。後者は、前者の幇助的な行為の一部を、独立に犯罪化した規定と位置付け得る（独立共犯）。

(6)　例えば、トイレ内で盗撮した動画を動画配信サイトの管理者に提供した事案に係る、福岡地判平成28年11月16日（D1-Law 28244451）。

評価されるべきであって(7)、むしろ、「リベンジポルノ防止法」などの略称により、規制対象が正しく反映されなくなる点にこそ、留意すべきといえよう。

リベンジポルノや盗撮画像の拡散に共通する被害の内実を如何に解するかは、本罪の保護法益と関係する。この点、本法は、「個人の名誉及び私生活の平穏の侵害」による被害の防止を目的に掲げている（1条）(8)。ただし、「私生活の平穏を侵害する行為を処罰する」ともしており、処罰規定については、「名誉」ではなく「私生活の平穏」のみの保護を目的とすると解し得る。その理由は、「名誉を保護法益とする刑法の名誉毀損罪が存在すること」にあるとされる(9)。すなわち、同罪との保護の重複を避けるため、本罪の法益を「私生活の平穏」に純化させたという趣旨とも理解できる。

しかし、名誉毀損罪の法益とされる「名誉」とは、人の人格的価値に対する評価とされる。リベンジポルノや盗撮画像の拡散により、撮影対象者が羞恥心や不快感を抱くことはあっても、その者の評価を低下させることはない(10)。評価が低下するとすれば、例えば、いわゆる「盗撮もの」であり、その者が「自らすすんで裸体をさらしている」との事実が摘示された場合に限られるといえよう(11)。このように考えれば、保護の重複を論ずる以前に、「名誉」は、本罪の法益から除かれることとなる。それゆえ、限られた事例で「名誉」毀損が生じ得るとしても、その点は、本罪の成否とは別に、名誉毀損罪の適用により評価すれば足りるという趣旨で理解すべきであろう。

問題は、本法にいう「私生活の平穏」とは何かである。「平穏」という概念は漠然不明確であるから、画像の拡散によって如何なる危険が生じるのかを具体的に論じるべきである(12)。そこで、承諾を得ない画像の拡散により

---

(7) これに対して、ストーカー行為の規制に関する法律においては、目的要件が「ストーカー行為」における反復性を基礎付け、ひいては、重大犯罪に発展する危険を基礎付けるともいえよう。

(8) なお、本法は、性的画像記録に係る情報の流通によって「名誉又は私生活の平穏の侵害があった場合」における「特定電気通信役務提供者」の損害賠償責任に関する特例を定めている（4条）。

(9) 園田・前掲注(2)50頁、水越・前掲注(2)89-90頁、平沢ほか・前掲注(2)66頁。同旨、皆川・前掲注(2)22頁。

(10) 渡邊卓也『電脳空間における刑事的規制』（2006年）183頁以下。

(11) 東京地判平成14年3月14日（裁判所HP）参照。

(12) 他罪における「平穏」概念について、渡邊・前掲注(2)143頁参照。

撮影対象者が抱く羞恥心や不快感を、「一人で放っておいてもらう権利」という意味での(13)、伝統的なプライヴァシーの侵害として構成することが考えられる。それゆえ、本法にいう「私生活の平穏」とは、「性的プライバシー」、すなわち、「性に関する私生活上の事柄をみだりに公開されない権利」のことをいい、本罪の法益も、「性的プライバシー」ということになる(14)。本判決の量刑理由において、被告人の行為は「被害女性の性的プライバシーを大いに害するものであり、各被害者の受けた精神的苦痛は強い」とされたことも、このような文脈で理解可能である(15)。

本判決においては、判示第4の事実について、本罪に加えて名誉毀損罪の成立が認められている。確かに、Aの「顔及び胸部が撮影された画像」の拡散は、プライヴァシーの侵害として構成し得るが、それ自体がAの評価を低下させることはないから、添えられた文言が「名誉」と関係すると理解せざるを得ない。しかし、「A、22歳、札幌市f区、g中→h）高→i」などの文言は、名前や住所等の、Aを特定することができる個人情報とはいえても、Aの評価を低下させる事実とはいえないように思われる(16)。この点、判示第1の事実については、「顔及び胸部等が撮影された画像」に「札幌・OL・D」などの文言が添えられていたにもかかわらず、本罪の成立のみが認められており、両者の差異が問題となろう(17)。

---

(13)　現在では、プライヴァシーを、「自己情報コントロール権」と捉える見解も有力である。もとより両者の区別は明確ではないが、情報の拡散が問題になっている場合には、さしあたり伝統的なプライヴァシーの理解を問題にすれば足りよう。

(14)　水越・前掲注(2)86-7頁、89頁、平沢ほか・前掲注(2)41頁、66頁。同旨、白石・前掲注(2)110頁、112頁、皆川・前掲注(2)18頁、22頁。園田・前掲注(2)50頁は、これを「性的な情報に対する他者の関心を任意に遮断する権利」とする。

(15)　元不倫相手から「ストーカー」呼ばわりされたことを逆恨みし、同人の勤務先の駐車場で、同人の胸等の写真をばらまいた事案に係る、福島地郡山支判平成27年5月25日（LEX/DB 25540674）の量刑理由も、「性的プライバシーの侵害は軽視できず、被害者の精神的苦痛や生活への影響は大きい」とする。他方で、元交際相手に自慰行為を見せるように要求し拒絶されたことに立腹し、インターネットに接続されたサーバコンピュータに、同人の顔や陰部及び同人が被告人の陰茎を口淫する場面を撮影した画像データ等を送信して蔵置するなどした事案に係る、横浜地判平成27年6月12日（裁判所HP）の量刑理由は、「被害者が被った精神的苦痛や、人格の尊厳を害された程度は大きい」とする。

(16)　福岡地判平成29年3月22日（Westlaw Japan 2017WLJPCA03226005）も、撮影対象者の評価を低下させる事実を明示せずに、本罪に加えて名誉毀損罪の成立を認めている。

3 具体的要件と当て嵌め

本罪は、「私生活」上の事柄（私事）を公開されない権利という意味でのプライヴァシーの保護を目的とするところ、第三者が画像を閲覧することを認識した上で、任意に「撮影を承諾」した場合や自ら「撮影をした」場合は、私事を記録した画像といえず（本法2条1項柱書）、規制対象から除かれる。すなわち、ここでは、プライヴァシーの侵害を担保する要件として、私事性が要求されている(18)。もっとも、これと同じことは、被害者の承諾論によっても説明可能である。すなわち、「私事」性的画像ではなく、単なる性的画像の提供が要件とされていたとしても、法益主体たる撮影対象者が提供に承諾を与えているとして、犯罪の成立を否定し得る。この点、私事性が規制対象たる客体の定義に含まれているのは、被害者の承諾がある場合を構成要件不該当とすることで、規制対象を明確にする趣旨とも解される。しかし、そのために、却って定義規定が複雑化している感は否めない(19)。

本判決においては、私事性についての言及はない。確かに、私事性は構成要件要素といえるが、それがない場合には規制対象から除かれるという、消極的なかたちで要件化されているに過ぎない。すなわち、本法の規制対象となる画像については、私事性がないのは例外的な場合と判断されたと考えられる。それゆえ、私事性についての言及がないことのみをもって、直ちに本判決が不当とはいえないであろう(20)。

ところで、本法の規制対象である画像における性描写の内容は、児童買春、

---

(17) これに対して、判示第2のブログに掲載された文言は、Bがあたかも「ストーカー的な」行為をしているかのごとき、Bの評価を低下させる事実といえよう。

(18) 白石・前掲注(2)111頁、園田・前掲注(2)50頁、皆川・前掲注(2)21頁、水越・前掲注(2)88頁、平沢ほか・前掲注(2)58頁。

(19) また、ここでの「承諾」は、「撮影」時に与えられる必要があるから、その時点で私事性が確定する。それゆえ、画像撮影時と画像提供時とで、撮影対象者の承諾の意思が変化した場合の処理が問題となる。私事性を被害者の承諾論に解消するか、これを構成要件化するとしても、撮影客体たる「画像」ではなく、「提供」の定義に含む規定形式の方が簡明であろう。渡邊・前掲注(2)146-7頁参照。

(20) 前掲福島地郡山支判平成27年5月25日においては、「第三者が閲覧することを認識せずに撮影することを承諾した」とされている。「自己が閲覧するだけ」とうそを言って性交場面を撮影し動画配信サイトに投稿した事案に係る、京都地判平成29年7月3日（LLI/DB L07250533）参照。他方で、前掲横浜地判平成27年6月12日においては、量刑理由において、「プライベートポルノ」と述べられているにとどまる。

児童ポルノに係る行為等の規制及び処罰並びに児童の保護等に関する法律（以下、「児童ポルノ法」という）における性描写の内容を踏襲している。これは、性的な姿態が撮影された画像の拡散から撮影対象者のプライヴァシーという「権利を擁護すること」を目的とする点で、両者が共通しているからである。もっとも、児童ポルノ法違反の罪の場合には、そもそも、撮影対象者が児童である以上、判断能力の未熟さゆえに、撮影への「承諾」は無効と見なされるから、プライヴァシーの侵害は、常にあるものと観念される。しかし、同罪の場合、それだけでは、重い処罰を基礎付け得ない。そこで、例えば、同法の法益論において具体的な被写体「児童の権利の擁護」を問題にする見解からは、児童ポルノの製造時に直接的な搾取・虐待が行われたことを前提に、その拡散による「新たな精神的虐待」を問題にすることとなる(21)。

これに対して、本罪の場合には、必ずしも、製造時に搾取・虐待が行われたとはいえないから、撮影対象者が被る苦痛は、裸を見られたことによる羞恥心や不快感にとどまる。その意味で、本罪が、児童ポルノ法違反の罪よりも軽い罪とされたことは妥当といえよう。ただし、性的な姿態を撮影した画像が拡散された点で、例えば、顔画像のみを拡散された場合と比べれば苦痛が大きいから、被害の程度は比較的大きいといえる。この点、例えば、「衣服の全部又は一部を着けない人の姿態」の場合には、「殊更に人の性的な部位（性器等若しくはその周辺部、臀部又は胸部をいう。）が露出され又は強調されているものであり、かつ、性欲を興奮させ又は刺激するもの」（本法２条１項３号）という要件が付されており、当該要件によって、被害の大きさが基礎付けられると考えられる。

また、「提供」や「陳列」といった行為態様も、児童ポルノ法違反の罪、ひいては、わいせつ物頒布等罪を踏襲している。これは、情報の拡散による法益侵害の危険を問題とする点で、本罪が、これらの罪と類似しているからである。そして、本罪が、不特定又は多数の者に対する「提供」等のみを規定している点で処罰範囲が狭いことも、撮影対象者が被る苦痛の程度の差に理由を求めることが可能である(22)。なお、「提供」の際には、「第三者が撮

---

(21)　渡邊・前掲注(10)201頁以下等参照。これに対して、例えば、「ひそかに」児童ポルノを製造する罪（同法７条５項）の可罰性は、説明困難である。同・前掲注(2)138頁以下参照。

影対象者を特定することができる方法」であることが要件とされる。当該要件は、プライヴァシー侵害の程度の高さを基礎付けるといえるが、「広く一般人」でなくとも、撮影対象者の配偶者や友人など、「第三者のうちの誰か」が特定可能であれば足りるとされる(23)。もっとも、敢えて要件化されている以上、その認定は、慎重にされるべきである。例えば、顔画像だけで、直ちに撮影対象者を特定可能とはいえないであろう(24)。そこで、例えば、「背景として写っている物など」のほか、画像に「添えられた文言や掲載された場所など」を考慮して、撮影対象者を「特定することができる」かが判断されることとなる(25)。

本判決においては、「顔及び胸部等が撮影された画像」が拡散されたとされるのみで、当該画像における性描写の具体的内容についての言及はない。被害の大きさを基礎付けるためには、単に「胸部」の画像が拡散されたというのでは足りず、その具体的内容が明らかにされるべきであろう。他方で、Aの「顔」の画像のほか、上述のように、名前や住所等の個人情報が、短文投稿サイトに掲載されたとされる(26)。これにより、Aの友人等が、撮影対象者をAと特定し得るといえるから、この点の判示は妥当と思われる。

---

(22)「提供」等をさせる目的での特定かつ少数の者に対する「提供」(本法3条3項)については、上述のように、独立共犯と位置付け得る。

(23) 白石・前掲注(2)112頁、園田・前掲注(2)51頁、水越・前掲注(2)90頁。同旨、皆川・前掲注(2)23頁、平沢ほか・前掲注(2)70頁。

(24) 皆川・前掲注(2)23頁は、「元々は撮影対象者の顔を知らなかったが偶然知るようになって特定できる場合をも含む」とするが、疑問である。

(25) 白石・前掲注(2)112頁、園田・前掲注(2)51頁、水越・前掲注(2)90頁。同旨、皆川・前掲注(2)23頁、平沢ほか・前掲注(2)70頁。

(26) 前掲横浜地判平成27年6月12日は、「顔」の他に「氏名等が記載された『合格通知書』と題する書面」の画像が掲載されたことを、前掲福島地郡山支判平成27年5月25日や前掲福岡地判平成29年3月22日は、詳細は不明だが、「被害者ないしその勤務先を容易に特定できる情報」が記載されていたことや「第三者が撮影対象者を特定できる文言と共に」画像が掲載されたことを認定している。

44　違法な労働者の派遣の罪数判断

東京高判平成28年3月30日判タ1436号144頁

若尾岳志

Ⅰ　事実の概要

労働者派遣事業等を営む被告会社Zにおいて、被告人Xは代表取締役として同社を経営し、その業務全般を統括しており、被告人Y_1は同社取締役として同社の業務全般を実質的に統括していたところ、X、Y_1、及び同社従業員Y_2らは共謀の上、Z社の業務に関し、業として、平成26年7月2日から同年8月12日までの間、同社が雇用する労働者20名を、建築工事業を営む株式会社Aに対し、A社に雇用させることを約することなく現場作業員として派遣し、A社の現場責任者の指揮命令の下、川崎市内の工事現場ほか9か所において、建設業務に従事させた。

原判決（千葉地判平成27年11月4日公刊物未登載）は、労働者派遣法違反の事実について、労働者ごとに同法違反の罪が各別に成立する（複数日にわたり派遣された労働者については包括一罪）とし、それぞれの罪について、併合罪加重（被告会社Zについては、刑法45条前段、48条2項により、被告人X、Y_1両名については、刑法45条前段、47条本文、10条により）をした。

Xは、Z社の業務全般を統括するものではなく、本件労働者派遣の行為の決定、実行には関与しておらず、Y_1との間に共謀の事実はないなどとして事実誤認及び量刑不当を、被告人Y_1も量刑不当を理由に控訴した。

Ⅱ　判旨――控訴棄却（一部確定、一部上告（後上告棄却））

控訴審は、X、Y_1らの間の共謀の存在を認定し、また、Xの代表取締役就任はZ社が社会における取引活動を継続する上で重要な役割を担っていたこと、Z社の名の下に建設業務への労働者の派遣が業として行われていることを概括的に知りながら同社の代表取締役に就任し同就任により昇給を受けていたことなどから、Xの共同正犯の成立を肯定し、さらにX、Y_1、Zの量刑不当の論旨に理由がないとした。

そして、罪数論について、「労働者派遣法59条1号（4条1項2号）の、労働者派遣を『業として』行ってはならないという規定の形式からみて、業として犯罪の反復継続が行われる場合が想定されたいわゆる業態犯（職業犯、営業犯）であるから、包括して一罪の関係になるとするのが相当である。」と判示した。また、このことから「併合罪であるとして刑の加重をした原判決には、罪数に関し法令の適用を誤った違法があるが、原判決の量刑は正当な処断刑の範囲内にあり、かつ重きに過ぎるものではないから、この誤りは判決に影響を及ぼさない」と判示した。

Ⅲ　評釈

1　問題の所在

実際の控訴審において主に争われたのは、Xに共謀共同正犯が成立するか否かという点であり、共謀共同正犯を認める事例判断としては興味深いが、刑法総論上の問題であり、特別刑法上の意義は乏しいので、本評釈では触れない[(1)]。

労働者派遣法上、建設業務について労働者派遣事業を行ってはならない（本法4条1項2号）とされ、その違反に対しては罰則が定められている（本法59条1号）。この労働者派遣法4条1項2号違反（以下、「本罪[(2)]」とする）に関し、派遣された労働者ごとに各別に犯罪が成立し、それらが併合罪とされるのか、すべて包括一罪とされるのかという点について、原判決と本判決とは異なる判断を示しており、この罪数関係が問題となる。

---

(1)　本判決の評釈として、小島秀夫「判批」刑ジャ55号（2018年）123頁以下があり、そこに共謀共同正犯に関して検討がなされている。

(2)　本法4条1項に違反した者に対する罪を「適用対象業務外派遣事業罪」とするもの（六車明「労働者派遣法における刑事罰則の基本問題」『慶應義塾大学法学部法律学科開設百年記念論文集』（1990年）432頁）や、「適用対象業務以外労働者派遣事業罪」とするもの（毛利晴光「労働者派遣法の罰則適用の実情とこれをめぐる問題点」判タ766号（1991年）73頁）がある。

なお、本判決が包括一罪としたことにより、原判決には罪数に関し法令の適用を誤った違法があることになる。しかし、本判決はこの点について、正当な処断刑の範囲内にあり、かつ重きに過ぎるものではなく、判決に影響を及ぼさないとした。このように、一罪として処断すべきところを併合罪とした場合の罪数判断の誤りが、判決に影響を及ぼすか否かも問題となるが、この点も特別刑法上の意義が乏しいので本評釈では触れない[(3)]。

2　規定形式「業として」

法条競合と科刑上一罪の中間に位置づけられるものとして、包括一罪がある[(4)]。包括一罪とは、ある犯罪事実が外形上構成要件に数回該当するようにみえる場合でも、1回の構成要件的評価に包括すべき犯罪をいう。包括一罪とされるもののうち、構成要件的行為として数個の同種行為が予定されている犯罪を集合犯といい、常習犯や業態犯（職業犯と営業犯）が集合犯とされる[(5)]。業態犯は、業として一定の犯罪を反復継続することを予定する犯罪のことをいい[(6)]、規定形式として「業として」の文言が含まれている場合は、通常は業態犯と考えられる。「業として」とは、反復継続の意思をもって当該行為を行うこととされており、1回限りの行為でも反復継続の意思をもって行われれば「業として」といえ、逆に繰り返し行われていても、反復継続の意思をもって行われていなければ「業として」とはいえない。

業態犯には、それ自体として違法な行為を業として行う場合や、業として行うについて、許可、認可等を必要とするにもかかわらず、それなしに行ったため違法とされる場合もある[(7)]。売春防止法11条2項の売春場所提供罪は前者である。これに対して、医師法31条1項1号（医師法17条）の無免許医業罪は後者である。

---

(3)　小島秀夫・前掲注(1)に評釈があるので参照されたい。

(4)　内藤謙『刑法講義総論(下)Ⅱ』（2002年）1459頁、曽根威彦『刑法原論』（2016年）650頁。

(5)　香川達夫「包括的一罪」佐伯千仭＝団藤重光編『総合判例研究叢書　刑法(13)』（1959年）46頁。福田平『行政刑法〔新版〕』（1978年）203頁。

(6)　「販売」なども業態犯（営業犯）とされ、業態犯の規定形式は「業として」に限定されるものではない。

(7)　平野龍一『刑法総論Ⅱ』（1975年）419頁。

ところで、出入国管理及び難民認定法（以下、「入管法」とする）における不法就労助長の罪（入管法73条の2第1項1号）について、最決平成9年3月18日（刑集51巻3号343頁）は、原審（東京高判平成6年11月14日刑集51巻3号357頁以下参照）の判断を正当なものとし、併合罪の関係にあるとした。その原審は、併合罪の関係にあるとした理由として、入管法の保護法益である外国人の適正なる在留管理とは、抽象的なものをいうのではなく、個々の外国人それぞれについていうものであること、また、業態犯であるとみなければならない文言はないことをあげる。すなわち、保護法益と規定形式から、罪数関係に関する判断をしており、「業として」の文言がないことが業態犯を否定する理由となり得ることが示されている。このように、業態犯であるか否かにとって、「業として」という規定形式の存否は大きな手掛かりとなっている。

本判決は、本罪の条文の規定形式として、建設業務について「労働者派遣事業を行ってはならない」（本法4条1項2号）とされているところ、「労働者派遣事業」は「労働者派遣を業として行うこと」（本法2条3号）と定義されており、本罪が「業として」という規定形式であることから業態犯とし、包括一罪としたものといえる。

もっとも、「業として」という規定形式であっても、最決平成17年8月1日（刑集59巻6号676頁＝**第1集・判例24**）は、出資法5条2項[8]における制限超過利息受領罪を業態犯としなかった。これは、出資法5条1項と2項の趣旨の関係や1項と2項の法定刑が同じであること、そして、1項が業態犯とされず、特段の事情のない限り、個々の契約又は受領ごとに一罪が成立し、併合罪となるとされている（最判昭和53年7月7日（刑集32巻5号1011頁））ことから導かれたものと考えられる[9]。「業として」という規定形式であっても、例外的に業態犯を否定できる場合もあることが示されている。

さて、原判決は、本罪が「業として」という規定形式であるにもかかわら

---

(8) 当時の出資法5条2項は、金銭の貸し付けを行う者が業として金銭の貸し付けを行う場合において、法定制限利率を超える割合による利息を受領したときは、3年以下の懲役若しくは300万円以下の罰金又はこれらを併科すると規定されていた。

(9) 藤井敏明「判解」最判解平成17年度302頁。もっとも、出資法5条2項を業態犯（営業犯）として包括一罪とすべきとの批判も多い（鈴木優典「判批」**第1集**212頁、只木誠「判批」平成17年度重判171頁）。

ず、労働者ごとに本罪が成立し、それらが併合罪になるとしている。それゆえ、本罪における保護法益ないし本法4条1項2号の立法目的、さらには他の規定との関係や法定刑の比較を検討する。

3　労働者派遣法59条1号（4条1項2号）の実質的意義

(1)　労働者派遣法の目的

労働者派遣法（昭和60年法律第88号）の立法目的は、「職業安定法（昭和22年法律第141号）と相まつて労働力の需給の適正な調整を図るため労働者派遣事業の適正な運営の確保に関する措置を講ずるとともに、派遣労働者の保護等を図り、もつて派遣労働者の雇用の安定その他福祉の増進に資すること」（同法1条）にある。「派遣労働者の雇用の安定その他福祉の増進に資すること」が目的とされているわけであるが、職業安定法（以下、「職安法」とする）と「相まつて」とあることから、労働者派遣法は職安法の特別法であり、両法は一体的なものである(10)。ただし、本法は労働者の保護についても規律する法であることから、「福祉の増進」という概念が用いられている(11)。

また、その手段として、①労働力需給調整システムの適正な運営の確保に関する措置を講ずることと②派遣労働者の保護等を図ることがあげられている。①については、本法第2章「労働者派遣事業の適正な運営の確保に関する措置」においてその措置が講じられており、②については、本法第3章「派遣労働者の保護等に関する措置」においてその措置が講じられている。

本罪は、本法4条1項2号に違反するものであり、本法4条は第2章に規定されていることから、その目的は、一次的には労働力の需給調整という行政的なものである(12)と考えられるが、実質的な検討も必要であろう。

(2)　労働者派遣法4条1項2号の趣旨

そもそも職安法上、労働者供給事業を行うことは原則禁止とされ（職安法44条）、その違反に対しては罰則が設けられている（職安法64条9号）。労働

---

(10)　労務行政研究所編『労働者派遣法』(2013年）108頁。高梨昌編著『詳解労働者派遣法〔第3版〕』(2007年）268-9頁。

(11)　労務行政研究所・前掲注(10)108-9頁。

(12)　匿名解説・判タ1436号144頁。

者供給とは、「供給契約に基づいて労働者を他人の指揮命令を受けて労働に従事させること」（職安法4条7号）であり、労働者派遣法成立までは、人材の派遣は原則違法とされていた。これは、労働者供給事業においては、従来、実力的な支配関係や封建的身分関係に基づいて中間搾取や強制労働が行われるという弊害が著しく、労働者保護の目的を達成するために原則禁止とされた(13)ものである。この弊害は、特に、土建、荷役、鉱山関係において多くみられた。しかし、サービス経済化に伴う職業の専門分化、外注・下請化の進行、労働者の意識の変化(14)といった社会情勢の変化を受け、中間搾取や強制労働の弊害のおそれの少ない(15)、専門性の高い業務に限って労働者派遣が制度化された（1986年7月労働者派遣法施行）。このとき、いわゆるポジティヴリスト方式(16)として労働者派遣の対象業務が示された。

このように、労働者派遣事業は、職安法44条で原則禁止されている労働者供給事業の一部を取り出したものであり、中間搾取や強制労働が行われる危険が潜在的に含まれている事業形態である。そのため、そのような危険が顕在化するおそれが認められる分野については、労働者派遣事業を認めることは適当ではない（労働者の保護という観点）。また、業務によっては、当該業務に従事する労働者に対する使用者による監督のあり方などが業務の遂行に影響を及ぼすことがあるが、労働者派遣事業は、派遣労働者と派遣先との間に雇用関係がないなど、労働者派遣事業を認めることが適当でない場合がある（業務の適正な遂行の確保という観点）(17)。このような労働者の保護や業

---

(13)　林迪廣ほか『雇用保障法研究序説』（1975年）127-8頁〔石松亮二〕、六車・前掲注(2)434頁など。これに対して、職安法44条は、直接雇用の原則を定めたものであり、直接雇用の原則は労働基本権の一つであるとする見解があり、職安法44条の理解を巡る対立は、法改正や法解釈における対立につながっている（中島正雄「労働者派遣法の前史と制定過程」和田肇ほか編著『労働者派遣と法』（2013年）10頁）。なお、「この禁止は、労働者を提供し他人に使用させること自体がつねに労働者の利益を害するからではなく、従来、労働供給事業において事業者が利益をうる目的で労働者の供給を行い、労働者がその搾取の犠牲になるから」である（石崎政一郎「職業安定法上の諸問題」石井照久＝浅井清信編『総合判例研究叢書労働法(11)』（1966年）78-9頁）。

(14)　詳しくは、高梨・前掲注(10)26頁以下を参照。

(15)　毛利・前掲注(2)73頁。

(16)　1999年の法改正により、労働者派遣事業は、その適用対象を原則自由として、例外的に許されない業務のみを列挙するネガティヴリスト方式になった。

(17)　高梨・前掲注(10)302-3頁。

務の適正な遂行の確保の観点から、一定の業務を労働者派遣事業の適用除外業務とし、そのような適用除外業務を本法4条1項にあげている[18]。

本法4条1項2号において建設業が適用除外業務とされているのは、建設業務については、現実に重層的な下請関係のもとに業務処理が行われているなかで、建設労働者の雇用改善等に関する法律（昭和51年法律第33号）による措置が講じられており、労働者派遣という新たな労働力需給調整システムを導入することは、建設労働者の雇用改善を図るうえで、かえって悪影響を及ぼすこととなり適当ではなく、雇用政策としての整合性にも欠けることとなるという理由によるものである[19]。もっとも、建設業が適用除外業務とされる趣旨には、業務の適正な遂行の確保という観点のみならず、労働者の保護という観点も含まれていよう。建設業務自体が、もともと中間搾取や強制労働が行われるという弊害が多くみられた業務分野であったことからも、建設業務が適用除外業務とされたのは、単に雇用政策という政策的判断にとどまらないものと考えるべきであろう[20]。

労働者派遣事業法は、事業規制法であるとしても、同時に労働保護法としての性格もある。確かに、本法第2章は労働者派遣事業の適正な運営の確保に関する措置が規定されているものであるが、労働者の保護という観点を含めて適用除外業務が定められているとすることとは矛盾するものではない。このように考えると、原判決が、労働者ごとに同法違反の罪が各別に成立する（複数日にわたり派遣された労働者については包括一罪）とし、それぞれの罪について、併合罪加重したことにも一定程度の理由があるようにも思われる[21]。

---

(18)　なお、本法成立時における適用除外業務は4条3項に規定されていた。

(19)　高梨・前掲注(10)305頁。

(20)　もっとも、毛利・前掲注(2)75頁は、「労働者供給事業に該当するもの中には、……強制労働や中間搾取の弊害がそれほど見込まれないようなものも現れてきた。労働者派遣事業はそういうものの典型である」とし、適用対象業務以外の業務について労働者派遣事業を行った者から労働者の派遣を受けた派遣先に対する処罰規定がないことを説明する。しかし、本事案で問題となった建設業務等、本法4条1項にあげられた業務について、なお、強制労働や中間搾取の弊害が見込まれるからこそ、適用除外業務とされているのではなかろうか。

(21)　小島・前掲注(1)127頁は、本罪の保護法益を一次的には「建設業務における労働力需給調整」すなわち「雇用政策」という1個の社会的法益とする。

4 他の罰則規定との関係

罪数論においては、保護法益論も重要であるが、犯罪と刑罰（法定刑）の関係から検討することも重要である。そこで、本罪と他の条項、法定刑との関係についてみると、本法4条1項違反は、1年以下の懲役又は100万円以下の罰金とされている。これは、厚生労働大臣の許可（本法5条1項）を受けないで労働者派遣事業を行った場合（本法59条2号）と同一の法定刑である。このほか、59条3号は偽りその他不正の行為により、厚生労働大臣の許可（本法5条1項）又は許可の有効期間の更新（本法10条2項）を受けた場合のものであり、59条4号は許可取り消し処分（本法14条2項）に違反した場合のものであり、いずれも1年以下の懲役又は100万円以下の罰金である。これら59条に規定されている2号から4号は、いずれも事業規制に関する犯罪と考えられる。このことからは、本法4条1項違反のみ、直接労働者の保護を図っていると解することは困難である。

他方で、本法58条は、公衆衛生又は公衆道徳上有害な業務に就かせる目的で労働者派遣をした場合を処罰しており、直接労働者の保護を図っていると考えられる。確かに、この58条は、「労働者派遣をした者」と規定され、本法4条1項の「労働者派遣事業を行」うという文言とは明確に区別されており、有害業務目的労働者派遣罪は、業態犯ではないと考えられる(22)。しかし、前掲最決平成17年8月1日において示された出資法5条1項と2項の規定に存するような関係が、有害業務目的労働者派遣罪と本罪との間にあるとはいえない。なぜなら、この有害業務目的労働者派遣罪は、1年以上10年以下の懲役とされている(23)。仮に、建設業務への労働者派遣事業の禁止が、労働力需給調整システムの適正な運営の確保に加え、有害業務目的労働者派遣罪と同様に直接労働者の保護を図ることを含むとするのであれば、「業として」行われる建設業務への労働者派遣事業の法定刑は、十分にそれを反映しているとはいえないであろう。

---

(22) 毛利・前掲注(2)74頁。

(23) 本法58条は、労働者の保護を図る規定であるが、それは労働者一般を保護することを目的とするものであり、有害業務に就くことについて個々の派遣労働者の希望ないし承諾があったとしても犯罪の成否に何ら影響がない（東京地判平成6年3月7日判時1530号144頁）とされる。

なお、労働基準法6条は、何人も法律に基づいて許される場合の外、「業として」他人の就業に介入して利益を得てはならないとし、中間搾取をはかることを真正面から禁圧するという目的に発して規定されたものである[24]。この労基法6条違反（中間搾取排除規定違反罪）に対する罰則（労基法118条1項）は1年以下の懲役又は50万円以下の罰金である。この中間搾取排除規定違反罪には、「業として」という文言があることから、罪数については、「その被介入者の一人であると、はた、多数であると又その行為数の単複を問わず右法条違反の一罪が成立し、その被介入者毎に又は利得した行為毎に同罪が成立するものではない」[25]と考えられる。中間搾取排除規定違反罪は、労働者の保護を図るかどうかとは別に、「業として」という規定形式により罪数が決せられているものといえよう。

5　おわりに

以上のように、確かに、建設業務について労働者派遣事業が禁止されている趣旨は、単なる労働需給調整システムの適正な運営の確保ということのみならず、労働者の保護という趣旨も含めて解すべきであるように思われる。しかし、他の規定との比較、特に法定刑を比較すると、本罪自体は行政的なものにすぎないか、労働者の保護を含んでいたとしてもそれは副次的なものと解すべきであろう。また、労働者の保護を含んでいたとしても、労基法6条違反との比較からは、なお一罪として扱われるべきであろう。それゆえ、本罪が「業として」との規定形式と読めるにもかかわらず、業態犯であることを否定することは難しい。原審は、本罪を労働者ごとに成立させ、併合罪加重としたが、本判決は、「業として」という規定形式に忠実に、本罪を業態犯であるとして包括一罪とした。本罪の罪数関係について明示した判決として意義があろう。

---

(24)　伊藤榮樹ほか編『注釈特別刑法　第4巻』（1988年）76頁〔荘子邦雄〕。

(25)　福岡高判昭和32年2月9日（高検速報657号）。このほか、広島高松江支判昭和31年3月28日（判時79号26頁）においても「右労働基準法違反の罪がいわゆる業態犯に属…するものであることは、検察官所論のとおりである」としている。

45 千葉県青少年健全育成条例において青少年が罰則の対象から除外されていることの趣旨

東京高決平成28年6月22日判時2337号93頁、判タ1442号77頁

三上正隆

I 事実の概要

少年（当時17歳）は、深夜、当時の少年方において、4名の男子少年と共に、被害女性が18歳に満たない者であることを知りながら、同女にいわゆる野球拳を行った後、順次性的行為を行い、もって、青少年に対して、単に自己の性的欲望を満足させるための対象として扱っているとしか認められない性行為をした。

千葉県青少年健全育成条例（以下、「本条例」とする）は、「何人も、青少年〔小学校就学の始期から18歳に達するまでの者（婚姻により成年に達したものとみなされる者を除く。本条例6条1号)〕に対し、威迫し、欺き、又は困惑させる等青少年の心身の未成熟に乗じた不当な手段によるほか単に自己の性的欲望を満足させるための対象として扱つているとしか認められない性行為又はわいせつな行為をしてはならない」(20条1項、〔 〕内引用者）と規定し、「第20条第1項の規定に違反した者は、2年以下の懲役又は100万円以下の罰金に処する。」(28条1項）との罰則を定める。さらに、本条例は「この条例に違反した者が青少年であるときは、この条例の罰則は、青少年に対しては適用しない。ただし、営業に関し成年者と同一の行為能力を有する青少年が営む当該営業に関する罰則の適用については、この限りでない。」(30条）と規定する。

原決定（千葉家裁松戸支部決定）は、本条例20条は、青少年の性が欲望の対象とされやすいという社会的背景を前提に、性行為やわいせつな行為が未成熟な青少年に与える影響の大きさにかんがみ、このような行為から青少年

を保護するために定められたものであるところ、このような目的は、行為者が青少年か否かで異なるものではないこと、本条例20条1項が「何人も」と規定しているのは、その趣旨の表れと考えられること、本条例30条本文の規定は、行為者が青少年である場合に、構成要件該当性や違法性を阻却する規定ではなく、処罰を免除する規定であり、少年法が定める保護処分は、少年の保護、教育を目的とするもので、処罰ではないから、保護処分に付すことは可能であることなどを説示した上、少年に対し、本条例20条1項違反の非行事実を認定し、少年を第1種少年院送致とした。

これに対し、少年の付添人弁護士が、①本条例30条本文は、「罰しない。」ではなく、罰則規定を「適用しない。」としており、処罰阻却事由と捉えることは、文言の解釈として不自然である上、そのように解すると、例外的に青少年でも本条例が適用される場合を定める同条ただし書の規定の意味がなくなる（すなわち、同条本文の場合でもただし書の場合でも、本条例に違反した青少年は「罪を犯した少年」（少年法3条1項1号）として保護処分に付され得ることになり、検察官送致の可能性の有無しか異ならないことになる）こと、②本条例の制定過程における議論によれば、本条例は、青少年の性を欲望の対象とする大人の身勝手な行為を取り締まることを前提に、青少年が違反行為を行った場合は、補導等による対応を想定していたといえること、③昭和63年度版の本条例の解説によれば、本条例30条本文の規定は、行為者が青少年である場合には、構成要件該当性自体を排除しているものであるとの解釈が示されていること、④平成16年から平成26年まで、千葉県において、本条例違反で青少年を検挙したことは一度もないところ、本件は、当初、集団強姦の罪で逮捕、勾留されたが、捜査の結果、集団強姦での送致が難しかったことから、十分に検討することなく本条例違反での家庭裁判所送致となったものと思われることなどを指摘し、少年に対し、本条例20条1項違反の非行事実を認定して保護処分を言い渡すことはできないことから、原決定は、本条例30条本文の解釈を誤って適用しており、決定に影響を及ぼす法令違反がある等[(1)]を理由として、抗告を申し立てた。

Ⅱ　決定要旨――抗告棄却（確定）

「原決定の判断は概ね相当であり、当裁判所も是認することができる。……①について、本条例は、20条1項において、何人に対しても、単に自己の性的欲望を満足させるための対象として扱っているとしか認められない性行為又はわいせつな行為をすることを禁止し、30条本文において、『この条例に違反した者が青少年であるときは』、罰則を適用しない旨を定めているのであって、このような本条例の文言の解釈として、30条本文が構成要件該当性が欠け、あるいは違法性を阻却するという趣旨ではなく、むしろ、処罰阻却事由ととらえる方がその文理に忠実であるというべきである。また、このような解釈をしても、刑事処分に処せられることを前提として検察官送致されることと保護処分に付されることとは、それぞれの性質に照らして意味あいが大きく異なるのであるから、同項（ママ）本文とは検察官送致の可能性の有無が異なるだけであるといっても、同項（ママ）ただし書の意味が失われることにはならない。②についても、所論が指摘する本条例の制定過程において、主として成人による行為を念頭において議論されていたとしても、必ずしも、青少年による本条例20条1項該当の行為を、本条例30条本文によって保護処分の対象とすることを許さない趣旨であるとは解されない。③についても、所論指摘のような解説もされている一方で、例えば、平成25年度版の同解説では、本条例20条1項の『何人も』について、『成人であると少年であるとを問わず、現に県内にいるすべての者』との解釈が示され、さらに、平成6年度版の同解説では、本条例30条について、『本条は、青少年に対する罰則のみの適用を除外するものであり、行為を合法化するものではない。したがって、青少年が本条例に違反した場合は、保護、補導の対象となる。』との記載もあるなど、本条例の解説は必ずしも一定の解釈を前提としたものとは解されない上、県の本条例の運用担当者の解釈がいずれであっても、本条

---

(1)　その他、少年は、友人に命令されてやむなく本件非行に及んだものであり、本件非行事実の認定には重大な事実の誤認がある、及び本件非行事実及び要保護性の判断を誤り、試験観察を経ずに第1種少年院送致とした原決定は、著しく重い処分であり不当であるとも主張された。本稿では、法令違反の点に絞って、検討を加える。

例30条本文の趣旨を処罰阻却事由とみることの妨げとなるものではない。さらに、④についても、上記のとおり、本条例の解説に様々な解釈が示されていることなどの事情に照らすと、そもそも、本条例について一定の解釈を前提とした明確な運用方針があったとはいい難い上、所論が指摘するように、本条例違反による青少年の検挙実績がなかったとしても、青少年の性が欲望の対象とされやすいという社会的背景を基に、性行為やわいせつな行為から未成熟な青少年を保護するという本条例20条1項の趣旨に照らせば、本件を同項の非行事実に該当するとして保護処分の対象とすることが、他の事例と比較して不公平な取扱いであるとして許されないということはできない。また、本件においては、当初、集団強姦の被疑事実で逮捕、勾留された少年が、本条例20条1項の非行事実により送致されたという経緯が認められるが、このような経緯から、少年を上記非行事実により保護処分の対象とすることが不当であるともいえない。……よって、原決定が、少年に対し、本条例20条1項違反の事実を非行事実として認定し、保護処分に付した点に、本条例の解釈適用を誤った法令違反はな〔い。〕」

Ⅲ　評釈

1　本決定の意義

本決定では、本条例において青少年が罰則の対象から除外されていることの趣旨、言い換えれば、本条例30条本文の法的性格が問題となっている。すなわち、同条本文が、行為者が青少年である場合には、構成要件該当性自体が認められない旨（構成要件該当性阻却事由）を規定したものであれば、当時17歳であった本件少年は、青少年に当たることから、本件行為が本条例28条1項の構成要件（「第20条第1項の規定に違反した者」）に該当することにはならず、本件少年を「罪を犯した少年」（少年法3条1項1号）として審判に付し、本条例28条1項の犯罪事実を認定して、保護処分に付すことはできないことになる。これに対して、本条例30条本文が、14歳以上の行為者が青少年である場合であっても、構成要件該当性、違法性、有責性は認められ、ただ、処罰ができない旨（処罰阻却事由）を規定したものであれば、本件少年を「罪を犯した少年」として審判に付し(2)、本条例28条1項の犯罪事実を認定して、保護処分に付すこともできることになる。

本決定は、本条例につき後者に立つことを初めて明らかにした点で意義が認められるが、さらに、他地方自治体の青少年保護育成条例における同種の罰則適用除外規定[(3)]との関係でも先例的意義を有するものと言えよう[(4)(5)]。

2　本決定の正当化

本条例30条本文の法的性格を処罰阻却事由と解した本決定の判断は正当化できるであろうか[(6)]。

(1)　文理解釈（①）

まず、本条例20条1項から検討すると、確かに、本条例の平成25年度版解説には、同項の「**何人もとは**……成人であると少年であるとを問わず」[(7)]（強調原著）とあり、同項の「何人」に青少年が含まれると解することができる。

しかしながら、このことから同項違反の罰則（本条例28条1項）にいう「第20条第1項の規定に違反した者」に青少年が含まれるとの解釈が必然的に導かれるわけではない点には注意を要する。構成要件が犯罪成立要件の一つであるとすれば、禁止規定は犯罪成立要件という観点から修正された上で構成要件となると考えられるため、禁止規定違反を処罰する罰則の構成要件は常に禁止規定と一致するとは限らないからである。

よって、本条例の昭和63年度版解説が述べるとおり、「第20条第1項の構成要件は、本条〔22条（現30条）〕の規定により、行為者から青少年を除

---

(2)　なお、処罰阻却事由がある場合であっても犯罪は成立しているため、犯罪少年として審判に付すことができる（東京高決昭和29年6月30日高刑集7巻7号1087頁、田宮裕＝廣瀬健二編『注釈少年法〔第4版〕』（2017年）74頁）。

(3)　福井県、静岡県、岡山県、広島県では、青少年保護育成条例中にこのような罰則適用除外規定が置かれていない（若尾岳志「子供に対する性的行為と刑事規制」独協102号（2017年）372頁注(17)）。

(4)　匿名解説・判時2337号94-5頁参照。

(5)　なお、最大判昭和60年10月23日（刑集39巻6号413頁〔福岡県青少年保護育成条例事件〕）長島敦裁判官補足意見は、本件のような場合を（犯罪少年ではなく）虞犯少年として扱うことを前提としているとも解される（匿名解説・前掲注(4)94頁）。

(6)　かかる法的性格論は保護処分に付することの可否という問題の他に、錯誤や共犯の問題にまで影響を及ぼし得るものと考えられる。

(7)　千葉県環境生活部県民生活課編『千葉県青少年健全育成条例の解説』（2013年）104頁。

くものとして修正されている」[8]（〔　〕内引用者）と解することは可能であると言える。この場合、30条本文は構成要件該当性阻却事由として解されることになり、本決定が判示するように「処罰阻却事由ととらえる方がその文理に忠実である」とは必ずしも言えなくなる。

(2)　制定過程における議論（②）

本条例30条本文の制定を内容とする議案が上程された昭和60年12月招集の千葉県定例県議会において、日本社会党の片岡顕安議員からなされた「条例改正の作成に当たって、県民の権利、自由への尊重はどのように配慮されたのか」[9]という質問に対して、中野晟副知事は「青少年がこの違反行為を行いました場合には罰則の適用から除外し、補導などによりまして健全育成を図るように配慮いたしております」[10]と回答している。補導は「不良行為少年」に対してなされるところ（少年警察活動規則14条1項）、「不良行為少年」が「非行少年には該当しないが、飲酒、喫煙、深夜はいかいその他自己又は他人の徳性を害する行為をしている少年」（同規則2条6号）であることからすれば、制定過程における議論では、本条例30条本文は本条例20条1項に違反した青少年が少なくとも犯罪少年ではないことを前提にしている（＝構成要件該当性阻却事由）と解されていたとも言い得る。

(3)　運用担当者の解釈（③）

確かに、平成25年度版解説においては、本条例20条1項の「何人も」に青少年が含まれている[11]。もっとも、前述のとおり、このことは、直ちに本条例28条1項にいう「第20条第1項の規定に違反した者」に青少年が含まれることを意味しないのであるから、処罰阻却事由説の根拠になるとは必ずしも言えない。また、本決定は、「平成6年度版の同解説では、本条例30条について、『本条は、青少年に対する罰則のみの適用を除外するものであり、行為を合法化するものではない。したがって、青少年が本条例に違反した場合は、保護、補導の対象となる。』との記載もある」ことを処罰阻却事

(8)　千葉県社会部青少年婦人課編『千葉県青少年健全育成条例の解説』（1988年）61頁。

(9)　『昭和六十年十二月招集　千葉県定例県議会会議録（第一号～第六号）』76頁〔片岡顕安発言〕。

(10)　前掲注(9)91頁〔中野晟発言〕。

(11)　千葉県環境生活部県民生活課・前掲注(7)104頁。

由説の根拠の一つと見ているとも解される。しかし、構成要件該当性阻却事由説によっても、禁止規定と構成要件は別であるから、青少年による本条例20条1項違反行為はなお違法であると考えることもできる。また、本条例20条1項違反が認められる場合、構成要件該当性阻却事由説によれば犯罪少年にはならないものの、虞犯少年になる余地はあり、虞犯事実を認定して「保護」処分に付すことは可能である。よって、平成6年度版解説の上記記載が構成要件該当性阻却事由説を排し、処罰阻却事由説に与するものであるとは必ずしも言えないであろう。

これに対して、抗告趣意③が述べるとおり、本条例の昭和63年度版解説では、「本条〔22条（現30条)〕の罰則を適用しないという意義は、青少年の違反行為は、構成要件にそもそも該当しないということである」「少年法の関係でいえば、同法第3条第1項第1号〔犯罪少年〕ではなく同項第3号〔虞犯少年〕に該当することになる」[12]（〔　〕内引用者）と明確に述べられている。この記述は、平成25年度版解説の免責（30条）における「解説」とほぼ同内容である昭和63年度版解説の免責（22条）における「要旨」の後に置かれていたことにかんがみると[13]、平成25年度版解説の免責（30条）にも妥当すると考えることもできる。

よって、本決定は「本条例の解説は必ずしも一定の解釈を前提としたものとは解されない」と説示するものの、本条例の解説は一貫して構成要件該当性阻却事由説に与していると解する余地はあると言える。

(4)　結論

このように見てくると、本決定が判示する④[14]は首肯し得るとしても、①文理解釈、②制定過程における議論、③運用担当者の解釈からは、構成要件該当性阻却事由説をも導くことは可能であって、これらが本条例30条本文を処罰阻却事由と解する根拠として十分な説得力を持ったものであるとは言い難い。

結局、構成要件該当性阻却事由か処罰阻却事由かの決め手となるのは、本

---

(12)　千葉県社会部青少年婦人課・前掲注(8)61頁。

(13)　昭和63年度版解説の次に発行された平成4年度版解説以降では、この記述が削除されている。

(14)　厳密に述べると、④の内の「所論が指摘するように、」以下。

条例30条本文が青少年には罰則を適用しないとしたことの実質的な理由である。

本件で問題となった淫行処罰規定（本条例20条1項）を例にその理由を考えてみると、まず、行為主体が青少年である場合には、相手方である青少年の健全育成、性的自由[15]、人格の尊厳（以下、「青少年の健全育成等」とする）という法益の侵害が類型的に認められるとは言えないとの理由が挙げられよう。かかる理解に立てば、本条例30条本文は青少年による行為が違法行為類型である構成要件に該当しないとするものとの理解（構成要件該当性阻却事由説）が導かれることになろう。

このように行為主体が青少年である場合に法益侵害が類型的に認められないとする理由には二つのものがあると考えられる。まず、青少年対青少年の場合には、両者間に真摯な交際関係等がある場合が少なくないから、両者間で性行為等が行われたときには相手方である青少年の健全育成等という法益の侵害が類型的に認められないという理由が挙げられる[16]。しかしながら、本条例20条1項は禁止の対象を「青少年の心身の未成熟に乗じた不当な手段によるほか単に自己の性的欲望を満足させるための対象として扱つているとしか認められない性行為又はわいせつな行為」に限定しており、青少年の健全育成等を害しない真摯な交際関係の下に行われる性行為等はそもそも本条例による禁止の対象から除外されている。すなわち、本条例は元より類型的に青少年の健全育成等を妨げる性行為等を禁止しているのであって、成人であろうと青少年であろうとかかる行為を行えば、相手方である青少年の健全育成等が害されることに変わりはない。

次に、本条例は、そもそも成人から青少年を保護することを予定しており、青少年は常に被害者的立場にあるのであって、青少年の行為が青少年に与える法益侵害は本条例が防止しようとする法益侵害ではないとの理解の下、行為主体が青少年であるときには、法益侵害が類型的に認められないとの理由

---

(15)　若尾・前掲注(3)291頁。

(16)　深町晋也「児童に対する性犯罪について」『西田典之先生献呈論文集』(2017年) 335-6頁注(117)参照。なお、例えば、スイス刑法187条2項は、児童との性行為につき、「保護年齢の児童と青少年との恋愛に対して刑罰を科さないために」「行為者と被害児童の年齢差が3歳以内の場合には、行為者を不可罰」としている（同「スイス刑法における性犯罪規定」刑ジャ45号（2015年）114頁）。

を考えることもできる[17]。しかしながら、前述のとおり、青少年の健全育成等は青少年の行為によっても害されることが十分に考えられる以上、青少年の保護育成を目的に掲げる本条例が青少年の行為から青少年を保護することを排除していると解すべきではなかろう。

以上のように解すると、本条例30条本文が青少年に対して罰則を適用しないとした実質的な理由を、行為主体が青少年である場合には法益侵害が類型的に認められないことに求めることは難しいと言わざるを得ない[18]。

その理由は、青少年の保護育成という本条例の目的を実現するために、本条例に違反した青少年に対しては、処罰ではなく保護で臨むという政策的配慮に求めるべきである。このように解すると、処罰阻却事由説は実質的観点から支持し得るものであると考えられ、本決定が同説に立つという結論は正当化できよう。

〈付記〉脱稿後、渡邊一弘「判批」判評712号（2018年）20頁に接した。

---

(17) 安部哲夫『青少年保護法〔新版補訂版〕』(2014年）220頁参照。

(18) 行為主体が青少年である場合にも法益侵害が類型的に認められるが故に、本条例20条1項の行為主体は青少年をも含む「何人」と規定されていると解することができる。

46　児童福祉法34条1項6号にいう「淫行」の意義と「させる行為」に当たるか否かの判断方法

最一小決平成28年6月21日刑集70巻5号369頁

石井徹哉

I　事実の概要

当時、県立高校の常勤講師であった被告人は、同校の生徒A（当時16歳）が18歳に満たない児童であることを知りながら、福岡市内のホテルの1室内において、2回にわたり同児童をして自己を相手に性交させたことが、児童福祉法34条1項6号所定の「淫行させる行為」にあたる（同法60条1項）として起訴された。被告人は、少なくともかつては結婚を意識していた別の女性と同居（交際の終了については争いがあるが、積極的に交際を終了させようとした事実はない）しており、本件性交に至る前までに、学内でAとキスをしたり、その数日後自宅まで車で送り届ける際に立ち寄った展望台にて車内で同児童にキスをしたり、胸を揉むなどの行為をしている上、性交後は、Aに対し性交の事実を口止めしたり、児童との交際関係発覚後も、性交の事実を否定し、両者の関係が表沙汰にならないようにメールアドレスの変更やメールデータ等の削除をAに対して指示している。

第一審（福岡地飯塚支判平成26年5月19日刑集70巻5号387頁参照）は、同法34条1項6号の「淫行」とは、性道徳上非難すべき男女間の性交またはこれに準ずべき性交類似行為を指し、男女の性交そのものは、成長途上にある児童の心身に対して悪影響を及ぼしやすく、その回復も困難となりがちであり、また、児童の身体が性的欲望のはけ口として利用される際の最たるものといえることから、有害性の大きい「淫行」の典型的態様であり、本件各性交は、これに該当するとした。

また、淫行を「させる行為」には、行為者を相手方として淫行をさせる場合を含み、この場合、児童に対し、直接であると間接であると物的であると精神的であると問わず、事実上の影響力を及ぼして淫行をするように働きかけ、その結果児童をして淫行をするに至らせることが必要であるとし、被告人は、被害児童が通学する高校において、講師という立場で被害児童を含む生徒らを指導すべき立場にあったところ、一般に講師を含む教師は、思慮分別を有する社会人として、生徒から無条件の信頼を得ながら、学業のみならず生活全般等に関して、全人格的な教育指導を行うことで、生徒の健全な成長を図り、相互信頼関係を維持育成することが要請され、相当な影響力を有することは明らかである上、その職務上も生徒との関係が一定範囲から逸脱しないように自己を律すべき立場にあったといえるところ、被告人は、そうした自己の立場を顧みることなく、被害児童に対して下校時の送届けを主導し、その中で不適切な性的接触を持ち、さらには、被告人との性交が法的・社会的にいかなる意味を持つかを十分に理解していなかったと見られる被害児童との間で性交をしたものであり、こうした被告人と被害児童との関係性に照らすと、被告人が被害児童に対して事実上の影響力を及ぼして淫行するように働きかけたことによるものとの評価を免れないとした。

被告人は、控訴したが、控訴審は、原判決を是認して控訴を棄却した（福岡高判平成26年9月19日刑集70巻5号400頁参照）。これに対して、被告人は、上告した。弁護人は、その上告趣意において、児童福祉法34条1項6号の「児童に淫行をさせる」が不明確のゆえに違憲であることのほか、被告人とAとが交際関係にあり、Aは、高校の講師とその生徒という関係から解放された状況のもとで、完全な自由意思で、被告人と交際を開始し、性交にいたったもので、被告人が事実上の影響力を及ぼしてAに淫行するように働きかけたものとはいえないと主張した。

Ⅱ　決定要旨――上告棄却

「児童福祉法34条1項6号にいう『淫行』とは、同法の趣旨（同法1条1項）に照らし、児童の心身の健全な育成を阻害するおそれがあると認められる性交又はこれに準ずる性交類似行為をいうと解するのが相当であり、児童を単に自己の性的欲望を満足させるための対象として扱っているとしか認められないような者を相手とする性交又はこれに準ずる性交類似行為は、同号にいう『淫行』に含まれる。

そして、同号にいう『させる行為』とは、直接たると間接たるとを問わず児童に対して事実上の影響力を及ぼして児童が淫行をなすことを助長し促進する行為をいうが（最高裁昭和39年（あ）第2816号同40年4月30日第二小法廷決定・裁判集刑事155号595頁参照）、そのような行為に当たるか否かは、行為者と児童の関係、助長・促進行為の内容及び児童の意思決定に対する影響の程度、淫行の内容及び淫行に至る動機・経緯、児童の年齢、その他当該児童の置かれていた具体的状況を総合考慮して判断するのが相当である。

これを本件についてみると、原判決が是認する第一審判決が認定した事実によれば、同判示第1及び第2の各性交は、被害児童（当時16歳）を単に自己の性的欲望を満足させるための対象として扱っているとしか認められないような者を相手とする性交であり、同児童が通う高等学校の常勤講師である被告人は、校内の場所を利用するなどして同児童との性的接触を開始し、ほどなく同児童と共にホテルに入室して性交に及んでいることが認められる。このような事実関係の下では、被告人は、単に同児童の淫行の相手方となったにとどまらず、同児童に対して事実上の影響力を及ぼして同児童が淫行をなすことを助長し促進する行為をしたと認められる。したがって、被告人の行為は、同号にいう『児童に淫行をさせる行為』に当たり、同号違反の罪の成立を認めた原判断は、結論において正当である。」

Ⅲ　評釈

1　はじめに

本件行為時の児童福祉法（平成13年法律第135号）1条1項は、「すべて国民は、児童が心身ともに健やかに生まれ、且つ、育成されるよう努めなければならない。」と規定し、現行の児童福祉法（平成29年法律第71号）は、児童の心身の健やかな成長及び発達並びにその自立が図られることその他の福祉を等しく保障される権利を明示し（1条）、児童が心身ともに健やかに育成されるよう努める国民の義務を規定している（2条1項）。本決定は、この趣旨から同法36条1項6号にいう「淫行」の意義を示すとともに、淫行「させる行為」について具体的な判断方法を示し、本件事案について判断したものである。

2 「淫行」の意義

従来、6号の「淫行」の意義は、性道徳上非難に値する性交または性交類似行為をさすとされてきた[(1)]。第一審判決も、これに従い、性道徳上非難に値するかどうかを児童の心身に影響をあたえるかという観点で判断し、本件性交を自己の性欲のはけ口として利用される性交であるとし、これにあたるとし、原審も同様に判断している。

これに対して、最高裁は、端的に「児童の心身の健全な育成を阻害するおそれがあると認められる性交又はこれに準ずる性交類似行為」とし、「児童を単に自己の性的欲望を満足させるための対象として扱っているとしか認められないような者を相手とする性交又はこれに準ずる性交類似行為」がこれに含まれるとした上で、最高裁と異なる、淫行の意義を第一審と同様の解釈を示す原審の判断を是認した[(2)]。

上記児童福祉法の趣旨からすれば、34条6号違反の罪の保護法益は、児童の心身の健全な育成であると解される[(3)]。本決定は、まさに保護法益の観点から「淫行」を解釈し、対象となる性交または性交類似行為[(4)]を限定している。これに対して、性道徳上非難に値するといっても、それがなぜ児童の心身の健全な育成に影響を及ぼすのかは、不明確であり、本決定が示す端的な解釈が妥当であろう。

最高裁は、「淫行」を児童の心身の健全な育成を阻害するおそれがあると認められる性交又はこれに準ずる性交類似行為とする解釈を前提に、児童を単に自己の性的欲望を満足させるための対象として扱っているとしか認めら

---

(1) 例えば、平野龍一ほか編『注解特別刑法 第7巻〔第2版〕』(1988年) 36頁〔小泉祐康〕参照。

(2) これに対して、豊田兼彦「判批」法セ741号 (2016年) 115頁は、理由不備が原審の問題であるとする。

(3) 鎮目征樹「判批」ジュリ1210号 (2001年) 215頁参照。

(4) 性交類似行為が含まれることについては、最決平成10年11月2日 (刑集52巻8号505頁) 参照。

れないような者を相手とする性交またはこれに準ずる性交類似行為がこれに含まれると判断している。この点で、いわゆる福岡県青少年保護育成条例の淫行処罰規定における「淫行」について、18歳未満の者の心身の未成熟に乗じた不当な手段による性交等及び18歳未満の者をたんに自己の性的欲望を満足させるための対象として扱っているとしか認められない性交等の行為をいうとする最高裁昭和60年判決(5)と共通性を有している。同条例も、18歳未満の者の心身の健全な育成に影響を及ぼすという観点から、直接青少年との「淫行」を規制しているところで共通性があることから部分的に(6)共通の内容を有することは是認されよう。

もっとも、昭和60年判決の「『児童』を誘惑し、威迫し、欺罔しまたは困惑させる等その心身の未成熟に乗じた不当な手段により行う性交または性交類似行為」に本決定が言及していないことについて、「児童の心身の健全な育成を阻害するおそれがあると認められる」ものとして児童福祉法34条1項6号にいう「淫行」に含めうるとする考え(7)もあるが、「その心身の未成熟に乗じた不当な手段」は、後述の淫行「させる」という解釈及びそのあてはめにおいて考慮すべきものであり、淫行概念に含めることは、淫行する行為と淫行させる行為の混同を招来することになりうる(8)。

なお、条例における「淫行」は、実行行為それ自体であるが、児童福祉法における「淫行」は、いわば結果に相当するものであり、実行行為は、後述の淫行「させる」行為にあるのであって、両罪の処罰対象が異なっていることに留意しなければならない（このことから、条例の淫行処罰規定との罪数を観念的競合とするのは、難しいであろう）。

最高裁は、第一審の犯罪事実に記載された第1及び第2のホテルでの各性交を端的に「被害児童（当時16歳）を単に自己の性的欲望を満足させるための対象として扱っているとしか認められないような者を相手とする性交」にあたるとしており、その具体的な説明はない。第一審の認定事実(9)を参照す

---

(5)　最大判昭和60年10月23日（刑集39巻6号413頁）。

(6)　佐野文彦「判批」論ジュリ22号（2107年）232頁は、本文を完全に共通化させるものとして理解しているが、あくまで「部分的」に共通性があるにすぎない。

(7)　なお、上原龍「判批」警論69巻10号（2016年）175頁注7。

(8)　佐野・前掲(6)232頁参照。

(9)　刑集70巻5号396頁以下。

るならば、16歳の被害児童より被告人が12歳年長であること、被告人には結婚を意識し、同棲している交際相手がいたこと、この関係を解消する具体的行動等はなかったことのこと[10]のほか、被害児童の保護者に対しては、被害児童と性交にいたり、これを継続していることをその保護者に一切明らかにしていなかったこと、被害児童からの申告の事実が突きつけられるまで交際の事実を否定し、その後もなお性交の事実を認めていなかったこと、被害児童に対しても被告人との性交等について折に触れて口止めするよう持ちかけていたことなどの事情から自己保身的行動を認められており、被害児童との交際が真摯なものといえないとされている。こうした事実を前提にするのであれば、「淫行」を肯定でき、最高裁のこの点に関する判断は妥当である。

3 淫行「させる行為」の判断基準

淫行「させる行為」といえるためにどの程度の働きかけを児童に対してする必要があるかについては、淫行を強制する場合だけでなく、児童の自発的意思に基づく場合でも、これに直接たると間接たるとを問わず、児童に対し事実上の影響力を及ぼして児童の淫行を助長し促進する行為があれば足りるとされてきた[11]。そして、飲食店等の経営者が雇用関係等で児童を支配している場合などについて認められてきた[12]。このような関係のない場合については、裁判例として、自ら児童の淫行の相手方となるなどして知り合った児童に対し、児童の依頼を受けるなどして別の淫行の相手方を紹介したもの[13]、近所の知合の児童に相手方を紹介し、自宅の一室を淫行の場所として提供したもの[14]がある。しかし、具体的な判断方法については、明らかではなかった。

---

(10) 佐野・前掲(6)232頁は、この2点の事実だけでは不十分であるとするが、その他の事実も考慮すれば、不当とはいえない。

(11) 最判昭和30年12月26日(刑集9巻14号3018頁)、前掲最決昭和40年4月30日、名古屋高判昭和54年1月25日(刑月11巻1=2号8頁)。

(12) 特殊飲食店につき前掲最決昭和40年4月30日のほか、旅館につき東京家判昭和29年1月25日(家月6巻10号64頁)、芸子置屋につき大阪高判昭和31年2月21日(高刑集9巻2号144頁)など。

(13) 東京高判昭和53年10月18日(東高刑時報29巻10号178頁)、前掲名古屋高判昭和54年1月25日。

(14) 鳥取家判昭和36年10月3日(家月14巻1号149頁)。

最高裁平成10年決定[15]は、本罪において、行為者以外の第三者を相手方として児童に淫行させる場合だけでなく、行為者自ら児童の淫行の相手方となるような場合も該当すると判断している。平成10年決定は、密室内で児童に自慰行為をさせた事案であるが、本件は、児童と直接性交した点において異なり、条例における淫行行為との区別という点においても、より慎重な判断が必要とされる。

本決定は、この点について、「行為者と児童の関係、助長・促進行為の内容及び児童の意思決定に対する影響の程度、淫行の内容及び淫行に至る動機・経緯、児童の年齢、その他当該児童の置かれていた具体的状況を総合考慮して判断する」として具体的な判断方法[16]を示しており、また淫行の直接の相手方となった場合について肯定される事例判断を示している点においても意義がある。ここに示されている総合考慮すべき要素については、概ね同意できるものの、実際の判断においては、結局児童の心身の健全な育成に影響を及ぼすという保護法益の視点に重要な意味をもたせる必要がある。また、条例における淫行処罰との区別から淫行の相手方になった場合すべてを含めることは妥当でないばかりか、児童買春、児童ポルノに係る行為等の規制及び処罰並びに児童の保護等に関する法律4条で児童買春罪が規定されていることから、金銭的な誘惑により淫行にいたった場合も、除外される[17]。

前記平成10年決定の事案は、中学校の教え子及び以前に授業を担当した生徒が被害児童となっており、本件も高校で以前に授業を担当し、かつ現在勤務している高校の生徒が被害児童となっている。淫行にいたる経緯は、両事案において異なるものの、学校ないし教育機関における教師と生徒という関係がある場合、淫行「させる行為」を肯定しやすいとみられる。これは、第一審判決が述べるように、教師は、生徒から無条件の信頼を得ながら、学業のみならず生活全般等に関して、全人格的な教育指導を行うことで、生徒

---

(15)　最決平成10年11月2日（刑集52巻8号505頁）。

(16)　佐野・前掲(6)233頁は、「淫行」と一体化した形で「させる行為」該当性が認められているとする。「一体化した形」の意味が不明であるが、最高裁が「させる行為」を判断する考慮要素に「淫行内容」をあげていることから、具体的な淫行内容がその判断に影響するのは当然である。しかし、「淫行させる行為」という要素をまとめて判断しているわけではない。

(17)　西田典之「児童に淫行させる罪について」宮澤浩一古稀(3)『現代社会と刑事法』(2000年）291頁参照。

の健全な成長を図り、相互信頼関係を維持育成することが要請され[18]、相当な影響力を有している。このような関係を利用して児童に教師自身との性交を求めた場合、事実上の影響力を及ぼしたと認めることは、比較的容易であろう。本件で被告人は、現在児童の授業を担当していないものの、前年に授業を担当していたこと、現在授業を担当していないにもかかわらず、校外でも児童と会いたいと考えて被告人から児童の下校の送迎を持ちかけた点を考慮すれば、一定の支配的な関係があったものといえる。その上で、これを契機として校内外での性的接触を主導している。また、この後すぐに、休日にドライブにでた際、ホテルに入り、性交に及んでおり、被告人が児童を送迎するようになってから第1の性交に至るまでの期間がおよそ2週間前後であったこと、被告人との関係において児童が困惑している面も認められることに鑑みれば[19]、一定の支配的関係のなかで当時16歳である児童の精神的未成熟を利用して性交に至ったものといえ、事実上の影響力を及ぼして児童が淫行をなすことを促進し助長したものと認められ、裁判所も同様の判断にいたったものといえる[20]。

---

(18) これを「義務」にまで高め、その義務違反性を問題にする（佐野・前掲注(6)234頁）ことは、事実上の影響力とは異なるファクターを持ち込むことになり、妥当ではなく、端的に影響力の問題として考慮すれば足りるであろう。

(19) 佐野・前掲(6)233頁は、決定理由では「同児童が通う高等学校の常勤講師である被告人は、校内の場所を利用するなどして同児童との性的接触を開始し、ほどなく同児童と共にホテルに入室して性交に及んでいること」しか述べられていないことから、「淫行にいたる動機・経緯」等を考慮していないとする。しかし、そのような事実だけでは、通常の真摯な交際で淫行させていないものをも含みうるのであって、そこに述べられているものの具体的内容をも考慮せざるをえないであろう。具体的内容を考慮した場合、当然そこには「淫行にいたる動機・経緯」等も考慮されることになる。また、「助長・促進行為の内容及び児童の意思決定に対する影響の程度」「その他当該児童の置かれていた具体的状況」も判示内容にないことになるが、はたしてそれで適切な判断が可能であろうか。これでは、具体的な基準を示した意義が薄れることになる。

(20) 本決定に関する評釈としては、前掲のもののほか、松本朗「判批」研修820号（2016年）15頁以下、栗原一紘「判批」警公71巻10号（2016年）87頁以下、嘉門優「判批」刑ジャ51号（2017年）125頁以下、永井善之「判批」新・判例解説Watch 21号（2017年）185頁以下及び高良幸哉「判批」新報124巻11＝12号（2018年）179頁以下がある。また、深町晋也「児童に対する性犯罪について」『西田典之先生献呈論文集』（2017年）321頁以下も参照のこと。なお、脱稿後、馬渡香津子「時の判例」ジュリ1521号（2018年）112頁以下及び同「判解」曹時70巻8号（2018年）217頁以下に接しえた。

47　未成年者喫煙禁止法違反罪における故意

高松高判平成27年9月15日LEX/DB 25541254

関　哲夫

Ⅰ　事実の概要

本件は、被告人Aが、2013年（平成25年）4月22日午後9時19分ころ、香川県内のコンビニエンスストア店（以下、「本件店舗」とする）において、被害児童X（当時15歳）に対し、同人が未成年者であることを知り、かつ、同人自ら喫煙するものであるかもしれないことを認識しながら、あえて、たばこ2箱を販売したとして未成年者喫煙禁止法（以下、「本法」とする）5条違反に問われ、また、本件店舗を経営する有限会社の被告B社が、本法6条（両罰規定）違反に問われた事案である。当初、被告人A・被告B社に略式命令（罰金10万円）が発せられたが、両者ともにそれを不服として争ったのが本件である。

被告人Aは、コンビニエンスストア（以下、「コンビニ」とする）のアルバイト従業員として20年以上稼働しており、1994年（平成6年）ころから本件店舗で稼働していた。被告B社は、コンビニの経営等を目的とする有限会社で、本件当時、株式会社L社とフランチャイズ契約を結んで本件店舗を経営しており、本件店舗はL社の系列店舗であった(1)。また、本件店舗では、レジにタッチパネル式年齢確認システム(2)が導入されていた。他方、被害児童Xは、本件当時15歳、身長167センチメートルで、本件当日は、黒

(1)　本件が訴訟にまで行ったのは、従業員A又はB社に対する有罪が確定すると、L社とのフランチャイズ契約が解除されるとともに、2,000万円近い違約金支払義務が生じ、また、財務局のたばこ販売許可の取消しにより、B社の売上げに占めるたばこの割合（33%）を失う可能性があったからと考えられる。

(2)　たばこ・酒を販売するとき、客に「私は20歳以上です」のレジ画面のボタンに指でタッチしてもらう仕組みである。

っぽいジャージを着用し、靴底の高さが2、3センチメートルの靴を履いていた。

被告人A及び被告B社は、公訴権の濫用、未成年者の認識の不存在、及び両罰規定の不適用の3点を争ったが、後の2点に絞って、その主張を紹介する。被告人側は、まず、①被告人Aの未成年者の認識の不存在について、本件店舗の来客数やたばこ購入客数の多さを考慮すると、被告人Aの検察官調書（「X君が未成年であると思ったと思いますが、忙しかったので、たばこを売りました」）は推測を述べた可能性がある、防犯カメラの映像によれば、被告人Aが被害児童Xの顔を見たのは1回のみであり、Xを成人と見間違えることはありうる、Xは大手コンビニで2、3回たばこの購入に成功しており、大手コンビニ店員もXを成人と間違えているなどを考慮すると、被告人AにはXが未成年者であることの認識は無かったと主張した。また、②被告B社への両罰規定の不適用について、被告人Aはコンビニ勤務経験が10年以上あり、勤務態度は良好であったから、被告B社に選任上の過失はない、また、全国統一マニュアルに従い、毎月1回、従業員に販売防止確認表に署名させており、本件店舗店長も、年末年始や連休の前には口頭で注意を促していた、監督責任は必ずしも法人代表者が直接履行する必要はなく、制度・組織を通じて行えば足りるので、被告B社代表者が店長に監督を委ねていたことは過失の認定に影響を与えないなどから、監督上の過失も認められないと主張した。

第一審判決[(3)]は、①被告人Aの未成年者の認識の有無について、「被害児童Xは頬ににきびがあるなど、あどけない顔をしており、一見して未成年者であると分かる顔立ちをしている」うえ、「身長は同年代の未成年者と比較しても高いものではない。」また、本件当日の6日後に、パトカー乗務中の警察官2名は、「中学生又は中学校を卒業したばかりの少年である」などの認識のもとXに職務質問を行っている、他方、被告人は、「少なくとも2回、Xの容貌を確認していることが認められる」のであって、「Xの容貌を認識しながら本件たばこを販売したと推認できる。」他方、「被告人の捜査段階における自白の内容」をみると、「被告人は、Xが自ら喫煙するものであ

---

(3) 丸亀簡判平成26年10月27日（LEX/DB 25541253）。

るかもしれないことを認識しながら、あえて、本件たばこを販売したと推認できる。」「以上の次第で、被告人は、Xが未成年者であることを知り、かつ、自ら喫煙するものであるかもしれないことを認識しながら、あえて、本件たばこを販売した事実が認められる。」として、被告人Aに有罪（罰金10万円）を言い渡した。また、②被告B社への両罰規定の適用の有無について、被告人Aは、「コンビニエンスストアの店員として相当期間の経験を有するものであったこと」に加え、「本件店舗におけるたばこの販売に関して店員らが警察の取調べを受けたり、警察からの注意を受けたことがなかった」のであるから、被告B社に「選任上の過失はなかったと認められる。」また、「被告会社代表者は、たばこ清算システムや確認表による注意喚起という合理的な制度を導入した上でたばこの販売を店員に行わせていた」のであり、「これらの措置は、たばこ販売業者として、違反行為を防止するために必要な措置であるのみならず、違反行為の発生を有効に防止するに足りる相当にして具体的な措置であった」と認められる。「以上の次第で、被告会社は、未成年者喫煙禁止法5条に記載された違反行為に対し、事業主として、行為者の選任、監督その他違反行為を防止するために必要な注意を尽くした事実を認めることができるので、刑事訴訟法336条前段により、無罪の言渡をすることとする。」として、被告B社に無罪を言い渡した。

以上の原審の判決に対して、被告人A及び検察官の双方から控訴がなされた。

Ⅱ　判旨――被告人A：破棄自判・無罪、被告B社：控訴棄却

1　被告人Aの未成年者の認識の有無

被害児童Xの身長は「成人男性であってもおかしくはなく」、また、本件当時、黒色系ジャージを着ており、「観察者の感じ方や容貌観察の状況によっては、未成年者であると気が付かないこともある」。現に、Xは、コンビニで、「本件以外に4、5回たばこを買っている」のであり、「成人と見誤った販売者もいたという疑いがある。」なお、「パトカー乗務中の警察官2名が、たばこを吸っていたXを未成年者と認めて職務質問をしたことは原判示のとおりであるが、それは、観察者の感じ方や観察の状況によって、Xを未

成年者と認識しない場合があることを否定するものではない。」他方、被告人による1回目の容貌観察は、「極めて短時間、振り返って見たにすぎないのであるから、それによって、被告人Aが被害児童Xは未成年者であると判断し、認識したと断定するのは困難である。」また、「防犯カメラの映像が捜査機関によって保全されていない」以上、1回目の容貌確認以外に、「被告人が被害児童Xの顔に目を向けている」とか、また、「顔が視野に入る程度に被害児童Xの方に目が向いていた」とかの「場面があったと推認することはできない。」しかも、被告人には、「未成年者であると思いながら、あえて販売する動機や理由はなかったとみるほうが合理的」であり、「捜査段階における被告人の自白」は、「むしろ、未成年者であることを認識していなかったために本件販売を記憶していなかったのではないか、したがって自白は虚偽ではないかという疑いを生じさせる。」「以上のとおり、原判決の事実認定には、2回の容貌確認を認めて被告人Aが未成年者であることを認識したと推認できるとした点、同認識の存在に疑問を抱かせる事情を考慮しなかった点、自白の信用性を肯定した点において誤りがあり、上記認識を肯定した原判決の認定は論理則、経験則等に照らし、不合理であって、事実を誤認したものである。」

2　被告B社への両罰規定の適用の有無

「未成年者喫煙禁止法6条は、法人についていえば、法人の代表者又は法人の使用人その他の従業者等が、法人の業務に関し、同法5条の違反行為をしたときは、行為者を罰するほか、法人にも同条の刑を科すという両罰規定であり、従業者である被告人Aについて同条の違反行為の成立が認められなければ、被告会社を処罰することはできないという関係にある。」そして、「被告人Aについては、被害児童Xが未成年者であると認識してたばこを販売したと認めるには合理的な疑いがあり、同条の違反行為の成立が認められないから、被告会社を同法6条によって処罰することはできないことに帰する。」

Ⅲ　評釈[4]

1　はじめに

(1)　本法の沿革

本法は、1900年（明治33年）3月7日に法律第33号として制定され[5]、同年4月1日に施行された全4か条（現行1条・2条・3条・5条に対応）からなる法律であった。

戦後、1947年（昭和22年）の民法改正によって「婚姻による成年擬制」（民法753条）が新設されたが、本法の対象年齢は「20歳未満」であることを明確にするため、本法1条・4条（現行5条）の「未成年者」を「満20年ニ至ラサル者」に改正した。また、2000年（平成12年）、2001年（平成13年）の一部改正により、罰金額が引き上げられ、たばこ・器具販売者は年齢確認その他必要な措置を講ずるものとする4条、両罰規定の6条が新設され、現行法の体裁が整った。そして、2008年（平成20年）には、少年法の一部改正により、管轄が家庭裁判所から簡易裁判所に移されることとなった[6]。

(2)　本法違反の状況

2014年（平成26年）からの3年間における「未成年者喫煙禁止法」違反の既済人員は、表1のとおりであり、90%弱が不起訴になっている。

表1「未成年者喫煙禁止法」違反の既済の人員[7]

区分	総数	起訴	不起訴	他の検察庁に送致
2014年	1,281	51(4.0%)	1131(88.3%)(起訴猶予1,123、嫌疑不十分7、罪とならず1)	99
2015年	1,281	43(3.4%)	1089(85.0%)(起訴猶予1,083、嫌疑不十分4、嫌疑無し1)	148*家裁に送致1

(4)　評釈として、玄守道「判批」新・判例解説 Watch 20号（2016年）207頁以下、田岡直博「判批」刑弁87号（2016年）110頁以下。

(5)　1900年（明治33年）の本法制定をめぐる業界の動きについては、鈴木普慈夫「明治33年の未成年者喫煙禁止法と煙草業界」社会文化史学50号（2008年）95頁以下参照。

(6)　関連する条約として、「たばこ規制に関する世界保健機関枠組条約」（2003年・平成15年採択）6条以下、各界の要望として、例えば、日本学術会議「脱タバコ社会の実現に向けて」（2008年・平成20年）における提言、さらには、18歳未満者のための「青少年喫煙防止法」を提案する安部哲夫「未成年者喫煙禁止法と青少年の保護育成」週刊教育資料874号（2004年）34頁を参照。

2016年	953	25(2.6%)	841(88.2%)(起訴猶予828、嫌疑不十分5、時効完成6、その他2)	87

また、同3年間における不良行為少年の態様別補導人員に占める「喫煙」の割合は、表2のとおりであり、不良行為少年の約30%が「喫煙」で補導されている。

表2　不良行為少年の態様別補導人員状況(8)

区分	総数	喫煙	深夜徘徊	暴走行為	飲酒	不良交友	その他
2014年	731,174 (100%)	225,920 (30.0)	429,943 (58.8)	3,914 (0.5)	12,191 (1.7)	9,399 (1.3)	49,807 (6.8)
2015年	641,798 (100%)	198,555 (30.9)	373,132 (58.1)	4,070 (0.6)	11,681 (1.8)	7,637 (1.2)	46,723 (7.3)
2016年	536,420 (100%)	162,231 (30.2)	309,239 (57.6)	3,680 (0.7)	11,648 (2.2)	6,293 (8.1)	43,329 (8.1)

2　本法5条違反の故意

(1)　未成年者の認識

この点に関する規定形式には、一般に、原則形式(9)と、「被害者の年齢を知らないことを理由として、処罰を免れることができない。ただし、過失のないときは、この限りでない。」という趣旨の特則を設けている特則形式とがある(10)。

本法5条は原則形式であり、故意が認められるには、㋐「満20年ニ至ラ

---

(7)　法務省HP（2017年10月2日現在）の『検察統計　統計表』をもとに作成。

(8)　警察庁HP（2016年8月30日現在）の『警察白書』をもとに作成。

(9)　例えば、本法4条・5条、「未成年者飲酒禁止法」1条4項、1条3項、3条1項など。

(10)　例えば、「児童福祉法」60条4項、「風俗営業等の規制及び業務の適正化等に関する法律」50条2項など。この規定は年齢認識について過失を処罰する規定と解する過失犯規定説が支配的である。竹内嘉巳『新版増補　児童福祉法・母子福祉法・母子健康法の解説』（1978年）350頁、平野龍一ほか編『注解特別刑法　第7巻〔第2版〕』（1988年）67頁〔小泉祐康〕、団藤重光『刑法綱要総論〔第3版〕』（1990年）338頁注10、児童福祉法規研究会編『最新　児童福祉法・母子及び寡婦福祉法・母子保健法の解説』（1999年）394頁、最決昭和30年11月8日（刑集9巻12号2382頁）、最判昭和31年9月11日（刑集10巻9号1331頁）参照。他方、年齢を知らなかったことについて過失がないときは処罰を免れることを定めたもので、過失犯を定めたものではないとする解釈補充規定説も主張されている。宮沢浩一「判批」『社会保障判例百選』（1977年）188頁、伊藤榮樹ほか編『注釈特別刑法　第8巻』（1990年）805頁〔澤新＝長島裕〕、最判昭和33年3月27日（刑集12巻4号658頁）、東京高判昭和41年7月19日（高刑集19巻4号481頁）参照。

サル者」であることの未成年者の認識と、㋑未成年者が「其ノ自用ニ供スルモノナルコト」の自用の認識が必要である。実際の裁判では、前者の認識に議論が集中しており、これが肯定されれば、通常、後者の認識も肯定され、これを排除する特別な事情が存在するときには、故意が否定される傾向にある。

(2)　本件の検討

本件は、未成年者の認識に新たな事例判断を加えたものである。本件では、未成年者の認識に議論が集中しており、自用の認識は補充的な認定にとどまっている。

未成年者の認識につき、本件では、被告人Aが被害児童Xの容貌を観察した有無とその回数・時間・角度・距離、Xの髪型、にきび、あどけない顔などの容貌・身長（同世代との比較）、本件店舗における年齢確認その他の措置、本件店舗及び他店でXが購入を断られた回数、成功した回数、年齢確認システムの有無・態様、未成年者にあえてたばこを販売する動機・理由の有無、Xに職務質問した警察官らの証言などの事情が考慮されている。この点につき、第一審判決と本判決の結論が分かれたのは、事実に関する認定の相違によると考えられる。

そうした事実認定の相違が生じる背景には、未成年者へのたばこ販売の現状と法的対応との間に大きな落差が存在していると思われる。購入者の年齢確認の方式・措置の構築は民間の販売業者・業界団体に委ねられているところ、実際に運用されているtaspo等IC付き年齢確認自動販売機は充分に機能しているとはいえず、また、レジでのタッチパネル式の年齢確認システムも有効に機能していない現状がある(11)。すなわち、年齢確認に関する有効な方式・措置が構築されていないにもかかわらず、現行法が、未成年者にたばこを販売した違反者を事業主処罰と連動させて処罰しているため、未成年者へのたばこ販売行為に問題が集約され、有罪・無罪の帰趨が、ひとえに販売行為時の容貌観察についての事実認定によって決まってしまうという現状があるのである(12)。

---

(11)　筆者が調べた限りでは、年齢確認自販機の設置区域が限定されており、その年齢確認機能が厳格に機能しているものが多かったが、機能していない自販機も散見された。

3　両罰規定の形式・性質

(1)　両罰規定の形式

両罰規定の規定形式(13)には、無条件形式(14)、過失処罰形式(15)、及び故意処罰形式(16)が存在する。本法6条は無条件形式を採っており、従業員が事業主の業務等に関して違反行為をした場合、何らの条件も付け加えることなく事業主を処罰しており、旧来の両罰規定に多く見られた形式である。この形式は、責任原則からすれば、故意犯を罰するのは明らかであるが、さらに過失犯をも罰するのかが文言上明らかでない。早急に改正して、その趣旨を明確にすることが望まれる。

法人の代表者がその業務に関して違反行為をした場合、その代表者を罰するほか、当該代表者と同一視できる事業主たる法人を罰することができる。他方、その従業者が業務に関して違反行為をした場合、法人は、従業者の違反行為を防止するために必要な注意義務を尽くしたかが問われるが、自然人行為者の特定を前提条件とするため、法人の刑事責任を追及するには困難が

---

(12)　コンビニで働く者の多くはパートタイム労働者であり、しかも学生も稼働している現状がある。

(13)　最大判昭和32年11月27日（刑集11巻12号3113頁）における下飯坂潤夫裁判官の補足意見、神山敏雄『日本の経済犯罪』（1996年）274頁以下を参考にして再構成した。

(14)　この形式は、「法人の代表者又は法人若しくは人の代理人、使用人その他の従業者が、その法人又は人の業務又は財産に関し、○条の違反行為をしたときは、その行為者を罰する外、その法人又は人に対し同条の刑を科する。」と規定するものが多く、刑罰連動型（例：本法6条、未成年者飲酒禁止法4条など）と刑罰分離型（例：独占禁止法95条、金融商品取引法207条1項など）がある。

(15)　この形式は、「法人の代表者又は法人若しくは人の代理人、使用人その他の従業者が、その法人又は人の業務又は財産に関し、○条の違反行為をしたときは、行為者を罰する外、その法人又は人に対し同条の刑を科する。ただし、法人又は人の代理人、使用人その他の従業者の当該違反行為を防止するため、相当の注意及び監督が尽くされたことの証明があったときは、その法人又は人については、この限りでない。」と規定するものが多く、刑罰連動型（例：造船法13条、航空法154条2項（航空機乗務員と機長）など）があるが、刑罰分離型は見つけられなかった。

(16)　この形式は、「法人の代表者又は法人若しくは人の代理人、使用人その他の従業者が、その法人又は人の業務又は財産に関し、○条の違反行為をしたときは、その法人又は人が、違反の計画を知りその防止に必要な措置を講じなかったとき、違反行為を知りその是正に必要な措置を講じなかったとき、又は違反を教唆したときは、その行為者を罰する外、その法人又は人に対し同条の刑を科する。」と規定するものが多く、刑罰連動型（例：労働基準法121条など）と刑罰分離型（例：独占禁止法95条の2（95条の3）など）がある。

伴う。そこで、法人の機関等の意思・行為を法人の意思・行為と同一視し、機関等の行為責任を法人の行為責任と捉える法人行為責任説(17)に見られるように、法人そのものの過失行為を観念して、法人固有の過失責任を問うことの必要性が認識されつつある。そこにおける注意義務の内容について(18)は、大きく、個人抑止モデルとして管理統制組織説(19)、組織抑止モデルとして企業システム過失説(20)、企業組織体責任論(21)が存在する。私見は、個人抑止モデルから組織抑止モデルへと移行すべきと考えるが、現在の議論状況を踏まえると、企業システム過失説が妥当である。この説によると、機関の行為は法人自身の行為としてそのまま法人処罰の基礎となるのに対し、それ以外の従業員等の行為については、法人独自の監督上の注意義務違反を根拠とするもので、法人は、コンプライアンス・プログラムを適正に運用し、事業主として、従業者の選任・監督について相当の注意を尽くすべき選任・監督上の注意義務を負っているとする。

(2)　両罰規定の性質

両罰規定における事業主の責任については、周知のように、純過失説(22)、過失推定説(23)、過失擬制説(24)、及び無過失責任説(25)の対立があり、過失推定説が支配的である。この説によれば、違反行為を行った従業者に対する選任・監督上の注意義務を怠ったことについて、法人自身の過失が推定されているとする。そして、従業者が業務に関連して行う行為は、常に、企業のコ

---

(17)　宇津呂英雄「法人処罰のあり方」石原一彦ほか編『現代刑罰法大系　第1巻』(1984年) 181頁、大谷實「法人処罰の在り方 (2・完)」同志社法学43巻3号 (1991年) 3頁参照。

(18)　今井猛嘉「法人処罰」法学教室260号 (2002年) 73頁以下参照。

(19)　香城敏麿『刑法と行政刑法』(2005年) 283頁、西田典之『共犯理論の展開』(2010年) 408頁参照。

(20)　川崎友巳『企業の刑事責任』(2004年) 482頁以下参照。

(21)　板倉宏『企業犯罪の理論と現実』(1975年) 20頁以下、板倉宏『現代社会と新しい刑法理論』(1980年) 44頁以下参照。

(22)　神山敏雄「両罰規定と業務主の刑事責任」法セ277号 (1974年) 85頁、三井誠「法人処罰における法人の行為と過失」刑法23巻1=2号 (1979年) 151頁、神山・前掲注(13)279頁参照。なお、組織モデルに基づいて法人処罰規定を再検討し、両罰規定についても見直すべきことを主張するのは、樋口亮介『法人処罰と刑法理論』(2009年) 173頁以下。

(23)　通説・判例 (前掲最大判昭和32年11月27日) である。なお、香城・前掲注(19)185頁以下、特に278頁以下参照。

(24)　植松正『刑法概論Ⅰ総論〔再訂版〕』(1974年) 123頁参照。

(25)　中野次雄『刑事法と裁判の諸問題』(1987年) 20頁参照。

ンプライアンス・プログラムの対象下にあり、企業の選任・監督に基づいてなされている行為であると考えることができること、複雑な企業組織システム内部で発生した違反行為の立証は困難を伴うので、それに関する情報を把握している企業につき、そのシステム過失の存在を推定することに一応の合理性があること、したがって、企業としては、自らが有している情報を駆使して、自社のコンプライアンス・プログラムの妥当性、その適正な運用等を明らかにすることによって、注意義務を尽くしていたことを立証する負担を負い、両罰規定の推定過失を覆すことによって免責されることになることを根拠とする。

(3) 本件の検討

本法6条の両罰規定を過失推定の規定とする支配的見解には、幾つか疑問を感じる。

まず、刑法は故意犯処罰を原則とし、過失犯処罰は例外で「特別の規定」(刑法38条1項) を要するところ、本法6条は過失犯を処罰し、法人の選任・監督上の過失を推定する規定と解することはそもそも妥当なのか疑問がある。

また、既述した両罰規定に関する無条件形式と過失犯処罰形式とを、規定形式を無視して同旨の規定と解することは合理的なのか疑問がある。

さらに、両罰規定において、従業者の違反行為と法人(事業主)の行為とはどのような関係にあるのか。従業者が違反行為を行った場合、法人の罪責は、法人自身の選任・監督上の注意義務に違反する過失行為を罰するものと解されており、その注意義務の具体的内容は、㋐選任上の注意義務、及び、㋑監督その他違反行為の防止のために必要な注意義務、すなわち、当該事業所の機構、職制等を通じ、違反行為の発生を有効に防止するに足りる業務運営体制を構築し、それに基づき、相当にして具体的な措置を実施すべき注意義務と解されている。この点は、本件の第一審判決も、支配的見解に従い、「違反行為を防止するために必要な注意を尽くす」とは、「代表者が当該事業所の機構、職制等を通じ、違反行為の発生を有効に防止するに足りる相当にして具体的な措置を実施したと評価できれば足りる」ところ、その評価は、「当該事業所の機構、職制をはじめ、事業の種類、性質、更には事業運営の実情等当時の具体的状況によって決すべきものである」とされており、この点は、被告人Ａについて本法５条の「違反行為の成立が認められないから、被告会社を同法６条によって処罰することはできない」とした本判決も、同旨と思われる。そこでは、法人の刑事責任について、故意に違反行為を行った従業者を不注意で選任した過失、従業者の違反行為の発生を防止するに足りる業務運営体制を不注意で構築しなかった過失、有効な業務運営体制は構築したけれども、それに基づいて、具体的な防止措置を不注意で実施しなかった過失が問われている。これらの過失は、監督過失・管理過失の構想を両罰規定の事業主（法人・人）の過失に応用したものと考えられるが、直接の違反行為者（従業者）に対する事業主（法人・人）の過失による（共謀）共同正犯、直接の違反行為者に対する事業主の過失の共犯（教唆犯・従犯）、直接の違反行為者の違反行為と事業主の過失犯との同時犯、直接行為者の違反行為を条件とする事業主の過失犯など、様々な局面を看取することができるにもかかわらず、充分な検討がなされないまま、過失推定説が支配的となっているように思えてならない。

事項索引

《さ行》

《た行》

《わ行》

法令索引

＊法令名については、一般に通用する略称を用いた。本文中とは異なる略称を用いる場合がある。

《あ行》

《か行》

《さ行》

《た行》

《な行》

《は行》

《ま行》

《や行》

《ら行》

判例索引

初出一覧

第1章　選挙・司法

判例1　岡田侑大「事前運動罪における選挙運動の範囲と、供応接待罪における報酬の意義［水戸地判平成27年5月12日］」法律時報88巻2号（2016年）

判例2　滝谷英幸「刑訴法281条の5第1項（検察官開示証拠の目的外使用の罪）の構成要件解釈［東京高判平成26年12月12日］」法律時報89巻13号（2017年）

判例3　書き下ろし

第2章　税法

判例4　書き下ろし

判例5　菊地一樹「虚偽過少申告逋脱犯の主観的要件［大阪高判平成26年11月18日］」法律時報87巻9号（2015年）

判例6　今井康介「競馬の払戻金の所得区分と必要経費の範囲について［最判平成27年3月10日］」法律時報87巻11号（2015年）

判例7　二本栁誠「関税法111条3項、1項1号の無許可輸出未遂罪の成立が認められた事例［最判平成26年11月7日］」名城ロースクール・レビュー43号（2018年）

第3章　交通・通信

判例8　書き下ろし

判例9　増田隆「危険運転致死罪の『その進行を制御することが困難な高速度』に該当するかどうかを判断するに当たり考慮すべき道路状況には、他の自動車や歩行者の存在は含まれないとした事例［千葉地判平成28年1月21日］」刑事法ジャーナル53号（2017年）

判例10　石井徹哉「自動車運転処罰法における『アルコールによる正常な運転が困難な状態』の認識［札幌高判平成27年12月8日］」法律時報88巻7号（2016年）

判例11　伊藤亮吉「危険運転致死傷罪における赤色信号を『殊更に無視』することの意義［千葉地判平成28年11月7日］」名城法学67巻4号（2018年）

判例12　書き下ろし

判例13　野村健太郎「無免許運転罪の前提となる免許取消処分の要保護性［名

古屋高判平成26年8月21日]」法律時報89巻9号(2017年)

判例14 大塚雄祐「交通事故報告義務違反罪(道交法109条1項10号、72条1項後段)の成否[札幌高判平成28年2月4日]」法律時報89巻6号(2017年)

判例15 萩野貴史「救護義務違反罪・報告義務違反罪における義務の履行[横浜地判平成28年6月9日]」名城法学68巻1号(2018年)

判例16 辻本淳史「海賊行為に対する普遍的管轄権と明文規定のない国外犯処罰[東京高判平成25年12月18日]」刑事法ジャーナル49号(2016年)

判例17 石井徹哉「無線LANアクセスポイントのWEP鍵の取得と電波法違反[東京地判平成29年4月27日]」判例秘書ジャーナル(2018年)

第4章　経済

判例18 書き下ろし

判例19 木崎峻輔「金融商品取引法166条1項1号の『その他の従業者』の意義[最決平成27年4月8日]」法律時報88巻11号(2016年)

判例20 書き下ろし

判例21 書き下ろし

判例22 永井紹裕「債権管理回収業に関する特別措置法2条2項後段にいう『債権を譲り受けた』ことに当たるとされた事例[東京高判平成27年11月5日]」法律時報89巻4号(2017年)

判例23 北尾仁宏「質屋営業法の質屋営業該当性判断と貸金業法・出資法各違反の罪との関係[福岡高判平成27年9月17日]」法律時報88巻4号(2016年)

判例24 書き下ろし

第5章　医事・薬事

判例25 書き下ろし

判例26 三重野雄太郎「旧薬事法66条1項にいう『記述』の意義[東京地判平成29年3月16日]」鳥羽商船高等専門学校紀要40号(2018年)

判例27 永井紹裕「麻薬取締法等における『営利の目的』と麻薬特例法における『業とした』の意義[神戸地判平成26年2月21日]」法律時報87巻4号(2015年)

第6章　環境

判例28 岡部雅人「廃墓石の台石等が廃棄物処理法施行令2条9号の『コンクリートの破片その他これに類する』『物』に当たるとされた事例[広島

高岡山支判平成28年6月1日]」刑事法ジャーナル52号（2017年）

判例29　書き下ろし

第7章　公安・危険物・軽犯罪

判例30　藤井智也「人質強要罪における『人質』該当性［松山地判平成29年3月30日]」法律時報90巻9号（2018年）

判例31　伊藤嘉亮「常習累犯窃盗罪における常習性［東京高判平成24年12月3日]」法律時報87巻2号（2015年）

判例32　松本圭史「暴力行為等処罰に関する法律1条の3の常習性の認定と前科との関係［東京高判平成26年10月17日]」法律時報87巻13号（2015年）

判例33　書き下ろし

判例34　小池直希「実包が装てんされていることを失念・忘却した場合の不法装てん罪の故意［東京高判平成27年8月12日]」法律時報90巻2号（2018年）

判例35　書き下ろし

判例36　菊地一樹「軽犯罪法1条2号にいう『隠して』と『正当な理由』の解釈［広島高岡山支判平成29年3月8日]」早稲田大学法務研究論叢3号（2018年）

判例37　谷岡拓樹「軽犯罪法1条26号における『街路』の範囲［大阪高判平成29年2月7日]」法律時報90巻4号（2018年）

判例38　天田悠「軽犯罪法1条23号にいう『のぞき見た』の意義［福岡高判平成27年4月15日]」法律時報88巻9号（2016年）

判例39　書き下ろし

第8章　風俗・労働・福祉

判例40　書き下ろし

判例41　渡邊卓也「製造時に18歳以上となっていた児童の写真を素材にしたCG画像等による描写と児童ポルノ製造罪［東京高判平成29年1月24日]」重要判例解説平成29年度（2018年）

判例42　内山良雄「インターネット異性紹介事業の届出制度と表現の自由［最判平成26年1月16日]」刑事法ジャーナル56号（2018年）

判例43　渡邊卓也「インターネット短文投稿サイトへの画像投稿行為について私事性的画像記録提供等罪の成立が認められた事例［札幌地判平成27年7月15日]」法律時報88巻13号（2016年）

判例44　書き下ろし

判例45　三上正隆「千葉県青少年健全育成条例において青少年が罰則の対象か

ら除外されていることの趣旨［東京高決平成 28 年 6 月 22 日］」法律時報 90 巻 7 号（2018 年）

判例 46　石井徹哉「児童福祉法 34 条 1 項 6 号にいう『淫行』の意義と『させる行為』に当たるか否かの判断方法［最決平成 28 年 6 月 21 日］」重要判例解説平成 28 年度（2017 年）

判例 47　関哲夫「未成年者喫煙禁止法違反につき、コンビニエンスストアの従業員を有罪とした第一審判決が破棄されて無罪が言い渡され、被告会社の無罪判決が維持された事例［高松高判平成 27 年 9 月 15 日］」國學院法學 55 巻 3 号（2017 年）

＊いずれも本書への掲載に際して、加筆・修正を行っている。

編者・執筆者一覧

●編者

高橋則夫（たかはし・のりお）早稲田大学法学部教授

松原芳博（まつばら・よしひろ）早稲田大学大学院法務研究科教授

●執筆者

芥川正洋（あくたがわ・まさひろ）早稲田大学法学部講師（任期付）

天田　悠（あまだ・ゆう）日本学術振興会特別研究員 PD

石井徹哉（いしい・てつや）千葉大学大学院専門法務研究科教授

伊藤嘉亮（いとう・よしすけ）早稲田大学先端社会科学研究所助教

伊藤亮吉（いとう・りょうきち）名城大学法学部教授

今井康介（いまい・こうすけ）法政大学人間環境学部兼任講師・国会図書館外部専門調査員

内田幸隆（うちだ・ゆきたか）明治大学法学部教授

内山良雄（うちやま・よしお）明治大学専門職大学院法務研究科教授

大塚雄祐（おおつか・ゆうすけ）早稲田大学大学院法学研究科博士後期課程

大庭沙織（おおば・さおり）島根大学法文学部専任講師

岡田侑大（おかだ・ゆうた）早稲田大学大学院法学研究科博士後期課程退学

岡部雅人（おかべ・まさと）愛媛大学法文学部准教授

小野上真也（おのがみ・しんや）清和大学法学部准教授

菊地一樹（きくち・かずき）早稲田大学大学院法務研究科講師（任期付）

木崎峻輔（きざき・しゅんすけ）筑波大学社会学類非常勤講師

北尾仁宏（きたお・まさひろ）早稲田大学大学院法学研究科博士後期課程

小池直希（こいけ・なおき）早稲田大学大学院法学研究科博士後期課程

杉本一敏（すぎもと・かずとし）早稲田大学大学院法務研究科教授

鈴木一永（すずき・かずひさ）名古屋学院大学法学部専任講師

鈴木優典（すずき・まさのり）山梨学院大学法学部教授

関　哲夫（せき・てつお）國學院大学法学部教授

滝谷英幸（たきや・ひでゆき）名城大学法学部助教

谷岡拓樹（たにおか・ひろき）早稲田大学大学院法学研究科博士後期課程
辻本淳史（つじもと・あつし）富山大学経済学部准教授
永井紹裕（ながい・あきひろ）東亜大学通信制大学院総合学術研究科法学専攻非常勤講師
二本柳誠（にほんやなぎ・まこと）名城大学大学院法務研究科准教授
野村健太郎（のむら・けんたろう）愛知学院大学法学部准教授
萩野貴史（はぎの・たかし）名城大学法学部准教授
福山好典（ふくやま・よりのり）姫路獨協大学人間社会学群現代法律学類准教授
藤井智也（ふじい・ともや）早稲田大学大学院法学研究科博士後期課程
増田　隆（ますだ・たかし）帝京大学法学部講師
松原芳博（まつばら・よしひろ）早稲田大学大学院法務研究科教授
松本圭史（まつもと・よしふみ）早稲田大学大学院法学研究科博士後期課程
三重野雄太郎（みえの・ゆうたろう）佛教大学社会学部公共政策学科講師
三上正隆（みかみ・まさたか）愛知学院大学法学部准教授
武藤眞朗（むとう・まさあき）東洋大学法学部教授
若尾岳志（わかお・たけし）獨協大学法学部教授
渡邊卓也（わたなべ・たくや）筑波大学ビジネスサイエンス系准教授
(50 音順)

判例特別刑法　第3集
2018年11月30日　第1版第1刷発行

編　者／高橋則夫・松原芳博
発行者／串崎　浩
発行所／株式会社 日本評論社
〒170-8474　東京都豊島区南大塚3-12-4
電話　03-3987-8621（販売）、3987-8631（編集）
振替　00100-3-16
https://www.nippyo.co.jp/
印刷／株式会社 精興社　　製本／株式会社 難波製本　　装幀／林 健造

ISBN 978-4-535-52319-7